**Main Idea로 푸는** 창세기

HOLMAN Old Testament Commentary

# Genesis

General Editor Max Anders | Authors Kenneth O. Gangel and Stephen J. Bramer

# Main Idea로 푸는

# 창세기

맥스 앤더스(Max Anders) 책임 편집
케네스 O. 갱글(Kenneth O. Gangel), 스티븐 J. 브래머(Stephen J. Bramer) 지음 | 김진선 옮김

디모데

나의 딸 줄리(Julie)에게
사랑을 전하며.

케네스 O. 갱글

맏딸 사라 그레이스 브래머(Sarah Grace Bramer)에게.
이 책에 대한 너의 모든 제안과 더불어
그리스도인으로서의 너의 사랑과 삶에 대해
아빠로서 매우 자랑스러워하며.

스티븐 J. 브래머

## 추천의 글

요즘, 여러 사람들에게 읽히며 회자되는 목사님들의 설교나 글을 읽어보며 많은 생각을 하게 됩니다. 그 글들의 대부분은 성경보다는 성경 이후의 얘기나 성경보다 더 멋지게 말하려는 흔적들로 가득 차 있습니다. 그러한 글들이 처음에 쓰여질 때는 물론 성경에 근거를 두었겠지만 그 글에 영향을 입은 사람들은 성경은 없고 텍스트가 된, 성경과는 전혀 다른 모습의 인간상들을 만들어낼 가능성이 높아집니다.

변하지 않는 것이 있습니다. 사람은 변하지 않습니다. 그리고 하나님은 변하지 않습니다. 그러나 주위를 보면 변화되는 것들을 센스 있게 기록해놓은 것들로만 가득해서 변하지 않는 인간의 영혼, 그 깊숙한 곳의 문제들이 전혀 해결되지 않은 채 남아 있습니다. 영혼을 찔러 쪼개는 유일한 도구는 하나님의 말씀입니다. 그러므로 교회가 다시 성경의 근거를 마련하고 그 토대 위에 말씀을 세우는 작업을 놓쳐서는 안 됩니다. 이것은 이미 했다고 해서 무관심할 것이 아닌, 중단없이 계속되어져야 하는 것입니다. 제 이야기를 하자면, 제 속에서 변하지 않는 모습을 봅니다. 그것은 하나님 말씀에 불순종하는 데 익숙한 제 모습입니다. 신앙 생활을 시작할 때 말씀 공부를 충분히 하면 어느 날엔가는 하나님의 말씀으로 풍성한 삶을 살 것이라 기대하며 오늘까지 달려왔습니다. 그러나 요즘 하나님 말씀에 불순종하는 변하지 않는 제 모습을 보며 경악합니다. 이런 제게 오직 주의 말씀이 은혜로 임할 때, 제가 그 말씀 앞에 순종하는 모습을 봅니다.

우리는 다시 성경을 보아야 합니다. 그 말씀이 무엇을 말하고 있는지 깊이 추적해야 합니다. 이 책, 「Main Idea 시리즈」는 하나님의 말씀에 순종하고자 하는 사람들에게 바른 길잡이이자, 말씀을 깊이 사랑하는 사람들에게 좋은 영향을 줄 책이라고 생각합니다. 또한 성경을 자신의 생각과 형편에 맞추어 해석하려는 것이 아니라 성경이 말하는 진정한 뜻을 찾는 사람들에게 큰 도움이 될 것입니다.

**홍정길**(남서울은혜교회)

**추천의 글**

**우리 시대는** 정보의 홍수 시대라고 할 만합니다.
문제는 이 홍수 속에서 우리가 향방 없이 떠밀려 내려가고 있다는 것입니다.
정보의 부재가 문제가 아니라 정보의 향방이 문제입니다.
우리 시대의 설교와 성경 공부가 동일한 위기에 직면해 있습니다.
이 책은 이런 위기를 돌파하는 예지를 제공합니다.
성경 텍스트의 메인 아이디어는 바로 메시지의 향방이어야 합니다.
저는 그래서 이 책이 모든 진지한 성경학도들과 설교자들을 위한
다윗의 물맷돌이기를 기도하며 추천하는 바입니다.

이 책은 명료한 요약, 명료한 주석, 명료한 적용, 명료한 결론이 명료하게 나타나 있습니다.
거기에 명료한 예문은 설교자의 구미를 돋구기에 가히 매력적입니다.
이 책의 매력에 중독되는 것이 오히려 한국교회 강단의 축복일 것을 예언하고 싶습니다.

감사와 기대를 담아
***이동원**(지구촌교회)*

이동원

# Contents
# 차 례

# Main Idea로 푸는 창세기

하나님의 말씀과 하나님의 백성들과의 관계는 물과 물고기의 관계만큼이나 절실하고 심각한 관계다. 하나님을 사랑하는 사람들은 성경을 통해 말씀하시는 하나님의 음성을 듣기를 갈망한다. 그 이름이 목사든, 전도사든, 선교사든, 교사든 하나님의 말씀을 가르치는 모든 일꾼들 또한 영적으로 굶주린 사람들에게 하나님의 말씀으로 풍성한 양식을 공급함으로 그들이 영적인 활력을 갖게 되기를 갈망한다. 그래서 하나님의 말씀을 보다 쉽게, 보다 재미있게, 보다 분명하게 가르칠 수 있도록 인도해줄 자료를 구하지만 쉽게 찾아볼 수 없는 것이 현실이다. 성경을 가르치는 사람에게는 책임이 있다. 누구를 가르치든, 어느 본문을 가르치든 성경

## 본문 구성

**들어가는 글**_ 대표적인 크리스천 저술가들이 쓴 주옥 같은 글을 인용함으로 각 개인과 그룹 모임을 하나님의 말씀으로 끌어들이는 토론으로 유도한다.

**본문 이해**_ 한 절 한 절을 쉽고 명쾌하게 해설한다.

Main Idea

**메인 아이디어**_ 각 장의 내용과 가르침을 요약하여 한눈에 파악하도록 돕는다.

**결론**_ 성경의 원리를 요약하고 그것이 삶과 연결되도록 다리를 놓는다.

에 대한 흥미를 자극하고, 성경에 대한 지식을 확대하며, 구체적으로 순종할 수 있는 성경의 원리를 발견하고, 발견한 진리를 삶에 적용함으로 그들의 삶에 변화가 일어나도록 해야 한다.

본서는 구약 성경을 공부해가는 동안 이러한 역동적인 결과를 얻어낼 목적을 가지고 특별한 틀로 구성하였다.

이 작은 도구가 성경을 보다 더 쉽게, 더 분명하게, 더 정확하게 배우고 가르치기를 원하는 모든 하나님의 종들의 손에 들려짐으로 성경에서 막 튀어나온 듯한 건강한 하나님의 백성들을 세우는 성령의 도구로 쓰여지길 기도한다.

*발행인 고종율*

**삶의 적용**_ 현재의 삶과 성경의 진리를 연결하도록 돕는다.

**기도**_ 각 장에서 발견한 원리와 적용의 실행을 위해 기도할 수 있도록 돕는다.

**티칭 가이드**_ 성경 교사들을 돕기 위한 성경 교수 계획을 제시한다.

**심층 연구**_ 더 깊은 지식을 원하는 사람들을 위해 낱말과 어구와 주제에 대한 보다 깊은 연구로 인도한다.

# 창세기 서문

창세기, 시작하기에 얼마나 안성맞춤인 책인가! 수세기 동안 유대인들과 기독교인들은 바로 이 창세기로 그들의 첫 성경 읽기를 시작하였다. 1세기가 넘는 기간 동안 창세기는 성경 학자들의 전쟁터가 되었다. 한 학자는 창세기 1-11장을 극히 조심해서 건너가야 할 지뢰밭에 비유하였다.

교사들과 설교자들을 위해 기획한 이 주석에서는 이러한 갈등의 역사를 상세하게 열거하지 않을 것이다. 서론적이고 비평적인 문제들을 광범위하게 다룬 훌륭한 주석들이 많이 있다. 여기서 우리는 '예방 접종식 접근' 방법을 채택할 것이다. 우리는 '의심' 이나 '한 번도 그것에 대해 들어본 적이 없다' 는 문제로 한 개인이 낙심하는 것을 방지하는 데 필요한 만큼의 정보만 제시하게 될 것이다. 개론적 문제들에 대해 더 연구하고자 하는 사람들은 글리슨 아처(Gleason Archer)의 「구약 개론 고찰(A Survey of Old Testament Introduction)」이나 R . K. 해리슨(R . K. Harrison)의 「구약 개론(Introduction to the Old Testament)」과 같은 표준적인 복음주의 저술들을 참고할 수 있을 것이다.

## 저자

창세기의 저작권과 관련해 우리가 자주 듣는 두 사람의 이름은 모세와 율리우스 벨하우젠(Julius Wellhausen)이다. 모세는 창세기의 전통적인 저자이며 구약의 이스라엘 백성들과 바벨론 유수에서 귀환한 이후의 유대인들로부터, 그리고 18세기까지는 거의 모든 기독교인들로부터 오경 전체(구약의 첫 다섯 권)의 저자로 인식되었다. 벨하우젠의 이름은 창세기의 저작권과 관련이 있다. 그는 창세기의 저자가 아니라 '문서설(documentary hypothesis)' 이나 'JEDP 이론' 으로 알려져온 이론을 대중화시킨 성경 비평가이다.

'문서설' 은 진화론적 틀 속에서 이스라엘의 종교를 설명하고자 하는 벨하우젠의 시도의 일부일 뿐이다. 이 가설은 모세가 죽은 지 오랜 후에 5백 년의 기간에 걸쳐 다른 장소, 다른 기간에 작성된 여러 기록 문서들을 선택해 편찬한 것이 오경이라고 주장한다. 개정자, 혹은 개정자들(편집자들)이 이러한 문서들의 일부를 현재의 형태로 조합하였다는 것이다. 주요 문서는 J, E, D, P로 알려지게 되었다. 이것은 각기 야훼 전승(**Y**ahwistic tradition), 엘로힘 전승(**E**lohistic tradition), 신명기적 전승(**D**euteronomic tradition), 제사장 전승(**P**riestly tradition)을 가리킨다.

이른바 오경의 '저작권 논쟁' 에 대해 고려해야 할 증거는 다면적이다. 오경 각 권의 문학적인 내적 증거는 단일 저자가 각 성경책을 기록했다는 견해를 지지한다. 창세기와 관련해 이에 대한 논의는 아래의 창세기의 문학적 특징에서 논의하게 될 것이다. 나아가 성경의 첫 다섯 권에는 다섯 권 전체의 동일 저자설을 지지하는 통일성이 존재한다. 오경 내의 수많은 구절들은, 비평 학자들이 모세 사후 수세기 후의 다른 저자들의 저작으로 돌리기를 원하는 특정한 자료를 받아 적으라는 하나님의 명령을 모세가 들었음을 암시한다(예를 들면, 출 17:14, 24:4, 34:27, 민 33:1-2, 신 31:9).

창세기가 모세가 출생하기 약 4백 년 전의 내용으로 마무리되기 때문에 이 첫 책의 자료는 직접적인 계시와 가족 전승을 기초로 하고, 현존하는 역사적 기록을 참고자료로 삼아 모세가 '편찬' 하였음이 분명하다. 그럼에도 불구하고 최종적인 책은 하나님의 영감을 받았고, 그 책에서 인정하는 모든 내용이 신뢰할 수 있는 내용으로 인식되어야 한다(비교. 마 19:4-5). 오경의 자료 외에 모세가 오경을 저술했음을 암시하는 자료들이 창세기 외의 성경에 많이 있고, 특히 신약의 그리스도 자신의 말씀이 있다(예를 들면, 포로기 이전의 성경 구절들 - 수 8:31, 23:6, 왕상 2:3, 왕하 14:6, 21:8, 포로기 성경 구절들 - 단 9:11-13, 포로기 후기 성경 구절들 - 스 6:18, 7:6 [비교. 7:10-11], 느 8:1, 13:1, 대하 25:4, 35:12, 말 4:4, 신약의 구절들 - 마 19:8, 막 7:10, 눅 20:37, 24:27, 요 5:46-47, 7:19). 창세기라는 특정 책이 선정된 것이 아니라 하더라도 전 구약 시대와 예수님 시대에 이르기까지 유대인들은 오경을 하나의 단위로 인식하였다. 따라서 청중들은 예수님이나 구약 저자가 모세의 다섯 책에 대해서 한 모든 말을 그 다섯 책에 대한 모세의 저작설을 인정하는 것으로 이해했을 것이다.

모세의 저작설에 대한 직접적인 증거와 오경 자체의 증거들은 저자(그리고 독자들)가 가나안에 대해 직접적인 지식을 전혀 혹은 거의 갖고 있지 않았음을 암시하지만, 애굽과 시나이의 땅들은 그들에게 잘 알려져 있었다. 농사(출 9:31-32)와 나무(출 25:5, 조각목과 아카시아 나무는 애굽에서 흔하지만 가나안에서는 드물었다)와 짐승(출 25:5, 해달은 가나안에서는 찾아볼 수 없었지만 애굽과 시나이 주변의 바다에서는 볼 수 있었다)에 대한 언급과 지리(창세기 13장 10절은 요단강을 애굽 땅에 비유한다)와 사막에서 만들어진 성막(출 25-40장)에 대한 언급은 모두 저자와 수신자들이 애굽과 시나이에서 살았던 적이 있으며, 아직 가나안에 있지 않다는 것을 암시한다.

모세의 양육과 훈련 그리고 성인기의 경험에 대한 성경 이야기(출 1-2장)는 모두 모세가 창세기에서 볼 수 있는 것과 같은 자료들을 저술할 수 있는 적절한 자질을 갖추었다는 것을 증명해준다.

1990년 예일 대학의 저명한 문학 비평가인 해롤드 블룸(Harold Bloom)은 민수기와 신명기의 약간의 부분과 창세기와 출애굽기의 가장 인상적인 부분을 여성 저자가 기록했다고 주장하였다. 그의 책 「J의 책(The Book of J)」은 다음과 같은 논거를 사용하고 있다. 창세기는 여자의 창조에 대해 알려진 고대 근동의 유일한 이야기를 담고 있으며, 이 이야기는 아담의 출현(Adam' s advent)보다 여섯 배 더 길다. 오경의 여성들(하와, 사라, 리브가, 라헬, 다말, 십보라)은 강하지만 남자들 중에는 특별히 그 누구(아브라함, 야곱, 모세)도 잘생긴 사람이 없었다. 블룸은 'J'를 주전 10세기 솔로몬 통치 이후에 저술 활동을 한 한 개인이지만 현대적 회의론과 세속성을 보여준 인물로 생각한다. 그는 그녀가 사랑을 중시하지도 않았고, 하나님에 대한 경외심을 중시하지도 않았으며, 오히려 하나님을 변덕스럽고 제멋대로 행동하는 존재로 묘사하였다고 믿는다.

이 주석의 저자들은 여전히 창세기의 저작권에 대한 다른 어떤 이론보다도 모세 저작설을 지지하는 증거가 더 설득력이 있다고 생각한다. 그러므로 우리는 그러한 준거 틀을 받아들인다.

## 저작 연대

창세기에 대한 모세 저작설을 수용한다면 이 책의 저작 연대는 모세 생전(주전 1525-1405년경)이 되어야 하며, 특별히 이스라엘 백성들이 광야에서 유랑 생활을 하던 시기(주전 1446-1406년)가 되어야 한다.

## 제시된 자료의 연대

창세기에 기록된 사건들은 역사적으로 창조에서 요셉의 죽음에 이르는 내용을 담고 있다. 창세기의 족보들이 '연속적인 것으로(closed, 다시 말해서 갭이 전혀 없는 것으로)' 해석된다면 창조의 완성에서 이스라엘의 애굽 입국까지의 기간은 세상의 창조를 약 6,176년 전으로 추정할 때 최소한 약 2,328년에 이를 것이다.

이 수치는 애굽에 이스라엘이 들어간 기간에서 아담까지의 2,328년을 더하고 애굽의 노예 생활을 한 기간인 400년을 추가한 후 출애굽까지의 1,446년(출애굽 초기 연대를 수용하여)에 서력 기원의 2002년을 추가함으로써 산출한 것이다. 족보들 간에 단절이 있다면 이 기간은 상당히 늘어날 수 있을 것이며, 인류가 지구상에 등장한 지 약 10,000년이 되었다는 보수주의자들 간에 흔히 수용되는 믿음과 더욱 밀접하게 부합할 수 있을 것이다(애굽 역사는 주전 3,500년 전으로 돌아가는 것으로 보인다). 물론 창조 기사 그 자체의 기간은 더 많은 논란의 대상이 되고 있다.

## 제목

오경의 각 책은 원래 각 책의 첫 글자나 두 글자를 따서 제목이 지어졌다. 창세기의 경우 첫 히브리어 글자는 '베레쉬트'로 '그 시작에'로 번역된다. 'Genesis'라는 영어 제목은 '~의 세대들/~의 역사들/~의 이야기들'을 의미하는 핵심 히브리어 단어(톨레도트, toledot)의 70인역에 사용된 헬라어 단어(게네세오스, geneseos)를 사용한 것이다.

## 수신자

수신자에 대해서는 언급되어 있지 않지만 대부분의 복음주의자들처럼 창세기의 모세 저작설을 수용한다면, 이 책은 처음에 애굽을 떠났던 집단의 일부이며 가데스 바네아에서 약속의 땅으로 들어가기를 희망했던 이스라엘 백성들을 위해 기록되었을 것이다. 창세기가 모세의 말년에 기록되었다면 이스라엘 백성들은 모압 평지에서 약속의 땅으로 들어가기를 고대하고 있던 집단의 일부였을 것이다. 어떤 경우이든, 이 책은 이스라엘 백성들이 신실하시고 전능하신 하나님을 신뢰할 수 있도록 격려했을 것이다.

하지만 창세기가 이 초창기의 이스라엘 집단을 위해 기록되었다고 하더라도 창세기는 이들 집단만을 위한 것은 아니었다. 창세기의 다양한 가르침은 인류, 특별히 하나님의 백성들이 자기 자신과 죄와 하나님과의 관계에 대해 어떻게 생각해야 하는지에 대한 근거가 되었음이 분명하다. 그러한 가르침은 지금도 모든 사람들과 상관성이 있다. 창세기가 없다면 신약을 비롯해 이후의 성경에 기록된 많은 교훈들이 불명확하거나 이해할 수 없는 것이 되었을 것이다. 케네스 매튜(Kenneth Mathews)는 창세기 1-11장에 대한 자신의 주석에서 이렇게 말한다. "우리가 창세기가 없는 성경을 갖고 있다면 기초가 없거나 회반죽이 안 된 '카드로 만든 집' 을 갖게 되었을 것이다."

## 문학적 특징

성경의 모든 역사서처럼 창세기의 자료는 배경, 인물, 구성, 대화, 내레이터를 가진 복합적인 해석의 역사이다. 저자는 자신의 주장을 강조하기 위해서 자료들을 삽입하고 배제하였다. 하지만 이 주석에서 증명하겠지만 자료의 선정은 무작위적으로 이루어지지 않았다. 자료의 배열도 무계획적인 방식으로 이루어지지 않았다.

창세기는 놀라울 정도로 발달된 문학적 구조를 지니고 있다. 이에 대해서는 주석 전반에 걸쳐 상세하게 살펴볼 것이다. 간단히 설명하자면 창세기는 히브리어 단어인 '톨레도트(~의 세대들/~의 역사들/~의 이야기들)' 를 중심으로 구성되어 있다.

'톨레도트' 라는 단어 사용을 기초로 할 경우 창세기의 문학적 구조는 다음과 같을 것이다(첫 서론 단원은 톨레도트로 시작하지 않는다):

1. 서론: 창조 이야기(1:1-2:3)
2. 창조와 관련된 이야기(2:4-4:26)
3. 아담에 대한 이야기(5:1-6:8)
4. 노아에 대한 이야기(6:9-9:29)
5. 노아의 아들들에 대한 이야기(10:1-11:9)
6. 셈에 대한 이야기(11:10-26)
7. 데라에 대한 이야기(11:27-25:11)

8. 이스마엘에 대한 이야기(25:12-18)
9. 이삭에 대한 이야기(25:19-35:29)
10. 에서에 대한 이야기(36:1-37:1)
11. 야곱에 대한 이야기(37:2-50:26)

이러한 구조가 '톨레도트' 의 문학적 특징을 반영하지만 창세기에서 발견되는 주제적 강조점을 모두 다 반영하지는 않는다. 예를 들어, 족장 이전의 역사와 아브라함과 이삭과 야곱의 역사 사이의 중요한 변화는 반영되어 있지 않다. 또한 이 구조에는 요셉에 대한 광범위한 지면 할애도 반영되어 있지 않다. 이 주석은 '톨레도트' 를 기준으로 한 구조와 주제적이고 신학적인 중요성에 의한 구조를 모두 인정할 것이다. 이 주석은 장에 따라 다루는 자료의 양도 차이를 둘 것이다. 이는 저자들이 독자들의 관심사를 예상하고, 또한 어떤 자료는 다른 단락들에 비해 포괄적인 단락에서 다루는 것이 더 쉽지만 여전히 적절한 이해를 갖고 다룰 것을 인정하기 때문이다.

## 목적

창세기의 일반적인 목적은 하나님이 자기 백성들과 축복의 언약을 주권적으로 체결하신 역사에 대한 정확한 기록을 제공하는 것이다. 창세기에서 우리는 온 세상을 축복하시는 수단으로 하나님이 아브라함과 관계를 맺으시는 것을 본다.

아브라함 언약의 배경은 다음을 포함한다. 세상과 인류의 시작, 인간의 타락, 그로 인해 초래된 심판과 하나님이 피조물들을 통해 창조물에 대한 통치를 회복하시기 위해 사용하시는 수단, 모든 부패한 인간에 대한 심판과 순종하는 노아(와 그 가족)에 대한 축복, 모든 민족들에게 하나님의 축복이 미치도록 하기 위해 아브라함을 선택하심. 이 자료는 이스라엘의 하나님에 대한 절대적 신실성을 상기시킬 뿐 아니라 약속의 유업을 이스라엘에게 가르칠 목적으로 계획되었다.

# 창세기 1:1-2:3

## 창조

*"집은 건축자가 있었다는 것을 알려주고, 옷은 직조공이 있었음을 증명하며, 문은 목수가 있었음을 알려준다. 그러므로 우리의 세상은 그 존재 자체로 세상을 창조한 창조주이신 하나님을 선언한다."*

*- 랍비 아키바 벤 요셉(Rabbi Akiba Ben Joseph)*

**하나님은** 세상을 6일 동안 창조하시며 모든 만물을 말씀으로 지으셨다. 창세기의 창조 이야기는 하나님이 모든 만물보다 선재하셨고, 모든 만물을 만드셨으므로 우리의 찬양과 순종을 받으시기에 합당하신 분임을 보여준다. 이 창조 이야기는 하나님이 어떤 분이신가에 대한 우리의 이해와 인간인 우리가 이 계획에서 어떤 위치를 차지하는지에 대한 우리 이해에 기초가 된다.

# 들어가는 글

## 하나님의 관점에서 본 빅뱅

성경에서 성경의 첫 장만큼 유명하면서 의견이 분분한 장은 없다. 피조물이 어떻게 존재하게 되었는지에 대한 단순하고 간략한 연대기적 이야기처럼 보이는 내용에서 '실제로' 무슨 일이 일어났는지에 대한 복잡하고 광범위한 수많은 해석들이 쏟아져 나온다. 어떤 사람에게 창세기의 창조 이야기는 과학 이전의 관점(prescientific perspective)에서 우주의 시작을 설명하고자 시도하는 노력이나 꾸며낸 이야기, 혹은 신화에 지나지 않는다. 한 사람도 목격한 사람이 없고, 반복될 수 없는 역사의 이 사건을 설명하기 위해 많은 사람들이 과학적인 방법을 사용하고 있다.

또한 신학과 '확인된' 과학의 결과들을 조화시키기 위한 다양한 시도들이 이루어져 왔다. 성경의 영감설과 권위를 절대적으로 믿는 신자들은 상호 배타적인 관점들을 제시한다. 이것이 어떻게 가능할 수 있는가? 우리의 세계 속에서 보는 증거와 성경에서 읽는 진리를 가장 잘 설명할 수 있는 이론은 어떤 것인가? 주 하나님이 계시해주신 것이 분명한 이 역사적 사건을 기록한 저자의 의도는 무엇이었는가?

때로 장난끼가 발동하면 나는 내가 가르치는 창세기 반 학생들에게 이 시대의 위대한 신학자 중 한 사람의 레코드를 틀어주겠다고 알린다. 그들이 코미디언 빌 코스비(Bill Cosby)의 목소리를 듣고 놀라는 모습을 상상해보라. '자녀가 있든 없든 당신은 이해하게 될 것이다(Those of You with or Without Children, You' ll Understand)' 라는 제목의 테이프에서 코스비는 '창세기' 라고 하는 생생한 독백을 싣고 있다. 코스비가 이 테이프에서 말한 내용을 내가 모두 인정하는 것은 아니지만, 그는 창조 때 하나님이 하신 일의 특징을 탁월하게 묘사하고 있다.

> 나무가 있으라. 그리고 하나님은 그것이 보시기에 좋아서 그것이 좋다고 말씀하셨다. 그리고 그것은 실제로 좋았다. 나무, 그 나무로 서 있게 하라. 하나님이 하신 일은 하나님 스스로 만족하실 정도로 좋았다. 좋았다. 그냥 좋다고 하셨다. 인

> 간은 발명을 하고, 하나님은 창조하신다. 인간은 자동차를 발명하였고, 그것을 환상적이라고 평가하였다. 하나님은 나무를 창조하셨다. 그리고 알다시피 그것이 좋았다고 말씀하셨다. 인간은 냉장고를 발명하였다. 그리고 너무나 놀랍다고 말했다! 하나님은 토끼를 창조하셨다. 그리고 좋다고 말씀하셨다. 자동차의 바퀴는 떨어져 나가고 냉장고는 망가졌다. 나무들은 여전히 서 있고, 토끼들은 여전히 튼튼한 다리로 달리고 있다. 좋다!

창세기 1장은 하나님이 이 세상을 창조하신 것으로 묘사한다. 하나님은 훌륭하게 세상을 창조하셨고, 그 모든 것을 오직 혼자 하셨다! '빅뱅' 이 실제로 하나님의 음성이었다고 말할 수도 있는 것이다!

## 본문 이해

### 창조

| Main Idea | 창조 이야기의 몇 가지 점에서는 그리스도인들의 의견이 서로 일치하지 않을 수도 있지만 하나님이 이 세상을 창조하셨다는 것과, 그것을 홀로 다 감당하셨다는 것과, 그분이 창조하신 세계가 '매우 좋았다' 는 점에서는 모두 동의한다. |
|---|---|

#### A. 창조의 요약(1:1)

| Supporting Idea | 하나님은 물질과 공간의 창조주시다. |
|---|---|

**1:1.** 태초에 하나님이 천지를 창조하시니라는 구절은 바로 처음부터 하나님의 존재가

전제되고 있음을 보여준다. 창조 자체가 하나님의 실재하심이라는 진리를 선언하는 것이기 때문에(시 19:1-4) 어떤 논쟁이나 증거도 제시되지 않는다. 저자는 성경에서 신(형태상 복수이기 때문에 신들)을 가리키는 일반적인 용어인 동시에 하나님에 대한 고유명사로도 사용되는 엘로힘(Elohim)이란 단어(적절한 번역을 위해서는 맥락을 보아야 할 것이다)를 사용하여 공간(하늘)과 물질(땅)이 모두 하나님에 의해 창조되었다고 선언한다. 하나님에 대한 이 이름(엘로힘)은 창세기 1장 1절 - 2장 3절의 창조 이야기에서 계속 사용될 것이다.

**창조하다**의 단어는 항상 하나님을 주어로 사용하는 히브리어 동사이다. 이 히브리어 동사가 모든 용례에서 이 의미로 사용되어야 하는 것은 아니지만 여기서는 어떤 물질이 선재하였다는 언급이나 암시가 전혀 보이지 않는다[이런 유형의 창조는 종종 라틴어로 무에서의(ex nihilo) 창조로 불린다]. 신약은 창조된 모든 것이 하나님께로부터 왔다는 것을 명확히 밝히고 있다(요 1:3, 롬 4:17, 히 11:3). 이것은 모든 신자들이 동의할 수 있는 신학적인 진리이다.

**태초**에는 모든 만물의 시작이 아니라 우주의 시작에 대해서 말하고 있다. 하나님은 영원하시기 때문이다(요 1:1, 엡 1:4, 골 1:15-17). 창세기와 나머지 성경들은 일어난 모든 일에 대한 포괄적인 전망을 주는 것이 아니라, 해석된 신학적 역사를 제시함으로써 자신이 창조한 존재들을 통해 모든 피조물에 대한 통치를 확립하시고자 하는(타락 후에는 재확립하시고자 하는) 하나님의 계획을 우리가 이해할 수 있게 한다. 창세기는 창조에 대한 우주적 차원의 그림으로 시작하지만 곧 자신의 계획을 이루시기 위해 사용될 한 남자와 그 가족에 대한 하나님의 선택으로 초점이 모아질 것이다.

**천지**는 창조의 총체성을 묘사하는 비유적 표현이다(요한계시록이 모든 것을 의미하기 위해 알파와 오메가라는 표현을 사용하는 것과 같다). **천**(heavens)에 해당하는 히브리어는 복수형이며, 여기서는 땅 표면 위에 있는 모든 것을 지칭하기 위해 사용되고 있다. 뒤에서 '하늘' 은 해와 달과 별의 활동 무대나 우주(시 19:1), 새와 구름의 활동 무대 혹은 대기(단 4:12)를 지칭하게 될 것이다. 마지막으로, 고린도후서 12장 2절에서 '하늘' 은 천사들과 세상을 떠난 성도들이 있는 곳을 지칭하게 될 것이다. 하늘과 땅의 구체적 명시는 하나님이 모든 것을 창조하셨음을 의미한다.

## B. 창조의 초기 상태(1:2)

| Supporting Idea | 현재 우리가 물리적 우주에서 보고 있는 것이 한때는 혼돈과 공허함의 상태로 존재하였다. |
| --- | --- |

**1:2.** 이 절은 땅이 혼돈하고 공허하며 흑암이 깊음 위에 있고 하나님의 신은 수면에 운행하시니라고 알려준다. 하나님의 신이 계셨다는 사실로 인해 이 상태가 하나님의 통제와 서로 상극이거나 혹은 하나님의 통제의 부재로 제시하는 해석을 지지하지 않도록 주의해야 한다. 하나님의 성령이 창조의 현장에 계셨을 뿐 아니라 삼위일체 중 제2위이신 성육신하신 말씀도 함께하시며, 창조에 능동적으로 동참하셨다(요 1:3 참고).

창조의 말씀은 혼돈 속에 있는 물질을 구조와 질서를 지닌 세계로 변화시키게 될 것이다. 이 고대의 해석은 하나님이 무에서 우주를 창조하셨다는 성경적 개념과 상충되지 않는다. 이것은 하나님의 놀라운 계획의 무대가 될 뿐이다. 이사야 45장 18절은 이렇게 말한다. "여호와는 하늘을 창조하신 하나님이시며 땅도 조성하시고 견고케 하시되 헛되이 창조치 아니하시고 사람으로 거하게 지으신 자시니라 그 말씀에 나는 여호와라 나 외에 다른 이가 없느니라." 창조의 첫 2일은 이 물질에 질서를 부여하게 될 것이며, 그 다음 며칠간은 공간을 채우고 풍성하게 하는 일이 일어나게 될 것이다.

## C. 6일간의 창조(1:3-31)

| Supporting Idea | 하나님은 생산력을 가진 물질로 우주를 채우시고 인간에게 권위의 지위를 부여하신다. |
| --- | --- |

**1:3-5.** 하나님의 말씀만으로 만물이 존재하게 되었다. 이것은 경이로운 방식으로 하나님의 주권을 증명한다. 그것은 하나님의 모든 말씀의 이면에 있는 의미와 권위를 우리에게 상기시켜준다.

하나님의 말씀으로 창조가 이루어졌다는 사실(비교. 시 33:9, 히 11:3)은 신학적으로 두 가지 면에서 중요하다. 예를 들면, 요한복음은 하나님의 말씀으로 불리는 예수 그리스도가 창조에 참여하셨다고 기록한다(요 1:3). 또한 하나님의 말씀은 물질과 생명이 그들에게 정해진 방식으로 존재하게 할 수 있는 충분한 권위이다. '피아트(fiat)' 라는 라틴어는 '있으라(let there be)' 에 대한 번역이다. 이것은 하나님의 말씀의 결과로 이루어진 창조를 가리키는 전문적 용어이다. 하나님이 가라사대(and God said)라는 이 구절은 창조가 이루어진 6일 동안 매일 발견되지만 3일에는 두 번 사용되고, 6일에는 세 번 사용되고 있다.

하나님이 부르시고는 하나님이 자신이 창조하신 것에 이름을 붙이실 때 이용된 구절이다. 오늘날이나 고대 세계에서 어떤 대상에 이름을 부여한다는 것은 주권적 권리의 행사를 의미한다. 오직 자녀의 부모나 어떤 물건의 발명자만이 이름을 부여할 수 있는 합법적 권리와 권위를 지닌다.

창조의 제1일에 창조된 빛은 태양빛이 아닌 것으로 보인다. 이는 이 천체가 제4일에 소개되기 때문이다(14-18절). 어떤 학자들은 천체들이 창조된 것은 제1일인 반면, 천체들의 구체적인 기능이 정해진 것은 제4일이라고 믿는다. 이러한 해석이 이 절과 창세기 1장 14-18절의 관계에 대한 가장 적절한 설명인 것 같지는 않다. 어떤 이들은 빛이 에너지에 대한 상징적인 표현으로 이해되어야 하며, 첫날에 창조된 것이 바로 이 '힘' 이라고 믿는다.

어떤 이들은 이 빛이 성경의 뒷부분에서 하나님의 영광의 현현인 빛, '셰키나(shekinah)' 로 표현되고 있는 그 빛과 일치한다고 믿는다(출 40:34-35, 왕상 8:11). 그러한 견해는 사도 요한이 (하나님의 임재가 있는 미래에 대해 말하면서) "다시 밤이 없겠고 등불과 햇빛이 쓸 데 없으니 이는 주 하나님이 저희에게 비취심이라" 고 선포하는 요한계시록 22장 5절에 의해 지지를 받는다.

이러한 견해는 하나님의 영광이 제1일에 창조되었음을 주장하는 것이 아니라 피조세계를 밝히기 위해서 가시적인 그분의 영광이 창조되었음을 암시할 뿐이다. 이러한 이해는 또한 하나님의 성령이 임재하셨다는 앞절의 내용과 일치한다. 이제 하나님의 창조 사역이 가시화될 수 있는 방식으로(빛의 창조로) 하나님의 임재가 확연히 드러난 것이다.

어둠은 빛이 없는 상태로 성경의 뒷부분에서는 종종 악을 의미하게 될 것이다(예를 들면, 출 10:21-23, 욥 3:4). 그러나 창세기 1장 2절은 하나님의 성령이 계셨다고 선언하며 악에 대해서는 전혀 언급하지 않는다.

저녁이 되며 아침이 되니라는 구절은 빛의 창조의 결과를 나타내며 또한 지구의 자전을 암시한다. 유대인들은 이 절과 이후의 절에서 저녁이 먼저 언급되기 때문에 해가 질 때 하루가 시작된다고 생각하였다.

하나님이 창조하신 각 피조물에 대해 좋았다는 평가 속에는 인정과 수용의 개념이 내포되어 있다. 어떤 것도 하나님의 말씀을 거부하지 않았고, 어떤 것도 부분적일 뿐이거나 손상된 것이 없었다. 하나님이 이 날과 그 이후의 각 날에 하신 모든 일은 그 자신의 긍정적인 평가로 연결된다.

**1:6-8.** 창조 둘째 날에 하나님은 물 가운데 궁창이 있어 물과 물로 나뉘게 하리라고 선언하셨다. 그 결과로 땅 위에 존재하던 물과 당시 대기권에 있던 수분 사이에 생긴 공간 혹은 구역은 일반적으로 '창공(firmament, KJV)' 이나 하늘로 번역되며, '망치로 펴다' 의 의미를 가진 히브리어로 불리고 있다. 하나님은 후에 이 공간에 해와 달과 별들을 두셨다. 그러므로 이 공간은 분명히 구름들이 형성되는 대기 이상의 것을 포함하였다. '하늘' 혹은 '창공' 은 땅의 표면 위에 있는 모든 것을 가리킨다.

**1:9-13.** 하나님은 창조의 셋째 날에 천하의 물이 한 곳으로 모이고 뭍이 드러나라고 선언하셨다. 땅 위의 물들을 한 곳에 모음으로써 분리가 이루어졌다. 이 분리로 인해 뭍이라고 하는 마른 땅과 바다라고 하는 수역(히브리어로 복수이기 때문에 혹은 '수역들' )이 동시에 생겼다. 여기서 사용된 히브리어는 지상의 모든 바다가 하나의 해양을 형성하거나, 모든 마른 땅이 단일 대륙으로 이루어져야 한다고 요구하지는 않는다. 물론 후자가 확실히 가능성이 있기는 하다. 하나님은 드러난 땅에서 각기 종류대로 식물이 자라게 하셨다. 유사 창조물의 생산이라는 창조 개념은 각기 종류대로라는 표현을 창세기 1장에서 열 번에 걸쳐 사용하였다는 사실에 의해 강조되고 있다. 이것은 대부분의 진화 이론을 반박한다.

마른 땅의 형성과 관련해 창조 제3일의 첫 평가가 주어진다. 하나님의 보시기에 좋았더라(10절). 인간은 이 땅을 이용해 만들어질 것이다. 인간은 하나님의 대리자로서 이 땅과 이 땅에서 생성된 것을 다스리게 될 것이다.

하나님은 식물, 즉 씨 맺는 채소와 각기 종류대로 씨 가진 열매 맺는 과목을 창조하셨다. 최초의 생명체인 식물이 창조되었다. 이 생명체는 동물과 인간이 갖게 될 생명과 다른 무의식적 생명체였다. 하나님이 창조하신 모든 식물에 강조점이 있지 않고 구체적으로 인간에게 식량을 공급해줄 식물에 강조점이 있다. 각기 종류대로라는 구절은 독립적인 식물의 종류들이 있었음을 암시한다.

**1:14-19.** 이 창조 4일은 빛(단수)이 창조된 창조 1일과 평행을 이룬다. 하나님께서는 하늘의 궁창에 광명이 있어 주야를 나뉘게 하라 또 그 광명으로 하여 징조와 사시와 일자와 연한이 이루라 또 그 광명이 하늘의 궁창에 있어 땅에 비취라고 선언하셨다. 이러한 발광체들의 기능은 다음과 같은 것을 포함하였다. (1) 낮과 밤의 구별 (2) 태양력으로나 음력으로 시간을 측정할 수 있는 수단 (3) 지상에 존재할 수 있는 생명체의 능력과 관련된 땅을 비추는 기능 (4) 인간에게 하나님의 창조 역사를 상기시켜주는 역할(시 8:3, 롬 1:19-20).

위에서 언급한 두 번째 기능은 그것들로 징조와 사시와 일자와 연한이 이루라는 구절에서 지적되고 있다. 뒤의 오경(구약의 첫 다섯 권의 성경)에서 하나님은 자기 백성 이스라엘을 위해 태양 주위를 도는 지구의 이동과 달의 이동을 기준으로 한 종교 절기의 달력을 만드실 것이다. 시간을 관장하는 이 기능은 때로 천체들이 결정을 내리거나, 미래를 알 수 있도록 인간을 인도하는 징조(예를 들면, 별점의 이용과 같이)로 창조되었음을 의미하는 것이라는 오해를 낳았다. 그러나 그러한 의미는 결코 제시된 적이 없으며 사실상 오직 하나님과 그분이 규정하신 수단을 통해서만 인도하심을 구하라는 성경적인 가르침에 위배되는 것이다(잠 3:5-6, 신 18:10-13). 창세기에서 하나님의 은혜와 자비를 상기시켜줄 목적을 지닌 다양한 '징조' 들이 언급될 것이다(창 4, 9, 17장).

고대의 많은 문화들이 태양을 숭배하였지만, 성경의 창조 이야기에서는 빛과 생명체들이 창조된 이후인 제4일째가 되어서야 태양이 창조되었다. 하나님은 태양과 별들의 창조주셨다. 이것들을 신으로 숭배하는 것은 거짓된 예배에 참여하는 것이다.

**1:20-23.** 수생 생물과 날짐승들의 창조가 제5일에 이루어졌다. 제5일은 바다와 하늘이 창조된 제2일과 평행을 이룬다. 하늘과 바다의 각 피조물들이 종류상 나머지 피조물들과 구분된다고 조심스럽게 지적되어 있다. 이러한 선언은 성경이 모든 물고기나 새들이 초기의 단일 형태에서 발전되어 나왔다는 주장을 비롯한 대진화(macro evolution)의 여지를 허용한다는 주장을 반박한다. 이것은 한 종 내에서의 다양한 품종의 발전이나 변이들을 반대하지 않는다.

하나님이 그들에게 복을 주어 가라사대라는 표현은 창조 이야기의 새로운 측면이다. 하나님은 식물이라는 생명체에 대해서는 이렇게 하시지 않았다. 물고기나 새와 같은 생명체는 식물이라는 생명체와 본질적으로 다른 것이 분명하다. 하나님은 새롭게 창조된 이 의식이 있는 생명체에게는 특별한 은혜가 임하도록 하셨다.

**1:24-31.** 주로 땅에서 사는 생명체들은 제6일에 창조되었다. 이 날은 마른 땅이 드러났던 제3일과 평행을 이룬다. 여기서도 피조물은 각기 종류대로 창조되었다.

동물들이 소유한 생명은 식물들의 무의식적인 생명과 비교할 때 의식이 있는 생명이었다. 모든 종류의 동물들이 창조되었다. 이것은 인간이 길들여 이용할 수 있는 동물과 야생 상태 그대로 살고 있는 동물을 가리키는 다양한 용어(육축과 기는 것과 땅의 짐승)로 표현되고 있다. 공룡과 같은 일부 동물들이 멸종되었다는 사실(계속해서 일어나고 있는 상황)이 원래의 창조와 상충하는 것은 아니다. 동물을 창조하신 것이 먼저 다루어지고 있지만 같은 날에 인간도 창조되었다.

한 창조물에게 특별한 관심이 집중되고 있다. 이 피조물은 다른 육지 동물들과 혼동될 수도 있지만 매우 다른 존재였다. 창조주 자신을 제외하면 이날의 하이라이트는 인간이며, 인간은 모든 피조 세계에서 가장 강력하고 권위 있는 존재가 되었다. 인간의 창조는 다른 육지 생물과 별도로 다뤄지고 있다.

하나님의 형상으로 창조되었다는 표현은 오직 이 피조물에 대해서만 사용되고 있다. 27절의 그들이라는 대명사와 남자와 여자라는 언급이 암시하듯이 하나님의 형상을 지닌 '인간' 의 창조는 단순히 아담만 가리키는 것이 아니라 모든 인류를 가리키고 있다. 하나님과 인간은 다른 피조물이 갖고 있지 않은 유사성을 공유하고 있다(형상과 모양이라는 히브리어는 본질적으로 의미가 동일한 단어이다). 이러한 유사성은 아마 동물들과 달리 하나님과 인간이 공유하는 인격, 미적인 인식 능력, 권위, 도덕적이고 영적인 자질을 포함할 것이다. 하나님과 인간이 그러한 유사성을 공유하기 때문에, 나머지 성경에서 하나님과 인간의 관계가 초점의 대상이 되고 있는 것에 대해서 놀랄 필요가 없을 것이다. 인간은 창조주께 감사하고 창조주를 경배할 수 있는 자기 의식적 삶을 소유한다.

인간의 역할에는 땅과 창조된 모든 것과 땅 위에 있는 모든 것을 정복하는 일이 포함되었다. 인간은 처음부터 자신이 하나님께 성실하고 책임을 다하는 존재임을 알았다. 선악과를 먹지 말라는 명령은 뒤에서 전달될 것이다. 하지만 여기 창세기 1장에서도 그는 생육하고 번성하여 땅에 충만하라, 땅을 정복하라, 바다의 고기와 공중의 새와 땅에 움직이는 모든 생물을 다스리라는 명령을 듣는다. 생육하고 번성하라는 명령은 일반적으로 인류의 대표에게(여기서는 아담과 하와에게, 뒤의 창세기 9장 1절에서 노아에게 다시) 준 명령으로 인식되고 있다. 이것은 보통 모든 인간에게 요구되는 명령으로 해석되지 않는다. 어떤 인간들은 자녀를 생산할 수 없고, 어떤 사람들은 결혼하지 않음으로써 하나님을 기쁘시게 해드릴 수 있다(고전 7:8)는 사실을 볼 때 이것은 분명한 것 같다.

모든 인간이 자신이 할 수 있는 최대한으로 많은 자녀를 낳아야 한다는 요구는 성경적이지 않다. 하나님이 계획하신 성적 결합을 통해 자녀들이 생산된다는 사실은 이러한 종류의 성적 행위가 아름다운 것이며, 부정적인 어떤 암시도 없다는 것을 확인해준다. 하나님의 계획에서는 자녀를 낳기 위해서 아버지와 어머니가 모두 필요하다. 또한 자녀를 양육하는 데도 양친이 모두 필요하다. 한쪽 부모로서만 자녀들을 양육해야 하는 사람들은 자주 힘들어하며 특별한 후원을 필요로 한다.

하나님은 인간에게 양식을 준비해주심으로써 은혜와 관용을 베푸셨다. **내가 온 지면의 씨 맺는 모든 채소와 씨 가진 열매 맺는 모든 나무를 너희에게 주노니 너희 식물이 되리라.** 인간은 원래 채식주의자로 창조되었다. 홍수 후에야 인간에게 짐승이 먹을거리로 주어졌다(창 9:3). 그리스도인들이 이러한 홍수 이전의 채식주의로 되돌아가야 한다는 암시는 신약에서 전혀 발견되지 않는다.

## D. 제7일(2:1-3)

| Supporting Idea | 이날에는 더 이상 창조가 필요하지 않다. 단순히 완전한 상태를 즐기기만 하면 된다. |
|---|---|

**2:1-3.** 일곱째 날은 하나님이 자신의 창조 사역을 마무리하신 절정의 날이었다. **그분이 하시던 일을 일곱째 날에 마치셨기 때문이다. 그분은 안식하셨고, 일곱째 날을 축복하셨다.** 분위기는 창세기 1장 1-2절에서 볼 수 있는 것과 유사하지만(침묵과 고요) 상황은 완전히 다르다. 사역을 중지하였다는 것은 우주가 완전함의 상태에 도달하여 모든 필요 요소들이 다 갖춰졌음을 의미한다. 히브리서 기자는 안식을 모든 하나님의 백성들에게 주어질 미래의 유익으로 주장하지만(히 4:1-11), 이곳은 성경에서 하나님이 안식하고 계신 것으로 묘사된 유일한 곳이다. 하나님이 출산이나 재생산을 통해 창조 질서 속에 허

용하시는 것(창 1:11, 22, 28) 외에, 더 이상의 창조는 필요하지 않았다. 하나님의 안식은 피로, 무관심, 이 세상과 그 안에 있는 모든 것을 유지하기 위한 하나님의 활동이 부족한 것을 의미하지 않는다(비교. 골 1:17).

제7일에 대한 축복은 하나님이 자신의 창조 사역을 기념하기 위해서 그날을 나머지 날들과 구별하셨다는 의미였다. 인간이 제7일을 안식의 날로 지켜야 한다는 명령은 기독교 신자들이 아니라 시내 산에서 이스라엘 국가와 맺은 모세 언약의 일부였지만, 성경은 주기적인 안식의 중요성을 가르치고 있다.

| Main Idea 복습 | 창조 이야기의 몇 가지 점에서는 그리스도인들의 의견이 서로 일치하지 않을 수도 있지만 하나님이 이 세상을 창조하셨다는 것과, 그것을 홀로 다 감당하셨다는 것과, 그분이 창조하신 세계가 '매우 좋았다' 는 점에서는 모두 동의한다. |
|---|---|

## 결론

### 얼마나 놀라운 세상이며 놀라우신 하나님인가!

창조 이야기를 읽다보면 "얼마나 놀라운 세상이며 놀라우신 하나님인가!" 라고 선언하지 않을 수 없다. 이것을 선언하기 위해서는 하나님의 계시된 말씀에 근거한 믿음의 발걸음이 필요하다. 그것은 신자로서 우리가 우리의 창조주시며 구속주가 계시하시는 진리를 들을 때 반드시 취해야 하는 많은 단계 중 첫 발걸음이다. 우리가 이 위대한 진리를 받아들인다면 다른 많은 진리들이 우리에게 따라오게 될 것이다. 우리가 이 기본적인 진리를 받아들이기를 거부한다면 우리가 확신하거나 믿을 수 있는 진리는 거의 남지 않을 것이다. 하나님이 창조를 어떻게 이루셨는지 의문을 갖게 된다 하더라도 하나님이 우리에게 믿음을 주시기를.

■ 진리 알기

- 창조 이야기는 하나님의 존재를 선언하기 때문에 무신론을 반박한다. 창조 이야기는 하나님이 모든 만물을 창조하셨다고 말하기 때문에 대진화를 반박한다. 그것은 하나님이 자신의 피조 세계와 구별되심을 보여주기 때문에 범신론을 반박한다. 창조의 시작이 있기 때문에 그것은 물질의 영원성을 반박한다. 창조의 목적이 있기 때문에 그것은 운명론을 반박한다.
- 많은 인간들은 태양을 숭배하려고 했지만, 하나님은 사람들이 하나님 자신을 경배하기를 원하신다. 하나님은 태초에 거기 계셨고, 4일째가 되어서야 태양을 창조하셨다. 이 일은 생명체와 빛이 존재한 후에 일어났다.
- 창조는 이 지구상의 생명체를 이해하는 데 기본이 된다. 그것은 하나님의 법을 좇아야 하는 인간 책임의 근거이며(롬 1:18-20), 인간이 하나님을 찬양해야 하는 이유이다(시 19:1-6, 104:24-30).
- 창세기는 창조의 '내용' 에 대한 정보를 준다. 창조의 '방법' 은 "하나님께서 말씀하시니…그대로 되니라" 는 개념을 통해 드러나고 있다. 이것은 하나님의 주권과 유한한 피조물로서 우리가 결코 모든 것을 다 알 수 없다는 사실을 증명한다.
- 하나님은 탁월한 능력으로 일하신다.
- 인간은 하나님의 창조 세계를 돌볼 책임을 하나님께 지고 있다.
- 하나님은 계획적이고 체계적인 방식으로 일하신다.

■ 적용하기

- 하나님과 그분에 대한 당신의 책임을 인정하라.
- 하나님이 처음부터 나눔과 구별을 그분의 창조 내용의 일부로 삼으셨음을 인정하라.
- 당신의 경건한 생활을 통해서 하나님이 살아 계시며, 그분의 피조 세계 속에 함께하심을 세상에 선포하라.

## 삶의 적용

### "하늘이 하나님의 영광을 선포하다"

한번은 어떤 무신론자가 기독교인들과 유대인들이 특별한 절기를 지킨다고 한 친구에게 불평을 늘어놓았다. 그는 "하지만 우리 무신론자들은 특별한 날도, 인정받는 국경일도 없다. 그건 정말 공평하지 않아"라고 말했다. 그러자 그의 친구가 이렇게 대답하였다. "그럼 4월 1일을 경축일로 축하하지 그러나?"

그 누구도 바보로 알려지기를 원치 않는다. 그러나 하나님을 인정하지 않는 사람은 바보이다. 주님은 자신의 존재에 대한 증거도 주지 않고 우리를 내버려두지 않으셨다. 로마서 1장 20절은 "창세로부터 그의 보이지 아니하는 것들 곧 그의 영원하신 능력과 신성이 그 만드신 만물에 분명히 보여 알게 되나니 그러므로 저희가 핑계치 못할지니라"고 설명해준다. 피조 세계는 자연의 질서와 조화를 통해 이 모든 것에 원인이 있다는 증거를 준다. 인간은 모든 피조물이 창조주를 가리키고 있다는 것을 인정해야 한다. 모든 피조물은 하나님이 존재하시며 그분이 능력과 영광의 하나님 - 찬양받기에 합당하신 분 - 이심을 소리 높여 외치고 있다. 어리석은 자들은 '어머니인 자연' 에 대해서 이야기할 수 있지만, 자연 그 자체는 하나님이 설계하신 과정이 없이는 어떤 생명도 생산할 능력이 없다. '하나님' 을 '어머니인 자연' 으로 대체하는 것은 피조물을 창조주와 혼동하는 것이다.

## 기도

하나님 아버지, 능력에 있어 웅대하시고 계획에 있어 경이로우신 당신을 오늘 경배합니다. 우리는 당신이 모든 만물보다 먼저 계셨다는 것과, 모든 만물이 당신의 말씀으로 창조된 것과, 모든 만물이 당신으로 인해 존재하는 것을 인정합니다. 당신이 창조하신 이 세상 속에 계신 당신의 임재와 능력을 쉬지 않고 일깨워주시니 감사드립니다. 아멘.

## 심층 연구

### A. 창세기의 제목

오경(구약의 첫 다섯 권)의 각 책은 원래 각 책의 첫 글자나 글자들을 그 책의 제목으로 삼았다. 창세기의 경우, '태초에' 로 번역된 히브리어 '베레쉬트(bereshit)' 이다. 그래서 유대인들은 이 책을 '태초에' 책이라고 알고 있다. 'Genesis' 라는 영어 제목은 70인역(구약의 헬라어 역본)에서 사용된 헬라어를 음역한 것이다. '게네세오스(geneseos)' 라는 이 헬라어는 '톨레도트(toledot)' 혹은 '~의 세대' 라는 핵심 히브리어를 번역한 것이다. 이 히브리어는 창세기 2:4, 5:1, 6:9, 10:1, 11:10, 27, 25:12, 19, 36:1, 9, 37:2에서 발견된다. 이것은 '~에 대한 이야기' 나 '~의 족보' 로 번역되며, 다음 장에서 보다 광범위하게 다룰 것이다.

### B. 창조의 시기나 기간

창조 이야기에 나타난 창조 기간은 많은 논란의 대상이 되고 있다. 현재의 과학적 '사실들' 이 수용된다면 지구의 나이는 약 4백 5십만 년 정도일 것이다. 그러한 '사실들' 을 믿는 학자들은 성경 말씀을 그러한 '사실들' 의 관점에서 해석할 수밖에 없다. 더욱이 창조의 기간은 다음 목록에서 볼 수 있듯이 짧을 수도 있고, 길 수도 있으며, 혹은 시간과 무관할 수도 있다.

히브리어 '욤(yom, 날)' 은 창세기 1장과 2장에서 세 가지 방식으로 사용되고 있다.

1. 낮의 열두 시간(창 1:5, 14, 16, 18)
2. 스물네 시간의 하루(창 1:14)
3. '6일간' 의 전체 창조 기간(창 2:4)

'창조의 날' 의 길이에 대한 주요 견해는 다음과 같다.

1. 문자적 24시간 하루설(Literal 24-hour-day view)
2. 1일 1시대설(day-age view)
3. 24시간과 세대가 혼합되어 있다고 보는 견해
4. 계시일설(Revelatory-day view)

결정을 내릴 때 감안해야 할 요소들

1. 성경에서 '날' 이라는 단어의 용법(날과 관련해 수에 대한 형용사가 사용될 경우 그것은 모두 스물네 시간의 하루를 가리킨다.)
2. '창조하다(바라, bara)' 라는 단어의 용법
3. 과학적 연구의 '사실들' 에 대한 인정
4. 비성경적인 창조 이야기에 부여된 가치
5. 창조에 대한 다른 성경 '이야기들' 에서의 위치(창 2장, 출 20:11, 31:17, 시 33:6-9, 104편, 잠 8장, 사 45:18)

이러한 요소들을 감안할 때 창조의 날을 스물네 시간의 날로 해석하는 것이 가장 설득력이 있다. 이것은 창세기의 저자가 독자들에게 이해시키려고 노력한 내용인 듯하다.

### C. 창세기에 나타난 삼위일체

창세기에서 하나님에 해당하는 단어(엘로힘, Elohim)는 복수 명사로 분석된다. 이 단어는 수많은 예에서 나타나듯이 '신들(gods)' 로 번역될 수 있다(예를 들면, 창 35:2, 4, 출 18:11, 20:3). 복수형은 다수가 아니라 위엄과 총체성을 나타내는 복수로 보통 이용되고 있으며, 이스라엘 백성들에게 하나님에 대한 유일신론적 관점과 일치한다(신 6:4). 그러나 이 단어는 또한 한 하나님의 하나 됨 내에 있는 복수성(즉 삼위일체)을 의미하는 단어로도 사용될 수 있다. 이 견해는 창세기 1장 2, 26절과 이사야 6장 8절에 비추어볼 때 설득력이 있다. 구약에서 발견되는 삼위일체에 대한 다른 성경적 증거는 시편 2편 7절, 45편 7절, 110편 1절, 이사야 48장 16절을 포함한다.

그러나 성부 하나님만 하나님으로 인정되어야 할 뿐 아니라(엡 1:3) 아들(요 5:18)과 성령(요 15:26)도 하나님으로 인식되어야 함을 하나님이 가장 분명하게 드러내신 곳은 바로 신약이다. 삼위일체 교리의 '씨앗' 은 여기서 찾을 수 있지만 그 교리에 대한 공식적인 증거가 창세기에서 발견되는 것은 아니다. 하나님은 계시의 진전에 있어서 거짓에서 진리로 나아가는 것이 아니라 불완전한 것에서 더 완전한 것으로 이동하신다.

참된 하나님을 가리켜 사용할 때 엘로힘(Elohim)은 종종 인간을 창조하시고, 이 세상 속에서 능력을 사용하시며, 인류의 존경과 두려움의 대상이 되어야 할 하나님의 의미로 사용되고 있다. 이 단어는 자기 백성들과 언약을 맺을 때 사용되는 인격적인 이름인 'yhwh(여호와, Lord)' 라는 용어가 동반되는 경우가 많다. 엘로힘(Elohim)은 또한 다양한 서술적 언어들이나 칭호로 기능하는 구문들과 조합될 수 있다.

## D. 천사들의 창조

창세기에 천사들의 창조에 대해서는 언급되어 있지 않고 단순히 인간의 자연 세계의 일부로 등장하고 있다. 어떤 학자들은 욥기 38장 7절이 천사들이 별들과 동시에 창조되었다고 암시한다고 믿지만, 어떤 학자들은 천사들이 이미 창조되어 있었고, 땅이 창조될 때 있었다고(그리고 사실상 사단이 인간 창조에 앞서 이미 타락하였다고) 믿는다.

## E. 안식일

'제7일' 에 해당하는 히브리어는 '충만하다, 완전하다, 완전히 만들어져 있다' 의 의미를 가진 어근에서 파생하였다. 하나님은 제7일을 나머지 날과 구분하심으로써 '축복하셨다.' 하나님의 형상을 지닌다는 것은, 부분적으로는 하나님처럼 안식하는 것을 포함한다. 하나님은 안식일을 유대인의 삶의 일부로 제정하셨다(출 16:23-26). 그러나 안식일에 일을 하지 말라고 명령한 것은 후대에, 모세 율법 아래서였다(출 20:8-11, 느 9:13-14). 출애굽기 16장 23절은 '안식일(Sabbath)' 에 대한 성경의 첫 용례로, 이 단어는 '안식하다' 에 해당하는 히브리어에서 파생한 것이다.

안식일은 모세 언약의 표지가 되었다(출 31:13). 성경은 규칙적인 안식의 가치와 중요성을 가르치고 있다(출 23:10-12, 레 25:2-4, 신 15:1-18, 막 6:31, 히 4:1-11). 신약은 그리스도인들이 더 이상 모세의 법 아래 있지 않다고 말하고 있으며, 특별히 안식일에 매여 있지 않다고 말한다(골 2:16-17).

## 교안

### A. 들어가는 글

1. '하나님의 관점에서 본 빅뱅' 이야기로 시작하라.
2. 배경 설명: 창세기 1장은 성경의 첫 장으로서 이어질 모든 것의 기초가 된다.
3. 적용: 창세기 2장은 창조에 관해 또 다른 관점을 제시할 것이며, 이번에는 특별히 인간의 창조에 초점을 맞출 것이다.

### B. 본문 이해

1. 창조의 요약(1:1)
2. 창조의 초기 상태(1:2)
3. 6일간의 창조(1:3-31)
4. 제7일(2:1-3)

**C. 결론**: '하늘이 하나님의 영광을 선포하다' 를 읽어주라.

## 토의 질문

1. 창조 세계의 정교함과 경이로움을 관찰함으로써 우리는 하나님에 대해 무엇을 배울 수 있는가?

2. 남성과 여성으로 창조된 인간이 하나님의 형상으로 창조되었다는 진리의 의미와 함의를 설명해보라.

3. 창세기 1장의 창조 이야기에 존재하는 연대기의 함의는 무엇인가? 창조 질서의 논리적 본질이 부정될 수는 없지만, 식물이 생존하기 위해서 태양이 필요하기 때문에 제3일과 제4일의 창조 순서가 바뀌어야 할 것 같다고 말한다면 당신은 어떻게 반응하겠는가?

4. 세상을 창조하기 위해서 하나님이 진화를 이용하셨는가? 창세기 이야기는 현대 과학, 특별히 진화에 대한 이해와 상충하는가? 아니면 보완적인가?

5. 하나님이 씨를 가진 상태의 식물을 창조하셨기 때문에(창 1:11) 최초의 창조물은 성숙한 모습을 가지고 있었다. 태어난 지 하루밖에 안 된 아담도 성인의 모습으로 나타나게 될 것이다. 이러한 성숙한 모습이 지구의 바위 형성과 같은 무생물체에게 자동적으로 적용되는가?

6. 많은 고대의 문화들은 각기 창조 이야기를 갖고 있다. 이러한 이야기들 중 아는 이야기가  있다면 그것이 창세기 이야기와 어떻게 다른가?

# 창세기 2:4-25

## 최초의 가족

*"여자는 아담의 옆구리 갈비뼈에서 만들어졌다. 남자를 지배하도록 그의 머리에서 만들어지지도 않았으며, 남자에 의해 짓밟히도록 그의 발에서 만들어지지도 않았다. 여자는 그와 동등하도록 그의 옆구리에서, 그에게 보호를 받도록 그의 팔 밑에서 그리고 사랑을 받도록 그의 심장 근처에서 만들어졌다."*

*- 매튜 헨리(Mattew Henry)*

**인간에** 대한 창조 이야기가 다시 소개되고 있다. 이번에는 보다 더 상세하게 소개된다. 이 이야기에는 아담의 창조와 에덴 동산에 대한 묘사와 하와의 창조에 대한 내용이 포함된다.

## 들어가는 글

# 창조에 대한 도전

어느 날 일단의 과학자들이 한 자리에 모여 인간은 먼 길을 걸어왔으며, 이제 더 이상 하나님이 필요하지 않다는 결정을 내렸다. 그래서 그들은 한 과학자를 대표로 뽑아 하나님께 가서 이제 그들과 하나님의 관계가 끝났음을 알리게 하였다. 그 과학자는 하나님께로 가서 이렇게 말하였다. "하나님, 이제 우리는 당신이 더 이상 필요하지 않다는 결정을 내렸습니다. 우리는 이제 사람을 복제하고 많은 기적을 행할 수 있습니다. 그러니 당신은 이제 우리 앞에서 사라져주시면 좋겠습니다."

하나님은 매우 인내심 있고 온화한 태도로 들으셨다. 그러고나서 이렇게 말씀하셨다. "좋다. 그럼 인간 만들기 시합을 해보도록 하자."

과학자는 "좋습니다. 멋진 생각입니다"라고 대답했다.

그러나 하나님은 이렇게 덧붙이셨다. "이제 우리는 내가 아담에게 했던 방식 그대로 하게 될 것이다."

과학자는 "물론입니다. 아무 문제 없습니다"라고 말했다. 그러고나서 그가 몸을 구부려 한 줌의 흙을 움켜쥐었다.

그러자 하나님이 "아니, 그게 아니지. 너희들이 사용할 흙을 가져와"라고 말씀하셨다.

인간 창조는 단순히 인체를 창조한 그 이상의 것이었다. 그리고 인류의 창조는 단순히 인간 창조 이상의 것이었다. 그것은 인간에 대한 하나님의 계획으로 함께 사용될 남자와 여자에 대한 독특한 창조였다. 남녀 구별이 없는 오늘날 우리는 신자로서 인간에 대한 하나님의 계획과 목적을 이해하는 것이 중요하다.

## 본문 이해

### 최초의 가족

| Main Idea | 남자와 여자의 창조는 가족의 고유한 역할에 대한 원리를 보여준다. |
|---|---|

### A. 남자를 만드신 하나님(2:4-7)

| Supporting Idea | 창세기 저자는 인간이 창조되기 전의 세상의 상태를 요약하고 있다. |
|---|---|

**2:4.** 대략이 이러하니라는 구절은 히브리어 '톨레도트(toledot)' 를 번역한 것으로 이 외에도 창세기에서 열 번 더 사용될 것이다. 이 표현의 정확한 기능에 대한 학자들의 의견이 일치하지는 않지만(어떤 이들은 이것이 표제어이거나 앞 단락에 대한 요약적 결론이라고 믿는다), 이어질 내용에 대한 표제로서 기능한다고 보는 것이 가장 바람직한 것 같다. 창세기 1장 1절-2장 3절은 '톨레도트' 표제어로 시작하는 창세기의 모든 나머지 단원과 더불어 서론적 단원으로 역할하고 있다. 이런 방식으로 '톨레도트' 를 해석한다면 이 절은 창세기 2장 4절-4장 26절에서 전개될 창조에 대한 내용(**천지가 창조될 때에 하늘과 땅**)을 독자들에게 소개하고 있다. '톨레도트' 에 대한 보다 더 철저한 논의를 위해서는 '심층 연구' 를 참고하라.

창세기 1장 1절-2장 3절은 모든 창조에 대한 일반적 이야기인 반면에, 창세기 2장 4-25절은 인간과 관련이 있기 때문에 주제에 의한 이야기(topical account)이다. 찰스 다이어(Charles Dyer)와 유진 메릴(Eugene Merrill)이 설명하듯이 "전자의 창조 이야기를 '우주적 이야기(cosmic account)' 로 부른다면 이제 하늘과 땅이 아닌 인간이 중심이 되고 있기 때문에 이것은 '인류학적 이야기(anthropological account)' 로 인식되어야 한다"(「구약탐험(Old Testment Explorer)」, 도서출판 디모데).

**여호와 하나님**(Lord God)이란 표현은 창조주에 대한 두 가지 다른 이름을 사용한 것이다. 창세기 1장 1절에서 지적하였듯이 성경에서 엘로힘(Elohim, 하나님)은 신(형태상 복수이기 때문에 신들)에 대한 일반적인 명칭인 동시에 하나님에 대한 고유 명사이다. 여호와(혹은 야훼)라는 이름은 일반적으로 개인적인 관계의 신을 의미한다(출 3:15 참고). 이 이름은 초점이 일차적으로 아담과 하와에게 있기 때문에 더 일반적인 이름인 '하나님'을 동반하는 것이 적절하다. 여호와가 인간과 관련이 있기 때문에 이 이름은 22개 절에서 열한 번 사용될 것이다.

~할 때는 보통 '날'로 해석되는 히브리어 단어인 '욤(yom)'을 번역한 것이다.

**2:5-6.** "여호와 하나님이 땅과 하늘을 만드시던 날에"(4절 하) 들에는 초목이 아직 없었고 밭에는 채소가 나지 아니하였으며라는 구절은 인간이 창조되기 이전의 온 땅의 상태를 묘사하고 있다. NIV 성경은 4절과 6절의 끝에서 대쉬 부호(-)를 이용함으로써 5절과 6절의 자료가 창세기 1장 26절 이전의 상태에 대한 플래시백(flashback - 과거 장면으로의 순간적 전환)으로 기능하는 삽입구적 설명처럼 보이게 하려고 시도한다. 그 당시에는 밭을 관리할 사람이 아무도 없었기 때문에 경작이 전혀 이루어지지 않았다.

여호와 하나님이 땅에 비를 내리지 아니하셨고… 안개만 땅에서 올라와 온 지면을 적셨더라라는 내용을 유의해보라. 어떤 학자들은 이 내용을 통해 노아 시대의 홍수가 일어날 때까지 지면을 '수증기 덮개(vapor canopy)'가 보호하였다고 추정하였다. 그러한 덮개와 그로 인한 유해한 광선 차단과 열의 분배 효과 때문에 홍수 이전의 인간이 장수할 수 있었고, 온 땅에 식물이 자라도록 할 수 있었다고 한다. 그러한 추정이 초기 인간과 지구에 대한 몇 가지 의문에 해답을 제시하기는 하지만 이것은 이론일 뿐이며 필수적인 성경적 믿음의 대상은 아니라는 점을 유념해야 한다. 더욱이 그러한 이론은 땅을 갈 사람도 없었던(5절) 시기에 묘사된 상태를 근거로 하고 있다. 이런 상태에서 하나님의 청지기 역할을 할 수 있는 권위와 능력을 지닌 피조물이 필요하였다.

**2:7.** 이 절은 하나님이 땅의 흙으로 사람을 지으셨다고 말한다. '지으시다'에 해당하는 히브리어 동사는 흔히 흙을 이용하는 토기장이의 작업을 가리킬 때 사용한다(예를 들면, 욥 33:6, 사 45:9, 렘 18:6). 이 단어는 신중함과 사랑으로 본을 뜨고 모양을 만든다는 개념을 전달한다. 이것은 창세기에서 처음으로 사용된 단어이다. 첫 번째 창조 이야기에서 인간과 동물의 창조를 묘사하기 위해 사용된 히브리어 단어들은 '만들다(아사, asah)'와 '창조하다(바라, bara, 창 1:26-27)'를 포함한다. 여기서 하나님은 토기장이처

럼 흙이나 진흙을 사용해 인간을 빚으시는 분으로 묘사되어 있다. 땅의 흙은 인간의 육체가 이 세상과 공통된 요소들을 이용해 만들어진 것임을 보여준다. 어떤 의미에서 이것은 인간의 기원이 천하고 평범한 것임을 반영한다.

그러나 인간은 단순히 흙으로만 만들어진 것이 아니었다. 인간은 흙과 신성의 결합인 것이다. 창세기 2장 7절은 계속해서 여호와 하나님이 생기를 그 코에 불어 넣으시니 사람이 생령이 되었다고 말하고 있다. 인간만 독특하게 지니고 있는 생명을 주신 분은 바로 하나님이셨던 것이다. 동물들도 생명을 지니고 있지만 인간은 '하나님의 형상으로' 만들어졌기 때문에 그 안에 신성의 일부를 지니고 있다. 유진 메릴은 이렇게 지적한다. "특별히 주목할 가치가 있는 것은 인간이 영혼을 얻은 것이 아니라 인간이 영혼이 되었다는 것, 다시 말해 인격체가 되었다는 사실이다"[「구약탐험(Old Testament Explorer)」].

## B. 땅에 인간을 두심(2:8-14)

| Supporting Idea | 저자는 인간이 창조되기 이전 세상에 대한 세부적 정보를 더 제시하고 있으며, 특별히 동산의 중요한 두 나무, 생명 나무와 선악과 나무를 언급하고 있다. |
|---|---|

**2:8.** 제3일에 창조된 식물 중 인간의 경작과 관리가 필요한 식물들은 에덴이라고 불리는 특정한 장소에 배정되었다. 이 고유 명사는 '축복' 이나 '기쁨' 에 해당하는 히브리어와 관련이 있을 수 있다. 70인역은 영어로 '낙원(paradise)' 으로 번역되는 헬라어를 사용하고 있다. 이 단어는 또한 '평지' 를 의미하는 메소포타미아 단어에서 파생했을 가능성이 있다. 에덴이 동방에 있다고 알리는 것으로 보아 창세기 저자는 자신이 있던 시나이 지역을 기준으로 말하고 있었음이 분명하다. 그는 창세기 2장 10-14절에서 그 지역이 비손, 기혼, 티그리스, 유프라테스의 네 개의 강으로 분화될 강 주위에 위치하였다는 것과 그 지역에서 많은 귀중품들이 생산되었음을 지적하게 될 것이다.

**2:9.** 이 절들에서 저자는 여호와 하나님이 인간을 위해 준비해주신 것이 인간의 복지를 유지하기에 풍성하고 충분하였음을 분명히 명시하고 있다. 동산 가운데에는 생명나무와 선악을 알게 하는 나무도 있더라고 언급되어 있다. 너무나 중요한 결과를 초래하게 될 이 두 나무가 이 창조 이야기에 먼저 언급되어 있다. 생명과 선악에 대한 지식이 의미

하는 것이 무엇인지는 창세기 3장에서 더 자세하게 서술될 것이다.

**2:10-14.** 에덴에서 시작되어 에덴을 관통해 흘렀던 강은 4개의 수원을 형성하여 비손, 기혼, 티그리스, 유프라테스라는 이름의 강을 이루게 된다. 이 시기에 비가 내리지 않았기 때문에(창 2:5-6) 이 강들은 그 지역에 물을 공급하였다. 이 강들 중 두 강의 이름(티그리스와 유프라테스)이 오늘날 이라크 지역에 여전히 존재한다는 사실 때문에 많은 학자들은 그 동산이 오늘날의 이라크 남부에 있었음을 암시하는 것이라고 주장하였다. 그러나 홍수 이전 시대의 그 강들은 동일한 이름의 홍수 이후의 강들과 관계가 없을 수도 있다. 홍수에서 살아 남은 자들이 주요 강들을 보고 홍수 이전 시대에 그들이 알았던 이름들을 본따 그 강들의 이름을 지었을 가능성이 있다.

강들의 이름이 언급되어 있을 뿐 아니라 이 강들이 있는 땅이 금, 베델리엄과 호마노가 발견되는 곳이라는 내용도 언급되어 있다. 이것은 하나님이 인간을 위해 준비하신 곳이 얼마나 놀랍고 좋은 곳인지를 보여준다.

### C. 인간에게 주어진 책임(2:15-17)

| Supporting Idea | 아담은 지상에서 하나님의 중요한 대리자로서 책무를 수행하기 위해 동산에 존재하였다. |
|---|---|

**2:15-17.** 하나님의 최고의 창조물인 아담에게는 중요한 책임뿐 아니라 놀라운 명예가 주어졌다. 인간을 에덴에 둔다는 개념은 '안식' 을 의미하는 데 종종 사용되는 히브리어 단어로 표현되어 있다. 후에 성경에서 안식일의 안식이라는 개념이 발전할 것이고(히 3:7-4:11 참고), 이 개념은 인간이 책임과 함께 존재했던( '안식하게 되었던' ) 이 타락 이전의 세계와 연관될 것이다.

다스리고 지키다의 개념은 후에 오경에서 영적 봉사 - 예배와 하나님의 계명을 지키는 것 - 를 가리켜 사용되는 두 히브리어 동사를 포함한다. 앨런 로스(Alan Ross)는 그의 창세기 주석에서 "에덴 동산에서 그 남자가 참여한 활동이 무엇이든(육체적 행위가 포함되었다는 것을 의심할 이유가 전혀 없다) 모두 여호와에 대한 영적 섬김의 관점에서 묘사되었다" 라고 말한다.

인간은 빈둥거리며 놀거나 혹은 일중독자가 되도록 창조되지 않았다. 인간의 일은 진정한 안식과 성취를 이룰 수 있는 곳에서 하나님이 주신 명령을 성취하는 것을 포함하였다. 지구상에 여자가 나타나기 전에 인간 종족의 남자는 피조물을 다스릴 수 있는 권위와 하나님을 향한 책임을 부여받았다.

### D. 남자의 불완전함이 해결되다(2:18-23)

| Supporting Idea | 여자의 창조로 남자가 도움을 입었다. |
|---|---|

**2:18.** 지금까지 창세기에서 반복된 표현은 '좋았더라' 이다. 그러므로 사람의 독처하는 것이 좋지 못하니라는 내용을 읽는 것은 충격으로 다가온다. 인간 종족 중 남자가 홀로 있는 것, 하나님이 창조하신 다른 모든 피조물들과 달리 완성되지 못한 상태로 있는 것이 좋지 아니하였던 것이다. 인간이 어떤 면에서 결함이 있어서가 아니라 하나님이 인간을 다른 이들과의 관계 속에 존재하도록 만드셨기 때문이다.

여자의 창조는 남자의 복지를 위한 것이었다. 하지만 여자는 노예가 아닌 돕는 배필이어야 했다! 히브리어 '헤저(êzer)' 는 남자에 대한 여자의 역할을 표현할 때 사용된다. 구약의 다른 곳에서 사용된 이 단어의 용례는 이것이 비하하는 표현이 아니었음을 확인해준다. 이것은 하나님 자신을 가리켜 사용되고 있으며(출 18:4, 신 33:7, 삼상 7:12, 시 20:2, 46:1), 하나님이 돕는 자로 묘사되어 있다. 이 단어는 다른 이에게 결핍된 것을 제공할 수 있는 존재라는 의미를 지닌다. 하나님은 인간을 위한 하나님의 계획을 성취하시기 위해 인간을 동반자의 도움을 필요로 하는 존재로 창조하셨다. 남자는 스스로의 힘으로 자손을 번식할 수 없을 것이다. 고립된 상태로 계속 있을 경우 남자는 자신이 바라는 친밀감을 얻을 수도 없을 것이다. 그를 위하여(그에게 적합한) 혹은 '그에게 상응하는' 이라는 구절은 문자적으로 '그의 반대쪽에 따라' 의 의미를 가진 히브리어 표현인 '케네그도(kenegdo)' 에서 파생했다. 여자는 남자와 동일한 본성을 공유할 것이다("아담이 '돕는 배필' 이 없으므로", 20절).

**2:19-20.** 여호와 하나님이… 지으시고의 구절은 영어와 히브리어 구문 모두 19절과 20절에 기록된 내용이 남자의 독처에 대한 18절의 진술이 있기 전에 일어난 일임을 암시하고 있다. 하나님은 다양한 동물들을 지으신 후 그들을 남자에게로 이끌어 그가 그

들의 이름을 지어줄 수 있도록 하셨다. 이름을 짓는 것은 지배와 권위를 행사하는 행위였다. 아담은 짐승들의 이름을 지어주면서 다른 모든 종들이 짝을 갖고 있지만 자신은 독특한 존재라는 것, 곧 다른 어떤 피조물도 그에게 어울리거나 보완할 수 없다는 것을 알아차렸다. 그러나 아담은 이 상황에 대해 아무것도 할 수 없었다. 그러한 아담의 곤궁을 먼저 표현하시고 해결해주신 분은 바로 여호와 하나님이셨다.

**2:21.** 이 절에는 중요한 두 가지 사실이 강조되어 있다. 첫째, 여자의 창조는 하나님이 창조하신 남자의 도움이 전혀 없이 오직 하나님에 의해 이루어졌다는 것이다. 여자가 창조될 때 남자는 그것을 아예 의식조차 하지 못했다(잠들매). 여자를 선물로 주신 것은 은혜로운 행위였다. 창세기 15장 12절과 28장 11절은 하나님이 새로운 관계를 시작하실 때 인간을 잠들게 하시는 다른 두 가지 사건을 보여주고 있다.

둘째, 여자의 창조는 전적으로 독특한 창조가 아니었다. 이는 그녀가 이미 존재하는 물질 - 남자의 옆구리 - 에서 만들어졌기 때문이다. 그녀는 남자와 많은 공통점을 공유하게 될 것이다. 여자는 땅의 흙으로 만들어진 것이 아니라 아담으로부터 만들어졌다. 바울 사도는 이러한 행위를 디모데전서 2장 12-13절에서 남자와 여자의 기능에 대한 적용으로 해석하였다. 히브리어로는 문자적으로 '남자의 옆구리의 부분을 취하였다' 이지만 전통적으로 갈빗대라는 단어가 사용되고 있다.

남자의 갈비뼈를 사용했다고 해서 남자가 뭔가를 '상실하였다' 는 것은 아니다. 여성의 독특한 차이점은 '이전에 소유하였던' 남자의 어떤 부분이 아닌 것이다. 하나님은 여자를 다르게 만드셔서 교제를 필요로 하는 남자를 보완할 수 있도록 하셨다. 여자의 창조는 또한 자녀의 생산을 가능하게 하여 남자가 땅을 번성케 하고 충만하게 할 수 있었다. 출산이 분명히 동물 세계에서 자손들을 번성하게 하는 하나님의 방법이었다는 사실은, 여자가 하나님이 어쩌다가 생각해낸 결과물이 결코 아니었음을 암시한다. 그녀는 남자를 본따 창조됨으로써 남자가 먼저 외로움을 경험한 후 자신에 대한 그녀의 놀라운 가치를 인식할 수 있게 되었다.

**2:22-23.** 하나님이 남자에게 여자를 데려오셨을 때 그는 제정신을 잃을 정도로 기뻐했다. 이는 내 뼈 중의 뼈요 살 중의 살이라는 구절은 여자가 남자와 동일한 본질에서 나왔음을 표현하는 방법이었다.

그러고나서 아담은 그녀의 이름을 지어주었다. 이것을 남자에게서 취하였은즉 여자라

칭하리라. 여자라는 단어는 여자의 근본이 남자에게 있음을 끊임없이 상기시키게 될 것이다. 후에 사도 바울은 남자가 여자보다 먼저 났다는 진리를 확인하고 신자들에게 이렇게 상기시켜주었다. "그러나 주 안에는 남자 없이 여자만 있지 않고 여자 없이 남자만 있지 아니하니라 이는 여자가 남자에게서 난 것같이 남자도 여자로 말미암아 났으나 모든 것이 하나님에게서 났느니라" (고전 11:11-12).

### E. 결혼 제도의 제정(2:24-25)

| Supporting Idea | 여기에 초창기 형태의 결혼의 본질에 대한 내용이 소개되어 있다. |
|---|---|

**2:24.** 인간의 성의 기원을 기초로 창세기 저자는 평가적 진술을 하고 있다. 결혼은 '떠나는' 동시에 '합하는' 것으로 묘사되어 있다. 물론 아담에게는 떠나야 할 부모가 없었다. 하지만 그 이후의 인류에게는 결혼이 성사되는 데 있어 현재까지의 가장 소중한 관계 - 부모에 대한 자녀의 관계 - 를 떠남이 요구된다. 이것은 남자가 부모와의 관계에서 더 이상 자녀가 아니라는 의미가 아니다. 이것은 부모와 자녀 관계에서는 더 이상 존재하지 않는 새로운 관계와 권위의 우선성(priority)을 강조하는 것이다.

모든 문화에서 결혼이 유효하기 위해서 결혼의 성적 완성의 필요성을 인정하지만 하나 됨 혹은 합함은 단순히 육체적인 것만이 아니다. 여자가 창조되기 전에 그랬던 것처럼 남자와 여자는 한 몸이 되어야 한다. 바울이 "이와 같이 남편들도 자기 아내 사랑하기를 제 몸같이 할지니 자기 아내를 사랑하는 자는 자기를 사랑하는 것이라 누구든지 언제든지 제 육체를 미워하지 않고 오직 양육하여 보호하기를 그리스도께서 교회를 보양함과 같이 하나니"라고 말한 에베소서 5장 28-29절 역시 하나 됨에 대해서 말하고 있다.

**2:25.** 이 절은 남자(남편)와 여자(아내) 사이에 있어야 할 순결, 신뢰, 하나 됨을 강조한다. 현대 세계의 많은 사람들은 창세기 이야기가 이상적이거나 바람직한 것이 아니라고 비판하지만 성경은 그것을 다르게 제시한다. 남자와 여자의 관계는 보완적인 것이며, '수치스럽지 않은' 것으로 그려지고 있다. 아담과 하와 사이에 존재한 친밀감은 대부분의 부부들이 부부 관계 속에서 갈망하는 것이다.

| Main Idea 복습 | 남자와 여자의 창조는 가족의 고유한 역할에 대한 원리를 보여준다. |
| --- | --- |

## 결론

### 인간에 대한 하나님의 완전한 계획

오늘날 남자와 여자의 본질과 이것이 결혼 관계에서 의미하는 것이 무엇인지에 대해 많은 논의가 이루어지고 있다. 어떤 나라에서는 결혼에 대한 정의 자체가 수정되고 있다. 남자가 왕이고 여자가 객체적 대상에 불과하다는 극우로부터 남자의 남성성이 제거되고 여자의 여성성이 제거되어야 한다는 나약한 좌파에 이르기까지 남자와 여자의 본질 자체가 공격을 당하고 있다. 그러나 여호와 하나님은 이 주제에 대해 아무런 계시도 없이 신자들을 버려두지 않으셨다.

창세기 2장은 성경을 믿는 제자에게 자신의 창조물인 남자와 여자에 대한 하나님의 방식과 계획에 대한 몇 가지 기본적인 교리를 밝히고 있다. 하나님은 남자와 여자를 모두 창조하셨다. 그 두 사람 다 하나님의 명령에 반응하며 인류를 생산할 책임과 특권을 갖게 될 것이다. 몇 가지 명령을 처음으로 하달받은 이는 아담이었다. 아담은 하나님의 계획을 성취하는 데 함께할 동반자가 없다는 사실을 인식하였다.

결혼은 하나님의 생각이었다. 일부 일처제와 이성애적 관계를 통해서 하나님은 자녀를 생산하도록 계획하셨다. 창조의 토대에 근거한 가족은 자신의 계명에 순종하고 영화롭게 할 인간 종족에 대한 하나님의 계획이었다.

▣ 진리 알기

- 남성의 역할과 여성의 역할의 구분은 창조 질서의 일부로 하나님이 정하신 것이므로 모든 인간의 가슴 속에서 수용되어야 한다.
- 결혼은 하나님에 의해 제정되었고, 인간 사회에 대한 그분의 계획 가운데 일부이다. 특별한 상황 때문에 이 일반적인 계획에 예외가 있을 수 있지만(마 19:11-12, 고전 7:26), 결혼 제도가 결코 경시의 대상이 되어서는 안 된다.
- 원래 하나님에 의해 계획된 결혼은 이성애적이고 일부 일처제이다.
- 결혼은 육체적인 동시에 영적인 결합이다(비교. 창 2:24, 마 19:4-5).
- 창조의 순서와 기능을 조심해서 유념해보아야 한다. 결혼에서 아담의 머리 됨은 타락 이전에 하나님이 정하신 것으로 죄의 결과가 아니었다.
- 여자의 원래적 기능이 남편을 보완하는 것이었기 때문에 결혼은 자녀의 출산이 없더라도 완전할 수 있다. 일반적으로 결혼을 통해 자녀를 낳게 되지만 하나님은 결혼의 어느 시기에 자녀를 낳아야 하는지, 혹은 부부가 어느 정도로 이 '번식'을 감당해야 하는지 구체적으로 말씀하지 않으셨다.

▣ 적용하기

- 남자와 여자라는 인간 종족을 창조하신 놀라운 솜씨에 대해 하나님께 감사드리라.
- 주님과 완벽한 교제를 누리는 신자라 하더라도 다른 이들을 필요로 한다. 전혀 죄를 짓지 않았지만 하나님이 그를 위해 준비하신 모든 것을 성취하기 위해서 하와를 필요로 했던 아담을 기억하라.
- 당신이 결혼을 한다면 배우자를 자신의 복제물로 만들려고 하지 말고 하나님이 다른 성 속에 두신 '차이를 즐기도록' 하라.
- 결혼이 성경적인 방식으로 이루어지게 하려면 '떠남'과 '하나 됨'의 필요성을 모두 인정하라.
- 남자들은 남자가 독처하는 것이 좋지 않다는 진리를 인정해야 한다. 당신의 배우자와 다른 신자들이 당신의 필요를 충족시키는 것을 허용하라.

## 삶의 적용

### 4.5달러밖에 안 되는 가치

'쓸모 없는 지식(uselessknowledge.com)' 이라는 웹사이트에서 나는 인간의 육체에 대한 다소 흥미로운 정보를 얻었다. 우리 몸의 요소들에 대한 금전적 가치와 평균적 인간의 피부를 총합해보면 2002년을 기준으로 할 때 총 4.5달러에 지나지 않는다는 것이었다. 나아가 그 웹사이트는 "그러나 이 가치는 주식 시장의 변동에 따라 변할 수 있다"는 것을 상기시켜준다.

미국 토양 화학 사무소(U.S. Bureau of Chemistry and Soils)는 인체의 화학적 무기질 성분이 오늘날의 가격으로 1달러도 되지 않는다는 것을 조사하는 데 수많은 세금을 투자하였다.

과학자들에 의하면, 우리의 가장 소중한 자산은 가죽 대용품으로 사용될 가능성이 있는 우리의 피부라고 한다. 일본인들은 우리 인체의 이 부위를 조사하는 데 시간과 돈을 투자하였다. 소가죽의 판매가를 기준으로 피부의 가치를 조사하면 보통 인간의 피부 가치는 약 3.5달러이다. 화학적인 성분과 무기질 성분의 약 1달러에 해당하는 가치와 더불어 이 액수를 더하게 되면 우리 인체의 가치는 4.5달러가 되는 것이다! 당신의 존재가 소중하다는 생각이 드는가?

그러나 실제로 당신은 당신 자신이 상상할 수 있는 것보다 더 가치 있는 존재이다. 창세기가 가르치듯이, 인간은 미네랄과 화학 물질 이상의 존재이다. 하나님은 인간에게 '생기' 를 불어넣으셨다. 인간의 이 비물질적 부분은 영원토록 존재할 부분이다. 전도서 3장 11절은 이렇게 선언한다. "사람에게 영원을 사모하는 마음을 주셨느니라." 우리가 하나님과 교제할 수 있게 하는 부분이 바로 이 부분인 것이다.

실제로 당신은 너무나 소중한 존재여서 하나님이 자기 아들 주 예수 그리스도를 지상으로 보내셔서 당신을 대신해 죽게 하심으로 당신이 창조주와의 관계 속에서 영원을 보낼 수 있게 하셨다. 당신은 하나님 보시기에 값으로 따질 수 없는 너무나 소중한 존재인 것이다!

## 기도

하나님 아버지, 우리에게 생명을 주신 당신의 은혜로우신 행위에 감사드리기 위해 우리의 창조주이신 당신께 나아왔습니다. 우리에게 당신의 숨을 불어넣으셔서 영원히 살 수 있도록 해주신 당신께 감사드립니다. 그리고 예수님이 우리를 위해 해주신 일을 생각하며 당신께 감사드립니다. 아멘.

teaching guide

# 티칭 가이드

## 심층 연구

### A. '톨레도트' 라는 히브리어 단어

'톨레도트(~의 이야기)' 는 창세기 전반에 걸쳐 사용되고 있으며, 창세기 36장 9절의 용례를 제외하면 표제어로 사용될 경우 각기 새로운 단원을 열고 있다(창 2:4, 5:1, 6:9, 10:1, 11:10, 27, 25:12, 19, 36:1, 37:2). '톨레도트' 뒤에 언급되는 인물이 보통 그 단원의 초점이 아니라 이어질 내용을 시작하게 하는 인물에 초점이 집중된다.

R. K. 해리슨(R. K. Harrison)은 P. J. 와이즈맨(P. J. Wiseman)의 의견을 수용하여 이 단어가 앞 단원에 대한 요약적 결론을 제공하는 콜로폰(colophon)으로 해석되어야 한다고 주장한다. 이러한 접근도 가능할 수 있지만 '톨레도트' 를 다음에 이어질 내용의 표제어로 해석하는 것이 더 설득력이 있는 것 같다. 이러한 접근 방법은 창세기에서 표제어로서 '톨레도트' 의 용법이 유효하게 작용하는 일관된 유일한 용법이라는 사실과 '톨레도트' 가 사용된 성경의 다른 모든 곳에서 이것이 앞의 내용을 명백하게 언급하고 있다는 사실에 근거하고 있다. 이 주석은 이 접근 방식을 수용하게 될 것이다.

### B. 창세기 1장과 2장에 나타난 두 개의 창조 이야기

이 두 이야기의 차이점 때문에 많은 학자들은 이 두 단원에 대해 두 사람의 저자가 있음이 분명하다는 확신을 갖게 되었다. 그러나 나머지 성경들뿐 아니라 창세기에서도 보게 되겠지만 동일한 저자에 의한 성경의 '이중 기록(doublets)' 은 흔하게 볼 수 있다. 그러한 표현 방식은 특별히 히브리의 시적인 평행법에서 기대할 수 있다.

프란시스 쉐퍼(Francis Schaeffer)는 이렇게 지적한다.

> 창세기 전반에 걸쳐 발견되는 문학적 구조를 고려함으로써 창세기 1장과 2장의

관계를 더 잘 밝힐 수 있다. 먼저 상대적으로 중요하지 않은 것들은 빠르게 다룬 후 성경의 핵심 주제에 더 중요한 것들은 되돌아가서 더 자세하게 밝힌다[「창세기의 시공간성(Genesis in Space and Time, 생명의 말씀사)」].

그 차이점들은 이 주석에서처럼 각 이야기의 핵심에 비추어서 설명될 수 있다.

### C. 에덴의 위치

홍수가 지구 지형의 많은 부분을 바꾸었기 때문에 에덴에 대한 모든 묘사를 쓸모없는 것으로 여길 수도 있다. 하지만 모세는 이러한 서술 내용들을 이용하여 자기 세대 사람들이 에덴이 한때 위치하였던 곳에 대한 일반적인 지식을 갖기를 원했을 수 있다.

티그리스와 유프라테스 강의 이름은 오늘날에도 여전히 사용되고 있다. 오늘날 그 위치가 여전히 규명되지 않은 비손과 기혼은 창세기를 저술할 당시 저자에게 알려진 메소포타미아의 작은 강들이었을 수도 있다.

비손은 금과 베델리엄과 호마노가 있는 하윌라의 온 땅을 흘렀다고 한다(창 2:11). 하윌라는 아마 메소포타미아에서 크게 떨어진 거리에 있는 애굽(야벳의 족보의 일부) 내의, 창세기 10장 7절의 하윌라와는 구분되어야 할 것이다. 그러나 창세기 10장 29절에 언급된 하윌라 지역은 셈의 족보에 나타나며, 솔로몬이 많은 금을 구입해왔던(왕상 9:28, 10:11) 오빌 바로 뒤에 언급되어 있다.

티그리스 강은 앗수르 동편을 따라 흘렀다고 기록된 반면(창 2:14), 기혼 강은 "구스 온 땅"을 흘렀다고 한다(창 2:13). 확실히 저자는 구스와 앗수르를 알고 있었던 것처럼 사용하고 있다. 구스는 일반적으로 이집트 남쪽의 나일강 상류 지역으로 확인되지만 이 지역은 나머지 네 곳과 먼 것 같다. 아마 여기서 구스는 티그리스 동쪽에 위치한 카시트 왕조를 언급하는 것일 수 있다. 앗수르는 앗시리아의 고대 수도였지만, 이 단어는 때로 앗시리아 제국 전체를 가리켜 사용되기도 한다.

# 고안

## A. 들어가는 글

1. '창조에 대한 도전' 이야기로 시작하라.
2. 배경 설명: 이 장은 남자와 여자로 이루어진 인류의 창조에 대해 자세하게 설명하고 있다. 또한 이 장은 인간에 집중된 창조라는 주제적 설명을 제시하고 있다.
3. 적용: 3장에서는 최초의 범죄와 그로 인한 인류의 타락을 소개할 것이다. 다음 장에서 인간이 초점의 대상이 될 것이기 때문에 창세기 2장은 인간 창조에 대해 더 자세하게 소개하였다. 다음 장을 이해하기 위해서 머리 됨, 도덕적 책임, 권위와 같은 원리들이 2장에서 확증될 필요가 있다.

## B. 본문 이해

1. 남자를 만드신 하나님(2:4-7)
2. 땅에 인간을 두심(2:8-14)
3. 인간에게 주어진 책임(2:15-17)
4. 남자의 불완전함이 해결되다(2:18-23)
5. 결혼 제도의 제정(2:24-25)

**C. 결론**: '4.5달러밖에 안 되는 가치' 를 읽어주라.

## 토의 질문

1. 남자와 여자의 가치와 위계와 역할과 필요에 있어서 실제로 전혀 차이가 없다는 주장에 대해 당신은 어떻게 반응할 것인가?(창 2장 참고)

2. 오늘날 현대 세계에서 많은 사람들이 애완동물을 마치 사람인 것처럼 다루는 반면, 어떤 이들은 사람을 성이나 인종을 이유로 마치 동물이라도 된 것처럼 다루고 있다. 창세기 2장은 이러한 어려움에 대한 해결책을 찾는 데 어떻게 도움이 되는가?

3. 결혼이 아담과 하와가 경험하였던 종류의 친밀함을 이루어야만 하는 것인가? 아니면 이것은 오늘날 우리 세계에서는 불가능한 것인가?

4. 결혼을 단순히 두 사람간의 밀접한 관계 이상의 것으로 만들기 위해서는 무엇이 필요한가?

# 창세기 3:1-24

## 죄와 타락

*"이것은 전 성경이 주축으로 삼는 장이다."*

*- 그리피스 토마스(Griffith Thomas)*

**뱀에게** 속임을 당한 하와는 선과 악을 알게 하는 나무를 먹지 말라는 하나님의 명령에 불순종하였다. 아담은 그녀의 뒤를 따랐다. 그로 인해 하나님은 그들과 사단과 피조 세계에 저주를 내리셨고, 아담과 하와를 동산에서 쫓아내셨다. 모든 하나님의 피조물은 아담과 하와의 불순종으로 인해 불완전한 조건들과 싸우게 될 것이다.

## 들어가는 글

# 결함이 생긴 인간

학생들이 종종 성경과 관련된 농담을 담은 이메일을 내게 보내곤 한다. 어떤 학생은 다음과 같이 죄의 결과를 재미있게 설명하는 가상의 내용을 보내왔다.

모든 인간 존재를 만드신 분은 심장의 주요하고 핵심적인 요소의 심각한 결함 때문에 수량이나 연도에 관계없이 모든 생산된 물건들을 회수하고 있다. 이것은 아담과 하와라는 이름의 최초의 원형 상품 코드(original prototype units code)의 고장에 기인하는 것으로, 그 이후의 모든 상품은 동일한 결함을 갖게 되었다. 이 결함은 전문적으로 '연쇄적 내면 무도덕성(Subsequential Internal Nonmorality)' 혹은 주로 사용하는 표현을 빌리자면 보다 일반적으로 알려진 SIN(죄)이라고 명명되었다. 그 외 다른 몇 가지 증상은 방향 감각 상실, 입의 악취, 기원에 대한 기억 상실, 평화와 기쁨 결여, 이기적이거나 폭력적 행동, 우울증 혹은 정신 기능의 혼란, 두려움, 우상 숭배, 반역이 있다.

이 결함에 아무런 책임도 없고 잘못도 없는 제조업자는 이 SIN(죄) 결함을 고치기 위해 무료로 공장 인증 수리 서비스를 제공하고 있다. 수리 전문 기술자인 예수는 이러한 수리에 드는 어마어마한 비용을 전적으로 부담하시겠다는 너무나 고마운 제의를 하셨다. 모든 지역에서 수리 전화번호는 P-R-A-Y-E-R(기도)로 통용된다.

일단 연결이 되면 REPENTENCE procedure(회개 절차)를 통해 SIN(죄)이라는 당신의 부담을 전송하기를 바란다. 그 다음으로 수리 전문 기술자인 예수로부터 심장 부품 속으로 ATONEMENT(속죄)를 다운로드하라. SIN(죄) 결함이 아무리 크든지 혹은 작든지, 예수는 그것을 사랑과 희락과 화평과 인내와 양선과 충성과 온유와 절제로 대체해주실 것이다.

이 수리 상품들의 이용 방법에 대한 더 세부적인 정보는 제품 설명서인 거룩한 성경을 참고하기 바란다. 제조업자는 이에 더해 항시 대기 중인 유지 보수 기술자인 성령의 직접적인 모니터링과 도움을 가능하게 하는 설비를 모든 수리를 받은 제품들에 사용할 수 있게 하셨다. 수리받은 제품이 그를 환영하고 받아들이기만 하면 그가 영원히 함께해줄 것이다.

## 본문 이해

### 죄와 타락

| Main Idea | 인간의 죄악으로의 타락은 창조주이신 하나님과 같은 동료 인간들 그리고 창조 세계로부터 소외되는 조건을 낳는다. |
| --- | --- |

#### A. 죄에 대한 유혹(3:1-5)

| Supporting Idea | 하와가 하나님의 말씀과 속성에 의문을 갖자 유혹이 찾아온다. |
| --- | --- |

**3:1-4.** 뱀이 피조된 존재인 동시에 하나님의 계시를 반대하는 자로 소개되고 있다. 그는 여호와 하나님이 지으신 들짐승 중에 가장 간교하다고 한다. '간교하다' 라는 단어는 이 피조물이 교묘하게 행동하였음을 암시한다. 혹자는 하와가 자신에게 말을 걸어오는 한 짐승에 대해 경계심을 갖지 않은 이유가 무엇이냐고 반문할 수도 있다. 하지만 그녀에게는 모든 것이 새로웠다. 아마 타락과 함께 찾아올 소외가 있기 전에는 인간과 동물이 서로 의사소통을 했을 수도 있다. 뱀이 여기서는 사단으로 밝혀져 있지 않지만 그는 하나님의 말씀을 반대하였다. 후대의 계시는 "옛 뱀 곧 마귀라고도 하고 사단이라고도 하는(계 12:9 비교. 계 20:2, 롬 16:20) 자" 로 언급하였으며, 이는 이 뱀과 사단의 밀접한 관계를 보여준다.

뱀은 하와가 하나님의 말씀에 의문을 갖도록 유도하였다. 그는 하나님이 참으로 너희

더러 동산 모든 나무의 실과를 먹지 말라 하시더냐라고 질문함으로써 하와의 마음 속에 의심을 심었다. 하나님이 남자에게 말씀하신 내용은 "동산 각종 나무의 실과는 네가 임의로 먹되 선악을 알게 하는 나무의 실과는 먹지 말라 네가 먹는 날에는 정녕 죽으리라"(창 2:16-17)였다. 악한 자가 뱀을 통해 하나님의 관용보다는 부정적인 금지에 어떻게 초점을 맞추는지 유의해보라. 뱀은 하나님이 이 나무에 인간이 접근하지 못하게 했다 하더라도 그것이 인간에게 필요하지 않다고 감히 주장하지는 않았다. 하나님이 그 나무를 금하신 것은 실제로 인간을 보호하기 위해 설정하신 선이었다.

악한 자가 뱀을 통해 남자가 아닌 여자에게 다가간 것도 유의해보라. 하나님이 먹는 식품과 관련해 원래 계시를 주신 대상은 남자였다(창 2:16-17). 분명히 아담은 하와가 창조되기 전에 하나님이 자신에게 선언하신 것을 하와에게 전달하였다. 악한 자는 하나님께로부터 직접적인 계시를 받는 것보다 제삼자를 통해 전해진 명령을 불순종하거나 무시하는 것이 더 쉽다는 것을 알 수 있다.

하와의 반응은 그녀가 하나님의 말씀에 의문을 갖게 하거나, 적어도 그렇게 구속력을 지니지 않은 명령으로 그 말씀을 표현하는 데 성공했음을 보여준다. 그녀의 반응은 미묘하게 생각의 변화가 일어났음을 보여준다. 첫째, 그녀는 자신의 특권을 무시했다. 하나님은 '어떤 나무의 실과도 먹을 수 있다' 고 말씀하셨다. 하지만 하와는 동산 나무의 실과를 우리가 먹을 수 있으나라고 말하였다. 하와의 말 속에는 하나님이 그렇게 관대하신 분이 아닌 것 같은 뉘앙스가 풍긴다.

둘째, 그녀는 하나님이 금하신 명령을 과장해서 표현하였다. 하나님은 "선악을 알게 하는 나무의 실과는 먹지 말라" 고 말씀하셨다. 그러나 하와는 동산 중앙에 있는 나무의 실과는 하나님의 말씀에 너희는 먹지도 말고 만지지도 말라고 말한다.

셋째, 하와는 자신의 의무를 과소평가하였다. 하나님은 네가 먹는 날에는 정녕 죽으리라고 말씀하셨지만 그녀는 단순히 너희가 죽을까 하노라고 표현하고 있다.

하와는 하나님의 말씀이 단순히 일반적으로 옳은 말씀이 아니라는 것을 알게 될 것이다. 그것은 절대적이고 정확한 진리였던 것이다. 하나님의 말씀은 하나님의 뜻과 동일하고, 그분의 뜻은 그분의 말씀과 동일하다. 인간이 하나님을 경외하는 방식으로 반응하기 위해서는 하나님의 말씀의 절대적 권위에 대한 이해가 필수적이다.

하나님의 말씀에 대한 하와의 다소 부정확한 이해에 대한 사단의 반응은 하나님의 말씀이 옳음을 부정하는 것이었다. 너희가 결코 죽지 아니하리라. 이것은 아담에게 계시된 하나님의 말씀과 반대되는 것이었다. 사단이 부정한 성경의 첫 교리는 바로 죄가 사망을 낳는다는 것이다(혹은 다른 식으로 표현하자면 사단은 하나님이 죄를 처벌하지 않으실 것이라고 선언하고 있는 것이다). 그가 하나님의 피조물인 인간으로 하여금 이것을 믿게 할 수 있었다면 범죄하는 것은 그렇게 심각한 일로 보이지 않았을 것이다.

**3:5.** 이 절에서 악한 자는 너희가 그것을 먹는 날에는 너희 눈이 밝아 하나님과 같이 되어 선악을 알 줄을 하나님이 아심이니라고 선언함으로써 하나님의 '선하심'에 의문을 제기하고 있다. 사단은 하나님이 인간을 어떤 식으로든 제한하신다면 선하신 분일 수가 없다는 것을 이미 암시했다. 그의 다음 공격은 그가 이미 암시한 내용과 일치하였다. 하나님은 말씀을 통해 자신의 속성을 드러내신다. 뱀이 하나님의 말씀에 의문을 제기한 것은 하나님의 선하심에 의문을 제기한 것이었다. 또한 하나님의 선하심에 의문을 제기한 것은 하나님의 말씀에 의문을 제기한 것이었다.

뱀의 말이 전부 다 거짓말은 아니었다. 여기에는 반쪽짜리 진실이 있었다. 22절에서 하나님은 이 점을 인정하셨다. 그들은 현재 갖고 있지 않는 통찰력을 얻게 되겠지만, 악한 자는 이 통찰력 때문에 너무나 막대한 대가를 치러야 한다는 사실을 설명해주지 않았다. 그의 가르침은 창세기 1-2장의 중요한 핵심 요점들, 즉 하나님이 인간을 위해 좋은 것을 준비해주셨다는 내용과 모순되었다. 하나님의 진정한 동기와 행동은 인간의 유익을 위한 것이었지만, 사단은 그것이 인간의 희생을 바탕으로 한 하나님의 복지를 위한 것으로 암시하였다.

### B. 죄로 인한 타락(3:6)

| Supporting Idea | 인간은 세계 역사상 가장 최악의 결정을 내린다. |
|---|---|

**3:6.** 하와가 경험한 삼중적 유혹을 유의해 보라: 여자가 그 나무를 본즉 먹음직도 하고 보암직도 하고 지혜롭게 할 만큼 탐스럽기도 한 나무인지라 여자가 그 실과를 따먹고. 하와는 하나님이 주신 자신의 욕구가 잘못된 방법으로 충족되도록 방치하였다. 이 삼중적 유혹은 요한일서 2장 16절에 기록된 유혹의 다양한 수단과 유사하다. "이는 세상에

있는 모든 것이 육신의 정욕과 안목의 정욕과 이생의 자랑이니 다 아버지께로 좇아 온 것이 아니요 세상으로 좇아 온 것이라." 차이점이 있다면 하와는 내면에 죄악된 본성을 갖지 않았다는 것이다. 하와가 가진 이러한 욕망은 세상에 죄가 들어오기 전에 존재하였다. 이러한 욕망은 피조된 존재로서 하와가 소유하던 것이었다.

이러한 욕구들 - 음식으로 만족을 얻고, 과일의 아름다움을 인식하며, 지혜와 지식을 얻고자 하는 욕구들 - 은 모두 합법적인 것이었고, 하나님이 주신 것이었으며, 하나님이 정하신 방법으로 충족될 수 있는 것이었다. 그러나 하와의 문제는 이러한 욕구들을 충족시키는 방법에 있었다. 그녀에게는 먹을 수 있는 많은 과일들과, 감상할 수 있는 많은 아름다운 대상들 그리고 지혜를 배우고 얻을 수 있는 많은 대상들이 분명히 있었다. 그녀가 탐구하고 배울 수 있는 완전한 새로운 세계가 눈 앞에 펼쳐져 있었던 것이다.

하나님의 말씀에 대한 무지나 무시 혹은 기만은 사람으로 하여금 유혹에 취약하게 만든다. 시편 119편 11절은 이렇게 선포한다. "내가 주께 범죄치 아니하려 하여 주의 말씀을 내 마음에 두었나이다."

하나님의 선하심을 식별하지 못하면 하나님의 선하심을 불신하게 된다. 불신은 불만족으로 이어지고 마침내 불순종으로 연결된다. 하나님이 준비하시고 허용하시는 것뿐 아니라 금지하시는 것 역시 우리의 유익을 위한 것이다. 그러나 인간은 독립적이기를 원하고, 자기 자신의 길로 가기를 원하며, 누구에게도 종속되는 것을 원치 않는다. 하나님은 항상 사람들에게 자신이 주권자이시며 선하신 분임을 믿으라고 요구하셨다. 그분은 우리가 그분을 신뢰함으로써 풍성한 삶을 살 수 있기를 원하신다(요 10:10, 17:3). 하나님은 항상 진정한 만족은 그분께 순종하고, 그분이 금하신 것을 존중함으로써 얻을 수 있다는 사실을 믿으라고 요구하셨다. 눈에 보이는 것에 의해 살지 말고 믿음으로 살라고 하셨다.

그런데 하와만 그 과일을 먹는 데서 끝나지 않고 그녀의 배우자도 그 죄악에 동참하였다. **자기와 함께한 남편에게도 주매 그도 먹은지라.** 죄인들은 다른 사람들을 공범으로 끌어들인 후 자신들의 죄를 서로 정당화시키는 방식을 이용한다. 로마서 1장 32절은 이렇게 말한다. "저희가 이 같은 일을 행하는 자는 사형에 해당하다고 하나님의 정하심을 알고도 자기들만 행할 뿐 아니라 또한 그 일을 행하는 자를 옳다 하느니라." 아담은 기만당하였다(딤전 2:14). 그는 알면서도 죄를 지었다.

전 인류가 타락한 것은 하와가 죄를 지었을 때가 아니라 아담이 죄를 지었을 때임을 이해하는 것이 중요하다. 하와는 독립적으로 창조된 것이 아니라 아담의 갈비뼈로 만들어졌다. 아담이 먼저 창조되었고 그에게서 하와를 비롯한 전 인류가 나왔다. 사도 바울은 로마서에서 아담이 인류의 머리로서 범죄했기 때문에 인류로 태어나는 모든 사람이 죄인이 된다고 명시하고 있다. 모든 사람이 이 '원죄'에 동참한다. 로마서 5장 12절은 이렇게 선언한다. "이러므로 한 사람으로 말미암아 죄가 세상에 들어오고 죄로 말미암아 사망이 왔나니 이와 같이 모든 사람이 죄를 지었으므로 사망이 모든 사람에게 이르렀느니라."

### C. 죄로 인한 타락의 결과(3:7-13)

| Supporting Idea | 아담과 하와가 범죄하였을 때 그것은 하나님과 그들의 관계에 영향을 미쳤을 뿐 아니라 서로와 나머지 피조물과의 관계에도 영향을 미쳤다. |
|---|---|

**3:7.** 범죄의 결과로 아담과 하와는 자신들의 육체에 대해 수치심을 느꼈다. 타락 이전에 창세기 2장 25절은 이렇게 선언하였다. "아담과 그 아내 두 사람이 벌거벗었으나 부끄러워 아니 하니라." 그러나 이제 그들은 더 이상 무죄하지 않았다. 그들은 자신과 상대방에 대해 새로운 자각을 하게 되었다. 이제 그들은 그들의 육체가 악한 욕망의 시선을 받을 수 있으며, 악한 욕망에 이용될 수 있다는 것을 알았다. 그들은 몸을 가려야 할 필요성을 감지하였다. **무화과나무 잎을 엮어 치마를 하였더라.** 그들은 그들 자신의 노력으로 이러한 상황을 바꾸고자 시도하였다. 하지만 이러한 무화과나무 잎은 지속성도 없었고, 효과적으로 몸을 가려주지도 않았다.

**3:8-10.** 그러나 수치심만 있었던 것이 아니었다. 죄책감도 생겼다. 하나님과 그들의 관계가 파괴된 것이다. 그들은 두려움으로 하나님의 면전에서 도망쳤다. **아담과 그 아내가 여호와 하나님의 낯을 피하여 동산나무 사이에 숨은지라.** 이것 - 그들을 만드신 능력의 하나님을 피해 숨는다는 것 - 이 놀랍지 아니한가? 그러나 하나님이 그들을 찾아오셨다. **네가 어디 있느냐**는 질문은 그들의 유익을 위해 제시된 수사학적 질문이었다. 하나님은 자비하심으로 그들에게 자신들의 잘못을 인정할 기회를 주셨다.

**3:11-13.** 아담과 하와는 자신들의 범죄를 타인의 탓으로 돌렸다. 그들은 개인적인 잘못을 고백하기보다 누군가 다른 이에게 잘못을 전가하고자 하였다. 죄인인 우리는 "제가 그 일을 했습니다. 제 잘못입니다"라고 말하기가 어렵다는 사실을 발견한다. 우리는 우리의 환경과, 유전적인 특성과, 양육 과정 등에서 잘못을 찾는다. 우리의 최초의 부모들도 전혀 다르지 않았다. 먼저, 아담은 여자의 탓으로 돌리고, 간접적으로 하나님께 잘못을 돌린다. 둘째, 하와는 뱀의 탓으로 돌렸다. 오래된 농담처럼 "아담은 하와에게 잘못을 전가하고, 하와는 뱀에게 잘못을 전가하였으며, 뱀은 서 있을 다리 하나 없게 되었다."

### D. 죄로 인한 타락의 심판(3:14-19)

| Supporting Idea | 범죄에 가담한 지상의 공모자들은 그들의 창조주 하나님께로부터 정당하지만 은혜로운 징계를 받는다. |
|---|---|

**3:14-15.** 이 원죄에 가담한 자들에게 하나님의 몇 가지 심판이 선언되었다. 창조 이야기에서 '축복하다'라는 단어가 세 번 사용되었지만(창 1:22, 28, 2:3) 이제 피조 세계에 일어난 사건에 대한 이야기에서 '저주하다'라는 단어가 세 번 사용되고 있다. 그것은 이 단락에서 두 번 사용되고(3:14, 17), 가인과 아벨 단원에서 한 번 사용된다(4:11).

저주의 첫 수납자는 뱀이었다. 네가 모든 육축과 들의 모든 짐승보다 더욱 저주를 받아. 저주는 뱀의 신체적 조건이 바뀌고(배로 다니고) 음식을 섭취하는 방식의 변화(종신토록 흙을 먹을지니라)로 나타날 것이다. 죽음의 상징(창 3:19)이 뱀의 양식이 되었다. 그러나 모든 짐승들도 죽게 될 것이고, 뱀은 실제로 흙을 먹지 않는다. 이 구절은 뱀의 먹이의 내용물보다는 뱀이 먹이를 먹을 장소(즉 흙 속에서)를 가리키는 것으로 보는 것이 더 낫다.

그러나 심판의 후반부는 그 기만의 배후에 있는 자 역시 심판을 받아야 할 것임을 분명히 밝힌다. 내가 너로 여자와 원수가 되게 하고 너의 후손(씨)도 여자의 후손과 원수가 되게 하리니 여자의 후손은 네 머리를 상하게 할 것이요 너는 그의 발꿈치를 상하게 할 것이니라. 어떤 해석가들은 이 구절에서 인간과 뱀 사이에 계속되는 증오만을 발견한다. 하지만 이 구절에는 그 이상의 것이 함축되어 있다. 우리는 여자의 후손들과 더불어 여자와 뱀의 후손들이나 뱀 사이에 계속되는 적대감이 있을 것임을 발견한다. 이것은 뱀을 소유한 자, 다시 말해서 악한 자인 사단을 가리킬 수 있다. 후손이라는 단어는 먼저 뱀에게서 나올 모든 존재와 그 다음으로는 여자에게서 나올 모든 자손들을 가리키는 집단적 단수일 수 있다.

하지만 이것이 집합 명사일 필요는 없다(비교. 갈 3:16). 이것은 뱀에게서 나올 자와 여자에게서 나올 자로서 한 개인을 가리킬 수도 있다. 그들은 서로 전쟁하게 될 것이다. 여자의 후손(문자적으로 '그녀의 씨')은 '그들의' 씨가 아니기 때문에 예수의 동정녀 탄생을 암시하는 것일 수도 있다. 이 절에서 여자의 후손은 (그가) 네 머리를 상하게 할 것이요라는 표현에서 3인칭 남성 단수인 '그'가 사용되었다. 여자의 씨는 뱀의 후손들이 아닌(우리는 모든 뱀들이 인간에게 죽임을 당할 것이라고 생각하지 않는다) 이 모든 것을 시작한 자, 사단 본인의 머리를 깨뜨릴 것(치명적 위해)이다.

우리는 여기서 죽어가는 자들에게 한 줄기 희망을 선사하는 최초의 예언적 약속의 말씀을 본다. 뱀 배후에 있는 자의 이 정체는 성경의 마지막 책에서 확인되고 있다. 요한계시록 20장 2절은 "용… 곧 옛 뱀이요 마귀요 사단"이 어떻게 심연에 내던져짐을 당하였는지 그리고 요한계시록 20장 10절에서는 마침내 어떻게 불과 유황 못에 내던져지는지 묘사하고 있다.

로마서 16장 20절에서 바울은 "평강의 하나님께서 속히 사단을 너희 발 아래서 상하게 하시리라"고 쓰고 있다. 이것은 하나님의 백성들과 사단 간에 싸움이 계속되고 있음을 나타낸다. 이 계속되는 싸움은 사단에 대한 그리스도의 최종적이고 결정적인 승리가 있겠지만, 역사가 진행되면서 각 세대마다 이 전쟁이 치러져왔음을 의미할 수도 있다. 여러 개인들(여자의 후손들)은 경건한 자들을 지배하고자 하는 악한 자들(뱀의 후손들)의 시도를 극복하고자 노력할 것이다. 하지만 우리 주 예수 그리스도이신 메시아(여자의 씨)가 마침내 승리하실 때까지(계 20:10) 어떤 자도 승리하지 못할 것이다.

여자의 후손에 대한 언급은 세상이 계속될 것이라는 하나님의 뜻을 반영한다. 이것은 또한 사단에 대한 하나님의 승리의 계획을 반영한다. 우리는 때로 우리의 자녀들을 어떻게 그런 악한 세상 속에서 이끌 수 있는지 의문을 갖는다. 하지만 하나님의 계획은 자녀들이 있어야 한다는 것이다. 이러한 여자들의 후손은 마침내 예수 그리스도가 그의 승리의 사역을 성취하실 때까지 악한 자를 대적할 수 있도록 대비해 있어야 한다.

**3:16.** 아내와 남편의 관계뿐 아니라 여자의 신체적 조건도 변화되었다. 여성으로서 그녀의 고유한 기능인 자녀 출산의 기능이 심판을 받았다. 하나님은 여자에게 내가 네게 잉태하는 고통을 크게 더하리니 네가 수고하고 자식을 낳을 것이며라고 말씀하셨다. 이 세상에 사망이 들어왔지만 생명은 여전히 계속될 것이다. 출산에 동반되는 고통은 고통과 괴로움을 이 세상에 들어오게 한 하와의 역할을 여자에게 상기시켜주는 역할을 할 것이다. 고통에 해당하는 동일한 단어(히브리어로 약간 철자만 바꾼 상태로)가 남자에 대한 저주에서도 발견된다(창 3:17).

그러나 하나님은 또한 여자에게 너는 남편을 사모하고 남편은 너를 다스릴 것이니라고 말씀하셨다. 이 문장의 의미에 대해서는 적어도 세 가지 해석이 있다. (1) 여자의 욕망이 여자 자신의 욕망이 되지 못할 것이다. 여자의 욕망은 남편의 욕망에 종속될 것이다. 이는 남편이 그녀를 지배할 것이기 때문이다. (2) 자녀 출산과 관련된 고통에도 불구하고 여자는 남편에 대한 끌림과 갈망을 가짐으로써 남편과 관계를 갖고 그로 인해 자녀를 갖게 될 것이다. (3) 여자는 남편과의 관계를 지배하기 원하겠지만, 하나님은 남자가 머리로서 다스리게 될 것이라고 선언하셨다.

이에 대한 해석을 결정함에 있어서는 단어들의 의미와 앞뒤의 문맥을 근거로 할 뿐 아니라 다음과 같은 요인들도 고려해야 한다. 창세기 4장 7절과 아가서 7장 10절의 '바람(desire)' 에 해당하는 단어의 용례, 남편과 아내 관계에서 생기는 어려움들에 대한 신약의 가르침, 결혼 생활에서 우리가 볼 수 있는 현실적인 문제들. 이러한 요인들에 비추어볼 때 아내는 이제 그 관계를 지배하고자 바라게 되고 '남편의 돕는 배필' 로서 더 이상 직관적으로 복종하고자 하지 않을 것 같다('심층 연구' 참고).

**3:17-19.** 아담에 대한 저주는 하나님이 말씀하신 두 가지 요인에 근거하였다. 네가 네 아내의 말을 듣고 내가 너더러 먹지 말라 한 나무 실과를 먹었은즉. 아담은 악한 행동을 부추기는 아내의 말을 들었고, 또한 하나님의 명령에 불순종하였다. 아담은 인류의 머리로서 아내가 불순종을 제안하더라도 아내와 독립적으로 행동할 수 있는 책임과 권위가 있었다. 그러나 그는 아내의 말을 듣는 편을 택함으로 불순종의 길을 선택했다.

남자의 환경이 변하였기 때문에 그의 신체적 조건이 변하였고, 육체적 죽음이 그의 몫이 될 것이다. 땅은 너로 인하여 저주를 받고 너는 종신토록 수고하여야 그 소산을 먹으리라. 그가 다스리게 될 땅은 이제 이상적인 조건을 갖추지 못한 상태가 될 것이다. 그가 맡은 일을 이루기 위해서는 엄청난 노력이 필요할 것이다. 땅이 가시덤불과 엉겅퀴를 낼 것이라… 얼굴에 땀을 흘려야 먹을 것을 먹으리니.

이것은 '타락한 세상' 으로 알려지게 될 것의 시작을 알린다. 로마서 8장 20-22절은 이렇게 선언한다. "피조물이 허무한 데 굴복하는 것은 자기 뜻이 아니요 오직 굴복케 하시는 이로 말미암음이라 그 바라는 것은 피조물도 썩어짐의 종 노릇 한 데서 해방되어 하나님의 자녀들의 영광의 자유에 이르는 것이니라 피조물이 다 이제까지 함께 탄식하며 함께 고통하는 것을 우리가 아나니."

확실히 잡초와 같이 인간에게 아무 유익이 없는 식물들이 자랄 뿐 아니라 전 피조물이 영향을 받았다. 화산, 지진, 토네이도와 같은 재앙들은 분명히 땅에 대한 이 저주로 거슬러 올라갈 수 있다. 인간의 몸은 죽음과 더불어 육체적 불멸을 경험하지 못하고 흙으로 돌아가게 될 것이다.

그러나 각 저주들에는 또한 은혜가 동반되었다. 저주를 받은 땅은 여전히 인간을 위해 먹을 것을 생산할 것이다. 여자는 여전히 자녀를 가질 수 있을 것이다. 뱀은 여전히 존재하게 될 것이다. 그리고 언젠가는 승리가 찾아올 것이다.

### E. 여자의 이름을 짓다(3:20)

| Supporting Idea | 아담은 그의 아내의 이름을 여자뿐 아니라 하와라고 지어줌으로써 인류가 계속될 것이라는 자신의 믿음을 선언한다. |
| --- | --- |

**3:20.** 창세기 2장 23절에서 아담은 그의 아내가 남자에게서 나왔기 때문에 "여자라 칭하리라" 고 선언하였다. 이제 타락이 일어나고 심판의 선언을 들은 후 아담은 그 여자의 이름을 하와라고 지어주었다. 이 절은 지금까지 선언된 하나님의 심판의 말씀에 대한 아담의 수용과 믿음을 암시하는 것으로 보아야 한다. 하와(Eve)라는 이름은 '생명' 혹은 '생명의 생산자' 를 의미한다. 아담은 아내에게 개인적인 이름을 지어줌으로써 그녀가 모든 산 자의 어미가 될 것이기 때문에 임신을 하고 자녀를 생산할 것임을 믿는다고 선언했다. 그는 하나님의 심판을 수용하였지만 자녀에 대한 하나님의 말씀을 믿었고, 언젠가는 그의 후손이 악한 자를 정복할 것이라는 그의 믿음을 무언 중에 선언하였을 것이다.

### F. 인간을 위한 옷(3:21)

| Supporting Idea | 인간이 당한 수치를 가리기 위해 짐승의 희생이 이루어지다. |
|---|---|

**3:21.** 인간은 자신의 벌거벗음으로 수치를 느꼈고, 자신의 창조성을 발휘해 몸을 가릴 수 있는 물건을 찾을 수밖에 없었다. 하나님은 짐승의 죽음을 요구한 것으로 보이는 행동을 통해 아담과 그 아내를 위해 가죽옷을 지어 입히셨다. 이러한 가죽들이나 가리개를, 대속을 의미하는 것으로 교리적인 해석을 하는 것은 가능하지 않을 수도 있다. 하지만 하나님이 인간에게 관심과 연민을 보이셨다는 것은 분명하다. 그는 그들에게 옷을 준비해주셨지만 다른 생명을 대가로 치르셨다. 이것은 하나님과의 교제의 기회를 마련해줄 희생 제사 제도를 예표할 수도 있다. 무화과나무 잎으로 자신을 가리고자 한 인간의 시도가 적절하기는 했지만 최상의 선택은 아니었다. 하나님은 그분의 방식대로 생명이 계속 이어지기 위해서 이제 인간의 벗은 몸을 가려야 할 필요가 있음을 인식하셨다. 하나님은 죄와 심판이라는 상황에서도 은혜를 베푸셨다.

### G. 에덴 동산에서의 축출(3:22-24)

| Supporting Idea | 아담과 하와가 에덴 동산에서 쫓겨난 것은 그들 자신의 유익을 위한 것이다. |
|---|---|

**3:22-24.** 선과 악을 알게 하는 나무의 열매를 먹은 결과 인간은 선과 악에 대한 지식을 획득하는 면에서 하나님을 더 닮게 되었다. 이 표현이 받아들이기 어려울 수도 있지만 이 사람이 선악을 아는 일에 우리 중 하나같이 되었으니라는 하나님의 말씀 속에 이 점이 분명하게 지적되어 있다. 이 절의 의미에 대해 많은 논란이 있지만, 인간이 신적인 지식과 같은 지식과 또한 신적인 지식과 다른 일종의 지식을 갖게 되었다는 것은 확실하다. 의사와 환자가 모두 환자가 걸린 병을 알고 있지만 그 이해의 정도가 다른 것처럼, 하나님과 인간 모두 어떤 것이 선하게 혹은 악하게 사용될 수 있음을 알지만 그 지식에 도달하는 방식은 달랐다.

하나님은 인간과 달리 선과 악을 알기 위해서 악을 행하지 않으셨다. 하지만 하나님은 전지하시기 때문에 선과 악이 무엇인지 아시며 그에 따라 결정을 내리신다. 하지만 인간은 악을 범함으로써 이 지식을 얻었다. 이제 인간은 선과 악에 대한 자신의 부적절한 지식에 근거해 결정을 내리며 하나님처럼 행동하고자 할 것이다. 그는 하나님의 말씀을 최종적인 권위로 더 이상 받아들이려 하지 않을 것이다.

하지만 인간은 이제 더 이상 죄에 대해 결백하지 않으며 죽게 될 것이기 때문에 하나님과 같이 되지 못하였다. 그래서 하나님은 그가 그 손을 들어 생명나무 실과도 따먹고 영생하도록 해서는 안 되었다. 인간이 해야 할 일이 생명나무 열매를 따먹는 것이라고 결정한다면 그는 살아 있는 죽음을 영원히 경험해야 할 것이다. 인간의 지식은 정확하거나 충분하지 않지만 인간은 자신의 지식이 정확하고 충분하다고 생각할 수 있다. 하나님은 은혜로, 타락한 인간이 그의 곤경에 대한 하나님의 베풀어주심(provision)을 받아들이는 것을 막을 일시적인 결정을 내리지 못하도록 하실 것이다. 미래에 인간의 죄가 구속을 통해 다루어질 때 새로운 땅에서 인간이 먹을 수 있도록 생명 나무를 주실 것이다(계 22:2).

| Main Idea 복습 | 인간의 죄악으로의 타락은 창조주이신 하나님과 같은 동료 인간들 그리고 창조 세계로부터 소외되는 조건을 낳는다. |
|---|---|

## 결론

### 영원한 결과

아담과 하와가 하나님의 말씀을 불순종하기로 결정했을 때 그들은 그들의 전 인생뿐 아니라 인류 역사를 바꿀 결정을 내린 것이었다. 그것은 바른 방향으로 가고자 했다면 어렵지 않게 내릴 수 있는 결정이었다. 그것은 누구의 말을 신뢰할 것인가의 문제였다. 뱀을 통해 전달된 말을 신뢰할 것인가, 하나님이 직접 주신 말씀을 순종할 것인가의 문제였던 것이다.

악한 자는 뱀을 통해 하나님의 선하심과 관용에 대해 하와의 마음속에 의심을 심어 줌으로써 그녀가 하나님의 말씀에 의문을 갖게 하였다. 하나님의 말씀을 신뢰함으로 반응하는 이 문제는 여전히 중요한 문제이며, 오늘날까지도 다양하게 반응해온 문제이다.

▣ 진리 알기

- 창조 이야기의 모든 피조물들처럼 인간은 하나님의 말씀에 순종해야 한다.
- 대부분의 그리스도인들은 구약과 신약이 무오한 하나님의 말씀으로 이루어져 있다고 믿는다. 이것이 사실이라면 우리는 성경을 구원에 대한 하나님의 뜻의 완전한 계시로 그리고 그리스도인의 삶과 교리에 대한 믿음과 실제적인 절대 법칙으로 받아들여야 한다.
- 악한 자는 하나님의 말씀의 진리를 부인한다.
- 사단이 부정한 성경의 첫 교리는 하나님이 죄를 심판하실 것이라는 교리이다. 이것은 지금도 사람들이 부정하도록 그가 노력을 기울이는 진리이다. 죄는 독립된 하나의 행위가 아니다. 그것은 항상 사회적인 결과를 낳는다.
- 하나님의 성품에 대한 왜곡된 견해 때문에 인간은 거룩한 하나님께 범죄할 수 있다.

▣ 적용하기

- 하나님이 금하신 명령이 하나님의 은혜로운 베푸심이라기보다는 인간을 제약하기 위한 것이라는 사단의 거짓말을 받아들이지 말라.
- 악한 자는 하나님의 말씀을 직접 읽지 않는 이들을 여전히 유혹하고 있다. 성경을 읽으라.
- 유혹과 죄에 대한 승리는 사단이 사용하는 기만들을 폭로하는 것으로 시작된다는 것을 깨달으라.
- 우리에게 일어나는 모든 일이 우리의 불순종이나 어리석음과 관련이 있는 것은 아님을 이해하라. 우리는 하나님이 자신의 영원한 왕국을 세우실 때에야 비로소 회복될 타락한 세상에 살고 있다.

## 삶의 적용

### 의식적인 죄

타락 후 아담은 자신의 아들들인 가인과 아벨과 함께 걸어가고 있었다. 그들이 에덴 동산 옆을 지나가게 되었다. 아들 중 한 명이 물었다. "아버지, 아버지는 왜 그렇게 아름다운 곳을 떠나셨습니까?"

아담은 이렇게 대답했다. "우리가 우리 스스로를 망쳤다고 할 수도 있지!"

하와가 그리고 이어서 아담이 금지된 과일을 먹은 이유는 무엇인가? 나와 당신이 죄를 짓는 것과 동일한 이유 때문이었다. 때로 하와처럼 우리는 기만을 당해 옳지 않은 의견이나 생각을 받아들이고 믿는다. 이것은 계시된 진리에 주의 깊은 관심을 기울이지 않고, 계시된 진리를 믿지 않으며, 마침내 우리가 알고 있는 지식이 최고라고 합리화시킴으로써 일어난다. 우리는 우리의 이성이 작동하지 않는 영역이라고 결정된 부분에서 합리적인 이성을 이용해 결정을 내리기 때문에 죄를 범한다. 죄가 무엇인지를 결정하는 것은 우리가 아니다. 그것을 결정하시는 분은 하나님이시다!

그러나 때로 우리는 아담과 같기 때문에 죄를 짓는다. 아담은 속임을 당한 것이 아니었지만(딤전 2:14) 어쨌든 죄를 범하였다. 우리는 하와의 책임과 잘못이 가장 크다고 생각할 수 있지만 실제로는 아담의 책임과 잘못이 가장 컸다. 아담은 하나님의 말씀을 직접 들은 당사자였다. 하와가 자신에게서 나왔기 때문에 그는 그녀에 대한 책임이 자신에게 있음을 알고 있었다. 그는 나머지 피조물들이 자신에게 복종해야 한다는 것도 알았다. 그는 이 모든 것을 알고 있었지만 하와가 주는 과일을 먹었다.

하와가 유혹을 받을 때 그가 그녀와 얼마 동안 함께 있었는지에 대해서는 알려져 있지 않다. 그는 아내의 제안을 하나님의 제안보다 더 우선시하였다. 그는 자신의 아내가 죽을 것이라고 생각하고 다시 홀로 남겨지기를 원치 않아 이렇게 했을 수도 있다. 혹은 자신이 아직 해보지 않은 그녀의 경험이 부러웠기 때문에 죄를 범하였을 수도 있다. 아니면 자신에게 요구되는 리더십을 행사하지 않았다는 것을 알았기 때문에 금지된 과일을 먹었을 수도 있다. 아담은 선과 악을 알게 하는 나무를 먹을 수 없다는 것을 아내에게 말해주었어야 했다. 그는 이외의 다른 어떤 이유로도 죄를 지었을 수 있다. 하지만 중요한 사실은 그가 하나님의 명령을 의식적이고 의도적으로 어겼다는 것이다.

아담과 하와처럼, 우리 역시 오래된 찬송가의 가사를 빌리면 "방황하기 쉽고… 내가 사랑하는 하나님을 떠나기 쉽다." 우리는 우리 자신의 논리와, 우리 자신의 이성적 사고와, 우리가 해야 할 일에 대한 우리 자신의 지각을 의지해서는 안 된다. 우리의 목표는 우리를 만드시고, 엄청난 대가를 치르신 후 우리를 구속하신 하나님을 기쁘시게 해드리는 것이 되어야 한다.

## 기도

하나님 아버지, 우리가 우리 삶 속에 스며드는 유혹들에 민감하게 깨어 있도록 도와주십시오. 당신의 말씀이 참 진리로 받아들여지지 않을 때 분별할 수 있도록 지혜를 주십시오. 우리에게 당신을 영광스럽게 하는 삶을 살 수 있는 은혜와 갈망을 주십시오. 아멘.

# 심층 연구

### A. 악의 문제

인간 역사에 등장하는 악은 하나님과 관련성이 있거나, 하나님이 원인을 제공하시거나, 혹은 뱀에 의해 유입된 것이 아니라 아담과 하와의 행동의 결과이다. 창세기 3장은 뱀 속에서 활동하던 악의 존재에 대해 설명하지 않는다. 인간은 악의 존재를 설명하기 위해 여러 가지 많은 이론을 제시하였다. 하지만 그 이론들은 모두 악에 대해 충분히 설명하지 못한다. 세상에서 악의 기원은 여전히 수수께끼로 남아 있다.

### B. 사단과 뱀

어떤 학자들은 뱀의 배후에 누군가가 있다는, 이 주석이 옹호하는 입장을 수용하지 않는다. 오히려 그들은 뱀이 여자를 속이기 위해 간교하게 행동하였다고 본다. 그렇게 되면 뱀에게 선언된 저주는 오직 지상의 그 짐승에게만 한정되는 것으로 해석될 것이다. 창세기 3장 15절은 여자의 후손을 표현하기 위해서(동정녀 탄생에 대한 암시?) '씨(후손)' - 3인칭 여성 단수 접미사가 붙은 남성 단수 명사 - 라는 단어를 사용하고 있다. 또한 계속해서 뱀의 머리를 부술 자를 묘사하기 위해서 '그' - 인칭대명사, 3인칭 남성 단수(그리스도?) - 를 사용하고 있다.

'씨' 나 '후손' 을 집합 명사로 해석할 수도 있다. 예를 들어, NET 성경(New English Translation)은 창세기 3장 15절에 대해 다음의 각주를 포함하고 있다.

> 단수 대명사와 동사는 집합 단수 명사인 '후손' 과 문법적으로 일치한다. 이 대명사의 집단적 의미를 밝히기 위해 본 번역은 영어 복수 대명사인 '그들(they)' 을 사용하고 있다. 집합 단수인 '후손' 에 대해 단수 동사와 대명사 형태가 사용된 다

른 예들에 대해서는 창세기 16장 10절, 22장 17절, 24장 60절을 참고하라. '머리' 라는 단어는 부사적 대격(adverbial accusative)으로 공격을 받게 될 부분이다. 머리를 깨뜨릴 정도의 일격은 치명적일 수 있다.

많은 학자들은 창세기 3장 15절을 복음에 대한 성경의 최초의 암시로 해석한다. 창세기 22장 18절, 사무엘하 7장 12절과 시편 89편 4, 29, 36절과 같은 절에서 사용된 '씨' 나 '후손' 이라는 표현은 그 후손이 궁극적으로 메시아라는 것을 인정한다. 하지만 여자의 씨 혹은 후손이 먼저 가인이었고, 이어서 셋 그리고 그 다음으로는 아마 에녹이나 노아로 생각되었을 수도 있다. 이들은 모두 여자의 후손이며, 의를 반대하고 하나님의 말씀을 거부하는 모든 자들은 뱀의 후손으로 간주될 것이다. 요한복음 8장 44절에 기록된 대로 그리스도는 믿지 않는 유대인들이 "너희 아비 마귀" 에게 속하였다고 선언하셨다. 선과 악의 싸움은 항상 계속된다. 하지만 그리스도가 오시기 전에는 악의 머리를 상하게 한 자가 아무도 없었다. 그의 궁극적 승리가 보장되어 있기는 하지만 아직 이루어지지 않았다.

### C. 남편에 대한 아내의 복종

여자는 남자의 돕는 자가 되도록 창조되었다. 여자는 남자에게서 창조되었고, 남자를 위하여 창조되었다(고전 11:8-9). 남자의 리더십에 대한 복종은 타락 이전에 정해진 것이었고(딤전 2:11-13), 타락 이후에 심지어 기독교 교회와 가정에서도 계속되었다(엡 5:22-24, 고전 11:3). 창세기 3장 16절에서 여자를 향한 저주는 "너는 남편을 사모하고" 라는 문장을 포함하고 있다. 여자에 대한 남자의 다스림이 새로이 도입된 개념이 아님을 이해하는 것이 중요하다. 하나님은 타락 후, 즉 여자가 자신의 남편과 관계없이 독자적인 리더십을 행사한 후, 이 원리를 적용가능한 것으로 재천명하셨다. 이 복종은 또한 신약의 그리스도인 여성들에게 다시 천명되고 있다(골 3:18, 벧전 3:1).

창세기 4장 7절에서 동일한 저자에 의해서 그리고 이후의 문맥에서(아가서 7장 10절의 용례는 수백 년 후 다른 저자에 의해 사용된 것이다.) '바람(갈망)' 이 어떤 식으로 사용되고 있는지 이해해야 한다. 지배하고자 하는 욕망으로 해석될 수 있는 이 갈망은 타락으로 인한 반응이었다. 하지만 신약 성경은 아내들에게 복종에 대해 가르치는 수많은 곳에서 이 주제를 다루고 있다. 지도자가 될 책임이 있는 남자를 위해 사도들은 사랑이 결여된 지배나 학대에 대해 경고하였다(엡 5:25-33, 골 3:19, 벧전 3:7).

신약의 이러한 가르침은 창세기 3장 16절에 대한 가장 가능성 있는 의미가 무엇인지 암시한다. 또한 이 점과 관련해 신자가 된다고 해서 창조 때의 이 교훈이 의미를 상실하는 것은 아님을 입증한다. 자발적인 복종과 그리스도를 본받은 리더십은 '자연적인' 것이 아니라 하나님이 요구하신 것이며, 하나님의 말씀에 반응하고 그분이 주시는 은혜를 사용함으로써 개발되어야 한다.

## 고안

### A. 들어가는 글

1. '결함이 생긴 인간' 이야기로 시작하라
2. 배경 설명: 이 장은 하나님이 창조하신 아름다운 세상에 무슨 일이 일어났는지를 설명해준다. 우리가 살고 있는 '타락한' 세상이라는 표현과 관련해 많은 것을 설명해준다.
3. 적용: 이 장의 자료는 창세기의 나머지 부분을 이해하고, 전 성경이 필요한 구원의 계획을 제시하고자 하는 이유를 이해하는 데 중요하다.

### B. 본문 이해

1. 죄에 대한 유혹(3:1-5)
2. 죄로 인한 타락(3:6)
3. 죄로 인한 타락의 결과(3:7-13)
4. 죄로 인한 타락의 심판(3:14-19)
5. 여자의 이름을 짓다(3:20)
6. 인간을 위한 옷(3:21)

7. 에덴 동산에서의 축출(3:22-24)

**C. 결론**: '의식적인 죄' 를 읽어주라.

## 토의 질문

1. 유혹을 받는 하와에 대해 공부함으로 우리가 직면하는 유혹에 대해 우리가 어떤 준비를 할 수 있게 되는가?

2. 남자와 여자에 대한 심판이 또한 그들을 위한 축복의 수단을 포함하고 있음을 알 수 있는가? 그 심판이 어떤 면에서 축복을 포함하고 있는가?

3. 세상의 구세주이신 그리스도의 구속 이야기를 믿는다면 이 타락의 이야기를 믿는 것이 그렇게 중요한 이유는 무엇인가?

4. 타락이 결혼, 일, 가정, 하나님과 우리의 관계에 어떤 영향을 미쳤는가?

# 창세기 4:1-6:8

## 탄생과 죽음의 고리

*"인간이 자신의 믿음을 고백하는 것과 죽음을 맞이하는 것은 오직 홀로 해야 한다."*

*- 마틴 루터(Martin Luther)*

**이 장들은** 최초의 출생과 최초의 죽음을 소개하고, 이어서 하나님이 인간 사회를 다시 시작하겠다고 결심하실 때까지 더 많은 이들이 태어나고 죽고 죄 속에서 사는 모습을 제공한다. 아담과 하와는 가인과 아벨이라는 두 아들을 낳았다. 가인은 아벨을 죽였고, 그로 인해 하나님의 심판을 경험하였다. 아벨이 죽임을 당한 후 아담과 하와는 세 번째 아들인 셋을 낳았다.

## 들어가는 글

### 족보에 어떤 '영적' 의미가 있는가?

몇 년 전 나는 나의 아들 조수아(Joshua)에게 성경을 통독하면 상으로 돈을 주겠다고 제안한 적이 있다. 몇 주 후에 그가 성경에 등장하는 모든 '이름들'을 읽을 필요가 있는지 내게 질문하러 왔던 것을 기억한다. 나는 모든 이름들을 정확히 발음하거나(나조차 그렇게 하기에는 어려움이 있다), 모든 나이를 다 기억해야 하는 것은 아니라고 말해주었다. 하지만 그 목록을 다 훑어보고 이름들의 명단 중간에 기록된 사건이 있다면 잘 관찰해보아야 한다고 일러주었다. 그리고 보통 그 시점에 매우 특별한 일이 일어났다고 말했다. 우리는 이 장의 성경에서 이 진리를 살펴보게 될 것이다.

이 족보들을 읽을 때 우리는 이 사람들이 장수한 사실에 대해 경이로움을 느끼게 된다. 므두셀라는 969세까지 장수하였다. 당신이 연금을 판매하는 생명 보험 회사 대리인이라고 생각해보라. 혹은 장기 간병 보험(long-term care)을 판매한 보험 회사라고 생각해보라. 오늘날 사람들은 그 어느 때보다도 장수를 구가하고 있다. 세계 신기록 기네스북에 따르면 모드 패리스 루스(Maud Farris-Luse)가 가장 장수한 사람이었다고 한다. 그녀가 2002년 3월에 사망했을 때 그녀는 공식적으로 그 나이를 인정받을 수 있었다(115년 56일). 미국 아칸소 주 드윗의 메리 톰슨(Mary Thompson)은 2001년 10월 8일에 사망했을 때 119세였다고 한다. 하지만 그녀는 그 나이를 공식적으로 인정받을 수 없었다.

오늘날 사람들이 홍수 이전 시대만큼 장수하지 못하는 이유에 대해 여러 가지 해석이 제기되어왔다.

1. 홍수 이후의 환경적인 변화들: 일부 사람들은 홍수 이전에 지구를 둘러쌌던 수증기 덮개가 태양의 해로운 광선에서 인간을 보호하였다고 생각한다.
2. 인간 유전자에 대한 죄의 축적된 효과
3. 홍수 이전에는 질병이 없었음

4. 인간의 식생활 변화: 홍수 이후 사람들은 더 이상 엄격한 채식주의자가 아니었고 또한 육식도 먹게 되었다.
5. 인간의 지속적인 범죄 때문에 하나님의 축복이 인간을 떠났을 가능성

많은 회사들은 노화 과정을 지연시킬 수 있다고 광고한다. 어떤 이들은 그 과정을 되돌릴 수 있다고까지 한다. 하지만 어떤 회사도 죽음을 막을 수 있다고 주장하지는 못한다. 조지 버나드 쇼(George Bernard Shaw)가 말했듯이, "죽음에 대한 통계는 매우 인상적이다. 한 사람당 한 명꼴로 사망한다." 창세기의 이 장들은 죽음의 실체를 다룰 것이다. 하지만 우리가 살아 있는 동안 하나님의 은혜를 받고, 그분을 기쁘게 해드릴 수 있다는 것도 밝혀줄 것이다.

## 본문 이해

### 탄생과 죽음의 고리

| Main Idea | 아담과 하와의 후손들은 모두 두 집단으로 분류된다. 그것은 하나님의 말씀을 청종하는 경건한 사람들과 그분께 반역하는 불경건한 자들이다. |
|---|---|

#### A. 가인과 아벨 간의 문제(4:1-16)

| Supporting Idea | 아담과 하와의 후손은 각자 하나님의 말씀을 들을 것인지 혹은 그분께 반역할 것인지 선택해야 한다. |
|---|---|

**4:1-2 상.** 아담과 하와의 첫 아이는 하와가 가인이라고 부른 아들이었다. 히브리어로 이 이름은 '획득하다, 얻다' 라는 의미의 히브리어 동사처럼 들린다. 성경에서는 자녀에

게 이름을 지어주는 이가 아버지이지만 이 경우에는 하와가 이름을 지어주고 있다. 아마 그녀는 이 소년이 하나님이 뱀의 머리를 상하게 할 것이라고 약속하셨던 씨 혹은 후손(창 3:15 참고)이라고 믿었기 때문에 그렇게 했을 것이다. 그녀는 **여호와로 말미암아**(여호와의 도움으로) 그를 얻게 된 것이라고 인식하였다. 그녀는 또 **가인의 아우 아벨을 낳았다**. 그의 이름은 '숨' 혹은 '일시적'이라는 의미를 지녔다. 그의 이름은 그녀가 이 세상의 삶의 일시적인 본질을 깨달았다는 암시일 수도 있었다. 아벨의 이름은 그의 생의 갑작스러운 단축을 의미하게 되었다.

**4:2 하-5 상.** 소년들이 성장하자 그들은 서로 다른 일에 종사하게 되었다. 아벨은 양 떼들을 치는 동안 가인은 땅을 일구었다. 희생 제사를 드려야 할 시간이 되었을 때 각자 자신의 생업의 소산물을 하나님께 가져왔다. 아담의 가족은 하나님과의 교제를 형성하고 유지하기 위한 희생 제사의 필요성에 대해 하나님의 계시를 받았음이 분명하다. 이에 대한 배경은 아마 하나님이 아담과 하와의 수치를 가려줄 옷을 준비하기 위해 짐승을 희생하셨던 사건일 가능성이 있다(창 3:21 참고).

**여호와께서 아벨과 그 제물은 받으셨으나 가인과 그 제물은 열납하지 아니하신지라**. 하나님이 이렇게 대조적으로 하신 이유에 대해서는 전혀 언급되어 있지 않다. 아마 제물의 특성보다는 각 예배자의 '태도'가 문제였을 것이다. 어떤 학자들은 그들의 태도가 각기 믿음과 불신이었다고 주장한다(비교. 히 11:4). 어떤 이들은 부주의하고 인색한 제물과 아끼지 않고 힘껏 드린 제물의 차이라고 주장한다(비교. 레 3:16, 요일 3:12).

그러나 여호와가 희생 제사에 대해 이미 계시를 주셨다고 한다면 희생 제물의 특성에 대한 세부적인 규정을 어느 정도 포함시키셨을 가능성이 있다. 후에 희생 제물에 곡식(즉, 피가 없는)을 포함했을 수 있지만 이것은 보통 다른 희생 제물과 관련해 드려졌다(예를 들면, 레 2장). 히브리서는 아벨의 '더 나은' 제사에 대해 말하며(히 11:4 상), 하나님이 "의로운 자라 하시는 증거를" 주셨다(히 11:4 하)고 말한다. 히브리서 저자는 뒤에서 "새 언약의 중보이신 예수와 및 아벨의 피보다 더 낫게 말하는 뿌린 피니라"(히 12:24)고 기록한다.

여기서 대조가 되는 것은 아벨의 죽음과 가인이 흘린 피(이 피는 교제가 이루어지도록 하지 않았다)가 아니라 하나님이 받아주신 아벨의 피 제사와 예수님의 더 나은 희생 제사이다. 그렇다면 믿음이 절대적으로 필요하기는 하지만 가인과 아벨의 대조는 일차적으로 믿음에 대한 것이 아니라, 하나님이 가납되었다고 선언하신 제물과 가인이 하나님께 드리기로 결정한 제물에 대한 것이다.

에덴 동산의 아담과 하와처럼 하나님의 말씀은 정확하고 권위 있는 것으로 수용되어야 한다. 가인의 희생 제사가 가납할 수 없는 것이었다고 하나님이 선언하셨다면 이것이 옳은 것이다. 가인에게 현재 요구되는 것은 하나님께 받아들여질 수 있는 제물을 드리는 것이었다.

**4:5 하-12.** 가인의 잘못된 태도는 하나님의 훈계에 대한 그의 반응에서 증명된다. 그는 그 문제에 대한 하나님의 결정을 받아들이려고 하지 않았다. 마음이 상하고 분노가 치밀어오른 그는 결국 동생을 살해하게 된다.

하나님은 네 아우 아벨이 어디 있느냐?는 질문으로 가인과 맞서신다. 내가 알지 못하나이다 내가 내 아우를 지키는 자니이까라는 가인의 반응은 거짓인 동시에 가족 구성원에 대한 냉담하고도 무관심한 표현이었다. 가인은 동생을 무시하고 죽이는 것이 아니라 그를 존중하고 보호해야 할 책임이 있었다는 의미에서 동생을 지키는 자였다. 가인은 뱀의 씨 혹은 후손이 되었다(창 3:15 참고). 이는 그가 하나님의 피조물의 죽음을 바랐기 때문이다. 타락한 인류에 대한 첫 이야기에서 우리는 불경건한 길을 택한 한 남자를 만난다.

그의 부모처럼 가인은 자신의 죄를 인정하지 않으려고 하였다. 하지만 여호와 하나님은 그가 한 일을 정확히 알고 계셨다. 이 장에서 하나님은 두 번째로 가인과 대면하셨다. 가라사대 네가 무엇을 하였느냐 네 아우의 핏소리가 땅에서부터 내게 호소하느니라 땅이 그 입을 벌려 네 손에서부터 네 아우의 피를 받았은즉 네가 땅에서 저주를 받으리니 네가 밭 갈아도 땅이 다시는 그 효력을 네게 주지 아니할 것이요 너는 땅에서 피하며 유리하는 자가 되리라(창 4:10-12).

가인이 받은 벌은 하나님의 은혜로 가득하였다. 그를 죽이심으로 그의 죄과를 치르게 하실 수도 있었기 때문이다. 그는 땅을 일구어 생계를 유지하기가 어려워졌기 때문에 유목민이 되었을 것이다. 인간이 지음을 입었고 인간이 다스려야 할 땅이 또다시 인간의 악행으로 영향을 입었다(창 4:10, 3:17).

**4:13-16.** 가인은 하나님의 은혜로우신 징계에 대해 자기 연민으로 반응하였다. 내 죄벌이 너무 중하여 견딜 수 없나이다. 하나님은 가인에게 보호의 표식을 주어 그를 만나는

모든 사람에게서 죽임을 면하게 하셨다. 한 개인에게 확인의 표식을 준다는 이 개념은 성경의 많은 용례 중 최초의 것이다('심층 연구' 참고).

주님의 면전에서의 축출은 가인이 여호와의 앞을 떠나 나가 에덴 동편 놋 땅에 거하였더니라는 진술에서 확인되고 있다. 놋은 '방황' 혹은 '집이 없음'을 의미한다. 이곳은 생명 나무가 위치한 곳의 동쪽과 하나님께서 죄 없는 인간을 처음으로 두셨던 고향의 동쪽에 위치하였다고 한다.

## B. 가인의 족보(4:17-24)

| Supporting Idea | 족보는 가인의 후손들이 하나님이 주신 계시를 거부하던 방향을 보여주고 있다. |
|---|---|

**4:17-18.** 가인의 아내에 대한 언급은 항상 최초의 남자들의 아내의 정체가 무엇이냐는 질문을 야기시킨다. 그 아내들은 누이였거나 혹은 조카였을 가능성이 있다.

가인의 아내는 가인이 성을 쌓고 있던 때에 에녹이라는 아들을 낳았다. 이 성도 에녹이라는 이름을 갖게 되었다. 가인이 성 쌓는 일에 관여하였다는 사실은 집을 잃고 방황하는 자로 살아야 하는 자신의 운명에 반항하기 위한 시도로 보인다(창 4:12, 16). 하지만 이 사실은 또한 주의 면전을 떠난 사람은 누구든지 방랑자라는 것을 증명하였다. 성에 대한 이 언급은 또한 바벨탑에서 가인과 불경건한 자들을 하나로 묶어주는 역할을 하였다(창 11:1-9).

**4:19-24.** 에녹을 통한 가인의 후손의 계보는 라멕에서 정점에 달한다. 이 사람은 중혼자로서 목축업과 음악과 야금술의 조상이 된 세 아들을 두었다. 다양한 예술과 과학을 비롯해 문화가 반역하고 불경건한 계보의 족보에 기록되어 있다는 사실은 하나님의 형상 중 많은 부분이 타락한 이 피조물들 속에 남아 있었음을 증명한다. 이러한 불신자들은 발명하고 발견할 수 있는 능력을 여전히 갖고 있었다. 신자들은 불경건을 문화나 지성의 결여와 동등시해서는 안 된다.

### C. 셋의 족보(4:25-26)

| Supporting Idea | 셋의 축약된 족보는 아담과 하와의 후손들이 하나님께 복종하며 경건한 방향으로 나아갔음을 보여준다. |
|---|---|

**4:25-26.** 하와가 하나님이 내게 가인의 죽인 아벨 대신에 다른 씨를 주셨다고 선언한 것으로 보아 셋이라는 이름은 아마 '허용되다' 라는 의미일 수 있다. 그 때에 사람들이 비로소 여호와의 이름을 불렀더라(혹은 선언하였더라)는 성경의 이 내용은 셋이 에노스라고 이름지은 아들을 낳은 후 일어났다. 이 선언은 23-24절에 라멕이 표현한 진술들과 극명한 대조를 이룬다. 셋은 하나님을 의존하는 모습을 보였다. 이것이 셋의 삶에서 어떤 식으로 드러났는지에 대해서는 세부적으로 소개되어 있지 않다. 하지만 그것은 아마 이제 고인이 된 아벨의 모델과 같이 올바른 희생 제물을 바치는 것도 포함했을 것이다. 셋은 주 하나님을 불렀고, 그렇게 함으로써 전체 사회에 그를 선포하며 그분께 반응한 여자의 후손이 되었다.

이것은 창조 이야기(창 2:4-4:26)의 '톨레도트(이야기)' 를 완성한다. 여기에는 하나님의 아름답고 경건한 피조물에게 일어났던 일에 대한 어두운 그림이 있다. 하나님의 아름다운 피조 세계는 불순종으로 인해 저주를 받았다. 사람들 간에는 폭력이 횡행했고, 자연 세계에는 부패가 일어났다. 가인을 통해 하나님의 말씀을 거부하고 폭력과 중혼을 지지하는 계보가 이어졌다. 셋을 통해 하나님의 이름을 부르는 또 다른 계보가 형성되었다.

### D. 셋을 통해 노아로 이어지는 아담의 족보(5:1-32)

| Supporting Idea | 이 족보는 세상을 위한 하나님의 계획을 이해하는 데 도움이 된다. 인류의 부패는 경건한 계보를 위협하고 있다. |
|---|---|

**5:1 상.** 이 '톨레도트' 는 경건한 후손을 통해 아담의 계보에 일어난 일을 기술하고 있다. 이것은 가인의 불경건한 계보의 전개와 대조를 이룬다. 하지만 경건한 계보는 경건한 한 사람으로 귀결될 것이다.

**5:1 하-2.** 셋을 통해 노아로 이어지는 아담의 계보를 소개하기 전에 창세기 저자는

인간의 창조에 대한 기본적인 사실을 회고하고 있다. "그 이상은 셋이요 그 이상은 아담이요 그 이상은 하나님이시니라"로 끝나는 누가복음 3장 23-38절의 족보와 유사한 창세기 5장의 족보는 인간을 창조하신 하나님으로 시작하고 있다. 하나님이 사람을 창조하실 때에 하나님의 형상대로 지으시되 남자와 여자를 창조하셨고 그들이 창조되던 날에 하나님이 그들에게 복을 주시고 그들의 이름을 사람이라 일컬으셨더라. 남자만이 하나님의 형상으로 만들어졌기 때문에 인간은 모든 피조물 중에서 독특한 존재라는 것을 인식하는 것이 중요하다(창 1:26-27 참고). 또한 인간이 남자와 여자로 창조되었고, 하나님께서 그들을 별개의 성으로 축복하셨다는 것을 인정하는 것 역시 중요하다(창 1:28 참고). 남자나 여자 중 그 어느 쪽도 열등하지 않다. 이러한 정보는 창세기 6장의 혼합 결혼의 중요한 배경으로 작용한다.

**5:3-20.** 창세기의 이름들(창세기 10장뿐 아니라)은 가계의 역사적인 기록을 제공하고 있다. 또한 각 세대마다 악과 싸우기 위한 '씨'나 후손의 가능성이 있었음을 증명한다. 그러므로 '그' 씨를 생산할 수 있는 여러 후손들이 끊기지 않았다. 후에 아브라함이 선택된 사람으로 지명된 후 아브라함의 후손들의 이름이 치밀하게 기록되지만, 족보에서 숫자는 전혀 기록되지 않았다. 아브라함 이전에 주어진 숫자들은 아담으로부터 아브라함에 이르는 기간을 결정하기 위한 단 하나의 목적을 위해 기록된 것 같다('심층 연구' 참고).

10이라는 숫자는 창세기에서 중요하다. 저자는 전체 책을 열 개의 '톨레도트'로 분류할 뿐 아니라 창세기 5장(아담에서 노아까지)과 창세기 11장 10-26절(노아로부터 아브라함까지)의 족보에 등장하는 이름의 수 역시 모두 각기 10이다.

이 장에는 죽음에 대한 분명한 강조가 있지만(비교. 창 2:17) 또한 은혜도 엿볼 수 있다. 아들들과 딸들이 태어나고 있고, 사람들은 장수를 누린다. 이 모든 것은 하나님의 은혜에 대한 증거였다.

**5:21-24.** 가인의 불경건한 계보에서 라멕이 아담의 7대손이었듯이(아담이 포함되었을 때) 셋이라는 경건한 계보에서는 에녹이 아담의 7대손이었다. 확실한 대조가 이루어지고 있다. 성경은 에녹이 홍수 이전에 하나님과 동행하였던 두 사람 중 한 명이라고 말한다(나머지 한 사람은 노아였다, 창 6:9). '하나님과 동행한다'는 것은 문자적으로 '하나님과 함께 걸어다니다(다시 말해서 살다)'로 번역될 수 있다. 이것은 비유적인 언어

로서 셋이 하나님의 이름을 불렀던 것처럼 에녹이 하나님과 친밀한 관계를 유지했음을 의미한다.

하나님에 대한 에녹의 믿음은 말씀을 증거하는 행동을 낳았다. 유다서 14-15절은 이렇게 선언한다. "아담의 칠세 손 에녹이 사람들에게 대하여도 예언하여 이르되 보라 주께서 그 수만의 거룩한 자와 함께 임하셨나니 이는 뭇사람을 심판하사 모든 경건치 않은 자의 경건치 않게 행한 모든 경건치 않은 일과 또 경건치 않은 죄인의 주께 거스려 한 모든 강퍅한 말을 인하여 저희를 정죄하려 하심이라 하였느니라." 에녹은 그리스도의 초림이 있기 수 세기 전에 이미 그의 재림에 대해 말하였던 것이다!

에녹은 이 장의 어두운 후렴구("죽었더라")의 예외적인 인물이다. 히브리서 11장 5절은 이렇게 선언한다. " 믿음으로 에녹은 죽음을 보지 않고 옮기웠으니 하나님이 저를 옮기심으로 다시 보이지 아니하니라 저는 옮기우기 전에 하나님을 기쁘시게 하는 자라 하는 증거를 받았느니라." 에녹은 육체적인 죽음을 경험하지 않고 이 세상을 떠난 성경의 두 인물 중 한 사람이다(열왕기하 2장 11절의 엘리야도 참고하라, 에녹에 대해 사용된 동일한 히브리어 단어가 열왕기하 2장 3, 5절에서 엘리야에 대한 번역에 사용되고 있다).

범죄한 인간에게 사망이 임할 것이라는 하나님의 선언에 비추어볼 때 이것이 어떻게 가능할 수 있는가? 먼저, 하나님이 에덴 동산에서 말씀하신 죽음(창 2:17)은 주로 영적인 죽음이었다. 이는 아담과 하와가 범죄한 즉시 죽음을 경험하지 않았고, 아담의 경우 적어도 930년간은 죽음을 경험하지 않고 살았기 때문이다(창 5:5). 둘째, 이 두 사람의 예(에녹과 엘리야)는 휴거 때에 수백 만의 신자들이 하게 될 경험을 예고한다(살전 4:16-17, 고전 15:51-52).

**5:25-27.** 경건한 에녹의 아들인 므두셀라의 죽음은 홍수가 발생한 시기와 일치한다('심층 연구' 참고). 므두셀라는 969세의 나이로 사망하였다. 라멕이 태어났을 때 므두셀라는 187세였다. 노아가 태어났을 때 라멕은 182세였다. 홍수가 일어났을 때 노아는 600세였다. 이러한 숫자들을 합산하면 969년에 해당한다. 홍수 중간에 므두셀라가 죽었을 가능성도 있지만, 홍수 직전에 죽었을 가능성이 훨씬 높다.

비현실적인 숫자를 기록하고 있고, 불가능한 기간으로 이루어지는 성경 외의 일부 족보들(예를 들면, 수메르 목록에 등장하는 세 왕은 각기 72,000년을 통치했다고 한다)과 달리, 성경은 사람들의 엄청난 나이에도 불구하고 논리적이다. 이 시기의 사람들이 장수하였음에도 불구하고 노아와 그의 아들들을 제외하면 홍수 후에 살아 남은 사람은 한 사람도 없었다. 족보에 등장하는 아들들을 낳았을 때의 아버지들의 나이를 합산하면 1,556년이란 기간이 도출된다. 이 수에 홍수가 일어나기까지의 100년을 추가해야 한다(창 7:6). 그러면 이 족보 사이에 공백이 없다면 창조에서 홍수까지는 전체적으로 1,656년이 된다.

**5:28-32.** 우리는 셋의 계보의 라멕과 가인의 계보의 불경건한 라멕과 혼동하지 않도록 주의해야 한다. 창세기 5장의 라멕은 셋 계열의 9대손이었고, 노아의 아버지였다. 그는 여호와께서 땅을 저주하시므로 수고로이 일하는 우리를 이 아들이 안위하리라고 말하며 예언자적으로 혹은 적어도 자신의 소망을 담아 아들에게 노아라는 이름을 지어주었다. 에덴 동산의 저주에 대한 이러한 상기는 또한 인류를 악한 자에게서 구원할 한 후손에 대한 약속과 노아를 연결시킨다. 노아가 '그' 씨(다시 말해, 메시아)가 되지는 않겠지만 악한 세상 속에서 위대한 구원자로서 섬기게 될 것이다(방주를 이용하여).

노아가 오백 세 된 후에 셈과 함과 야벳을 낳았더라. 여기서 두 가지 점이 지적되어야 한다. 첫째, 노아의 후손들은 많지 않았고, 그들이 노아의 인생 초기에 태어나지 않은 것도 확실하다. 이것은 중요한 후손을 낳게 되지만 상당한 시간이 흐른 뒤에야 그것이 가능했던 창세기의 다른 결혼 관계들과 일맥상통한다(예를 들면, 사라와 아브라함, 리브가와 이삭). 둘째, 홍수가 발생했을 때 노아가 6백세가 되었기 때문에(창 7:6), 이것은 방주를 건축한 기간이 백 년이 걸렸음을 암시하는 것일 수 있다.

## E. 경건한 자들과 불경건한 자들 간의 갈등(6:1-8)

| Supporting Idea | 이 역사적인 이야기는 홍수로 세상을 저주하고자 하시는 하나님의 결심에 대한 배경을 제공한다. |
|---|---|

**6:1-2.** 하나님의 계획(창 1:28)과 일치하는 인구의 증가를 기록한 후 저자 모세는 결혼의 유형과 그로 인해 거의 모든 인간에게 심판을 초래하게 될 사회의 모습에 대해 기록한다. 족보들이 기록된 후(창 4:17-5:32) 인간에 대해 언급한 첫 상황은 하나님의 아들들이 사람의 딸들의 아름다움을 보고 자기들이 좋아하는 모든 여자를 아내로 삼는지라는

내용이다. 하나님의 아들들과 사람의 딸들이 정확히 누구를 가리키는지에 대해 오랫동안 논쟁이 있어 왔다('심층 연구' 참고). 이들이 누구인지에 대한 규명은 4절에서 발견되는 진술 때문에 더 복잡해진다. "당시에 땅에는 네피림이 있었고 그 후에도 하나님의 아들들이 사람의 딸들을 취하여 자식을 낳았으니 그들이 용사라 고대에 유명한 사람들이었더라."

이 진술은 하나님의 아들들과 사람의 딸들이 결합한 결과를 서술한 것이거나(하지만 네피림이 홍수 이전에도 있었을 뿐 아니라 홍수 이후에도 있었음을 주의하라, 민 13:33) 혹은 이런 식의 결혼이 이루어진 시기에 대한 서술이라고 해석되어왔다. 이때는 유명한 영웅들이 결혼 배우자의 영적 조건에 대해 고려하지 않고 원한다면 어떤 여자든지 선택하던 시기였다. 그것은 하나님이 심판하시지 않을 수 없었던 너무나 타락한 세상을 가속화시킨 부적절하고 혼합된 결혼이었다.

**6:3.** 여기서 언급된 120년은 지금부터 인류에게 허락된 수명에 대한 것이거나(인간의 수명이 120년으로 제한될 것이라는 다른 번역을 받아들여), 혹은 하나님이 인간들로 심판을 피하도록 허락하신 회개의 시간으로 해석되어왔다. 성경에서는 인간의 수명이 120년으로 제한되었다고 암시한 구절이 전혀 없다. 사실상 아브라함까지는(창 11:10-26) 정반대의 증거만 있다. 시편 90편 10절은 이렇게 언급한다. "우리의 년수가 칠십이요 강건하면 팔십이라도." 그러므로 이 120년이라는 기간을 회개할 기회로 준 시간으로 해석하는 것이 가장 적절하다. **나의 영이… 함께하지 아니하리니** 혹은 "나의 영이 싸우지 아니하리니"라는 번역이 이 해석과 맞을 것이다. 이는 노아의 가족을 제외한 모든 사람들이 홍수로 인해 멸망할 것이기 때문이다.

이렇듯 120년의 기간이 제공된 것은 하나님의 엄청난 인내를 보여준다. 사도 베드로는 홍수에 대해 기록한 직후(벧후 3:5-6) 베드로후서 3장 9절에서 이렇게 언급한다. "주의 약속은 어떤 이들이 더디다고 생각하는 것같이 더딘 것이 아니라 오직 주께서는 너희를 대하여 오래 참으사 아무도 멸망하지 아니하고 다 회개하기에 이르기를 원하시느니라."

노아의 아들들의 출생 이후부터 홍수까지는 백 년이라는 시간이 있었던 것으로 보인다(창 5:32; 7:6). 하나님은 인간에게 계속 경고를 하셨음이 분명하다. 그러고나서도 20년 동안 전혀 회개를 하지 않았기 때문에 하나님은 노아와 계획을 세우기 시작하셨다.

**6:4.** 네피림에 대한 이 자료는 혼합 결혼으로 인한 후손들에 대한 묘사거나 시간에 대한 암시로 해석되어 왔다. 네피림(문자적으로 '타락한 이들')은 후에 민수기 13장 31-33절에서 거대한 크기와 괴력을 소유한 민족을 묘사하는 데 사용되고 있다. 홍수 이전 시대 사람들이 보기에 그들은 용사라 고대에 유명한 사람들(재물과 권력을 가진 군사 지도자)이었다. 그러나 그들은 홍수로 인해 멸망했으므로 경건한 사람들은 아니었다. 네피림에 대한 언급이 홍수 후에도 있기 때문에 그들이 특정한 유형의 결혼으로 인한 후손인 것 같지는 않다. 이 문구는 120년이라는 시간이 네피림이 통치하던 시기에 시작되었다는 암시로 해석하는 것이 가장 적절한 것 같다.

**6:5-7.** 그러한 결혼으로 인해 초래된 상황은 전례가 없는 악과 폭력의 관영이었다. 예수 그리스도는 마지막 날에 사람들이 하나님의 기준과 뜻에 대해 동일한 반응을 보일 것이라고 경고하셨다.

> "노아의 때와 같이 인자의 임함도 그러하리라 홍수 전에 노아가 방주에 들어가던 날까지 사람들이 먹고 마시고 장가 들고 시집 가고 있으면서 홍수가 나서 저희를 다 멸하기까지 깨닫지 못하였으니 인자의 임함도 이와 같으리라"(마 24:37-39).

그는 특별히 그러한 일이 일상적으로 이루어질 뿐 아니라 별다른 생각 없이 이루어지는 일임을 지적하는 방식으로 결혼을 언급하였다.

여호와께서… 땅 위에 사람 지으셨음을 한탄하사 마음에 근심하시고. 이것은 성경에서 인간적인 감정을 이용하여 하나님의 반응을 표현한 약 30개의 기록 중 하나이다. 하나님의 피조물은 거의 모든 면에서 그분의 영광을 반영하기를 포기했기 때문에(계 4:11 참고) 그분은 자신의 피조물을 더 이상 기뻐하거나 그로 인해 위로를 받지 않으셨다. 하나님은 나의 창조한 사람을 내가 지면에서 쓸어버리되… 이는 내가 그것을 지었음을 한탄함이니라고 말씀하셨다. 하나님은 긍정적인 반응이 전혀 없는 상황에서도 인내하시며 기다리셨던 방식, 이전에 인간을 다루시던 방법을 바꾸셨다(창세기 4장 13, 24절의 가인의 반응을 참고하라). 이제 그분은 그들을 일시적인 심판으로 다루실 것이다.

**6:8.** 노아는 창세기 5장 29-32절에 소개되었다. 그는 셋과 에녹의 계보(경건한 자들의 계보)였고, 하나님은 그를 인류의 구속자가 되도록 선택하셨다('그' 씨가 오도록 하기

위해). 그의 구원으로 인류는 보존될 것이다. 홍수 이전의 인간들은 대부분 예외이기는 하지만.

호의를 얻는다는 것은 은혜를 입는다는 것이다. 창세기에 하나님의 은혜에 대한 많은 예들이 있지만(특별히 심판의 맥락에서, 창 3:14-24) 이것은 그 용어가 구체적으로 사용된 최초의 경우이다. 노아의 믿음이 그의 의로운 삶으로 입증되었지만(창 6:9) 그 또한 하나님의 은혜를 필요로 하였다.

| Main Idea 복습 | 아담과 하와의 후손들은 모두 두 집단으로 분류된다. 그것은 하나님의 말씀을 청종하는 경건한 사람들과 그분께 반역하는 불경건한 자들이다. |
|---|---|

## 결론

### 하나님과 경건을 선택하라

우리는 대부분 "당신과 하나님은 강팀이다"라는 표현을 들어보았다. 그러나 실제로는 오직 하나님만이 강팀이다. 그분은 권력을 행사하거나, 권한을 갖거나, 의롭기 위해서 우리를 필요로 하는 분이 아니시다. 그분은 은혜로, 우리가 은혜를 얻고 그 앞에서 의롭게 사는 사람들의 계보에 동참하는 길을 선택할 수 있게 해주신다. 셋, 그의 아들 에노스, 에녹, 노아와 같은 사람들은 하나님을 위해 살도록 우리에게 귀감이 되는 사람들이다.

우리는 종종 사회의 다수가 갖는 믿음이나 행동에 마음이 이끌리지만 그것이 진리의 길이 아닐 때는 거부해야 한다. 존 칼빈(John Calvin)은 그의 책 「기독교 강요(Institute of the Christian Religion)」에 있는 프랜시스 왕에게 보내는 서문에서 "진리를 외면하는 '관습' 에 대한 호소"를 기록하였다.

온 세상이 공모해 동일한 악을 행한다 하더라도 그분은 무리들과 더불어 범죄한 인간들의 말로가 어떤 것인지를 경험을 통해 가르쳐주셨습니다. 홍수로 온 인류를 멸하셨지만 몇 명 안 되는 가족들과 함께 노아를 살려주심을 통해 이것을 보이셨습니다. 노아 한 개인의 믿음으로 전 세상을 정죄했습니다(창 7:1, 히 11:7). 요컨대, 악한 관습은 하나의 유행병 같은 것이어서 사람들이 대중과 함께 여기에 빠진다 할지라도 망하는 데 있어서는 마찬가지입니다.

전 인류는 경건한 사람들과 불경건한 사람들로 구분될 수 있다. 궁극적으로, 유일하게 올바른 선택은 하나님의 편에 서는 것이다. 그 안에서 우리는 결코 외롭지 않으며 노아처럼 안전하게 보호를 받을 것이다.

**▣ 진리 알기**

- 주님과의 관계는 다른 사람들과의 관계에 영향을 미친다.
- 하나님의 말씀은 우리를 만족하게 하든, 하지 않든 여전히 하나님의 권위 있는 말씀이므로 순종해야 한다.
- 모든 성경은 영감으로 된 것이기 때문에 족보들도 유용하다. 어떤 성경은 다른 성경에 비해 현재적 삶에 적용될 수 없는 경우도 있다. 하지만 모든 성경은 저자가 의도한 목적에 유의미하다.
- 하나님은 어느 누구도 멸망하기를 원치 않으시며 인내하신다.
- 경건한 결혼이 의로운 사회의 기초가 되기 때문에 하나님은 올바른 결혼 생활에 관심을 가지신다.
- 오직 하나님의 은혜로만 우리는 악인들에 대한 하나님의 심판을 피할 수 있다.
- 하나님은 주권자이시다. 그리고 그분은 자신이 사랑하시는 사람들의 수명을 결정하신다.

**▣ 적용하기**

- 다른 사람들을 향한 하나님의 축복에 대한 자신의 반응을 경계하라. 아벨이 하나님의 축복을 받았다고 해서 가인이 빼앗긴 것은 아무것도 없었다.
- 교만함 때문에 하나님께 순종하는 데 방해가 되지 않도록 하라.

- 어떤 대상과 결혼할 것인지 신중하게 결정하라. 배우자의 영적 상태를 고려하지 않는 결혼은 심각한 고통을 야기할 수 있다(고전 7:39, 고후 6:14-18 참고).
- 하나님의 은혜를 구하고, 받아들이며, 그에 따라 살라.

## 삶의 적용

### 다음 세대로 믿음을 전수하다

창세기 4장 1절-6장 8절을 읽을 때 인생은 한 세대에서 다른 세대로 이어진다는 것이 명백하게 드러난다. 한 세대가 어떻게 그 세대를 영위할 수 있는가? 혹자는 출산이 유전적이라고 주장하였다. 당신의 부모가 자녀를 갖지 못했다면 당신도 자녀를 갖지 못할 가능성이 있다는 것이다. 하지만 육체적인 자녀를 갖는다는 것은 한 세대가 삶을 영위하기 위한 첫 단계일 뿐이다. 오직 하나님을 따르고 이 믿음을 전수하는 것으로만 한 세대가 삶을 이어갈 수 있다.

당신이 믿음을 전수하기 위해서는 당신 자신이 믿음을 가져야 한다. 그러므로 잠시 시간을 내어 당신이 하나님의 말씀을 믿는지 확인해보라. 그 대답이 긍정적이라면 당신의 가족과 교회의 차세대가 당신으로 인해 믿음을 가져야겠다고 생각이 들 정도로 믿음으로 살겠다고 결심하라. 믿음을 삶으로 살아내는 것이 갖는 힘을 결코 과소평가하지 말라. 다음 세대는 살아 계신 하나님에 대한 살아 있는 믿음을 가진 사람들을 직접 볼 필요가 있다.

## 기도

하나님 아버지, 우리가 노아와 같이 의롭고 당신과 동행하는 삶을 살게 해주십시오. 그러나 더욱 바라는 것은 노아처럼 당신의 은혜를 입는 것입니다. 아멘.

## 심층 연구

### A. 가인의 표식

창세기 4장 15절에서 하나님은 "만나는 누구에게든지 죽임을 면케 하시고자" 가인에게 표식을 주셨다. 확인을 위한 표식이라는 개념은 성경 전반에서 발견된다. 출애굽기 13장 16절의 "네 손의 기호와 네 미간의 표를 삼으라 여호와께서 그 손의 권능으로 우리를 애굽에서 인도하여 내셨음이니라"는 내용처럼 첫 아들의 구속이 하나의 표식 기능을 하였다. 신명기 6장 8절은 하나님의 백성들에게 그분의 명령을 받아들이고 "그것을 네 손목에 매어 기호를 삼으며 네 미간에 붙여 표를 삼고"라고 지시한다. 많은 유대인들은 이 문장을 문자적으로 받아들여 그들의 이마와 왼쪽 팔에 성구를 적어 붙였다(비교. 마 23:5). 하지만 이것은 하나님의 말씀이 우리의 사고와 행동을 지배해야 한다는 비유적인 내용으로 받아들이는 것이 가장 좋다. "이것으로 네 손의 기호와 네 미간의 표를 삼고 여호와의 율법으로 네 입에 있게 하라 이는 여호와께서 능하신 손으로 너를 애굽에서 인도하여 내셨음이니"라고 기록한 출애굽기 13장 9절은 장자의 봉헌을 이런 식으로 다루고 있다.

요한계시록의 수많은 구절들은 이마나 오른손에 놓인 표식이나 인에 대해 다루고 있다. 하나님은 보호의 표식으로 144,000의 사람들에게(계 7:2-4) 자신의 표식을 두신다. 이 표식은 요한계시록 14장 1절에서 어린 양의 이름과 그의 아버지의 이름으로 묘사되어 있다(계 22:4 참고).

### B. 하나님의 아들

"하나님의 아들들"의 정체성은 다양한 방식으로 해석이 제기되어온 오래된 성경 신학적 도전이다. 이 주석에서 취하는 입장은 "하나님의 아들들"과 "사람의 딸들"의 결혼은 문학적 문맥에 의거한 표현이며, 경건한 인간의 계보와 불경건한 인간의 계보의 결혼으로 인해 인간 세상에 심판이 초래되었다는 것이다.

보다 더 전통적인 설명은 "하나님의 아들들" 이 타락한 천사들이라는 것이다. 이것은 욥기와 시편 그리고 그들이 천사들이었다고 말하는 외경 에녹전서 6-7장과 같이 후대에 사용된 이 단어의 용례와 같은 증거에 근거를 두고 있으며, 베드로전서 3장 18-20절과 베드로후서 2장 4절 역시 이 죄를 언급하는 것일 가능성이 있다.

다른 해석으로는 모든 인간을 지배하겠다는 야심을 가진 통치자와 사단적 영향을 받는 독재자라는 설명이 있다.

"하나님의 아들들" 의 정체성과 관련해 어떤 입장을 취하든 간에 큰 죄악으로 이어지고, 결국 하나님의 전세계적 심판이 불가피할 수밖에 없는 부적절하고 혼합된 결혼이 있었다는 사실은 사라지지 않는다.

### C. 창세기 5장의 족보에 나타난 숫자

성경 족보에는 일반적으로 단절된 기간이 있다고 보는 것이 일반적인 시각이다. 이것은 적어도 네 가지 요인에 근거를 두고 있다. 첫째, '~의 아버지' 에 해당하는 히브리어는 포괄적인 의미를 지니고 있으며, 보다 더 일반적인 '조상' 이라는 의미를 지닐 수 있다. 둘째, 창세기 5장 32절의 노아의 세 아들들의 배열 순서(셈, 함, 야벳)뿐 아니라 셋이 아담의 장자가 아니라는 증거(창 4:25) 역시 일부 주석가들에게는 이것이 완벽한 명단이나 혹은 연대기적 순서로 작성된 목록이 아니라는 증거가 된다. 셋째, 창세기 11장과 마태복음 1장의 족보는(대상 1-4장의 족보와 비교할 때) 완벽하지 않다. 그래서 어떤 주석가들은 창세기 5장의 족보 역시 완벽한 것이 아니라고 주장한다. 넷째, 창세기 4장의 가인의 족보와 창세기 5장의 셋의 족보(특히 7대손으로 불경건한 라멕과 역시 7대손으로 경건한 에녹과의 명확한 대조)의 유사성은 족보의 명단이 선별되었음을 암시하는 것이라고 생각하는 이들이 있다.

더욱이 긴 수명은 때로 문자적인 숫자의 의미라기보다는 전통적인 문학적 기능을 가진 것으로 해석되기도 한다(예를 들면, 에녹의 365세라는 숫자는 일 년의 365일을 가리키므로 에녹의 온전한 삶을 상징하는 것이라고 한다).

족보에 단절이 있으며 따라서 아담까지 거슬러 올라가는 시간의 길이를 나타내는 나이들은 쓸모가 없다는 일반적인 개념을 지나치게 성급하게 받아들이기에 앞서 다음 내용을 생각해보라.

- 이 특별한 아이가 태어나더라도 가정 내에서 아이의 위치 때문에 아버지의 나이가 달라지는 것은 아니다(다시 말해서, 셋이 장자든 혹은 100번째 태어난 아들이든 간에 그것은 중요하지 않다. 셋이 태어났을 때 아담의 나이는 동일한 130세였다).
- 한 가정에서 특별한 아이가 태어나거나, 혹은 아버지가 죽는다 하더라도 가정에서 딸의 수 때문에 아버지의 나이가 바뀌는 것은 아니다.
- 사람들간의 관계 때문에 나이가 달라지지 않는다. 라멕이 므두셀라의 아들이 아니라 손자라 하더라도 므두셀라가 라멕의 아버지(혹은 할아버지, 아니면 증조 할아버지)가 되었을 때 그의 나이가 187세였다고 성경은 여전히 말하고 있다.

또한 아담으로부터 에녹에 이르는 족보에서 다음과 같은 관계에서는 단절(누락된 세대)이 있을 수 없다는 암시를 유의해보라.

- 최초의 인간으로서의 아담(창 5:1-2 비교. 창 2-4, 고전 15:45, 딤전 2:13)
- 아담의 직계 자손으로서의 셋(창 5:3-4 비교. 창 4:25)
- 셋의 직계 자손으로서의 에노스(창 5:6 비교. 창 4:26)
- 아담의 칠대 손으로서의 에녹(창 5:18 비교. 유 1:14)

역대상 1장 1-3절의 족보는 역사의 이 시기에 대해 어떤 추가적인 이름도 소개하지 않는다.

성경에 이 숫자들이 기록된 것은 이유가 있기 때문이다. 후대의 족보들, 특히 아브라함 시대 이후의 족보들은 족보에 등장하는 사람들의 나이를 기록하고 있지 않다. 아브라함 이후부터 우리는 성경 역사의 연대를 매길 수 있고, 그것을 세속 역사와 연관시켜 볼 수 있다. 성경이 아브라함 이전의 사건들이나 사람들을 다시 언급할 때 이러한 숫자들을 결코 합산하지 않는다는 것은 사실이다. 그러나 그 숫자들이 합산될 수 없다는 의미는 아니다. 아마 사람들이 합산하기를 원했다면 할 수 있었을 이유 때문에 합산되지 않았을 것이다.

## 고안

### A. 들어가는 글

1. "족보에 어떤 '영적' 의미가 있는가?" 이야기로 시작하라.
2. 배경 설명: 이 장들은 아담으로부터 노아에 이르는 역사적이고 신학적인 내러티브를 소개하고 있다. 불경건한 계보와 경건한 계보의 대조는 장차 발생할 홍수 심판의 배경을 제시하고 있다.
3. 적용: 홍수 이전에 하나님은 노아와 언약을 맺기로 약속하신다. 이제는 하나님과 인간 사이의 이 새로운 약속이 어떤 내용을 포함하게 될 것인지에 대해 기대가 모아진다.

### B. 본문 이해

1. 가인과 아벨 간의 문제(4:1-16)
2. 가인의 족보(4:17-24)
3. 셋의 족보(4:25-26)
4. 셋을 통해 노아로 이어지는 아담의 족보(5:1-32)
5. 경건한 자들과 불경건한 자들 간의 갈등(6:1-8)

**C. 결론**: '다음 세대로 믿음을 전수하다' 를 읽어주라.

## 토의 질문

1. 성경에는 하나님이 인간을 이 세상에 태어나게 하시기 위해 사용하신 방법이 네 가지이다. (1) 아담은 땅의 흙에서 나온 하나님의 직접적인 피조물로서 어머니나 아버지 없이 '태어났다.' (2) 하와는 아담에게서 나온 하나님의 피조물로서 어머니 없이 '태어났다.' (3) 그리스도는 독특한 동정녀 탄생으로 아버지 없이 임신을 통해 '태어나셨다.' (4) 다른 모든 인간들은 아버지와 어머니가 있는 상태로 '태어난다.' 이것은 '시험관 아기'와 복제의 현재적 딜레마에 대해 무엇이라고 말하고 있는가?

2. 당신과 동일한 믿음의 헌신을 갖지 않은 사람과 결혼하는 데 따르는 위험은 무엇인가?

3. 사람들이 죽은 나이를 소개한 창세기 저자의 의도는 무엇이라고 생각하는가?

4. 노아가 물려받은 유산 중에서 하나님을 위해 살기로 결심하도록 영향을 끼친 것은 무엇이라고 생각하는가?

# 창세기 6:9-7:24

## 노아와 홍수

*"하나님의 가장 무서운 경고는 항상 피할 길에 대한 계시를 동반한다. 홍수에는 항상 방주가 따른다."*

*- 알렉산더 맥클라렌(Alexander Maclaren)*

**이 절들은** 홍수의 불가피성과 방주에 대한 하나님의 계획, 방주 건축에 대한 이야기 그리고 방주의 첫 항해에 대해 이야기하고 있다.

## 들어가는 글

### 변명거리

방주 건축이 산업 혁명이 있기 오래전에 살았고, 공공 기금의 지원이 전무한 상태에서 오백 살이 넘은 사람에게 어떤 식으로 받아들여졌을지 상상하기란 쉽지가 않다. 어쩌면 하나님과 노아 사이에는 다음과 같은 대화가 이루어졌을 수도 있다.

하나님이 노아에게 말씀하셨다. "내가 지으라고 명령한 방주는 어디에 있느냐?"

노아가 하나님께 말하였다. "사실, 목수 세 명이 아파서 오지 않았습니다. 잣나무 공급자도 물건을 제대로 공급해주지 않습니다. 거의 12개월 동안 주문을 해놓은 상태입니다만, 어떻게 하면 좋겠습니까 주님?"

하나님은 노아에게 이렇게 말씀하셨다. "칠 일 밤낮을 새워서라도 그 방주가 완성되기를 원한다."

노아는 이렇게 말하였다. "그렇게 될 것입니다." 하지만 그렇게 되지 않았다.

하나님이 노아에게 말씀하셨다. "이번에는 무엇이 문제였던 것 같으냐?"

노아가 대답했다. "광산 하청업자가 부도를 냈습니다. 방주의 외벽에 바르라고 명령하신 역청도 도착하지 않았습니다. 배관공은 파업 중입니다. 방주와 관련해 사무 일을 도와주었던 아들 셈이 함과 야벳과 함께 팝 그룹을 만들었답니다. 하나님, 이제 저는 망했습니다."

하나님은 화가 나셔서 말씀하셨다. "내가 지면에서 씨를 보존하기 위해서 모든 종류의 동물들을 암 수로 방주에 모아들이라고 한 것은 어떻게 되었느냐?"

노아는 말했다. "그들이 잘못된 주소로 배달이 되어서 금요일에나 도착한답니다."

하나님이 말씀하신다. "유니콘은 어떻게 되었고, 일곱 쌍씩 모으라고 한 날짐승들은 어떻게 되었느냐?"

노아는 손을 뒤틀며 울면서 이렇게 말한다. "하나님, 유니콘은 이미 단종된 혈통이기 때문에 아무리 많은 돈을 들인다 하더라도 구입할 수 없습니다. 날짐승들은 6마리씩밖에 안 판답니다. 주님, 당신은 상황이 어떤지 알고 계십니다."

하나님은 또 이렇게 말씀하신다. "노아야, 나의 아들아, 내가 알고 있느니라. 땅에 홍수를 보낼 수밖에 없는 또 다른 이유가 무엇이라고 생각하느냐?"

그러나 성경에 제시된 이야기에는 노아가 변명하는 내용이 전혀 등장하지 않는다. 오직 그의 순종하는 모습만이 기록되어 있을 뿐이다. 우리가 동일한 도전을 받는다면 어떻게 반응할 것인지 궁금하다. 하나님을 불신하고, 경건치 않으며, 냉정하고, 무관심한 세상 속에서 하나님의 말씀에 순종하라는 다음 도전이 오면 우리는 어떻게 반응할 것인지 궁금하다.

## 본문 이해

### 노아와 홍수

| Main Idea | 경건한 노아는 믿음이 없고 불경건한 사회 속에서 믿음으로 행하였다. |
|---|---|

#### A. 그 사람 노아(6:9-10)

| Supporting Idea | 노아의 경건한 생활과 전세계의 경건치 못한 모습이 대조를 이루고 있다. |
|---|---|

**6:9.** 노아의 사적은 이러하니라(이것은 노아에 대한 이야기이다)의 구절은 구약에서 가장 유명한 이야기 중 하나를 소개해주고 있다. 이것은 창세기의 세 번째 '톨레도트'

이다. 다음 내러티브는 노아에게 일어난 일을 서술하고 있다.

성경은 노아는 의인이요 당세에 완전한 자라 그가 하나님과 동행하였으며(욥에 대한 유사한 표현을 보고자 한다면 욥기 1장 1절을 보라)라고 묘사한다. 노아의 명성은 당대 사람들이 볼 때에도 흠잡을 곳이 없었다. 이 묘사는 노아가 무죄하다는 것을 주장하기 위한 것이 아니다. 하나님의 아들을 제외하면 이 세상 사람에게는 불가능한 일이기 때문이다. 노아는 순종의 삶과 하나님과 교제하는 삶을 살았다. 문맥상 의인이라는 표현은 부패하고 폭력적인 사회에 대한 묘사(창 6:5, 11-12)와 대조를 이룬다.

성경에서 의인은 하나님을 경외하고 그의 명령을 따르는 자이다. 완전하다는 묘사는 부패와 폭력으로 얼룩진 사회에 대한 하나님의 책망과 대조를 이룬다(창 6:6-7, 13). 하나님과 동행하였다는 구절은 창세기 5장 22절에서 에녹에 대해 말할 때도 사용되었다. 이것은 노아와 "그 마음의 생각의 모든 계획이 항상 악할 뿐"(창 6:5)이었기 때문에 하나님과 교제하지 않는 나머지 사회를 구분해준다.

**6:10.** 그가 세 아들을 낳았으니 셈과 함과 야벳이라는 정보는 창세기 5장 32절의 내용을 반복한 것이다. 이것은 "하나님의 아들들"과 "사람의 딸들"의 앞에 있는 5장 끝부분으로 우리의 내러티브를 다시 연결시킨다.

이 아들들의 배열 순서는 출생 순서가 아니다. 오히려 야벳은 노아의 맏아들이었고(창 10:21), 셈은 둘째 아들이었으며, 함은 막내 아들이었다(창 9:24). 그들은 여기서 성경 역사에서 중요한 순서대로 배열되어 있다.

## B. 홍수의 이유(6:11-13)

| Supporting Idea | 대부분의 사람들이 여호와 하나님에 대한 믿음을 전혀 갖지 않은 사회의 모습이 기술되어 있다. |
|---|---|

**6:11-13.** 홍수의 원인과 결과가 패괴와 강포라는 중요한 두 단어로 표현되어 있다. "하나님과 동행하였던"(9절) 노아와는 대조적으로 나머지 사람들은 패괴하고 강포가 충만하였다. 이 단어는 "그 마음의 생각의 모든 계획이 항상 악할 뿐"(창 6:5)이라는 사실의 결과가 어떤 것인지를 보여준다. 인간은 노력으로 하나님의 은혜를 획득하는 것이 아니라 그것에 적절하게 반응하는 것이다. 폭력과 부패라는 악은 범죄한 인류의 당

연한 결과였다. 오늘날 우리 사회에 유사한 악들이 침투하고 있다. 그러한 악들의 존재는 많은 문명들에 경건이 결여되어 있음을 증명한다.

이 부패는 온 땅에 영향을 미쳤다. 여기서 땅은 인간과는 구별되는 전체 자연계를 가리키는 포괄적인 표현이다. 13절에서는 **모든 혈육 있는 자**(다시 말해서 부패한 사람들)의 **강포가 가득하고** 하나님이 그들(다시 말해서 부패한 사람들)**과 함께 멸하게** 될 곳으로 규정되어 있다. 홍수는 부패한 인간뿐 아니라 인간이 통치했어야 할 나머지 자연도 함께 휩쓸어갈 것이다(창 1:28). 자연은 인간과 친밀한 관계를 맺고 있다. 이것은 성경의 앞장에서 보여주었다. 아담은 흙에서 지음을 받았고(창 2:7), 땅은 아담의 죄로 인해 저주를 받았으며(창 3:17-19), 아벨의 피가 땅에서 부르짖었다(창 4:10). 이제 인간의 타락이 땅을 너무나 부패하게 만들어 **땅도 함께** 파멸의 대상이 될 수밖에 없다.

노아에게 알려진 하나님의 결정은 **모든 혈육 있는 자의 강포가 땅에 가득하므로 그 끝날이 내 앞에 이르렀으니 내가 그들을 땅과 함께 멸하리라**는 것이었다. 하나님의 인내와 오래 참으심의 덕이 여기에는 언급되어 있지 않지만 문맥상으로나 다른 성경들을 볼 때 이 속성들이 전제되어 있다고 할 수 있다. 이 홍수가 지역적이고, 국지적이며, 제한적이었는가? 혹은 전세계적인 것이었는가? 부패한 모든 인간과 그 인간이 살고 있는 모든 땅이 파멸의 운명에 처했다('심층 연구' 참고).

## C. 노아에게 주신 지시 사항(6:14-21)

| Supporting Idea | 하나님은 방주와 앞으로 임할 물의 심판에 대해 구체적으로 지시하신다. |
|---|---|

**6:14-16.** 방주라는 단어는 이곳을 제외하면 성경에서는 모세를 나일강의 물에서 안전하게 지켜준 파피루스 바구니를 가리킬 때만 사용되고 있다(출 2:3, 5). 성막의 언약궤에 사용된 히브리어는 다른 단어이다. 방주 건축에 대한 지시는 재료와 크기에 대한 세부적인 내용이 포함되었다. 필요한 재료는 **잣나무와 그 안에 간들을 막고… 그 안팎에 칠할 역청**이었다. 잣나무는 히브리어로 의미가 불확실한 단어가 사용되어 있다. KJV 성경과 NASB 성경은 'gopher wood'라는 단어를 사용하고 있다.

**역청**은 방주가 방수되도록 해줄 물질을 가리킨다. 오늘날 메소포타미아가 세계 석유의 거대한 공급원이기 때문에 홍수 이전 시대에 이 석유 매장지가 이미 있었다면 이 지하 저장 물질의 일부가 지상의 표면으로 흘러나왔을 수도 있다. 모세의 모친이 유사한 물질을 사용하여 모세를 누인 바구니를 방수처리했다는 것은 흥미롭다. 이 사건에서 '역청' 에 해당하는 단어는 다른 히브리어이다.

방주의 크기는 히브리어에서 규빗으로 제시되어 있다. 길이 300규빗, 넓이 50규빗, 높이 30규빗의 규모였다. 1규빗은 일반적으로 약 18인치 혹은 0.5미터라고 한다('심층 연구' 참고). 그래서 방주는 450피트 길이에 75피트 폭에 45피트 높이가 될 것이다. 그것은 지붕이 있었고, 위에서부터 한 규빗(18인치) 내에서 마무리되어야 했다. 방주의 측면과 지붕 사이의 이 공간은 작은 창문과 같은 환기창이 연속으로 있었음이 분명하다. 노아는 새를 풀어주고 다시 불러들일 때 이곳을 이용했을 것이다(창 8:6 참고). 이 공간의 기능에 대해서는 구체적인 명시가 전혀 없지만 빛이 들어오고 공기를 순환시키는 데 사용되었음이 분명하다. 방주는 또한 세 개의 갑판과 갑판 측면에 문이 있었다.

방주의 실제적인 모양에 대해서는 언급되어 있지 않지만 직사각형 상자와 매우 흡사했을 것이다. 람(Ramm)에 의하면, 그러한 배는 공간을 효율적으로 사용하고, 안전하게 물 위에 떠 있을 수 있으며, 쉽게 전복되지 않는다고 한다. 현대의 대형 선박과 항공모함이 이와 유사한 형태를 갖고 있다.

방주에 대한 구체적이고 명제적인 계시는 성막에 대해 모세에게 주어질 계시(출 25:9-40)를 예고한다. 두 경우 모두 하나님의 명령을 정확히 따라야 하는 최초의 건축 프로젝트였다.

**6:17-21.** 홍수를 이용해 세상을 멸하시겠다는 자신의 계획을 선언하신 하나님은 노아와 그의 가족들과 특별한 관계를 이루겠다는 뜻을 노아에게 알리신다. 노아는 여러 가지 면에서 아담과 같이 될 것이다. 모든 인간의 혈통이 그에게로 거슬러 올라가는 것이다.

이 문맥 속에서 언약(히. 베리트, berith)이라는 단어가 성경에서 처음으로 사용되고 있다('심층 연구' 참고). 노아는 홍수가 물러간 후 이 언약의 특징을 이해하게 될 것이다(창 9:8-17). 노아에게 세 아들이 있었기 때문에 총 여덟 명이 방주를 통해 구원을 얻을 것이다. 베드로전서 3장 20절 역시 이러한 세부적인 내용을 기록하고 있다. "방주에서 물로 말미암아 구원을 얻은 자가 몇 명뿐이니 겨우 여덟 명이라." 어떤 세례용 용기들은 이 사실을 상기시키기 위해 8면으로 이루어져 있다.

노아의 아들들의 이름은 구체적으로 기록되어 있지만 아내들의 이름은 기록되어 있지 않다. 현대 사회에서는 그러한 누락이 부주의한 것으로 생각되겠지만 이것에 과도하게 관심을 가질 필요는 없다. 성경 기록에는 밝혀지지 않은 수많은 세부적 내용들이 생략되어 있다. 에덴 동산의 남자의 위치에서 알 수 있듯이, 족보의 기록은 남자를 통해 이어지므로 남자들의 이름이 기록되어 있다. 이것은 이러한 아들들을 낳은 여성의 열등한 가치를 가르치는 것이 아니라 아담이 인류의 머리였다는 신학적 진리를 주장하는 것이다.

노아와 그 가족들의 언약이 이루어졌다. 그러나 하나님은 노아에게 **혈육 있는 모든 생물을 너는 각기 암 수 한 쌍씩 방주로 이끌어 들여 너와 함께 생명을 보존케 하되라고** 명령하셨다. 홍수 후 또한 "너희와 함께한 모든 생물"(창 9:10)과도 언약이 이루어지게 될 것이다. 이들은 인간이 다스려야 하는 대상이었고 또한 돌보아야 하는 대상이었다(창 1:28). 그 당시 살아 있었던 짐승들의 종의 수는 알려져 있지 않지만 오늘날 살아 있는 종과 멸종했다고 알려진 종의 수보다 많았을 것이다('심층 연구' 참고). 후에 이 명령은 정결한 짐승들과 새들은 일곱 마리씩 혹은 일곱 쌍씩 방주로 들이라는 명령으로 확대될 것이다(창 7:2).

### D. 노아의 순종(6:22-7:9)

| Supporting Idea | 노아는 하나님의 말씀에 순종으로 반응한다. |
|---|---|

**6:22.** 하나님의 말씀에 대한 노아의 반응은 단순히 **노아가 그와 같이 하되 하나님이 자기에게 명하신 대로 다 준행하였더라**라는 내용으로만 기록되어 있다. 그가 살던 당시의 문화와 비교할 때 이러한 기록은 얼마나 놀라운 것인가! 경건한 순종은 단순하지만 심오하다. 순종에 대한 이 개념은 홍수 내러티브에서 반복해서 계속 등장할 것이다(예를 들면 창 7:5, 7, 9).

**7:1-9.** 이 단락은 노아가 방주 건축을 마무리하자 그에게 전달된 내용인 것 같다. 하나님은 노아에게 **너와 네 온 집은 방주로 들어가라고** 말씀하신 후(비교. 창 6:18) 짐승들

에 대한 명령을 전달하셨다. 이제 방주로 들여야 할 짐승은 단순히 "혈육 있는 모든 생물을 너는 각기 암 수 한 쌍씩" 이 아니었다(비교. 창 6:19). 이제 노아는 모든 정결한 짐승은 암 수 일곱씩, 부정한 것은 암 수 둘씩, 공중의 새도 암 수 일곱씩을 방주에 들여야 했다. 정결한 짐승과 새들의 각 종류를 두 쌍 이상씩 들이라는 문장의 도입부는 그 씨를 온 지면에 유전케 하라는 목적 기술문(purpose statement)을 동반한다.

일곱이라는 용어는 '일곱 쌍' 으로 추론할 수 있다. 성경에서 처음으로 정결한이라는 단어와 부정한이라는 단어가 사용되고 있다. 이 단어들은 특별히 음식과 가납되는 희생 제물과 가납될 수 없는 희생 제물에 대한 언급에서 많이 등장할 것이다(비교. 레 10-11장). 창세기 8장 20절에서 이 단어들은 홍수 후 노아가 처음으로 드린 제사에 대한 언급에서 나타난다. 정결한 짐승들이 홍수 이후 제사 제도에 바로 사용된다면 홍수에서 살아 남기 위해서는 한 쌍 이상의 짐승들이 필요했을 것이다.

노아는 땅에 비가 올 것과 이 비가 사십 주야로 계속될 것이라는 사실과 같은 추가적인 세부 내용뿐 아니라 홍수의 시작에 대한 내용까지 칠 일 동안 사전 주의를 받았다. 에덴 동산에서는 물을 공급하는 강이 있었기 때문에(창 2:10) 비에 대한 이 언급은 중요하다. 창세기 2장 5절의 "여호와 하나님이 땅에 비를 내리지 아니하셨고… 안개만 땅에서 올라와 온 지면을 적셨더라" 는 표현은 아담 이전의 땅의 상태에 대해 묘사한 구절에 포함되어 있다.

이것은 아담이 창조되어서야 비가 내리기 시작했다는 암시일 수도 있다. 그러나 이것은 홍수 이전에는 하늘에서 비가 전혀 내리지 않았음을 암시하는 것으로 종종 해석되어 왔다. 후자의 해석이 맞는 것이라면 비에 대한 이 선언은 노아가 경험해보지 못했지만 믿을 필요가 있는 새로운 현상을 소개한 것이다.

사십 주야라는 기간은 역사에서 중요한 수많은 기간들의 특징이 될 시간의 양을 독자에게 소개해준다(예를 들면, 그리스도가 시험을 받으신 기간). 이 긴 시간의 통보는 하나님이 홍수로 땅을 철저히 휩쓸어버리실 것임을 노아에게 확신시키기 위해서이다.

홍수가 시작되기 전의 몇 가지 최종적 사실들이 언급되어 있다. 첫째, 홍수가 왔을 때 노아의 나이는 육백 살이었다. 이것은 방주를 짓는 데 거의 백 년이 걸렸음을 암시하는 것 같다. 둘째, 방주는 홍수를 피할 수단으로 만들어진 것이 분명하다. 확실히 그 외 다른 수단은 전혀 이용되지 않았다. 방주는 하나님이 계획하시고 인증하신 구원의 유일한 수단으로 제시되어 있다. 셋째, 짐승들이 노아에게 나아와 방주로 들어갔다. 짐승들이 기적적으로 모여들어 이러한 일이 가능했는지는 분명하지 않다. 그러나 홍수 이전의 짐승들은 먹잇감으로 인간의 사냥감이 된 홍수 이후보다 인간의 목소리에 더 순종적이었을 수도 있다.

### E. 홍수(7:10-24)

| Supporting Idea | 하나님은 물로 땅을 파멸하시겠다는 약속을 이루신다. |
|---|---|

**7:10-12.** 홍수의 원천에 대한 세부 내용(큰 깊음의 샘들이 터지며 하늘의 창문들이 열려)뿐 아니라 홍수 이전에 방주에 거한 기간(칠 일간)과 홍수가 시작된 시간(노아 육백세 되던 해 이월 곧 그 달 십칠일이라)이 구체적으로 명시되어 있다. 이러한 사실은 홍수가 실제로 일어났음을 증명한다. 또한 이러한 사실로 인해 우리는 홍수가 지속된 정확한 기간을 결정할 수 있다.

**7:13-16.** 이 절들은 7절과 노아의 방주 입실에 대한 플래시백(과거 장면으로의 순간적 전환-역주)으로 기능한다. 짐승들이 노아에게 나아와 방주로 들어갔다는 사실이 반복되어 있다. 이러한 플래시백은 고무적인 한 가지 특이한 정보를 담고 있다. 여호와께서 그를 닫아 넣으시니라. 노아는 구원의 수단에 대해 스스로 결정을 내리지도 않았고, 그 수단이 언제 더 이상 불필요하게 될 것인지에 대해서도 결정하지 않았다. 하나님이 직접 은혜의 날(6:3)이 끝났음을 알리기 위해 방주의 문을 닫으셨다.

**7:17-24.** 비는 40일 동안 계속되었다. 40일이 다 끝날 무렵에 천하에 높은 산을 비롯해 온 땅이 십오 규빗이 오를 정도의 물로 잠겼다. 이것은 고지대로 피한다고 해도 살아남을 수 있는 생물이 없었음을 증명한다. 모든 것이 물로 뒤덮였을 뿐 아니라 백오십 일 동안 이 물이 그대로 있었다. 이것이 함의하는 것은 부유하는 파편 조각을 붙들거나 땅에서 에어 포켓과 같은 것을 의지한다 하더라도 그러한 대홍수에서 살아 남을 수 있는 생물은 아무도 없었다는 것이다.

홀로 노아와 그와 함께 방주에 있던 자만 남았더라. 이것은 고무적인 동시에 너무나 가슴 아픈 내용이다. 그들을 제외한 모든 인류가 구원의 수단이 없어서가 아니라 하나님의 말씀을 믿기를 거부한 그들의 완고함 때문에 멸망한 것이다. "육체로는 죽임을 당하시고 영으로는 살리심을 받으셨으니 저가 또한 영으로 옥에 있는 영들에게 전파하시니라 그들은 전에 노아의 날 방주 예비할 동안 하나님이 오래 참고 기다리실 때에 순종치 아니하던 자들이라" (벧전 3:18 하-20 상). 이 절들에 대해 수많은 해석이 있지만 노아 시대의 사람들이 노아를 통해 하나님의 경고를 받았다고 이해할 수 있다. 이 성경이 없더라도 확실히 노아의 모범과 그에 대한 하나님의 계시의 확증은 그 당시 사람들에게 중요한 증거가 되었을 것이다.

| Main Idea 복 습 | 경건한 노아는 믿음이 없고 불경건한 사회 속에서 믿음으로 행하였다. |
|---|---|

## 결론

### 믿음으로 우산을 가져왔는가?

크레타 섬에 가뭄이 들어 농작물을 덮쳤다. 사제는 그의 신자들에게 이렇게 말하였다. "비를 위해 특별 기도를 드리지 않으면 살 길이 없습니다. 집으로 가서 일주일 동안 금식하고 믿는 마음으로 기도를 드리도록 주일에 모이세요." 마을 사람들은 그의 말을 듣고 일주일 동안 금식한 후 주일 아침에 교회를 찾았다. 그런데 사제가 그들을 보자마자 매우 화를 냈다. 그리고 이렇게 말했다. "가세요. 특별 기도를 드리지 않겠습니다. 여러분은 믿을 준비가 되어 있지 않아요."

"하지만 신부님, 우리는 금식하였고 또 믿음도 있습니다"라고 그들이 항의하였다.

"믿는다고요? 그러면 우산은 어디 있습니까?"

노아는 믿었다. 그는 하나님이 지시하신 대로 방주를 짓는 일에 오랜 시간을 보냈다. 아마 그는 한 번도 비를 경험한 적이 없었을 것이다. 확실히 그는 땅에 사는 모든 새와 짐승 한 쌍씩을 대표로 실을 만큼 큰 배를 이전에 지어본 적이 없었다. 그는 시작할 때 가졌던 대부분의 의문들에 대한 해답을 알지 못하였다. 그가 알았던 것은 하나님이 그에게 지시하신 것이었고, 그는 그것을 믿었다. 그는 믿음이 없는 패역한 사회에서 믿음을 가졌다. 그리고 그는 구원을 받았다!

■ **진리 알기**

- 임박한 운명을 피할 수 있는 길은 하나님의 구원 계획에 적극적으로 반응하는 것이다.
- 모든 인간은 하나님이 정하신 때에 부도덕성을 심판하실 도덕적 하나님 아래 있는 도덕적 우주 속에 살고 있다.
- 하나님의 인내하심의 일부인 은혜의 기간이나 구원의 수단은 모두 하나님에 의해, 오직 하나님에 의해서만 결정된다.
- 베드로는 하나님의 심판이 약속되었기 때문에 그것이 임할 것이라고 자신의 서신에서 상기시킨다. 하나님의 '지체하심'은 회개할 시간을 주시는 하나님의 인내하심이다.
- 성경에서 하나님의 계시에 긍정적으로 반응하는 이는 일반적으로 소수이다.

■ **적용하기**

- 다수가 옳다고 생각하지 말라. 항상 믿음으로 반응하고 하나님의 음성에 순종으로 반응하는 소수의 일원이 되는 길을 추구하라.
- 순종은 필수적이고, 영웅적 행위는 선택이다. 자신의 마음이 내키든, 내키지 않든 오직 하나님의 명령에 순종하라.
- 아직 시간이 있을 때 그리스도가 제공하신 수단을 통해 죄에 대한 하나님의 구원을 얻으라.

## 삶의 적용

### 가족을 위한 견인의 믿음

1940년 6월 4일 윈스턴 처칠(Winston Churchill) 경은 영국 하원에서 "우리는 해변에서 싸울 것입니다"라는 제목의 연설을 하였다. 이 연설이 이뤄진 시각에 영국은 덩커크 교두보에 주둔한 영국 군대의 대부분을 성공적으로 철수시킨 상태였다. 하지만 처칠은 예기치 못한 군대의 성공적 철수로 인해 전국민이 행복감과 안도감에 빠지는 분위기를 차단하고 미국에 더 명확한 호소를 전달하기 위해서 그의 가장 유명한 연설 중 하나를 하였다.

> 저 스스로는, 모든 사람들이 각자의 의무를 다하고, 무엇 하나 태만히 하지 않는다면, 최선의 준비가 이루어진다면, 우리는 우리 자신이 우리의 고국을 방어하고 전쟁의 어려움을 이겨내고 폭정의 위협에도 좌절하지 않을 수 있음을 다시 한 번 증명할 것이라는 확신에 가득 차 있습니다. 수년이 걸리고 혼자서라도 말입니다. 어쨌든 우리가 노력할 일이 바로 이러한 것입니다. 이것은 정부가 할 결심입니다. 이것은 의회와 국가의 뜻입니다. 대의 명분과 필요에 하나로 연결된 대영 제국과 프랑스 공화국은 좋은 동지처럼 온 힘을 다해 서로를 도우며, 죽기를 각오하고, 각자의 땅을 사수할 것입니다.
>
> 유럽의 많은 부분과 수많은 명문 국가들이 게슈타포의 손아귀와 가증할 나치의 강점 기구의 손아귀에 넘어가더라도 우리는 포기하지도, 좌절하지도 않을 것입니다. 우리는 끝까지 해낼 것입니다. 우리는 프랑스에서 싸우고, 바다에서, 대양에서 싸울 것입니다. 우리는 더욱더 자신감과 역량으로써 하늘에서 싸우고 우리의 섬을 지켜낼 것이며, 어떤 대가를 치르더라도 해안과 상륙 지점에서 싸울 것입니다. 우리는 들판에서, 거리에서 싸울 것이며 언덕에서 싸울 것입니다. 우리는 결코 항복하지 않을 것입니다. 그런 일은 생각해본 적도 없지만, 이 섬이나 섬의 대부분이 점령당하고 굶주림에 직면하더라도 해외의 대영 제국은 영국 함대로 보호받고 무

> 장하여 투쟁을 계속할 것입니다. 그리하여 하나님의 때에 신세계가 엄청난 군사력과 경제력으로 구대륙을 구제하고 해방시키기 위해 앞으로 나설 때까지 우리는 투쟁을 계속할 것입니다.

노아가 대략적으로 약 백 년이라는 긴 기간 동안 어떻게 방주를 계속해서 건축할 수 있었겠는가? 그가 포기하지 않고 방주를 계속 짓도록 하나님이 내려오셔서 그에게 반복적인 확신을 심어주셔야 했는가? 히브리서 11장 7절은 이렇게 선언한다. "믿음으로 노아는 아직 보지 못하는 일에 경고하심을 받아 경외함으로 방주를 예비하여 그 집을 구원하였으니."

오늘날 신자들은 이런 모습의 믿음과, 이런 식의 경외하는 마음과, 이런 식의 가족애적 동기를 더욱 필요로 한다. 노아의 믿음은 하나님의 약속에 대한 믿음이었다. 하나님은 앞으로 일어날 일에 대해 그에게 선언하셨고, 노아는 하나님을 믿었다. 그는 자신의 가족을 지키겠다는 동기로 확대된 거룩한 두려움을 가졌고, 이 믿음을 결코 포기하지 않았다. 그는 하나님을 믿고 앞으로 몇십 년이 흐르더라도 그 믿음대로 살겠다고 결심하였고, 그로 인해 그와 그의 가족은 하나님의 구원을 경험케 되었다.

## 기도

하나님 아버지, 부패하고 강포한 세상 속에서 하나님을 향한 믿음과 그 믿음을 따라 살 수 있는 용기와 헌신을 우리에게 주십시오. 아멘.

## 심층 연구

### A. 홍수의 역사

노아 홍수의 역사성은 네 가지로 대답할 수 있다. 첫째, 창세기의 증거는 사람들과 사건들 그리고 시기와 방주 건축에 대한 구체적인 내용에 대한 언급을 통해 홍수가 시, 공간 속에서 실제로 일어난 역사적 사건으로 제시하고 있다. 밖으로 드러난 모든 사실들을 감안할 때 저자 모세는 이 내러티브를 읽는 사람들이 이것을 역사로 믿기를 바라고 있다.

둘째, 다른 성경들이 이 사건을 언급한다. 하나님은 이사야 54장 9절에서 이렇게 단언하신다. "이는 노아의 홍수에 비하리로다 내가 다시는 노아의 홍수로 땅 위에 범람치 않게 하리라 맹세한 것같이 내가 다시는 너를 노하지 아니하며 다시는 너를 책망하지 아니하기로 맹세하였노니." 신약 성경 역시 이 사건을 역사적인 사건으로 인식하고 있다(마 24:36-39, 히 11:7, 벧전 3:20, 벧후 2:5 참고).

셋째, 과학자들은 종종 지질학적 증거를 근거로 역사적인 홍수를 인정하고 있다. 이 증거가 노아 시대의 홍수와 일치하는 것인지에 대한 논쟁이 있기는 하지만 말이다.

넷째, 인류학자들은 세계의 여러 문화 속에서 거의 보편적으로 발견되는 홍수 이야기에 대해 말한다. 공통적인 신화나 이야기들 중에서 홍수와 배에 대한 이야기만큼 광범위하게 발견되는 이야기는 없다. 다양한 민족 집단에서 홍수 이야기의 수가 270개가 넘는다는 주장이 제기되어왔다. 바빌로니아인들에게는 길가메쉬 서사시(Gilgamesh Epic)에서 노아와 유사한 인물로 우트나피쉬팀(Utnapishitim)이 있고, 수메르인들에게는 지우시드루(Ziusidru), 헬라인들에게는 듀칼리온(Deucalion), 힌두인들에겐 마누(Manu), 중국인들에겐 파히(Fah-he), 하와이인들은 누우(Nu-u), 멕시코 인디언들에겐 테즈피(Tezpi), 알곤킨 족에게는 마나보조(Manabozho)가 있다. 창세기 이야기와 다른 모든 홍수 이야기들의 한 가지 중요한 차이는 오직 성경의 기록만이 홍수의 정확한 시간과 지속 기간 그리고 그 외 세부적인 내용을 나타내고 있다는 것이다. 이러한 세세한 기록은 노아라는 인물로부터 기원한 이야기임을 암시한다.

### B. 전 지구적 홍수설 혹은 국지적 홍수설

창세기 6장 7, 12-13절, 7장 4, 19, 21-23절, 8장 21절, 9장 11, 15절에서는 "인류", "땅의 모든 사람들", "모든 생물들", "모든 높은 산" "그 코에 생명의 호흡이 있는 육지의 모든 것", "땅의 표면의 모든 살아 있는 것" "모든 생명"과 같은 표현들이 발견된다.

홍수가 국지적인 것이었는지(메소포타미아 지역에 한정된) 혹은 전세계적인 것이었는지에 대한 결정은 이 구절들의 명확한 의도에 근거해야 한다. 하지만 전세계적 홍수설은 물리학 법칙에 의해 실증되어야 한다. 물은 잔잔해지고자 하는 성질이 있다. 그러므로 거의 일 년이라는 기간 동안 "천하에 높은 산이 다 덮였다" (창 7:19)고 한다면 전세계가 물 속에 있었을 것이다. 땅 표면의 약 6분의 5가 물로 덮여 있고, 바다가 가장 높은 산들보다 더 깊기 때문에, 홍수 이전 시대에 바다가 현재만큼 깊지 않고 산이 현재만큼 높지 않았다면 땅의 표면을 덮을 정도로 충분한 물이 있는 것이다.

사도 베드로는 '이 물들에 의해 그 당시의 세계가 홍수로 멸망하였다' 고 선언함으로써 홍수의 전세계적 발생을 지적하였다. 베드로는 주의 날에 있을 전 우주적 심판에 대해 말하고 있었다.

내용을 액면 그대로 받아들인다면 국지적 홍수설을 수용할 여지가 성경 이야기에는 전혀 없는 것 같다. 고대의 세계적 홍수에 대해 치밀하게 살펴볼 수 있는 가능성과 직면하면 국지적 홍수설이 가장 공통적인 현대 과학적 의견이기는 하다. 실제로 홍수를 메소포타미아 지역에 한정된 홍수로 해석하는 많은 보수적인 학자들이 있다.

### C. 규빗의 길이

1880년 히스기야 왕이 건축한 실로암 터널(대하 32:30)의 입구 근처에서 발견된 비문은 터널을 건축한 공적을 기술하고, 터널의 길이가 1,200규빗에 달한다고 기술하고 있다. 터널이 대략 542미터로 측량되기 때문에 결과적으로 계산해보면 1규빗은 대략 46센티미터에 해당한다.

이 주석에서 사용된 방주의 수치는 규빗이라는 단위가 변동되지 않은 채 표준으로 사용되었다는 전제 아래 이 계산법에 근거를 둔 것이다.

글리슨 아처(Gleason Archer)는 1규빗이 팔꿈치에서 손가락 끝까지에 해당하는 길이라고 주장한다. 그는 노아 시대의 사람들이 홍수 이후의 사람들보다 더 컸을 것이라고 지적하면서(비교. 창 6:4) 1규빗이 61센티미터 정도 되었을 것이라고 주장한다. 이 수치가 옳다면 다음에 제시된 방주의 수용 용량이 거의 2배가 되어 약 백 2만 입방미터가 될 것이다.

### D. 방주의 수용 능력

라이리 스터디 바이블(The Ryrie Study Bible)은 다음과 같이 방주에 대한 흥미로운 정보를 담고 있다. 137미터, 23미터, 14미터라는 수치를 근거로 할 때 다음과 같이 추정된다. "(방주는) 배수량 약 2만 톤과 1만4천 톤의 용적(총 톤수)으로 된 배였을 것이다. 수용 능력은 표준적인 철도 화물 차량(각 차는 240마리의 양을 수용할 수 있다) 522개에 해당하였다. 양 정도 크기의 45,000마리의 짐승들을 수용하기 위해서는 188개의 차량이 필요하였을 것이고, 식량과 노아의 가족을 위한 104개의 차량으로 된 3개의 차량과 짐승들을 위한 '방목장' 을 남겼을 것이다. 오늘날 17,600종에 달하는 동물이 있다고 추정되고 있음을 감안하면 노아가 방주에 태웠을 것으로 생각되는 동물의 수는 대략 45,000이었을 가능성이 있다(라이리 스터디 바이블, 창 6:15에 대한 주석).

종의 수에 대한 글리슨 아처의 생각은 이와 다르다. 그가 제시하는 수는 대략 2,405개의 주요 동물의 종이 있으며, 그 가운데 양보다 더 큰 육지 동물은 290종에 불과하고, 양에서 쥐에 이르는 크기가 보다 더 다양한 종은 757종이며, 쥐보다 더 작은 종은 1,358종이라고 한다. 아처가 '주요 종(main species)' 으로 언급한 것은 '속(genus)' 으로 보는 것이 더 정확할 수 있다. 이것은 몇 가지 공통된 특징으로 구분되는 동물의 한 범주를 말하며 보통 몇 가지 종으로 구성된다.

확실히 가장 큰 동물(코끼리, 기린)과 가장 작은 동물(쥐, 곤충)을 고려하여 양이라는 평균 크기의 동물이 선택되었다. 하나님은 각 종 중 더 어리고 작은 짐승을 방주로 들이셨을 가능성이 있다. 작은 짐승들은 거의 9,406평방미터와 42,995입방미터의 공간에서 큰 동물들과 갈등 없이 지낼 수 있었을 것이다. 홍수 이전에는 동물들이 서로 평화롭게 공존했을 가능성이 있고, 방주에서 서로 분리시킬 필요가 없었을 것이다.

필요한 식량의 양에 대해서는 하나님이 갑작스러운 빛의 차단이나 차가운 온도를 이용하셔서 많은 동물들이 깊은 잠이나 동면에 들어가게 하셨을 가능성도 있다. 이 모든 것은 단지 추측에 지나지 않을 뿐이지만 가능성이 있는 시나리오이다.

### E. '언약' 의 개념

고대 근동에서는 두 가지 형태의 언약 혹은 계약이 있었다. 첫째, 동등한 쌍무 계약은 동등한 입장의 사람들 사이의 언약이었다. 이 형태의 예는 창세기 21장 22-32절(아브라함과 아비멜렉)과 창세기 26장 26-33절(이삭과 아비멜렉), 창세기 31장 44-54절(야곱과 라반)에서 볼 수 있다.

둘째, 종주권 언약은 우월한 자(종종 왕)와 열등한 자(봉신) 사이의 언약이었다. 구약에서 발견되는 예들은 창세기 5장 18절의 아브라함의 언약(하나님과 아브라함), 출애굽기 19장의 모세 언약(하나님과 이스라엘 민족)이 있다. 창세기 9장에 나타나지만 창세기 6장 17절에서 처음으로 언급된 노아와의 언약은 분명히 주군과 봉신 간에 맺어지는 형태의 언약이었다.

## 교안

### A. 들어가는 글

1. '변명거리' 이야기로 시작하라.
2. 배경 설명: 홍수 내러티브는 "하나님의 아들들"과 "사람의 딸들" 간의 혼합 결혼과 그로인한 불경건한 사회에 대한 자료 바로 다음에 나타난다.
3. 적용: 노아에게 주신 명령들의 초반에 노아와 맺으실 언약에 대한 하나님의 약속이 등장한다. 노아의 언약으로 알려진 이 언약은 홍수가 땅에서 물러가고 노아가 물에 떠 있는 집인 방주에서 내린 후 체결될 것이다.

**B. 본문 이해**

1. 그 사람 노아(6:9-10)
2. 홍수의 이유(6:11-13)
3. 노아에게 주신 지시 사항(6:14-21)
4. 노아의 순종(6:22-7:9)
5. 홍수(7:10-24)

**C. 결론**: '가족을 위한 견인의 믿음' 을 읽어주라.

## 토의 질문

1. 인간의 부패와 땅의 밀접한 관계가 홍수 내러티브에 상세하게 언급되어 있다. 성경은 인간과 땅의 관계를 어떻게 바라보고 있는가?

2. 홍수 내러티브가, 아이들이 아버지의 믿음을 근거로 구원받을 수 있다고 가르친다고 누군가 주장한다면 당신은 어떻게 반응할 것인가?

3. 믿음과 단순한 가정의 차이는 무엇인가?

# 창세기 8:1-9:29

## 무지개와 평화

*"다수는 아무런 의미가 없다. 홍수 기간 동안 비를 피할 수 있는 충분한 지식을 가진 이는 오직 한 사람뿐이었다."*

*- 무명*

**이 두 장은** 홍수의 정점과 인류의 대표인 노아와 하나님이 맺은 새로운 언약을 소개하고 있다.

## 들어가는 글

### 내가 알아야 할 것은 모두 노아의 방주에서 배운 것이었다

나는 최근 나의 사무실 문에 노아의 방주를 그리고, 그 아래에 다음과 같은 글을 적은 만화를 붙여 놓았다.

- 배를 놓치지 말라.
- 우리 모두 한 배를 타고 있다는 것을 잊지 말라.
- 미리 계획하라. 노아가 방주를 지었을 때는 아직 비가 내리지 않았다.
- 항상 건강을 유지하라. 당신이 육백 살이 되었을 때 누군가가 당신에게 정말로 중요한 일을 하도록 요청할 수도 있다.
- 비난하는 이들의 말을 귀담아 듣지 말라. 그냥 해야 할 일을 묵묵히 하라.
- 높은 곳에 미래를 쌓아두라.
- 안전을 위해 짝을 이루어 여행하라.
- 한 사람의 머리보다는 두 사람의 머리가 낫다.
- 속도가 언제나 좋은 것은 아니다. 달팽이도 치타와 함께 배를 탔다.
- 스트레스를 받으면 잠시 떠 있으라.
- 방주가 아마추어에 의해 만들어졌다는 것을 명심하라. 하지만 타이타닉호는 전문가들이 만들었다.
- 내부의 딱따구리가 바깥의 폭풍보다 더 거대한 위협이라는 것을 명심하라.
- 아무리 폭풍이 오더라도 하나님이 당신과 함께하시면 무지개가 기다리고 있다.

우리는 이 내용을 보고 입가에 미소를 짓겠지만, 하나님이 노아와 그의 자손들이 알기를 원하셨던 것은 이 글에 언급되어 있지 않다. 노아가 방주에서 내린 후 하나님은 그에게 직접 말씀하셨고, 그가 살아가게 될 삶의 조건을 정확하게 일러주셨다. 대부분의 주일 학교 수업은 이러한 조건들에 대해 전혀 다루지 않는다. 그러므로 그리스도인들이 이 언약의 증표인 무지개는 알지만 이 언약의 내용에 대해서는 모른다고 해도 전혀 놀랍지 않다.

## 본문 이해

### 무지개와 평화

| Main Idea | 인류에게는 하나님을 기쁘시게 해드리는 삶을 살 수 있는 새로운 기회가 주어진다. 하지만 죄라는 '종양'이 인간을 다시 정복하기까지는 얼마 걸리지 않는다. |
|---|---|

**A. 마른 땅에 배를 대다(8:1-14)**

| Supporting Idea | 하나님은 물을 통한 심판에 개입하시고 노아에게 은혜를 베푸신다. |
|---|---|

**8:1 상.** 창세기 8장은 (그러나) 하나님이 노아를 권념하사라는 내용으로 시작한다. 앨런 로스는 교차 대구적 구조[때로 도치(평행법, inversion parallelism)로 불리기도 한다]로 전체 홍수 내러티브를 전개시켰다. 그의 배열에서 전체 내러티브의 정점은 창세기 8장 1절인 (그러나) 하나님이 노아를 권념하사에서 이루어진다. 당연히 하나님은 노아를 잊지 않으셨던 것이다! 성경에서 사용되는 '권념하다' 라는 표현은 단순히 회상한다는 차원이 아니다. 그것은 누군가에 대한 관심과 애정을 표현한다는 것이다. 예를 들어, 포로 후기 시대에 느헤미야는 하나님이 자신을 "기억하고" "은혜를 베푸시기" 를 원하였다(느 5:19, 13:31). 창세기 19장 29절에서 하나님은 "아브라함을 생각하사 롯을 그 엎으시는 중에서 내보내셨다." 창세기 30장 22절에서 하나님은 "하나님이 라헬을 생각하신지라 하나님이 그를 들으시고 그 태를 여셨다" 고 한다. 하나님은 자기 백성들을 기억

하시며 은혜를 베푸신다. 그러므로 물이 물러가서 땅이 말라 인간이 다시 한 번 땅에서 살 수 있게 되었을 때 하나님의 은혜가 다시 한 번 강조되고 있는 것이다.

하나님은 노아만 기억하신 것이 아니었다. 그분은 또한 그와 함께 방주에 있는 모든 들짐승과 육축을 기억하셨다. 노아와 함께 있는 생물들 역시 하나님의 은혜의 대상이었던 것이다.

**8:1 하-5.** 물이 물러가기 시작한 것은 두 가지 이유 때문이었다. 첫째, 깊음의 샘과 하늘의 창이 닫히고 하늘에서 비가 그치매. 이 일이 실제로 일어난 것은 첫 40일 낮과 밤이 지난 후였지만(창 7:17) 그로 인해 생긴 홍수의 물은 150일 동안 땅에 그대로 있었다. 이제 하나님이 바람으로 땅 위에 불게 하시매 물이 줄어들었다. 이 바람 때문에 물이 증발되었겠지만 산들이 땅 위에 모습을 드러낼 정도로 물이 마르지는 않았을 것이다. 어쨌든 하나님은 물의 압력으로 땅의 표면이 구부러지게 하셔서 현재 우리가 보고 있는 커다란 대양들이 생성되게 하셨다. 하나님은 자신이 만드신 바람으로 인해 생긴 거대한 파도를 통해 이렇게 하셨을 것이 분명하다.

다른 곳에서는 물의 압력으로 지표면이 낮아질 때 그 지표면이 다른 지역을 융기시켜 현재의 산이 형성되었다. 이 전체 과정은 또다시 150일이 소요되었다. 그래서 물이 일백오십 일 후에 감하고 칠월 곧 그 달 십칠일에 방주가 아라랏 산에 머물렀다. 오늘날 아라랏산으로 알려진 산(해발 5천 미터가 넘는다)은 현재의 터키와 소비에트 아르메니아의 북쪽과 중앙 경계에 놓여 있다.

**8:6-14.** 창세기의 이 광범위한 내러티브는 자신의 가족이 방주를 나가도 될 정도로 물이 줄어들었는지 확인하기 위해 노아가 사용한 방법을 기술하고 있다. "산들의 봉우리가 보인 지" 사십 일 후에 그는 까마귀 한 마리를 내보냈다. 오늘날 까마귀는 잡식성이다. 다시 말해서, 먹을 수 있는 것이면 무엇이든지 먹는다(먹을 수 없는 것들도 많이 있다). 까마귀의 일반적인 먹이는 곤충, 씨, 열매, 썩은 고기(까마귀 외에 죽은 동물들의 사체), 다른 새들의 알과 새끼, 때로는 작은 포유 동물들이 있다. 인간과 가까운 곳에서 살아가는 까마귀들은 인간이 버린 쓰레기를 먹기도 한다. 노아 시대의 까마귀는 엄격히 채식성 동물이었다. 하지만 비둘기와 비교할 때, 까마귀는 젖은 표면에서도 쉴 수 있었던 것 같다.

까마귀가 방주 밖에서 머문 40일의 기간은 까마귀가 방주에서 나온 날부터 물이 땅에서 마르기까지의 기간과 동일하다. 날아 왕래하였더라라는 구절은 40일 동안 끊임없이 날아다녔다는 의미로 해석되는 것이 아니라 방주 주위를 계속 날아다녔다는 의미로 해석해야 한다. 이와 대조적으로, 노아가 풀어준 비둘기(두 번째 내보낸 비둘기에 대해서는 노아가 칠 일을 더 기다렸기 때문에 까마귀를 내보낸 지 칠 일 후였을 것으로 보인다)는 온 지면에 물이 있으므로 비둘기가 접족할 곳을 찾지 못하고 되돌아왔다. 물이 물러가는 중이기는 했지만 홍수로 인해 땅은 여전히 젖어 있었다.

두 번째 내보낸 비둘기는 감람 새 잎사귀를 물고 돌아왔다. 그래서 노아는 적어도 식물이 다시 자랄 정도로 땅에 물이 감한 줄 알았으며, 식물이 다시 자라기 시작할 수 있을 정도로 시간이 흘렀음을 알았다. 부리에 감람나무 잎을 문 비둘기로 대표되는 현대적인 평화의 상징이 여기서 기원되었다. 하지만 감람나무 잎을 문 비둘기는 사람들 간의 평화를 상징하는 것이 아니라 단순히 땅이 인간이 다시 살 수 있는 장소가 되어가고 있음을 상징할 뿐이었다.

세 번째 비둘기는 결코 돌아오지 않았다. 이것은 그 새가 둥지를 틀고 먹이를 발견할 수 있을 정도로 땅이 말랐다는 것을 의미하였다.

### B. 방주에서 내리다(8:15-19)

| Supporting Idea | 하나님은 인간과 동물들이 지상의 마른 땅에서 살도록 계획하셨기 때문에 다시 한 번 그들을 위한 환경을 준비하신다. |
|---|---|

**8:15-19.** 방주에서 내린 것은 노아와 방주의 나머지 승객들이 방주 생활을 한 지 일 년 이상이 지난 후였다(창 8:13). 이들이 방주에서 내릴 수 있었던 것은 마른 땅이 생겼을 뿐 아니라 하나님이 그것을 명령하셨기 때문이다. 하나님이 노아에게 말씀하여 가라사대 너는 네 아내와 네 아들들과 네 자부들로 더불어 방주에서 나오고 너와 함께한 모든 혈육 있는 생물 곧 새와 육축과 땅에 기는 모든 것을 다 이끌어 내라 이것들이 땅에서 생육하고 땅에서 번성하리라 하시매. 이것은 창세기 1장 26-28절의 창조 명령을 반복한 것이다. 분명히 이것은 "그러나 너와는 내가 내 언약을 세우리니"라는 창세기 6장 18절의 완전한 성취는 아니다. 인류와의 아담 언약이 이미 체결되었기 때문이다.

### C. 노아와 맺은 하나님의 언약(8:20-9:17)

| Supporting Idea | 하나님은 노아의 예배에 응답하시고, 자신이 선언하신 목적을 성취하시기 위해 인류의 대표인 노아와 언약을 맺으신다. |
|---|---|

**8:20.** 정결한 짐승과 정결한 새를 이용해 번제를 드린 노아의 예배는 감사의 행위인 동시에 예상되는 언약적 의식의 행위였을 것이다. 제단의 형태와 크기에 대해서는 알려져 있지 않다. 이것은 창세기에서 제단이 언급된 최초의 기록이다. 후에 하나님은 이스라엘 민족에게 제단과 관련된 금지 규정(출 20:24-26, 신 27:5-6)뿐 아니라 허용되는 제단의 형태와 크기(출 27:1-8, 38:1-7)에 대한 세부적인 내용을 구체적으로 전달하실 것이다. 정결한 짐승과 새를 방주에 많이 태웠던 목적이 여기서 명백하게 드러나고 있다. 홍수 후에 희생 제사를 드리기 위해서 이러한 특정한 짐승과 새들이 한 쌍 이상은 보존되어야 했던 것이다.

**8:21.** 여호와께서 그 향기를 흠향하시고라는 구절은 여호와가 노아의 희생 제사를 주목하셨음을 말하는 비유적인 표현이다. 그것은 뒤뜰의 바베큐처럼 연기도 나고 향기도 났다. 사역 초기에 나는 한 젊은이에게 소그룹을 위한 설교를 하도록 시켰다. 그녀가 설교 제목이 '하나님을 위한 냄새' 라고 알려주었을 때 나는 그녀가 어떤 성경적 진리를 표현하고자 하는 것인지 약간 걱정이 되었다. 제목이 다소 거슬리는 측면이 있었지만 그녀는 우리의 온전한 헌신 때문에 하나님이 주목하실 삶을 살도록 그 그룹을 도전하였다.

노아의 감사와 헌신의 표현에 대해 하나님은 그 향기를 흠향하시고 그 중심에 이르시되 내가 다시는 사람으로 인하여 땅을 저주하지 아니하리니 이는 사람의 마음의 계획하는 바가 어려서부터 악함이라 내가 전에 행한 것같이 모든 생물을 다시 멸하지 아니하리니라고 작정하셨다. 창세기 9장 8-9절이 되어서야 하나님은 노아와 그의 후손들과 언약을 맺는 것에 대해 직접적으로 말씀하신다. 하나님의 첫 맹세가 여기서 이루어지고 있다. 이것은 더 이상 인간의 죄악으로 인해 땅을 저주하지 않겠다는 약속을 다루고 있다.

'저주하다' 에 해당하는 히브리어는 땅이 처음으로 저주를 받았던 창세기 3장 17절에서 사용된 단어와는 다르다. 이 맹세는 두 가지 방식으로 해석될 수 있다. 인간의 죄악 때문에 땅이 더 이상 계속된 저주(가인의 죄 때문에 일어난 것처럼, 창 4:12)에 매이지 않을 것이라거나 혹은 홍수와 같이 바로 앞에서 일어났던 물에 의한 저주를 땅이 다시는 경험하지 않는다는 것이다. 두 번째 설명은 창세기 9장 11절 하반절과 일치한다. "다시는 모든 생물을 홍수로 멸하지 아니할 것이라 땅을 침몰할 홍수가 다시 있지 아니하리라." 이것 때문에 하나님이 죄악을 범한 인간을 징계하지 않으신다는 것은 아니었다(예를 들면, 바벨탑의 결과 민족들을 지면에 흩으셨다, 창 11:8).

홍수 이후에 일어난 많은 자연 변화가 언급되어 있지 않지만 그러한 변화들에는 다음과 같은 것이 포함된다. 수명이 단축되었다, 기후의 변화가 커졌다, 지각이 이제 불안정하고 지진 활동에 영향을 받게 되었다, 허리케인, 토네이도, 천둥이 발생할 것이다, 국지적 홍수와 바다의 대형 파도도 파괴적인 힘을 발휘할 것이다. 땅에 대한 이 저주가 미래에는 사라질 것이다.

로마서 8장 21절은 이렇게 말한다. "피조물도 썩어짐의 종 노릇 한 데서 해방되어 하나님의 자녀들의 영광의 자유에 이르는 것이니라." 이사야 65장 20절은 "백 세에 죽는 자를 아이라" 할 때에 대해 말하고 있다. 그리스도가 재림하셔서 통치하시면 이 세상에 대한 죄의 영향력은 극적으로 변하게 될 것이다.

사람의 마음의 계획하는 바가 어려서부터 악함이라는 구절에서 어려서부터라는 표현은 인간이 의식을 가지는 순간부터 죄에 오염된다는 사실을 강조한다. 시편 51편 5절과 58편 3절은 임신이 된 순간부터 죄가 우리의 일부가 된다는 것을 암시한다.

**8:22.** 앞으로 전세계적 홍수가 없을 것이라는 맹세는 중단 없는 계절의 운행을 보장하는 구절에서 더 자세히 언급되어 있다. 땅이 있을 동안에는 심음과 거둠과 추위와 더위와 여름과 겨울과 낮과 밤이 쉬지 아니하리라.

그러한 약속의 필요성은 홍수 후에 일어나게 될 기후 변화 때문일 수 있다. 시간과 계절은 태초에 하나님이 창조하신 것이었다(창 1:14). 하지만 추위와 더위, 여름과 겨울의 맹렬한 변화는 이전에 경험하지 못했던 새로운 현상일 수 있다. 날씨가 더 추워지고 비가 내리기 시작하면 노아의 후손들은 서둘러도 방주를 지을 수 없을 것이다. 이 약속은 국지적인 홍수도 없을 것이라는 의미는 아니었다.

홍수 이전의 기후 조건과 다른 급격한 변화는 공룡과 같은 종들이 멸종한 이유일 수도 있다. 희귀 동물의 서식 환경이 변하고 있는 오늘날도 멸종의 가능성은 존재한다.

**9:1-3.** 노아의 언약은 최초의 아담의 언약과 많은 부분이 유사하지만 인간의 죄와 그

로 인한 심판 때문에 이제 상당한 수정이 이루어졌다. 최초 언약의 가장 명확한 측면 중 하나는 번성하라는 명령이었다. 창세기 1장 28절 상반절의 **생육하고 번성하여 땅에 충만하라**는 명령이 반복되어 있다. 하지만 하나님은 "땅을 정복하라, 바다의 고기와 공중의 새와 땅에 움직이는 모든 생물을 다스리라" (창 1:28 하)는 원래 명령을 그대로 반복하기 전에 멈추셨다. 그리고 이제 **땅의 모든 짐승과 공중의 모든 새와 땅에 기는 모든 것과 바다의 모든 고기가 너희를 두려워하며 너희를 무서워하리니 이들은 너희 손에 붙이웠음이라**는 명령으로 대체된다.

이제 동물들이 인간에게 반응하는 방식에도 중요한 변화가 생겼다. 홍수 이전에는 동물들이 노아에게 "나아왔다" (창 7:9, 15). 하지만 이제는 그들이 인간을 피해 도망가려는 성향을 갖게 될 것이다. **무릇 산 동물은 너희의 식물이 될지라 채소같이 내가 이것을 다 너희에게 주노라**고 하나님이 선언하셨기 때문에 이것은 동물들의 생존 수단이었다. 육식을 하게 된 인간은 여러 생물들을 죽이게 될 것이다. 많은 종의 멸종을 막기 위해서 하나님은 동물들에게 인간에 대한 두려움을 갖게 하셨다.

**땅의 모든 짐승과 공중의 모든 새와 땅에 기는 모든 것과 바다의 모든 고기가 너희를 두려워하며 너희를 무서워하리니**라는 선언은 애완 동물과 가축들이 하나님의 계시를 위반한 것이라는 의미는 아니다. 인간은 행동 수정이라는 과정을 통해 인간에 대한 동물들의 본능적 두려움을 극복하게 만들 수 있었다. 드물기는 하지만 훈련된 동물들의 갑작스러운 '야성적' 반응은 동물이 인간에 대한 본능적 두려움을 갖고 있음을 일깨워준다.

**9:4-6.** 동물을 식량으로 주신 것은 인간에게 베푸신 하나님의 은혜에 대한 또 다른 증거이다. 계절의 변화에 극한 추위와 더위가 동반될 것이기 때문에 어떤 경우에는 채식을 동물의 고기로 보충해야 할 필요가 있을 것이다. 하지만 이 은혜로운 공급하심에도 인간의 순종을 시험할 금지 규정이 있었다. **그러나 고기를 그 생명 되는 피채 먹지 말 것이니.** 레위기 17장 14절은 "모든 육체의 생명은 그 피에 있다" 고 선언함으로써 생명과 피의 관계를 강조한다. 인간은 다른 생물의 '살아 있는 피' 를 마심으로써 자신의 생명이나 생명의 질을 향상시키고 싶은 유혹을 받을 수 있지만 이것은 하나님의 계획이 아니었다. 역사를 통틀어 많은 문화에서 바로 이것을 시도하였다는 것이 흥미롭다. 이와 정반대의 극단은 생명을 구하기 위해 수혈을 거부하는 종교 집단이다.

생명은 하나님의 선물이며, 그분은 생명의 위대한 보호자이시다(창 4:9-12). 그렇기 때문에 그분은 생명에 대한 가치를 부여할 권한이 있으시다. 그분은 무릇 사람의 피를 흘리면 사람이 그 피를 흘릴 것이니라고 선언하신다. 사형 제도(인간의 목숨을 빼앗은 짐승에 대한 응징뿐 아니라 인간에 대한 응징을 모두 포함함, 창 9:5 하, 출 21:28-32)에 대한 소개는 조심스럽게 관찰되어야 한다.

사형 제도는 인간의 생명을 빼앗은 데 대한 회계가 있어야 하기 때문에 사회적인 제재의 척도가 도입되어야 한다. 그로 인한 사형 집행은 하나님의 명령에 대한 반응의 차원에서 이루어지는 것이기 때문에 간접적 살인이 아니라 정당한 결과로 인식되어야 한다. 이것은 모세 언약(출 21:12-14, 민 35:16-32)이 이스라엘 민족에게 소개되기 전에 확립된 신적인 명령이다. 노아와의 이 언약은 인류의 새로운 대표인 노아라는 인물과 맺어진 것이었다. 하나님이 인류와 미래에 맺게 될 언약에서 이 요건을 변동하시기로 작정하지 않으셨다면 이것은 모든 나라의 모든 사람들에게 유효한 것으로 남아 있어야 한다(비교. 롬 13:1-4, 벧전 2:13-14). 물론 그리스도인들은 국가의 법에 복종해야 한다. 정당하게 선택된 정부가 그러한 형벌을 집행하기를 거부한다 해도 각 신자는 이 형벌을 각자의 손으로 집행할 권리가 없다.

사형 제도를 실시하는 이유는 범죄자가 다시 살인을 범하지 못하도록 하거나 살인자를 사회에 복귀시키는 것을 불가능하게 함으로써 다른 사람들에 대한 억제책으로 기능할 뿐 아니라 하나님이 자기 형상대로 사람을 지으셨기 때문이기도 하다. 인간은 본질적으로 고귀한 존재이다. 다른 사람을 살해한다는 것은 하나님의 계시를 무시하는 것이며, 모든 피조물 가운데 가장 존귀한 존재로 인간을 만드신 하나님을 멸시하는 것이다. 무분별한 동물 살해 역시 잘못된 것이지만 인간을 살인하는 것과 동등한 무게로 다뤄질 수는 없다.

가인에 의한 아벨의 살해는 사형의 대가를 치르지 않았고(창 4:11-12), 이름 없는 젊은이에 대한 라멕의 살인 역시 사형을 구형받지 않았다(창 4:23). 하나님이 이제 인간 생명의 가치를 알리기 위해서 사형 제도를 요구하시는 이유는 두 가지인 것 같다. 첫째, 사형 제도는 홍수 이전에 존재했던 폭력을 예방하는 데 도움이 될 것이다. 둘째, 동물을 죽일 수 있음으로 인해 인간의 생명을 빼앗는 데 대한 부정적 인식이 약화될 것이다. 이제 식량으로 쓰기 위해 인간이 사냥을 할 것이기 때문에 짐승을 죽이는 데 무기가 사용될 것이다. 하나님은 인간이 무분별하게 인간의 생명을 빼앗지 못하도록 확실히 하셔야 한다.

**9:7.** 사형 제도에 대한 지시에 이어 하나님은 출산에 대한 창조 명령을 반복하셨다. 타락 후 출산에 대한 약속처럼 이러한 명령의 반복은 생명이 계속될 것이라는 선언으로 기능하고 있다. 인간은 살인을 범할 수 있는 자녀를 낳을 가능성이 있다 하더라도 자녀를 낳아야 하고, 하나님의 명령을 실행해야 한다.

**9:8-11.** 하나님은 내가 내 언약을 너희와 너희 후손과 너희와 함께한 모든 생물 곧 너희와 함께한 새와 육축과 땅의 모든 생물에게 세우리니라고 선언하셨다. 이 언약은 주권자 되신 하나님과 노아, 그의 후손들 그리고 지상의 모든 생물들 간에 맺어진 것이었다. 그 분은 홍수로 또다시 모든 생물을 멸망시키는 일은 없을 것이라고 다시 한 번 약속하셨다. 사형은 지상의 생활을 억제하여 처절한 전세계적 심판이 다시는 필요하지 않도록 기능할 것이다.

**9:12-17.** 노아 언약의 표징은 특별히 비가 온 후 구름 속에 생기는 무지개였다. 이것은 변화된 대기 조건으로 인해 생긴 새로운 현상이었을 것이다. 이 표징은 인간의 눈으로 관찰될 수 있지만 하나님께도 그 언약을 기억하실 수 있도록 상기시켜줄 표징이 될 것이다. 언약이 실제로 하나님이 약속하신 내용으로 이루어졌기 때문에 이 언약은 본질적으로 무조건적 왕의 하사품과 같은 형식이다('심층 연구' 참고). 하나님이 다시는 홍수로 세상을 멸하지 않으시겠다고 확인하는 데 있어 인간은 아무런 책임이 없다. 이 표징은 하나님을 위한 것이었다. 하나님이 자신에게 의무를 강제하시고, 인간에게 그 약속을 하셨기 때문이다.

### D. 손자 가나안에 대한 노아의 저주(9:18-29)

| Supporting Idea | 함의 아들인 가나안은 함이 그의 아버지인 노아를 무례하게 대했기 때문에 노예가 될 것이라는 저주를 받는다. |
|---|---|

**9:18-19.** 18절의 자료는 함이 가나안의 아버지라는 내용을 제외하면 창세기 5장 32절, 6장 10절의 자료와 유사하다. 이것은 이어질 내러티브를 준비하는 성격이 강하다. 19절에서 서술된 내용은 창세기 10-11장을 예고한다.

**9:20-24.** 아담의 아들 가인이 하나님의 도덕법을 어기고 그의 형제 아벨을 죽였듯이,

이제 노아의 아들 함은 하나님의 도덕법을 어기고 그의 아버지에 대해 죄를 짓는다.

이 죄의 성격에 대해 상당히 많은 논란이 진행 중이다. 노아가 술에 취했다는 점은 명확하다. 21절은 **포도주**에 해당하는 히브리어의 최초 용례를 담고 있다. 어떤 주석가들은, 노아가 발효와 알코올의 효과에 대해 알지 못했을 수도 있다고 주장한다. 하지만 마태복음 24장 38절의 "먹고 마시고"의 언급은 홍수 이전에 음주가 이루어졌고, 노아가 음주의 효과를 알고 있었을 것이라는 암시일 수도 있다. 홍수 이전에는 기후 조건이 약간 다를 수 있지만 확실히 발효가 일어났을 수 있었다.

노아의 행동이 잘못되었거나 적어도 현명하지 않을 수 있지만, 이것은 창세기 3-11장에서 하나님이 어떤 언급도 하시지 않은 유일한 부정적 사건이다. 그러나 이곳과 술취한 사건이 다시 일어나는 창세기 19장 30-38절의 결과는 모두 술취함으로 어떤 파멸이 초래될 수 있는지를 보여준다.

노아는 술 취한 것 외에도 **그 장막 안에서 벌거벗은** 채 누워 있었다. 이것은 그가 취한 것과 관련되어 있으므로 그가 벌거벗은 것은 술 기운으로 몸이 더워졌거나 그가 취해서 자제력을 잃었기 때문일 수 있다. 벌거벗음의 수치는 아담과 하와의 경우에 이미 기록된 적이 있다. 그러나 **가나안의 아비 함이 그 아비의 하체를 보고 밖으로 나가서 그의 두 형제에게 알렸다.** 함의 그러한 행동과는 대조적으로 **셈과 야벳은 옷을 취하여 자기들의 어깨에 메고 뒷걸음쳐 들어가서 아버지의 하체에 덮었으며 그들이 얼굴을 돌이키고 그 아비의 하체를 보지 아니하였다.**

이 죄의 성격에 대해 적어도 여섯 가지 해석이 있다.

1. 그것은 함과 그의 모친의 근친 상간 행위였다. 이것은 NASB 성경에서 축어적으로 번역되어 있듯이 **아비의 하체**란 구절이 모친을 가리키는 것으로 사용된 후대의 용례에 근거를 두고 있다(예를 들면, 레 18:8). 이 해석은 때로 가나안이 이러한 근친 상간의 결과로 생긴 아들이라고 주장하기도 한다.
2. 그것은 함과 그 아버지의 동성애적 행위였다. 이것은 **그 작은 아들이 자기에게 행한 일**(창 9:24)이라는 구절을 육체적 행위를 언급한 것으로 해석한 데 근거하고 있다.

3. 그것은 함이 그의 아버지의 장막을 침입한 행위였다.
4. 그것은 거세를 시킨 행위였다. 이러한 관점은 랍비의 율법, 모세의 법에 대한 해석과 판례에 대한 모음인 탈무드에서 발견된다. 그것은 가족간의 권력 투쟁으로 해석된다.
5. 그것은 함이 부정한 폭로로 자신의 아버지를 '갈취함' 으로써 아버지보다 강력한 권한을 확보하고자 시도한 행위였다. 이 해석에 의하면, 함은 가족의 우두머리가 되기를 원했다.
6. 그것은 함이 아버지를 존경심으로 대하지 않고 엿본 행위였다(우연히든, 고의적이든). 이것은 그가 그의 형제들에게 아버지의 상태에 대해 이야기한 것에서 드러난다.

모든 상황을 고려할 때 마지막 해석이 가장 자연스러워 보인다. 모든 부적절한 행동은 아버지를 난처한 상황에 처하게 하고, 그로 인해 아버지의 지도력을 앗아가고자 하는 시도로 해석할 수 있다. 셈과 야벳의 행동은 함의 행동과 대조되는 것 같다. 그들이 실제로 노아의 벗은 몸을 덮어주었던 것으로 보아 함은 그의 아버지의 모습을 보고 형제들에게 험담을 했던 것이 확실하다. 가나안이 이전에 언급된 적이 있고(창 9:18, 22), 가나안에 대한 노아의 저주가 즉각적인 것으로 보아 이 사건이 일어난 당시에 가나안이 함께 살고 있었던 것으로 보는 것이 가장 적절하다.

**9:25-27.** 노아의 반응은 저주 신탁의 형식으로 이루어진다. 가나안은 저주를 받아 그 형제의 종들의 종이 되기를 원하노라. 이 반응은 아담과 하와가 에덴 동산에서 죄를 범한 후의 하나님의 저주 신탁과 유사하다.

함의 가장 어린 아들로 보이는 가나안(창 10:6)이 노아의 가장 어린 아들이었던 함(창 9:24) 대신 저주를 받은 이유와 관련해서 아래의 내용을 비롯해 많은 해석이 제기되어 왔다.

1. 가나안이 근친 상간으로 생긴 아들이었기 때문에 심판을 받았다.
2. 그 일이 일어날 때 가나안이 그의 아버지와 함께 있었다("가나안의 아비 함이 그 아비의 하체를 보고" 라고 지적한 창세기 9장 22절 참고). 하지만 이것은 이 짧은

언급 외에는 가나안이 함께 있었다고 실제로 언급하지 않는, 침묵으로부터의 논증이다.

3. 가나안은 자신의 아버지의 죄 때문에 저주를 받았다. 하지만 후대의 법에서는 "나를 미워하는 자"(출 20:5)의 경우를 제외하면 이것이 허용되지 않을 것이다(예를 들면, 신 24:16, 겔 18:4, 하지만 출 34:7 참고).
4. 가나안이라는 이름이 사용되고 있지만 본문은 실제로 함에 대해서 이야기하고 있다. 그러나 저주는 함의 모든 자손들에게 임할 것이다. 함의 후손들이 아프리카의 거주민이 되지만 편견 때문에 함의 모든 후손들이 노예가 되기를 바라는 해석가들이 일부 있다.
5. 함은 자신이 아버지 노아를 수치스럽게 했듯이 그의 막내 아들인 가나안에게 수치를 당함으로써 실제로 벌을 받은 것이 되었다. 아들이 아버지 때문에 저주를 받을 수 있었던 것은 관찰을 통해서나 계시를 통해서 가나안과 그의 후손이 특히 성적인 문제에 있어서 함보다 훨씬 더 악한 죄를 지을 것(레 18:2-3)임을 노아가 알았기 때문이다. 주전 15세기 라스 사마라(고대 우가리트)에서 발견된 문학적인 유물들은 가나안의 종교적이고 사회적인 관습이 얼마나 악했는지를 보여주었다. 이것은 "내가 너희를 인도할 가나안 땅의 풍속과 규례도 행하지 말고"(레 18:3)라고 말씀하신 직후 성적인 금지 항목(레 18:6-30)을 열거하신 이유일 수도 있다.

가나안이 그 형제의 종들의 종이 될 것이라는 심판이 성경 앞부분에서는 명백하게 드러나지 않는다. 가나안의 후손이며, 히위 족속이라고 불리는 민족(창 10:17, 수 9:7)인 기브온 족속들이 여호수아에게 굴복한 사건(수 9:11, 27)은 이에 대한 최초의 명백한 예일 수 있다(수 16:10, 삿 1:28, 30, 33, 35, 왕상 9:20-21 참고). 그러나 가나안 정복 전체는 또한 가나안 족속들이 셈의 후손들에게 굴종할 수밖에 없었던 것을 보여주는 것이라는 맥락에서 바라볼 수도 있다.

성경의 가나안 족속들은 멸망하였다(북아프리카의 그들의 마지막 식민지는 주전 146년 로마에 의해 파괴되었다). 그러므로 이 저주를 소위 오늘날의 '가나안 족속'들에게 적용시키고자 하는 어떤 시도도 정당화될 수 없다. 또한 많은 이들이 아프리카에 거주하여 흑인의 다수를 이루었던 모든 함의 후손들에게 이 저주를 적용하고자 하는 어떤 시도도 정당화될 수 없다.

그러나 저주 신탁은 가나안에 초점을 맞추는 첫 행에서 끝나지 않는다. 노아는 또한 **셈의 하나님 여호와를 찬송하리로다 가나안은 셈의 종이 되고 하나님이 야벳을 창대케 하사 셈의 장막에 거하게 하시고 가나안은 그의 종이 되게 하시기를 원하노라**고 말하였다. 여호와는 셈의 하나님이시기 때문에 찬양받으셔야 한다. 노아의 예언에 의해 셈은 그의 조카에 대한 우월성을 부여받았다. 하지만 이것은 노아가 섬기는 하나님께 확실하게 인정받은 것이었다. 하나님에 대한 이 언급은, 이것이 하나님과 교제하지 않은 상태에서 복수심에 가득한 개인이 내뱉은 저주가 아니라는 증거이다. 이 저주 신탁이 노아의 입을 빌린 것이기는 하지만 노아의 말 이면에 하나님이 계시다는 의미가 함축되어 있다. 처음으로 하나님이 개인의 하나님으로 등장하신 것이다.

**야벳을… 셈의 장막에 거하게 하시고**라는 구절은 3인칭 남성 단수인 히브리어 동사의 주어로 '야벳'을 사용하며 일반적으로 '그가 살기를'로 번역된다(NASB 성경은 이 절을 "그리고 그가 셈의 장막에서 살게 하기를"이라고 번역한다). 이 구조가 허용하는 두 번째 번역은 "하나님이 셈의 장막에 사시기를"(Walter Kaiser, 「Toward an Exegetical Theology」)이다. 이것은 26절과 27절에서 볼 수 있는 평행법과 조화를 이룬다. 성경은 야벳이 셈의 거처나 지역에 살았다는 개념을 전개시키지 않지만 셈의 계보가 아브라함을 통해 선택된 계보가 될 것이라는 개념을 강하게 전개시키고 있다.

**9:28-29.** 이 절들은 창세기 5장의 족보 자료와 유사한 형식을 갖고 있다. 노아는 셋의 족보의 10대 손이었다. 그의 죽음에 대한 보고는 노아의 '톨레도트'(창 6:9)를 완성하고 있다.

| Main Idea 복 습 | 인류에게는 하나님을 기쁘시게 해드리는 삶을 살 수 있는 새로운 기회가 주어진다. 하지만 죄라는 '종양'이 인간을 다시 정복하기까지는 얼마 걸리지 않는다. |
|---|---|

## 결론

### 새롭게 출발한다고 해서<br>올바른 여행이 되리라는 보장은 없다

하나님은 악하고 부패한 모든 것을 멸망시키시고, 흠없고 의로운 사람 노아를 통하여 인류가 새롭게 출발할 수 있는 기회를 인간 사회에 부여하신다. 하지만 노아와 그의 아들들 역시 에덴 동산에서 범죄했던 아담의 후손들이었다. 그들은 죄의 경향을 물려받았고, 그러한 경향을 따라 행동하기로 선택하였다.

노아는 술에 취함으로써 죄를 지었다. 함은 그의 아버지를 멸시하고 험담함으로써 의로운 삶에 실패하였다. 이러한 죄악의 결과로 이 새로운 사회의 일부가 잘못된 길로 접어들게 될 것이다.

**▣ 진리 알기**

- 피를 먹지 말라는 명령은 변함없이 유효하다. 모든 고기가 어느 정도 피를 포함하고 있지만, 교살함으로써 피를 먹을 수 있도록 한 고기를 먹거나 직접적으로 피를 마시는 행위는 금지된다. 피는 생명을 상징할 뿐 아니라 우리 주 예수 그리스도의 희생을 상징한다(마 26:28).
- 하나님은 의롭게 행하는 자들은 축복하시지만 도덕적인 자제력을 포기한 사람은 저주하신다.
- 정부는 하나님께로부터 인간의 생명과 존엄성을 보호할 책임을 부여받았다.
- 하나님은 자기 백성들을 위해 새로운 기회를 준비하실 뿐 아니라 회개를 권면하기도 하신다.
- 부모에 대한 공경은 항상 적절하다. 그들이 늙었거나 혹은 과거에 지혜롭게 살지 않았더라도 마찬가지다.

**▣ 적용하기**

- 찬양(히 13:15), 착한 행실(히 13:16), 헌금(빌 4:18) 그리고 몸을 통한 헌신(롬 12:1)으로 제

사를 드려라.

- 하나님을 '기쁘시게 해드리는 향'이 되라.
- "그리스도께서 너희를 사랑하신 것같이 너희도 사랑 가운데서 행하라 그는 우리를 위하여 자신을 버리사 향기로운 제물과 생축으로 하나님께 드리셨느니라"(엡 5:2). 그리스도처럼 사랑의 삶을 살라.
- 험담하지 말라. 보지 말아야 할 것을 보았다면 그 사람을 존중하여 다른 사람들에게 어떤 말도 전하지 말라.

## 삶의 적용

### 모든 생명을 보호함

홍수 내러티브의 결론에서 확실하게 드러나는 한 가지는, 하나님은 인간들이 인간의 생명에 가장 높은 가치를 부여하기를 원하신다는 것이다. 그분은 인간의 생명에 대해 가장 엄중한 대가를 치르도록 요구하시는 것으로 이것을 표현하신다. 하나님은 죄 때문에 홍수 이전의 수많은 사람들의 생명을 빼앗으셨다. 하나님은 그들에게 생명을 주셨고, 그들이 타락한 마음으로 다른 사람들을 폭력으로 대하자 그들의 생명을 앗아가셨다. 인간은 생명이 하나님의 형상이라는 것을 증명해야 한다.

현대에는 많은 사람들이 태어나지 않은 아기의 생명보다 그 아기 엄마의 재정적, 정서적 안정을 더 중요한 것으로 생각한다. 어떤 사람들은 실직자나 거리의 부랑아들을 '쓰레기'로 여긴다.

예수님은 같은 인간의 내면적 생명을 보호하도록 우리를 부르셨다. 많은 사람들은 타인을 향해 보이는 분노가 살인의 한 형태임을 인정하지 않는다. 예수님은 다음과 같이 선언하셨다.

"옛 사람에게 말한 바 살인치 말라 누구든지 살인하면 심판을 받게 되리라 하였다는 것을 너희가 들었으나 나는 너희에게 이르노니 형제에게 노하는 자마다 심판을 받게 되고 형제를 대하여 라가라 하는 자는 공회에 잡히게 되고 미련한 놈이라 하는 자는 지옥 불에 들어가게 되리라 그러므로 예물을 제단에 드리다가 거기서 네 형제에게 원망들을 만한 일이 있는 줄 생각나거든 예물을 제단 앞에 두고 먼저 가서 형제와 화목하고 그 후에 와서 예물을 드리라" (마 5:21-24).

사형 제도를 이론적인 차원에서 토론하고 연쇄 살인을 악 자체와 동일시하기는 쉽다. 하지만 우리는 우리 스스로에게 "나는 오늘 내 형제를 대할 때 생명을 빼앗았는가? 아니면 생명을 나누었는가?" 라고 질문해야 한다.

## 기도

하나님 아버지, 우리가 다른 사람들을 대하는 태도에서 생명을 빼앗는 자가 아니라 생명을 주는 자가 되고자 하는 간절함을 주십시오. 생명이 당신으로부터 온 것과 동료 인간들이 당신의 형상을 지니고 있음을 기억하게 해주십시오. 아멘.

## 심층 연구

### A. 노아의 방주에 대한 연구(8:4)

많은 그리스도인들은 노아의 방주가 발견되었거나 혹은 발견될 것이라고 믿는 반면, 어떤 이들은 그러한 생각을 비웃는다. 다음의 사실과 사상들을 유념할 필요가 있다.

1. 노아의 방주는 단순히 아라랏 산이 아니라 아라랏의 '산들(복수)' 에 다다랐다.
2. 하나님은 방주가 보존될 것이라거나 발견될 것이라는 약속을 결코 하지 않으셨다. 그러한 발견이 성경 역사에 대한 중요한 증거가 된다 하더라도 신자들은 많은 불신자들이 불신을 버리지 않을 것이라는 점을 명심해야 한다. 예수님은 바리새인들의 요구에 대해 "악하고 음란한 세대가 표적을 구하나 선지자 요나의 표적밖에는 보일 표적이 없느니라" (마 12:39)고 말씀하셨다.
3. 모세가 구원의 수단으로 만든 청동 뱀(민 21:9)이 폐기되지 않고 보존되자 후에 그것이 우상 숭배 대상이 되었고 폐기될 수밖에 없었다(왕하 18:4). 우리가 방주를 발견한다면 동일한 일이 일어나지 않겠는가?

### B. 주군 하사 조약 혹은 언약(9:16)

주군 하사(Royal Grant)는 우월한 자(왕과 같은)와 충성스러운 종 간에 맺는 언약이었다. 그것은 일반적으로 장기간에 걸쳐 충성이나 특별한 봉사를 했기 때문에 맺어지는 것이었다. 그러한 하사는 영속적이고 무조건적이지만, 그것을 받은 당사자의 상속자들은 조상들이 보였던 충성스러운 섬김을 지속적으로 유지할 때에만 그것의 혜택을 받을 수 있었다(삼상 8:14, 22:7, 27:6, 에 8:1 참고).

노아의 언약은 '의로운' 노아와 맺어진 것이었고, 그의 후손과 땅 위의 모든 생물들에게도 지속될 것이다.

성경에서 발견되는 다른 조약 혹은 언약은 동등한 자들 간에 이루어지는 언약인 쌍무 조약과 왕과 신하의 관계를 규정한 조건적 언약인 종주 - 봉신 조약이다. 이 후자의 조약은 여호와 하나님과 그분의 백성 이스라엘과의 관계를 규정하였다.

## 교안

### A. 들어가는 글

1. '내가 알아야 할 것은 모두 노아의 방주에서 배운 것이었다' 이야기로 시작하라.
2. 배경 설명: 이 장들은 노아의 홍수 이야기와 그로 인해 하나님이 맺으신 언약에 대한 내용을 마무리하고 있다. 이 이야기는 "하나님이 어떻게 셈의 하나님이 되실 것인가?" 란 질문에 우리가 대비하도록 한다. 다음 족보는 이스라엘 민족의 아버지인 아브라함으로 연결된다.
3. 적용: 창세기 9장 19절은 "노아의 이 세 아들로 좇아 백성이 온 땅에 퍼지니라" 고 기록하고 있다. 창세기 10-11장은 그 사람들과 흩어짐에 대해 더 상세하게 서술할 것이다.

### B. 본문 이해

1. 마른 땅에 배를 대다(8:1-14)
2. 방주에서 내리다(8:15-19)
3. 노아와 맺은 하나님의 언약(8:20-9:17)
4. 손자 가나안에 대한 노아의 저주(9:18-29)

### C. 결론: '모든 생명을 보호함' 을 읽어주라.

## 토의 질문

1. 구약 시대가 아닌 오늘날 홍수 이전처럼 인류가 채식주의자로 돌아가야 한다고 주장할 어떤 성경적인 이유가 있는가?

2. 사형 제도는 복수를 하는 것이므로 구약의 율법뿐 아니라 그리스도의 사랑의 법에도 어긋난다고 주장하는 사람들에게 어떻게 반응할 것인가?

3. 함이 범한 죄가 무엇이든, 그가 자신의 아버지를 존중하지 않았던 것은 분명하다. 성경에서 부모를 공경하라고 강조하는 이유는 무엇인가? 이 명령에 순종할 때 어떤 결과를 기대할 수 있는가?(신 5:16, 골 3:20, 비교. 딤후 3:2)

# 창세기 10:1-11:32

## 세대와 언어

*"낙원의 아담이 모든 짐승들의 이름을 지어줄 때 사용한 최초의 언어는 말하자면 자연 전체의 모습이 실제로 반영되는 거대한 거울이었다. 하지만 이제 하나님은 이 거울을 깨뜨리셨고, 각 사람들은 그 거울의 조각만 갖고 있을 뿐이다. 어떤 이들은 큰 조각을 갖고 있고, 어떤 이들은 작은 조각을 갖고 있으며, 각 사람들은 전체의 한 부분만 볼 뿐 결코 전체를 볼 수 없다."*

*- 에릭 사우어(Erich Sauer)*

**인간의** 집단적 반란은 스스로를 위해 이름을 내고자 하는 시도로 표면화되고 하나님은 그들을 흩으신다. 하나님은 계속해서 셈의 계보에서 경건한 후손이 나게 하신다.

## 들어가는 글

### 바벨탑과 뉴욕 세계무역센터

배우이며 사진 작가인 게리 기어(Gary Gere)는 뉴욕 세계무역센터의 잔해에서 성경 책의 한 페이지를 발견했다고 주장한다. 창세기의 한 장인 이 특별한 장은 하늘까지 닿은 탑에 대한 이야기를 기록하고 있다. "93일 이상을 불이 타고 있었음에도 불구하고 타거나 부서지기 쉬운 성경의 한 페이지가 타지 않고 보관되었다. 나는 그것이 믿겨지지 않는다"라고 그는 〈뉴욕 포스트(New York Post)〉 기자인 마리아 알바레즈(Marria Alvarez)에게 말했고, 그녀는 2월 11일자에 이 이야기를 기사로 실었다.

기어가 성경의 이 페이지를 발견했을 때 〈뉴욕 포스트〉는 "하나님이 우리를 지금도 주시하고 계심을 알려주는 그분의 사인"이라는 그의 말을 인용하였다.

남쪽 탑이 서 있었던 근처에서 그 성경의 한 페이지를 발견했을 때 뉴욕 시 소방국의 안전 책임자인 마이클 벨론(Michael Bellone)이 기어와 동행하고 있었다. 벨론은 이렇게 말했다. "너무나 놀라웠습니다. 우리가 그렇게 빨리 재건할 수는 없습니다. 하지만 우리는 모든 것을 다시 시작할 수 있습니다."

그러나 이것이 창세기 11장의 바벨탑 이야기에서 발견해야 할 메시지인가? 분명히 이 내러티브의 문맥과 의미에 대해 직접 연구를 해보지 않았던 것이 분명하다. 세계무역센터는 하나님에 대한 도전의 차원에서 세워진 바벨탑이 아니었다. 그러므로 두 건물 간의 모든 유사성은 오직 물리적인 유사성에 근거한다.

성경 한 조각을 발견한 것이 반드시 하나님이 '여전히 우리를 주시하고 계신다'는 사인은 아니다. 성경이 탑에 대해 말하고 있는 사실이 하나님이 우리에게 새로운 탑을 짓기를 원하신다는 뜻으로 해석되어서도 안 된다. 세계무역센터는 미합중국과 그것이 상징하는 모든 것에 대한 증오심을 가진 이슬람 테러리스트들에 의해 파괴되었다. 이 끔찍한 비극으로 많은 인명이 손실을 입었다. 반대로, 바벨탑을 짓던 사람들의 흩어짐은 하나님이 인간에게 화가 나셨기 때문이었다. 그래서 하나님은 인간들의 언어를 혼잡하게 하심으로써 그들을 흩으셨다. 이것은 우리 세대에 적용되는 흥미로운 이야기이다.

# 본문 이해

| Main Idea | 하나님은 인간의 언어를 혼란스럽게 하시고, 그들을 흩어지게 하심으로써 조직적이고 광범위하게 하나님에 대한 반역을 시도하는 것을 막으신다. |
|---|---|

### A. 야벳의 후손들(10:1-5)

| Supporting Idea | 노아의 장남인 야벳의 자손들은 앞으로의 구약 내러티브에서 가장 관련성이 적기 때문에 아무런 평가 없이 열거되어 있다. |
|---|---|

**10:1.** 야벳은 노아의 장남이었고(창 10:21), 셈은 둘째 아들이었으며, 함은 막내아들이었다(창 9:24). 하지만 '톨레도트'는 셈과 함과 야벳의 순서로 소개되어 있다. 창세기 저자는 이 초기의 소개 순서와 정반대로 그들의 후손을 다룰 것이다. 바벨탑 사건 전후로 셈에 대한 내용이 등장하기는 하지만, 먼저 야벳을 다룬 후 이어서 함을 다루고, 마지막으로 셈을 다룰 것이다. 후자의 순서는 이후의 오경의 중요성과 관련이 있는 것 같다. 야벳의 후손들은 가장 비중이 낮게 부각될 것이며, 함은 그의 아들 가나안에 대한 저주 때문에 야벳보다 더 비중 있게 다뤄질 것이다. 마지막으로, 아브라함과 이삭과 야곱의 조상인 셈은 가장 중요하게 다뤄질 것이며, 성경에서 독점적으로 부각되는 계보가 될 것이다.

**10:2-4.** 야벳에게서 기원한 14개의 나라가 열거되어 있다(야벳이라는 이름은 '확장'을 의미한다). 일곱 개의 나라는 그의 아들들에게서, 다른 일곱 개의 나라는 그의 손자들에게서 기원하였다. 고멜(Gomer, 후대의 키메르인들)과 그의 세 아들은 흑해 근방에 살았다. 마곡(Magog)은 아마 카프카스 산맥과 흑해의 남동쪽 인근 지역에 살았던 스키타이 민족의 조상일 가능성이 있다. 마대(Madai)는 메대인들의 조상이었고, 야완(Javan)은 남부 그리스와 아마도 서부 소아시아에 거주하였을 것이다. 마곡과 더불어

두발(Tubal)과 메섹(Meshech)이 후대의 앗수르 비문에 언급되어 있다. 그들의 정확한 거주 지역은 확실하지 않지만 두발은 아마 폰투스에, 메섹은 모쉬안 산맥에 살았을 것이다. 마지막으로 디라스(Tiras)는 아마 후대의 트라시아(Thrace)일 것이다. 에스겔 38장 1-6절은 지역을 표현하기 위해 마곡, 메섹, 두발, 고멜이라는 이름을 사용하고 있다(비교. 겔 27:13, 32:26).

**10:5.** 야벳의 후손들은 흑해와 카스피해에서 스페인에 이르는 유라시아 전역으로 확산되었다. 이 지역은 후에 아브라함과 그의 후손들에게 약속된 땅의 북쪽과 서쪽으로 퍼져 있다. 각기 방언과라는 언급은 11장과 바벨탑을 전제하고 있다.

### B. 함의 후손들(10:6-20)

| Supporting Idea | 함의 후손들은 더 상세하게 언급되어 있다(30개의 나라). 이는 구약 시대 전반에 걸쳐 그들 중 많은 이들이 하나님의 선택된 백성과 갈등할 것이기 때문이다. |
|---|---|

**10:6.** 함의 네 아들(구스, 미스라임, 붓, 가나안)을 열거한 후 이어지는 절에서 붓을 제외한 각 아들에 대해 보다 상세한 설명을 곁들이고 있으며, 여러 아들들을 열거하고 중요한 인물일 경우에는 몇 가지 특징을 설명하고 있다. 함의 후손들이 차지한 일반적인 영토는 서남 아시아와 북동 아프리카였다. 이것은 구스가 나일 상류 지역으로 후대에 밝혀진 점, '두 개의 이집트(다시 말해서, 상이집트와 하이집트)' 라는 미스라임의 의미, 붓이 고대 이집트인들이 푼트(현대의 소말리아)라고 불렀던 지역과 동일하다는 사실, 그리고 블레셋인의 이름을 따서 팔레스타인이라고 후에 불려진 가나안이라는 유명한 땅에 의해 결정된다.

**10:7.** 구스의 아들들은 스바와 하윌라와 삽다와 라아마와 삽드가를 포함하였다. 라아마의 아들들은 스바와 드단이었다. 앞에서 언급했듯이, 구스가 나일 상류 지역으로 밝혀지지만, 7절에서 언급된 그의 일곱 아들들과 손자들은 아라비아에 자리잡은 것으로 확인되고 있다.

**10:8-12.** 구스라는 사람은 그의 아들이 결국 시날 땅의 바벨을 포함하는 왕국을 건설하였기 때문에 8-12절에서 집중적으로 다뤄지고 있다. 이 구스가 실제로 노아의 아

들이었는지 혹은 동일한 이름의 후손이었는지를 두고 논란이 있다. 그의 아들의 이름은 니므롯이었다. 성경은 그를 세상에 처음 영걸이라고 기술하고 있다. 많은 세속 역사학자들은 그를 아카드 왕국의 초기 통치자인 사르곤 1세와 동일시하며, 니므롯은 그의 히브리식 이름이라고 생각한다. 그는 여호와 앞에서 특이한 사냥꾼으로 더 자세히 묘사되어 있다.

이 표현의 타당성은 확실하지 않다. 니므롯은 아브라함이 나오게 될 셈이 아닌 함의 계보에 속한 사람이었다. 여호와에 대한 이 언급은 함의 모든 자손이 가나안의 저주(창 9:25)를 받게 된 것은 아님을 나타내기 위해 포함되었거나 창세기 11장 5절이 지적하듯이, 이것이 하나님의 면전에서 이루어졌음을 의미할 수도 있을 것이다.

니므롯은 강력한 통치자였다. 이것은 그의 나라는 시날 땅의 바벨과 에렉과 악갓과 갈레에서 시작되었으며에서 드러난다(다시 말해서, 후에 바빌로니아로 알려진 땅). 에렉은 고대 우르크(현대의 와르카) 성에 대한 히브리어 이름이다. 하지만 그의 통치권이 미친 곳은 이것으로 끝나지 않았다. 그가 그 땅에서 앗수르로 나아가 니느웨와 르호보딜과 갈라와 및 니느웨와 갈라 사이의 레센(이는 큰 성이라)을 건축하였다. 마지막 표현(이는 큰 성이라)은 갈라를 가리킬 수 있지만, 후에 요나에 의해 묘사되었듯이 니느웨를 가리킬 가능성이 매우 높다(욘 1:2, 3:2, 4:11). 앗수르는 미가 선지자에 의해 '니므롯 땅'과 평행을 이루며 서술되어 있다(미 5:6). 이 모든 것은 니므롯을 메소포타미아 지역에 통치권을 확보한 강력하고 성취 욕구가 높은 전사로 묘사하고 있다.

**10:13-14.** 미스라임의 후손들은 가슬루힘인에 대한 중요한 언급에서 확인된다. 블레셋이 나온 것은 가슬루힘이었다. 이 정보는 뒤의 오경의 자료에 중요하다.

**10:15-19.** 함의 족보에서 가장 중요한 정보는 가장 뒤에 드러나 있다. 창세기 9장에서 이미 많은 지면에 걸쳐 소개되었던 가나안은 장자 시돈과 헷을 낳고 또 여부스 족속과 아모리 족속과 기르가스 족속과 히위 족속과 알가 족속과 신 족속과 아르왓 족속과 스말 족속과 하맛 족속의 조상을 낳았다고 밝혀져 있다. 이 모든 민족들이 다 가나안인들이었다. 그들의 대부분은 가나안과 그 주변 지역에서 작은 성읍 국가를 이루었다(19절). 여부스족은 후에 예루살렘 성으로 알려진 여부스 성을 세웠다(수 15:63, 삿 1:21). 이 가나안 민족들이 가나안의 후손들에 대한 노아의 예언(창 9:25-27)을 거부하였기 때문에 이스라엘 민족과 대립하게 될 것이다.

**10:20.** 이 절은 이 모든 민족들이 함의 후손들이지만 각기 족속과 방언과 지방과 나라대로 분리되었음을 지적하고 있다. 창세기 10장 5절처럼 이 진술 역시 창세기 11장의 바벨탑 사건을 예고한다.

## C. 욕단을 통한 셈의 후손들(10:21-32)

| Supporting Idea | 히브리인들의 조상을 소개하고 바벨탑 사건의 시기를 드러내기 위해 욕단을 통한 셈의 후손들이 열거되어 있다. |
|---|---|

**10:21.** 창세기의 저자인 모세가 셈의 족보를 소개할 때 그는 야벳이나 함의 족보를 소개할 때와는 매우 다른 방식을 사용하고 있다. 먼저, 그는 셈에 대해 그가 장자가 아니라는 사실(그의 형은 야벳이라 - 개역성경은 야벳의 형이라)을 밝힌다. 장자가 아닌 형제를 축복받은 자로 선택하시는 하나님의 모습(창 9:26-27)은 창세기에서 여러 번 반복될 것이다. 둘째, 먼 후손인 에벨은 그가 족보에 소개되기 전에 이미 중요한 인물로 밝혀져 있다. 앞에서는 니므롯이 중요하게 부각되었지만 함의 족보의 제목격인 절에 포함되지는 않았다.

여기서 셈은 에벨 온 자손의 조상이라고 기록되어 있다. 에벨은 '히브리' 에 해당하는 히브리어의 기원이다. 주전 3천 년 중반의 수메르 문서인 에블라 토판은 28년 동안 에블라(북부 시리아)를 통치한 에브리엄이라는 왕에 대해 언급하고 있다. 어떤 학자들은 에브리엄과 에벨이 사실상 동일 인물이라고 추측해왔다. 아브라함은 성경에서 '히브리인' 으로 언급된 최초의 사람이다(창 14:13).

**10:22-24.** 셈의 후손들은 페르시아만 북쪽 지역을 차지할 것이다. 셈의 다섯 아들은 엘람과 앗수르와 아르박삿과 룻과 아람으로 소개되어 있다. 엘람인들(엘람의 후손들)은 메소포타미아 동쪽에 정착하였다. 앗수르는 앗시리아라는 이름과 관계가 있으며, 아마 앗시리아 지역을 가리키는 고대의 이름일 것이다(비교. 창 2:14). 아르박삿은 종종 남부 메소포타미아에 있는 지역인 갈대아에 대한 히브리어 단어의 합성 형태일 것으로 생각된다. 아르박삿은 창세기 11장 10-13절의 족보뿐 아니라 이 족보에서도 등장한다. 룻은 아마 소아시아의 리디아인들일 것이다. 반면 아람은 오늘날 시리아로 알려져 있는, 약속의 땅의 북동쪽 지역으로 확인된다. 아람의 아들들은 23절에 열거되어 있는 반면(욥

기 1장 1절에서 다시 언급될 우스를 주목하라) 아르박삿의 아들과 손자는 24절에서 확인되고 있다. 엘람, 앗수르, 룻의 자손들의 이름은 열거되어 있지 않다.

**10:25-30.** 벨렉 시대에 있었던 세상의 나뉨은 적어도 두 가지 방식으로 해석되어왔다. 어떤 주석가들은 세상이라는 단어를 실제적인 지구를 가리키는 것으로 해석하기를 원한다. 그들은 이 나뉨을 육지가 여러 대륙으로 분리되는 것과 관련이 있다고 본다. 창세기 8-9장에 대한 주석에서 그러한 땅의 재형성이, 물이 물러가고 지각이 물의 거대한 압력에 반응하던 150일 동안 일어났을 것이라고 주장한 적이 있다. 그러한 중요한 분리와 대륙의 이동이 일어나게 된 벨렉의 시기는 후대인 것 같다.

대부분의 주석가들은 25절에서 언급된 분리를 창세기 11장 9절에 서술되어 있듯이 언어의 혼란 때문에 민족들이 흩어진 결과라고 해석한다. 저자는 아우 욕단의 자손을 추적하고 바벨탑 사건 이후 벨렉의 후손들을 다시 추적할 것이다.

**10:31-32.** 셈의 후손들은 후에 '셈족(Semites)' 이라고 불렀다. 모세가 이들은 노아 자손의 족속들이요 그 세계와 나라대로라 홍수 후에 이들에게서 땅의 열국 백성이 나뉘었더라고 서술하는 것으로 족보는 마무리되고 있는 것 같다. "그 때에 세상이 나뉘었음이요"(25절)라는 구절의 중요성은 다음 절의 진술 내용에 비추어볼 때 더욱 두드러질 것이다.

## D. 바벨탑(11:1-9)

| Supporting Idea | 바벨에서 인간은 최초로 하나님의 왕국보다는 그들 자신의 왕국을 건설하기 위해 집단적 우상 숭배를 시작한다. |
|---|---|

**11:1-9.** 이 절의 사건은 10장의 일부 자료보다 연대기적으로 앞서 일어난 일이다. 바벨탑에 대한 이 부분은 사람들이 흩어진 이유와 인간 언어가 혼란스럽게 되어야 할 필연적인 이유를 설명하고 있다.

창세기 11장 1-9절의 구조는 종종 교차 대구법(chiaism)이나 모래 시계의 구조를 띠고 있다고 한다. 내러티브 부분은 1-2절과 8-9절에서 발견되는 반면, 3-4절과 6-7절에서는 담화 자료가 발견되고 있다. 5절은 전반부에서 후반부로 전환하는 기능을 하고 있다.

**11:1-2.** 홍수에서 살아 남은 자들(전 세상)은 구음이 하나이요 언어가 하나였다. 이것

은 그들의 반역과 하나님의 심판으로 인해 달라질 것이다. 그들은 동방으로 옮기다가 시날 평지를 만나 거기 거하였다. 산들이 있었고, 그 당시에 아라랏 동쪽으로 카스피해가 있었기 때문에 사람들은 먼저 남쪽으로 향했다가 동쪽으로 이동하여 메소포타미아 지역에 정착했음이 분명하다. 인간이 시날이라고 하는 평지에 정착했다는 것은 확실하다. 그 도시는 바벨이라고 불릴 것이다. 이것은 히브리어 단어 '바벨론' 과 매우 유사하게 들린다. 니므롯(창 10:10)은 바벨론에 그의 왕국의 중심지 중 하나를 두었다. 이 모든 사실은 그 지역이 메소포타미아의 한 지역이며, 후대의 바빌론 성과 매우 가까웠음을 암시한다.

**11:3-4.** 인류의 일부는 성과 대를 쌓아 대 꼭대기를 하늘에 닿게 하자고 결정하였다. 인류의 어느 정도가 이 일에 관련되었는지에 대해서는 알려져 있지 않다. 하지만 그 결과는 전 세상에 영향을 미칠 것이다.

이 건축의 목적은 우리 이름을 내고 온 지면에 흩어짐을 면하자는 것이었다. 창세기 11장은 많은 주석가들이 주장하듯이, 그 건축가들이 우주 공간이나 천국의 하나님의 거처까지 닿을 탑을 쌓으려고 시도했다고 가르치지 않는다. 그 건축가들이 또 다른 홍수가 발생할 경우 탑의 꼭대기가 피난처를 제공할 것이라는 희망을 가지고 그것을 시도했다는 새로운 주장도 마찬가지이다. 이러한 설명들은 본문에서 그 근거를 전혀 찾을 수 없다. 이것이 그들의 희망이었다고 하더라도 그곳을 이용할 수 있는 수는 극히 소수에 불과할 것이다. 게다가 다른 방주를 만드는 것이 더 적절한 방법이었을 것이다.

성경은 그들이 이 건축을 시도한 데는 두 가지 목적이 있었다고 가르친다. 첫째, 그들은 성취에 근거한 불멸을 추구하고 있었다. 그들이 바란 이름은 아마 그들이 추구하는 명성을 가리킬 것이다. 그들의 행동은 하나님으로부터 독립을 추구하고자 하는 욕망의 발로였다. 창세기 6장 4절에서 '이름' 이라는 단어가 이런 식으로 사용된 적이 있다. 후에 하나님은 아브라함에게 "네 이름을 창대케 하리니"(창 12:2)고 약속하실 것이다. 반역한 인류는 대규모의 건축 프로젝트를 착수함으로써 그곳에 머무를 미래 세대들이 최초의 건축자들을 숭배할 정도로 큰 명성을 누리기를 바랐다. 인간은 세상에서 자신을 부각시켜 사람들에게 기억되기를 원한다.

둘째, 그들은 단결을 통해 얻는 힘을 직접 확인하기를 원했다. 하나로 힘을 결속한 집단을 이루면 그들은 하나님의 도움이 없더라도 강력해질 수 있을 것이다. 그 탑은 지면에 흩어져야 한다는 목표를 저지하기 위한 것이었다. 하나님은 인류가 "생육하고 번성하여 땅에 충만하라, 땅을 정복하라"(창 1:28)고 명령하셨다. 하나님은 창세기 9장 1절에서 노아와 그의 가족들에게 반복하셨다. 신학적으로, 그분은 가인이 경건한 인류와 구분되고 헤어지도록 하셨다. 가인은 "주께서 오늘 이 지면에서 나를 쫓아내시온즉 내가 주의 낯을 뵈옵지 못하리니 내가 땅에서 피하며 유리하는 자가 될지라"(창 4:14)고 항의하였다. 이제 인류는 하나님께 반역하고 있지만 한 곳에 함께 있기를 바라는 것이다.

메소포타미아에는 돌이 귀했기 때문에 그들은 돌 대신 벽돌을 사용하고 진흙 대신 역청을 사용하였다. 역청은 이 지역에서 발견된 기름(oil resources)을 통해 얻을 수 있었을 것이다. 주변에서 구할 수 있는 것들을 이용하여 그들은 주변 지역에 사람들을 계속 모여 있게 할 정도로 웅장한 기념비를 만들고자 하였다.

**11:5-9.** 하나님이 보시려고 강림하셨다고 묘사되어 있다. 이것은 하나님이 인간의 형상이나 인간과 같은 속성을 가진 것으로 묘사되는 소위 '신인동형론적(anthropomorphic)' 으로 알려진 비유적인 표현이다. 하나님은 정보를 얻기 위해서 지상에 오셨다고 말하고 있다. 어떤 신학자들은 하나님이 모든 것을 다 아시는 전지하신 하나님이 아니라 정보를 입수해야만 하는 신이었기 때문에 이런 행동을 할 수밖에 없었다고 말한다. 하지만 창조의 하나님은 영원하시고, 전능하시며, 전지하신 하나님이시다. 이러한 비유적 언어는 초월자 하나님이 인간의 행동에 반응하시는 내재적 하나님이시기도 하다는 것을 독자들에게 알리기 위한 것으로 해석하는 것이 더 낫다.

하나님은 이들에 대해 이 무리가 한 족속이요 언어도 하나이므로 이같이 시작하였으니 이후로는 그 경영하는 일을 금지할 수 없으리로다라고 판단하셨다. 하나님은 또래 압력의 강력함과 불멸성이 인간에게 갖는 엄청난 호소력을 인정하셨다. 인간은 전체 집단이 통제되는 사회를 만들어낼 수 있을 것이다.

하나님의 해결책은 내려가서 거기서 그들의 언어를 혼잡케 하는 것이었다. 노아의 모든 후손들이 이 한 지역에 모여 있었던 것은 아니었겠지만 하나님의 심판의 효력은 보편적이었던 것 같다. 아마 노아의 가족을 조상으로 한 각 부족이나 족속은 특정한 언어를 말하기 시작했을 것이다. 탑 건축을 중단시키기 위해 그 조치는 즉각적인 효과를 나타냈던 것 같다. 수백 년 혹은 수천 년에 걸쳐 점진적으로 개별적인 언어가 발달한 것이 아니었다. 어떤 이들은 바벨탑이 불법의 대명사가 되었다고 평가하였다.

현재의 세계가 다른 언어들을 사용하고 있다는 것은 명백한 사실이다. 뉴욕의 유엔 건물에 있는 많은 방들은 현대의 문명화된 인간이 의사 소통의 수단을 가질 수 있도록 이어폰과 통역 부스(translation booth)를 필요로 한다. SIL 인터내셔널(세계의 희귀 언어를 사용하는 사람들을 위해 일하는 서비스 기관)은 그들의 세계 언어 식별 시스템을 통해 알려진 세계 언어 중 현재 사용 중이거나, 최근 멸종한 7천 개가 넘는 각 언어에 세 글자 코드(three-letter code)를 부여하였다고 보도하고 있다. 그들의 웹사이트(www.ethnologue.com/codes/)는 6,800개의 주요 언어에 대한 명단을 소개하고 있다.

이것은 바벨에서 일어난 사건에 대한 강력한 증거가 된다. 일부 현대 언어들이 다른 주요 언어를 뿌리로 하고 있다는 것은 명백한 사실이다. 그러나 원어의 수는 현대 세계에서 진화되어온 언어들을 발달시키는 데 중요한 역할을 하였을 것이다.

### E. 벨렉을 통한 셈의 후손들(11:10-26)

| Supporting Idea | 이번에는 벨렉을 통해 계승된 셈의 후손들의 목록이 열거되고 유대 민족의 아버지인 아브라함을 소개하고 있다. |
|---|---|

**11:10-17.** 이 족보는 이름 외에 창세기 5장 3-32절의 족보와 유사하게 나이를 기록하고 있다는 사실을 제외하면 앞의 창세기 10장 21-25절의 족보와 유사한 벨렉의 계보를 따르고 있다. 창세기 5장과 달리 이 족보는 개인의 사망 나이와 "죽었더라"의 구절을 생략하고 있고, 죽음보다는 생명과 확장을 강조하고 있다. 아브라함 시대에까지 이르는 홍수 후기 시대에는 인간의 나이가 점진적으로 단축되었다.

**11:18-26.** 이 절들은 노아로부터 셈을 거쳐 벨렉과 아브라함의 조카인 롯에게 이르는 열 세대를 열거하고 있다. 세대 간에 단절이 전혀 없다면 전체 기간은 홍수로부터 아브라함에 이르기까지 약 352년이다. 성경적 사건과 거슬러 올라갈 수 있는 성경 외적 사건들을 종합적으로 고려할 때 아브라함의 출생 연도는 보통 주전 2166년으로 추정된다.

데라는… 아브람과 나홀과 하란을 낳았더라는 구절은 연령에 의한 연대기적 순서로 세 아들을 소개하지 않았을 수도 있다(비교. 창 9:24, 10:1, 21의 노아의 아들들). 하란은 그의 아버지 데라가 아직 생존해 있을 때 사망하였다(창 11:28). 여기서도 가장 먼저 언급된 아들이 비록 장자는 아닐지라도 이어지는 내러티브에서 가장 중요한 인물이 될 것이다.

## F. 데라와 그의 아들 아브람(11:27-32)

| Supporting Idea | 아브람의 가족에 대한 이 기록은 이어질 다음 이야기에서 중요한 역할을 하는 많은 인물들에 대해 소개해준다. |
|---|---|

**11:27-32.** 이 절 데라의 후예는 이러하니라는 창세기의 여섯 번째 '톨레도트' 이다. 이것은 데라에게 일어난 일, 특별히 그의 아들 아브람을 통해 일어난 일을 기술하고 있다. 이름이 거론된 각 개인은 아브람의 형 하란에게서 난 조카 이스가를 제외하면 다음 이야기에서 중요한 역할을 할 것이다. 아브람의 이름은 '높임을 받은 아버지' 라는 의미가 있지만 나중에 "여러 민족의 아버지"(창 17:5)라는 의미를 가진 아브라함으로 바뀔 것이다.

개인들의 이름에 대한 언급 이외에 이어지는 이야기들을 이해하는 데 필요한 관계들이 기록되어 있다. 롯은 이제 고인이 된 형 하란의 아들이며 아브라함의 조카였다. 하란의 딸인 밀가는 그녀의 삼촌이며 아브라함의 형제인 나홀의 아내가 되었다. 아브람은 '나의 공주' 라는 의미의 사래와 결혼하였다. 후에 그녀의 이름은 '여러 민족의 어머니' 라는 의미의 사라로 바뀌었다(창 17:15-16).

이름과 관계 외에 나중에 중요한 것으로 판명될 역사적 사실이 일부 기록되어 있다. 하란은 고향 갈대아 우르에서 죽었다. 아마 하란의 죽음 때문에 그의 아들 롯은 그의 할아버지 데라에 의해 양육을 받았고(창 11:31), 그의 사후에는 아브람의 보호를 받았다(창 12:5). 반면 하란의 딸 밀가는 삼촌인 나홀과 결혼하였다(창 11:29).

갈대아 우르의 위치를 정확히 밝히기란 불가능하지만 때로 주장되는 북부 메소포타미아의 한 장소보다는 현재 남부 이라크의 유프라테스 강변에 있는 장소(바그다드 남동쪽 약 350킬로미터 지점)일 가능성이 있다. 우르는 우상 숭배가 성행했던 곳으로 아브람과 그의 가족들도 이러한 관습에 동참하였다(수 24:2, 14). 고고학적 유적으로 판단할 때 이 도시가 가장 번창하고 문학 활동이 왕성했던 시기는 아브라함이 그곳에 체류할 때였다. 아브람과 동시대에 살았을 가능성이 있는 우르 - 남무 왕은 법전으로 유명하다.

데라가 그 아들 아브람과 하란의 아들인 그 손자 롯과 그 자부 아브람의 아내 사래를 데리고 갈대아 우르에서 떠나 가나안 땅으로 가고자 하더니 하란에 이르러 거기 거하였으며 라는 내용도 기록되어 있다. 데라의 리더십과 하나님의 부르심에 대한 아브람의 반응(창 12:1)의 뚜렷한 대조는 다음 장에서 다루어질 것이다. 영어로 '하란' 이라는 단어는 죽은 데라의 아들의 이름일 뿐 아니라 지명이기도 하다. 그러나 히브리어로 두 이름의 첫 글자는 다르다. 전자는 흔한 'h' 인 반면, 지명은 'ch' 발음이 나는 철자로 시작한다.

지명으로서의 하란은 유프라테스 강과 동쪽으로 흐르는 지류로 하볼 강으로 알려진 강 사이에 위치한 서북 메소포타미아에 자리하였다. 이곳은 주전 19세기에 유명한 교역상들의 도시였지만, 그 다음 세기에는 아모리인들이 그곳을 지배하였다. 우르처럼 하란은 우상 숭배의 도시였고 특별히 달의 신을 섬겼다.

또 하나 주목할 것은 사래는 잉태하지 못하므로 자식이 없었더라는 사실이다. 이 사회에서는 출산에 대한 기대가 높았고 심지어 강요되었기 때문에 사래의 불임은 후의 내러티브에서 이 부부의 집중적 관심사가 될 것이다. 특별히 아브람의 후손에 대한 약속의 측면에서 집중적으로 부각될 것이다.

마지막으로, 데라는 이백오 세를 향수하고 하란에서 죽었다. 다음에 기록될 사건은 아브람에 대한 하나님의 부르심과 아브람에게 주신 하나님의 약속이 될 것이다. 이 장은 인류를 단결시키고자 하는 인간의 시도로 시작되고, 아브라함의 후손을 통해 축복 안에서 인간을 하나로 일치시키고자 하는 하나님의 섭리로 끝난다.

| Main Idea 복 습 | 하나님은 인간의 언어를 혼란스럽게 하시고, 그들을 흩어지게 하심으로써 조직적이고 광범위하게 하나님에 대한 반역을 시도하는 것을 막으신다. |
|---|---|

# 결론

## 인간의 선택과 하나님의 선택

어떤 사람들에게는 레스토랑이나 옷 가게에서 선택을 하는 행위가 시간이 소요되는 과정이다. 때로 스테이크와 샐러드 중 하나를 선택하거나 빨간색 옷과 파란색 옷 중 하나를 선택하는 일이 쉽지 않을 때가 있다. 그러나 어떤 선택들은 결코 어려울 것이 없다. 바벨탑 사건에서 우리는 인간들이 스스로 이름을 내고 온 땅으로 퍼져서 땅을 충만케 하라는 하나님의 계획을 거부하기로 결정하고 하나님과 겨루는 것을 보았다.

그러나 이 장들에서 우리는 또한 다른 종류의 선택에 대해서도 보아왔다. 어떤 족보들은 아담으로부터 우리가 '우리 편' 이라고 선택할 수도 있는 여러 사람들로 연결되었다. 예를 들어, 니므롯을 보자. 그는 "세상에 첫 용사" 였다. 혹은 열한 민족의 조상이 된 가나안을 보자. 그러나 마지막 족보는 노아의 아들인 셈으로부터 아브람에 이르는 이름의 명단을 제시한다. 이것은 하나님이 세상을 축복하시기 위해 아브람이라는 한 사람을 선택하시는 다음 장을 예고한다. 끝없는 탄생과 이름들의 목록으로만 보이는 곳에서도 하나님은 자신의 주권을 드러내셨다. 그분은 결국 자기 백성들을 위한 축복으로 이어지는 지혜로운 선택을 하고 계셨던 것이다.

▣ 진리 알기

- 경건치 않은 인류는 항상 은혜와 순종에 기초한 하나님의 은혜보다는 성취에 근거한 불멸을 얻고자 한다.
- 여호와 하나님은 죄악된 사회를 위해 기꺼이 말씀하시고 역사하고자 하시는 은혜로운 분이시다. 하나님을 대적한 나라들은 수치를 당할 것이다.
- 세상의 언어들은 인간이 오랫동안 하나님께 반역하고 스스로 불멸을 얻고자 시도해왔음을 신자들에게 일깨워주는 역할을 한다.

■ 적용하기

- 교만하고 이기적인 계획을 가진 어떤 집단에도 동참하지 말라.
- 자기 중심적인 인간적 노력이 아니라 하나님께 믿음으로 순종하고 '하늘에 보물을' 쌓아둠으로써 유산을 일구라. "보물을 하늘에 쌓아두라 거기는 좀이나 동록이 해하지 못하며 도둑이 구멍을 뚫지도 못하고 도적질도 못하느니라"(마 6:20).
- 당신의 삶에서 하나님의 창조성을 허용하지 않는 획일성을 경계하라.

## 삶의 적용

### 자신의 업적으로 인한 교만

나폴레옹이 유럽 대군의 선두에 서서 러시아를 정복하기 위해 출발하자 누군가가 그에게 "인간은 계획을 세우지만 하나님은 성패를 가르신다(Man proposes but God disposes)"고 일깨워주었다. 나폴레옹은 바벨에서 사람들의 지도자가 되기에 적합한 인물이었을 것이다. 그러나 하나님은 항상 교만한 자를 대적하시고 겸손한 자들에게 은혜를 베푸셨다.

C.S. 루이스는 이렇게 썼다.

> 본질적인 악, 최고의 악은 교만이다. 이에 비하면 부정, 탐욕, 술취함 그리고 그 외 모든 악은 벼룩에 지나지 않는다. 악마가 악마가 되는 것은 바로 교만을 통해서였다. 교만은 다른 모든 악으로 이끈다. 그것은 하나님에 대항하는 완벽한 마음 상태이다… 당신이 교만한 한 하나님을 알 수 없다. 교만한 인간은 항상 사람들과 사물들을 내려다보며 멸시한다. 그리고 당신이 사람들을 멸시하고 내려다보는 한 당신보다 위에 있는 것을 절대 볼 수 없다[「순전한 기독교(Mere Christianity,

홍성사)」].

우리가 '위대한 미국의 꿈' 속에 취해 있다면 우리는 바벨에서 하나님이 그토록 혐오하셨던 자들의 태도를 발달시키지 않았는지 경계해야 한다. 인간을 위한 하나님의 명령을 거부하는 마음, 경건치 못하고 하나님으로부터 독립하고자 하는 태도, 세속적인 불멸성에 대한 갈망, 이 모든 것이 우리가 바벨의 후손이라는 증거이다. 우리 주변에서 말하는 세상의 많은 언어들을 듣게 될 때 우리는 하나님께 겸손하고 진실한 태도를 가져야 한다는 도전을 받아야 한다.

## 기도

하나님 아버지, 우리의 안전이 다른 사람이나 우리의 소유 혹은 우리의 지위에 있지 않음을 보여주십시오. 유일한 참된 안전은 당신의 말씀에 대한 겸손한 의존과 순종에 있음을 알게 해주십시오. 아멘.

## 심층 연구

### A. 메소포타미아의 탑(11:4)

고대 메소포타미아의 탑들은 지구라트로 알려져 있다. 이 지구라트들은 종종 사각형의 하부 구조와 경사진 계단으로 이루어진 측면 구조를 지닌 신전의 탑이었다. 고고학자들은 고대 바벨론 유적에서 약 122미터의 하부 구조로 이루어진 높이 4미터의 건축물을 발견하였다. 건축 자료는 말린 벽돌이었고, 그 구조물로 향하는 일곱 개의 단이 있었다. 어떤 이들은 이 일곱 개의 단이 그 당시 알려진 일곱 개의 별에 해당하며, 꼭대기의 높은 탑은 십이 별자리를 담고 있었다고 주장한다. 이것은 그러한 탑이 점성술과 하늘과 별을 숭배하기 위한 것임을 암시할 것이다.

## 고안

### A. 들어가는 글

1. '바벨탑과 뉴욕 세계무역센터' 이야기로 시작하라.
2. 배경 설명: 이 장들은 노아의 후손들에게 일어난 일을 포괄적인 구조로 설명하고 있다. 이 장들은 또한 오늘 우리가 살고 있는 세상이 지리적인 측면과 의사소통 능력의 측면에서 이렇게 흩어지게 된 이유에 대해 설명해준다.
3. 적용: 이제 아브라함과 하나님이 악과 싸우고 뱀의 머리를 '상하게' 할 아담의 후

손을 준비하기 위한 무대가 마련되고 있다.

### B. 본문 이해

1. 야벳의 후손들(10:1-5)
2. 함의 후손들(10:6-20)
3. 욕단을 통한 셈의 후손들(10:21-32)
4. 바벨탑(11:1-9)
5. 벨렉을 통한 셈의 후손들(11:10-26)
6. 데라와 그의 아들 아브람(11:27-32)

**C. 결론**: '자신의 업적으로 인한 교만' 을 읽어주라.

## 토의 질문

1. 현대 인류의 뚜렷한 인종적 특징이 언제, 어디서, 어떻게 시작되었다고 생각하는가?

2. 성경에서 중국인, 일본인, 혹은 아메리카 인디언들이 언급되어 있지 않은 이유는 무엇인가?

3. 보편적인 현대 언어에 대한 일부 사람들의 요구가 신자들에게 함축된 의미가 있다고 생각하는가?

# 창세기 12:1-13:18

## 믿음의 여행

*"우리의 삶을 향한 하나님의 뜻은 종종 점진적으로 드러난다. 순종의 가장 어려운 부분은 기다림일 수 있다."*

*- 빌 아놀드(Bill T. Arnold)*

**하나님은** 아브람이 큰 민족을 이룰 것이라는 약속 하나로 그가 있는 곳에서 불러내신다. 이 경건한 사람에게서 우리는 '믿음으로 떠나는 법'을 배운다.

### 지리적 정보: 하란

- 브엘세바 북동쪽 720킬로미터 지점인 비옥한 초승달 지대에 위치
- 유프라테스 강의 지류인 발리 강변(Balih River)에 위치
- 주전 2천 년 전반기에 아모리족의 중요한 중심지

### 지리적 정보: 세겜

- 하나님이 아브라함의 후손들을 위해 가나안 땅을 주시겠다고 약속하셨던 장소
- 아브라함의 손자 야곱의 일시적인 거주지
- 후에 사마리아로 알려진 곳의 나블루스라는 현대 도시 근처에 위치

### 지리적 정보: 네게브

- 가나안에서 남쪽으로 펼쳐진 사막 지역
- 히브리어 이름은 '마른 땅'을 의미한다.
- 일반적으로 유대의 남쪽 산지와 가데스 바네아 사이에 위치

### 지리적 정보: 소돔과 고모라

- 현재 사해의 남쪽 부분 아래에 위치했을 것으로 추정
- 소돔과 고모라 모두 고대의 '평지 도시들'에 속했다.
- 평지 도시들은 아브라함 당시 많은 사람들이 살았고 경제적으로 번성하였다.

### 지리적 정보: 소알

- 소돔과 고모라에 대한 하나님의 심판에서 멸망당하지 않은 평지의 다섯 성 중 한 성
- 창세기 14장 2절에서는 벨라라고 불린다.
- 신명기 34장 3절, 이사야 15장 5절, 예레미야 48장 34절에 다시 나타난다.
- 중세에 엘라드(Elath)와 예루살렘 사이에 있던 중요한 여행지

### 인물에 대한 정보: 사래

- '공주'를 의미하는 사라라는 이름으로 불리기도 한다.
- 아브라함의 아내로 창세기 11장 29절에 처음으로 언급되어 있다.
- 또한 아브라함의 이복 여동생이다(창 20:12).
- 신약의 로마서 4장 19절, 9장 9절, 갈라디아서 4장 21절-5장 1절, 히브리서 11장 11절, 베드로전서 3장 6절에 언급되어 있다.

### 인물에 대한 정보: 롯

- 아브라함의 조카(창 11:31, 12:5)
- 도덕성과 성실성에 의문이 가는 사람(창 19:8-9, 15-22)
- 베드로는 그를 '의로운 사람'으로 평가한다(벧후 2:7-8).

## 들어가는 글

### 믿음의 쌍안경

로버트 모건(Robert J. Morgan)은 자신의 묵상집 「오늘(On This Day)」에서 미국 역사상 가장 사랑받는 상원 원목 중 한 사람인 피터 마샬(Peter Marshall)에 대해 이야기한다. 1927년 미국으로 건너온 스코틀랜드 이민자인 마샬은 처음에는 조지아에서 목회자로 섬겼고, 곧이어 워싱턴의 뉴욕 애비뉴 장로교회에서 시무하였다. 그는 이 나라에 이민온 지 19년 만인 1947년 1월 5일에 상원의 원목으로 지명받았다.

마샬은 임종하기 직전에 이 나라에서 드려진 가장 위대한 공적 기도를 드렸다. 사람들은 1947년 11월 24일 상원 앞에서 마샬이 드린 기도를 '믿음의 쌍안경' 이라고 부른다.

> 우리 조상들의 하나님 그리고 우리의 하나님, 오늘의 하늘이 아무리 어둡고 불확실할지라도 의의 궁극적 승리를 믿을 수 있는 믿음을 주소서.
>
> 믿음의 쌍안경을 주시기를 기도합니다. 그래서 현재의 절망과 필요를 보지만 또한 더 멀리 있는, 하나님이 만드신 세계 속에서 하나님의 뜻을 이루시는 하나님의 인내도 볼 수 있게 하소서.
>
> 그래서 당신의 종들이 우리 시대를 위해 우리의 동전에 새겨진 모토의 의미를 해석할 수 있도록 도와주소서. 오늘 당신이 '하라' 고 하셨기에 오늘 한 가지 일을 할 수 있도록 도와주시고, 당신이 '하지 말라' 고 하셨기에 한 가지 일을 하지 않도록 우리를 도와주셔서 우리의 믿음이 정직하게 하소서.
>
> 당신이 우리에게 말씀하신 어떤 것도 하지 않으면서 어떻게 당신을 믿는다 할 수 있고, 당신을 믿기를 원한다고 말할 수 있겠습니까? 우리의 믿음이 우리의 행동으로 나타나게 하소서. 우리 주 예수 그리스도의 이름으로 기도합니다. 아멘.

아브람은 노아 이후로 믿음의 안경을 쓴 최초의 사람일 수도 있다. 공식적으로는 12

장에서 시작하고 있는 그의 이야기가 실제로는 모세가 아브람의 가계도에 대해 간략히 서술한 11장 27절에서 시작한다. 그는 그의 두 형제 나홀과 하란(동일한 철자를 가진 장소명인 하란과 혼동해서는 안 된다)과 더불어 그가 태어난 곳인 갈대아 우르에서 아버지 데라에 의해 양육되었다.

아브람이 우르에서 북서쪽으로 향했을 때 그는 그의 아내 사래와 나홀의 아들 롯을 동반하였다. 이 모험을 처음으로 시작한 이는 아마 데라일 것이다. 그는 북부 시리아의 하란에 정착하였고, 그곳에서 205세까지 살았다. 빌 아놀드(Bill Arnold)는 하란을 "애국심의 본향이며 아브람의 대가족이 형성된 지역"으로 언급하며, "하란은 창세기 24장의 이름이 명시되지 않은, 나홀과 라반과 리브가의 도시일 것이라"고 지적한다(「Encountering the Book of Genesis」, 78).

## 본문 이해

### 믿음의 여행

| Main Idea | 아브람의 리더십을 묘사하는 핵심은 '믿음'이라는 단어이다. 우리는 아브람과 모세의 유사성을 볼 수 있지만 확실히 가장 뚜렷한 특징은 그들을 부르신 하나님에 대한 그들의 헌신이다. |
|---|---|

#### A. 가나안으로의 여행(12:1-9)

| Supporting Idea | 아브람은 새로운 세계에서 다시 시작하기 위해 평생 동안 알았던 모든 것을 버렸다. 이것은 모세보다 더 큰 믿음을 필요로 하는 도전이었다. |
|---|---|

**12:1.** 창세기 12-25장에 기록된 아브라함의 이야기는 12장의 첫 3절로 시작한다. 우

리는 아브람의 소명과 관련이 있는 장소의 지리를 이해할 필요가 있다. 그는 '고대 악카드(Old Akkadian)' 시대가 막을 내리고 메소포타미아 세계의 이전 통치자들인 수메르인들이 권력을 되찾기 시작하던 주전 약 2166년에 우르에서 태어났다. 그가 유명한 함무라비와 연결될 가능성을 던져주기 때문에 이것은 아브람 시대에 대한 우리 이해에 도움이 되는 중요한 역사적 정보가 된다.

윌리엄 샌포드 라솔(William Sanford LaSor)은 아브라함을 구 "바벨론 문명이 문화적, 정치적으로 최고의 영광을 누리던 한 시기의 인물로 본다… 아브라함은 오랜 기간 동안(4백, 5백, 혹은 6백 년 동안) 문자와 훌륭한 성, 고도로 발달된 예술, 아름다운 보석과 세공술, 체계적으로 확립된 법전과 법 체계를 갖춘 지역 출신이었다. 그는 이 모든 것을 소유할 수 있었고, 게다가 고도로 발달된 종교 제도도 있었다"(「Great Personalities of the Testament」, 16-17).

이것은 비옥한 초승달 지대의 광활한 땅을 여행하던 한 사막의 유목민에 대한 우리의 이해와는 매우 다르다. 하지만 우리는 12장의 첫 절이 과거 시제(여호와께서 이르시되, the Lord had said)라는 것을 주목한다. 사도행전 7장 2절에 따르면 아브람이 부르심을 받은 것은 가족이 하란으로 가기 전 메소포타미아에 있을 때였다고 한다. 그러므로 우리는 북부 시리아의 그 문명의 요람지에서 보낸 기간이 자신의 인생을 향한 하나님의 궁극적인 계획의 일시적 단계임을 아브라함이 항상 알고 있었으리라고 가정해야 한다.

우리는 하나님이 그의 문화적 환경에서 이 새로운 지도자를 분리시키셔야만 했던 이유를 알 수 있다. 그분은 수메르인들과 바빌로니아인들과 구분되는 새로운 민족, 그들의 우상 숭배와 이교도적 정신으로 물든 문화적 관습을 따르지 않는 민족을 계획하셨다. 그것을 가능하게 하기 위해서 하나님은 한 사람과 그의 가족을 선택하셔서 그들을 인도하셨다. 아브람이 하나님의 부르심에 응답하여 하란을 떠났을 때가 75세였다는 것을 기억하라.

**12:2-3.** 히브리서 11장 8절이 우리에게 명확하게 상기시키듯이, 아브람은 믿음으로 발걸음을 내디뎠다. 하나님은 개인적인 희생을 요청하실 때 놀라운 축복의 약속으로 보상하신다. 이 절들은 아브람에 대한 하나님의 약속을 소개하고 있다. 그것은 땅, 후손, 축복이라는 세 가지 포괄적인 영역으로 이루어진다. 이 두 절은 축복에 집중되고 있으며, 일곱 가지 약속을 제시한다. 그 약속들이 본문에 명확하게 제시되어 있지만 개별

적으로 구분해볼 가치가 있다.

1. 나는 너를 큰 민족으로 만들 것이다.
2. 너를 축복할 것이다.
3. 네 이름을 창대하게 할 것이다.
4. 너는 복이 될 것이다.
5. 너를 축복하는 자를 내가 축복할 것이다.
6. 너를 저주하는 자를 내가 저주할 것이다.
7. 땅의 모든 족속이 너로 인해 복을 받게 될 것이다.

이 축복의 주제는 창세기 1장 28절에서 시작되었고, 9장 1절에 다시 나타났으며, 아브라함과 그의 후손들의 내러티브 전반에서 나타날 것이다(12:1-3, 13:15-16, 15:5, 18, 17:6-8, 22:17-18, 25:11, 26:2-4, 27:27-29, 49:28). 베드로는 사도행전 3장의 놀라운 설교에서 일곱 번째 약속을 활용하였고, 바울은 갈라디아서 3장에서 그 약속에 대해 논하였다. 그리피스 토마스(Griffith Thomas)는 자신의 창세기 주석에서 두 개의 짧은 문장으로 그 원리를 포착하였다. "하나님은 감당할 수 있는 힘을 주시지 않고 자기 백성들의 어깨에 짐을 지어주시지 않는다. 하나님의 명령은 곧 하나님의 능력 부여이다".

**12:4-5.** 롯이 미래에 대한 하나님의 비전을 어느 정도 인식했기 때문에 아브람과 함께한 것인지, 아니면 롯의 아버지인 나홀이 사망했기 때문에 아브람이 단순히 아버지 역할을 하게 된 것인지에 대해서는 본문에서 확인할 수 없다. 아마 롯은 즉각적으로 반응하는 아브람의 믿음 때문에 여행을 하게 되었을 것이다.

75세의 아브람은 여전히 건장한 중년의 사내 같았다. 그는 가난한 집안 출신도 아니었다. 이 여행이 수많은 짐(장막, 옷, 양 떼, 가축 떼)과 많은 사람들(아이들, 친척들, 노예들)을 동반하는 것이었기 때문이다. 본문은 단순히 그가 이 세상의 것들을 모으고 얻었다는 이유만으로 안락한 삶의 방식에 얽매이기를 거부한 한 순례자임을 보여준다.

**12:6-7.** 아브람은 동쪽으로 간 후 시리아를 거쳐 남쪽으로 가서 가나안으로 들어갔다. 그래서 아브람은 세겜의 남쪽으로 가서 모레 상수리나무에 이르렀다. 가나안 민족들은 큰 나무 주위에 만들어진 이 유명한 사당에서 토속 신을 숭배하였다. 이 상수리나

무에 대해서는 창세기 35장 4절과 사사기 9장 6, 37절에 다시 언급되어 있다.

아브람의 행적을 좇을 때 항상 지리가 중요하다. 하지만 이 두 절에서 우리는 그가 직면하게 될 이방인들의 반대를 처음으로 감지하게 된다. 아마 아브람은 이교도적인 환경에서 소수자로서의 자신의 신앙을 의식했던 것 같다. 그래서 하나님이 내가 이 땅을 네 자손에게 주리라고 말씀하셨다. 이것은 이 장에서 땅에 대한 네 번의 언급 중 두 번째 언급이다.

여기서 아브람은 자기에게 나타나신 여호와를 위하여 첫 제단을 쌓았다. 우리는 함의 자손들이 거주하고 있는 가나안 땅에서 참된 하나님에 대한 최초의 증인을 볼 수 있다. 하나님이 아브람에게 어떤 식으로 나타나셨는지는 알 수 없지만 이것이 믿음의 족장에게 특이한 경험은 아니었다.

하나님이 그 땅을 단순히 아브라함이 아니라 그의 자손에게 주셨던 것을 주목하라. 갈라디아서 3장 16절은 이 약속에 대해 흥미로운 해석을 제공한다. "이 약속들은 아브라함과 그 자손에게 말씀하신 것인데 여럿을 가리켜 '그 자손들' 이라 하지 아니하시고 오직 하나를 가리켜 '네 자손' 이라 하셨으니 곧 그리스도라." 분명히 그 선물은 이삭과 야곱 그리고 아브라함의 이름으로 그 땅을 소유하였고, 제한적이기는 하지만 여전히 그 땅을 소유하고 있는 수천의 사람들을 포함하였다. 그러나 아브람과 그리스도의 관계는 유대 민족과 하나님에 대한 그들의 관계의 토대를 형성하고 있다.

**12:8-9.** 아브람은 국경을 넘어서 다른 나라로 이동하기 전에 가나안에서 다시 다른 두 곳으로 이동하였던 것이 분명하다. 첫째는 벧엘로, 그 다음에는 아래로 남하하여 남쪽 지역의 네게브로 갔다. 벧엘은 예루살렘의 정북쪽에 위치하였고, 이스라엘 역사에서 매우 중요한 도시였다. 실제로 구약에서 벧엘보다 자주 언급되는 곳은 예루살렘밖에 없다. 아브람은 그 땅에 대한 하나님의 소유권을 계속해서 확인하며 세겜에서 두 번째 제단을 쌓았다. 세겜은 구약 전반에서 자주 등장할 것이다.

왜 가나안이었는가? 라솔은 설득력 있는 대답을 제시한다.

> 가나안은 그 당시 세계의 모든 곳과 연결된 땅이었다. 그곳은 그 당시의 세계, 다시 말해서 소아시아와 힛타이트 제국, 메소포타미아와 바벨론 문명, 수메르 문명 그리고 이집트를 이어주는 가교(land bridge)였다. 이쪽에서 저쪽으로 가기

위해서는 반드시 가나안을 통과해야 했다(「Great Personalities of the Old Testament」, 23).

### B. 애굽으로의 이동(12:10-20)

| Supporting Idea | 경건한 사람들이라 하더라도 진실을 말하고 싶지 않은 유혹을 받는다. 그러한 기만은 항상 위험하다. |
|---|---|

**12:10-13.** 아브람은 왜 하나님이 자신을 부르신 곳이 분명한 땅을 떠나 애굽으로 향했는가? 모세가 기근에 대해 두 번 언급하면서 두 번째 언급할 때는 기근이 심하였음을 지적하는 것으로 보아, 아브람은 생존에 대한 인간의 본능에 이끌려 남, 서쪽을 향해 이동하였다고 결론지을 수 있다. 그의 이동은 가나안으로 그를 이끈 직접적인 부르심보다는 하나님의 묵인하에 이루어진 것이었다.

주석가들은 아브람이 이 여행을 한 것과 관련해 그가 가나안에서 외로웠거나, 가나안의 우상 숭배로 낙심하였거나, 그의 아내가 불임이었기 때문이라는 식의 수많은 이유를 제시하였다. 하지만 본문은 생존이라는 하나의 이유만을 인정하고 있다. 가나안 사람들은 그 당시 애굽이 세계의 곡창 지대라는 것을 알았다('심층 연구' 참고). 그리피스 토마스는 이러한 결정에 대해 아브람을 비판하고 "확실히 아브라함은 이제 그 땅과 그 땅에 찾아온 기근만을 생각하고 하나님과 그분의 약속을 망각해버린 것처럼 보였을 것이다"라고 덧붙인다. 데렉 키드너(Derek Kidner)는 그의 창세기 주석에서 "그의 비겁하고 뒤틀린 계산은 이 영적인 거인의 타고난 천성과, 믿음의 지평에서 두려움의 지평으로의 급격한 이동을 이중적으로 드러내고 있다"고 말한다.

그러나 본문은 아브라함이 애굽으로 간 것을 전혀 비난하지 않으며 단지 사래에 대해 거짓말한 것을 탓하고 있을 뿐이다. 확실히 이것은 처음부터 인간적인 계획이었지만 죄가 된 것은 그러한 애굽 이주가 아니라 거짓말이었다. 10절은 아브람이 애굽에 거류하려고(잠시 살기 위해 - NIV) 내려갔다고 말해준다. 그는 대도시의 휘황찬란한 불빛을 좇아 약속의 땅을 떠난 것이 아니었다.

나는 이 구절에 대한 앨런 로스의 해석을 좋아한다.

우리는 아브람이 믿음으로 행하였다는 암시가 전혀 없다는 점을 제외하면 이에 대해 그(아브람)를 탓할 수 없다. 그가 궁리해낸 비열한 계획은 이복 여동생인 아내에 대해 절반의 진실을 말하는 것이었다. 이것은 아브람이 자신의 양심을 달랠 수 있는 교묘한 방법이었다. 그녀는 실제로 그의 누이(사실상 이복 누이, 비교. 20:12)였기 때문에 그는 애굽인들에게 알리고 싶은 것만 알려주었다. 그의 이런 행동의 동기는 틀림없이 그 지역 사회법에 근거하였을 것이다(비교. 라반, 24:29-61). 적의 땅에서 아내 때문에 남편이 살해될 수 있었다. 하지만 아브람이 사래의 오빠로 알려진다면 그녀를 갖고자 하는 사람은 그와 결혼 약속을 해야 했기 때문에 아마 그가 유리한 입장에서 반응할 수 있는 시간을 허용했을 것이다(「Genesis」, 49).

**12:14-16.** 아브람은 원하는 여자를 갖기 위해서 특별히 허락을 구하지 않아도 되는 애굽의 한 남자가 사래에게 접근할 것이라는 생각을 해보지 않았다. 13절의 아브람의 이기적인 염려(내가 그대로 인하여 안전하고 내 목숨이 그대로 인하여 보존하겠노라)가 그의 목에 걸려 차마 나오지 않았을 수도 있다. 이는 모세가 바로에 대해 바로가 그를 인하여 아브람을 후대하므로라고 쓰고 있기 때문이다. 고대 중동에서 재물의 척도는 금이 아니라 짐승과 노예와 땅이었다.

**12:17-20.** 아브람의 죄 때문에 바로의 집에 하나님의 심판이 임하였다. 하지만 하나님은 아브람의 죄를 넘어서서 그의 거짓말을 용서하시고 그를 그 땅으로 돌려보내심으로 성경적인 은혜를 진정으로 증명하셨다. 애굽의 윤리는 절대적 진실성을 요구하였기 때문에 아브람의 행동은 애굽인들의 감정을 상하게 하였다. 아브람은 아마 애굽의 이 외도를 통해 '진실과 신뢰' 라는 두 가지 중요한 영적 교훈을 배웠을 것이다. 불행하게도 그는 진실의 문제로 또다시 어려움을 겪었다.

### C. 벧엘로의 이동(13:1-7)

| Supporting Idea | 롯의 경우처럼, 번영은 영적인 건강에 큰 위험이 될 수 있다. |
|---|---|

**13:1-2.** 애굽에서 추방된 아브람은 동북쪽을 거쳐 그 아내와 모든 소유며 롯도 함께

네게브로 돌아왔다. 이 절들은 또한 아브람이 육축과 은과 금이 풍부하여 매우 부자가 되었다고 말해주고 있다. 창세기는 이제 아브람의 재물에 대해 두 번 강조하였다(12:5, 16). 그러나 하나님과 아브람은 남방이 아브람의 인생의 고속도로 상에 있는 임시 휴게소에 지나지 않는다는 것을 알았다.

**13:3-4.** 이전에도 그랬던 것처럼(12:8) 아브람은 순례를 하듯이 벧엘로 왔다. 벧엘은 브엘세바 북쪽의 약 10킬로미터 지점에 있으며, 예루살렘 북쪽으로 불과 16킬로미터 거리에 있었다. 이 지역은 베이틴으로 알려져 있으며, 때로 베이트 엘(Beit El)이라고 확인하기도 한다. 사사 시대에는 언약궤가 잠시 이곳에 있었다(삿 20:26-28). 벧엘은 문자적으로 '하나님의 집' 이라는 뜻을 갖고 있다. 후에 호세아는 이곳을 악의 집으로 지칭하며 벧아웬(Beth-aven)으로 불렀다.

**13:5-7.** 그 땅이 그들의 동거함을 용납지 못하였으니 곧 그들의 소유가 많아서 동거할 수 없었음이라는 내용을 읽을 때 아브람 일가가 소유한 재산에 대해 더 자세히 이해할 수 있다. 아브람이 그의 조카에게 "너는 여기까지 그럭저럭 나와 함께하였다. 하지만 하나님은 내게 비전과 땅을 주셨다. 그러니 너의 가솔들을 달래거라. 그렇지 않으면 우리 관계는 끝장이야"라고 말하기가 얼마나 쉬웠겠는가. 하지만 아브람은 애굽에서 큰 낭패를 맛본 이후로 다소 성숙해져 있었다. 하나님이 이미 그에게 약속하신 것을 잃을 위험을 무릅쓰고 그는 롯에게 먼저 선택권을 주었다.

가족간의 불화 외에도 아브람과 롯은 그 땅에서 이방 민족들에게 둘러싸여 있었다. 본문은 이제 가나안 사람 외에 브리스 사람을 추가한다. 어떤 주석가들은 가나안 사람들이 도시에 살았던 반면 브리스 사람들은 시골 지역에 사는 족속들이었다고 주장한다. 브리스 사람들에 대한 성경 외적인 인용 자료는 전혀 없다. 이 단어와 들에서 사는 사람들, 즉 성벽 도시 안에 살지 않는 사람들을 가리키는 단어가 약간 유사하다. 이 종족은 창세기 34장 30절에 다시 나타나며, 출애굽기(3:8, 17, 23:23, 33:2, 34:11), 신명기, 여호수아, 사사기에 나타난다.

### D. 헤브론으로의 이동(13:8-18)

| Supporting Idea | 하나님의 백성들이 그분의 약속을 신뢰하면 관용의 덕을 베풀 수 있고, 그로 인해 축복을 받을 수 있다. |
|---|---|

**13:8-9.** 5절과 더불어 아브라함에 대한 기록에서 새로운 부분이 시작된다. 이제 지리 대신 모험에 대한 내용이 본격적으로 소개된다. 우리는 11절과 14절에 다시 나타나는 이별에 대한 초점, 즉 나를 떠나라는 표현에서 시작 단어를 발견한다. 존 세일해머(John Sailhamer)는 이렇게 말한다.

> '약속' 에 대한 첫 언급에 앞서 열국에서 아브라함이 구분되고(10:31), 그의 아버지 집에서 그가 분리되는 일(12:1)이 이루어지듯이, 아브라함이 그의 가장 가까운 친족인 롯과 이별하는 문맥(13:14) 속에 '약속' 에 대한 두 번째 언급이 이루어진다. 아브라함에 대한 '약속' 의 마지막 언급이 그가 자신의 독자이며 상속자인 이삭과 기꺼이 이별을 감수할 정도로 자발성을 증명한 직후(22:15-18)에 이루어진다는 것은 의도적이다(「Genesis」, 118).

하나님께 묻지 않고는 더 이상 독자적인 선택을 하지 않게 된 아브람은 이 다툼을 하나님의 손에 맡겼다. 롯은 아브람이 약속의 땅에서 떠나는 결과를 초래할 선택을 할 수 있었을 것이다. 하지만 그런 일이 일어난다 하더라도 그 문제는 하나님의 몫이었다.

**13:10-11.** 롯은 자신에게 가장 이로운 쪽, 즉 요단 들(요단 전 평지)을 선택하는 기회를 마다할 수 없었다. 이것은 요단 강이 사해로 흘러들고 북쪽으로 약 40킬로미터 지점까지 펼쳐진 남부 지역을 묘사하는 표현이다. 그곳에 가나안 족속들의 성들이 있었다.

여호와의 동산 같고 애굽 땅과 같았더라는 기술적 직유(descriptive similes)를 어떻게 이해해야 하는가? 요단 강은 분명히 세계에서 큰 강 중의 하나인 나일 강과 비교 대상이 될 수 없지만, 아브람과 롯은 풍부한 물이 땅과 그 땅에 속한 사람들에게 얼마나 중요한지 알았다. 가나안의 그 풍요를 다시 맛볼 수 있는 기회가 여기 있었던 것이다.

**13:12-13.** 롯은 결정의 근거를 밖으로 드러난 모습에서 찾았고, 그것은 그의 파멸의 원인으로 드러났다. 아브람이 이제 전 땅을 소유하였다. 우리는 롯이 소돔을 택한 이유

가 그곳의 악함 때문이라고 생각해서는 안 된다. 아마 그는 그 성들의 악행에 대해 전혀 몰랐을 것이다. 이 구절은 실제로 그의 천박한 이기심에 초점을 맞춘다. 존 필립스(John Philips)는 롯의 생애의 이 시점에서 그가 처한 영적인 상태를 이해할 수 있는 개괄적인 내용을 제시한다. 그는 "헌신에 소극적이었고, 욕망은 세속적이었으며, 결정에 있어서는 잘못된 방향을 선택하였다"(「Exploring Genesis」, 123).

**13:14-17.** 하나님은 아브람에게 서 있는 곳에서 **동서남북을 바라보라고** 말씀하셨다. 롯은 아브람이 동쪽을 바라보았을 때 실제로 롯이 이미 선택한 곳을 보았다는 사실을 간파하지 못했다. 이것은 롯이 요단 전 평지를 일시적으로 가졌지만 아브람의 최종적 소유권에 전혀 영향을 미치지 못했다는 것을 의미했다! 또한 **영원히**라는 단어에 유의하라. 그리피스 토마스는 이 절들에 대해 이렇게 말한다. "이 절들은 문자적이고 영적으로 해석되어야 한다. 이 절의 내용은 이미 아브라함의 영적 씨인 그리스도의 교회를 통해 가장 중요한 성취를 이루었지만(갈 3:7-9, 16), 미래의 유대 민족에게는 문자 그대로 성취될 것이 분명하다"(롬 11:26-29, 「Genesis」, 125). 아브람은 권리 증서와 소유권 보험을 받았을 뿐 아니라 하나님의 안내를 받아 최초의 성지 여행을 하였다.

**13:18.** 또다시 이동할 시기가 되었다. 아브람은 헤브론의 남쪽, 예루살렘과 브엘세바 중간 지점에 있는 유대 산지의 사해 중앙 서쪽 수킬로미터 지점으로 이동하였다. 그는 14장에서 만나게 될 아브람과 군사 동맹을 맺은 한 사람을 기려 이름을 지은 마을인 **마므레의 상수리 수풀** 근처에 정착하였다. 이곳은 아브람의 가산과 막벨라 동굴의 사래의 묘지가 있는 장소로 수년 동안 아브람의 활동 중심지가 될 것이다.

**장막**과 **제단**이라는 이 절의 두 단어는 아브람이 가나안에 첫발을 디딘 이후의 인생을 특징짓고 있다. 이 위대한 믿음의 사람은 우리 모두가 따라야 할 영적인 순례자의 원형이 되었다. 지명들조차 상징적이다. 마므레는 '비전'을 의미하고, 헤브론은 '하나로 결합되다'라는 동사에서 파생한 것으로 '친교(communion)' 혹은 '교제(fellowship)'라고 불릴 수 있다. 새로운 평온과 성숙이 아브람의 인생에 찾아왔다. 그는 순종과 인내를 배워가고 있었다. 그의 하나님과의 소통은 평범한 종교적 경험이 아니었다. 그는 여호와의 말씀을 따르는 것 외에는 어떤 대안도 없었다. 그 말씀이 어디로 그를 인도할 것인가? 어떤 희생을 치르도록 요구할 것인가? 이 이방의 땅에서 그의 가족들에게 어떤 일이 일어날 것인가?

하나님은 이러한 질문 중 어느 것에도 대답하지 않으셨고, 아브람도 그러한 질문을 하지 않았다. 하나님은 약속하셨고, 아브람은 믿었을 뿐이다. 하나님은 명령하셨고, 아브람은 순종하였을 뿐이다.

| Main Idea 복습 | 아브람의 리더십을 묘사하는 핵심은 '믿음' 이라는 단어이다. 우리는 아브람과 모세의 유사성을 볼 수 있지만 확실히 가장 뚜렷한 특징은 그들을 부르신 하나님에 대한 그들의 헌신이다. |
|---|---|

## 결론

### "나를 여기서 꺼내주소서!"

아브람의 부르심에 대해 생각하면 나는 목회자로서의 나의 첫 부르심을 떠올린다. 나는 스물두 살이었고 신학교에 다니면서 인디애나의 한 작은 교회를 섬기고 있었다. 나는 나 자신의 미성숙과 경험 부족 때문에 목회로 인한 어려움들을 감당할 수 없을 것 같았다. 그래서 나는 하나님께 또 하루를 견딜 수 있는 힘과 용기를 주시도록 간절히 구하면서 그 힘든 자갈길을 걸었다. 실제로 나의 기도는 생각보다 더 부정적이었다. "하나님, 저를 여기서 나가게 해주십시오!" 그 당시 나를 지탱해주던 한 가지는 하나님이 나를 부르셨고, 나를 다른 곳으로 부르실 때까지 내게 필요한 모든 것을 제공해주실 것이라는 자각이었다.

우리는 종종 그리스도인들 가운데 기꺼이 시작은 하지만 마치기를 주저하는 모습을 본다. 하나님의 부르심이라는 극적인 경험을 한 후 하란을 떠나 돌진하는 것과 기아와 전쟁과 여러 시험과 어려움에도 불구하고 계속 하나님을 좇는 것은 별개의 것이다. 아브람은 틀림없이 포기하고 싶은 유혹을 수없이 많이 받았을 것이다. 그러나 그가 포기하지 않고 계속 그 길을 갈 수 있었던 열쇠는, 그가 하나님의 견실하심을 신뢰했기 때문이다. 그리스도인들은 그리스도의 신실하심을 신뢰하기 때문에 신실할 수 있다.

우리는 모두 심각한 믿음의 시험에 직면한다. 그러한 시험 속에서 우리는 부르심에 대한 최초의 이해와 하나님이 계획하신 것을 우리가 끝까지 이루도록 보살펴주실 것이라는 믿음을 붙들어야 한다. 아브람의 생애에 대한 기록은 성경에서 가장 흥미로운 내러티브 중 하나이다. 그는 하나님의 부르심에 끝까지 신실하게 반응하였다.

■ 진리 알기

- 하나님은 인간을 찾아내시고 자신과의 관계로 그들을 부르신다.
- 하나님의 부르심이 어려운 상황과 시험의 면죄부는 아니다.
- 거짓말은 잠시 동안 성공하는 것 같지만 결국 낭패와 불행을 가져다준다.
- 자신이 하나님께 속해 있다고 확신하는 사람들은 자신의 가치를 입증하기 위해 욕심을 부리거나 집착할 필요가 없다.

■ 적용하기

- 하나님이 요구하시는 일에 대해 그 이유를 이해할 수 없을 때에도 그분께 순종하라.
- 하나님이 당신이 애써 생각해낸 대안들보다 더 나은 대안을 가지고 계실 것이라는 가능성을 생각하지 않고서 중요한 결정을 내리는 일이 결코 없도록 하라.
- 심지어 선한 의도라 하더라도 거짓말을 하지 말라.
- 평화의 사도가 되라. 평화의 사도는 항상 하나님의 축복을 받아왔다.
- 당신이 어디에 있든지 간에 주의 이름을 부르라.

## 삶의 적용

### 트라팔가 광장

제독 호라시오 넬슨(Horatio Nelson)을 기려 그의 이름을 본 딴 트라팔가 광장은 스페인 남부 해안의 트라팔가에서 거둔 영국 함대의 승리를 기념하기 위한 것이다. 그는 1805년 10월 21일 그 유명한 해전에서 승리를 거두었다. 넬슨은 전투 중에 사망했지만 이 승리로 인해 영국은 확실한 해상권을 장악하게 되었다.

이 전투의 배경은 영국 함대를 서인도 제도로 따돌려 자신의 군대가 영국을 침공할 수 있도록 시도한 나폴레옹 보나파르트와 영국의 전쟁이었다. 그러나 나폴레옹의 군대 제독인 빌뇌브(Villeneuve)는 프랑스와 스페인 연합군과 함께 영국 함대를 공격한다는 독자적인 결정을 내렸다. 그의 군함은 넬슨의 군함에 비해 33대 27로 숫적으로 앞섰기 때문에 이것이 훌륭한 전략으로 보였다.

하지만 넬슨의 군함은 방어선을 무너뜨렸고, 전투 과정에서 단 한 척의 함대도 손실되지 않고 프랑스와 스페인 연합군의 군함을 절반 이상 격파하거나 붙잡았다. 그 전투와 관련해, 전쟁과 관련해 흔히 회자되는 흥미로운 일화가 있다. 넬슨이 갑판으로 올라왔을 때 두 명의 영국 장교가 언쟁을 하고 있는 것을 보았다. 그는 그들의 어깨를 잡아 몸을 돌리게 한 후 영국 함대를 똑바로 보게 하였다. 그리고 이렇게 소리쳤다. "제군들, 그대들의 적은 저기에 있다!"

아브람은 초기에 자신의 친구가 누구이며, 적이 누구인지 배우면서 많은 시간을 보냈다. 롯은 아브람이 관계를 지속할 수밖에 없는 친척이기 때문에 어느 쪽으로도 분류될 수 없다. 그럼에도 불구하고 그들간의 불화는 그 땅과 언약에 대한 하나님의 계획에서 아브람이 이탈하는 원인이 될 수 있었다. 그는 살아가면서 더 많은 원수들과 대면하게 될 것이다. 하지만 아브람은 하나님이 자신의 친구시라는 중요한 사실을 배웠다.

## 기도

하나님 아버지, 당신의 부르심을 좇고 우리 시대의 이방 땅에서 당신을 따르는 순례자들이 되기 위해서 우리가 소중히 하는 것을 기꺼이 버릴 수 있는 자발성이라는, 성경의 교훈을 배울 수 있게 해주십시오. 아멘.

## 심층 연구

### A. 족장들

950년의 세월을 누린 노아는 셈, 아르박삿, 가이난, 셀라, 에벨, 벨렉이라는 경건한 계보를 이었다. 바벨탑 사건은 벨렉 시대에 일어났을 가능성이 있다(창 10:25). 우리는 벨렉의 뒤를 이어 르우와 스룩을 거쳐 나홀에게 이르는 아브람의 혈통을 추적할 수 있다. 이러한 계보는 창세기 11장의 마지막 절들에서 마무리된다. 아브라함의 출생 연도와 관련해 주전 2200년과 2000년 사이의 연대를 두고 많은 논란이 있다(NIV 스터디 바이블은 2166년으로 본다). 이 중 어느 것도 정확한 연대로 보아서는 안 되며, 아브람이 태어난 시대에 대한 우리의 이해를 돕기 위한 시도로 보아야 한다.

주전 3300년에서 2000년에 이르는 시기는 문자의 발명, 소위 문명의 탄생, 고대 이집트 왕국의 발달, 수메르 문화, 악카드 문화, 가나안 문화의 지배 등이 포함되는 초기 청동기 시대로 불린다. 2000년이라는 해는 그 다음 450년(주전 2000-1550년)간에 걸친 중기 청동기 시대, 즉 족장 시대로 역사가 진입하는 중추적 역할을 하고 있다. 고대 바벨론 제국(이집트 중왕국과 더불어)이 잠시지만 세계를 지배하는 동안 아모리족과 다른 족속들이 메소포타미아에 도착하였다. 후기 청동기 시대(주전 1550-1200년)에서 우리는 애굽의 노예 생활과 모세의 출생, 출애굽, 광야 생활 그리고 여호수아 시대와 가나안 정복이 일어났음을 추적할 수 있다.

### B. 고대 이집트(12:10)

이집트의 역사는 두 개의 거대한 힘, 즉 나일 강과 주변 사막의 큰 영향을 받았다. 나일 강은 매년 범람함으로써 평야 지대에 비옥한 토양의 퇴적물을 공급하였다. 사막은 침략군과 잠재적 적들로부터 이집트를 보호하는 천연 요새가 되어주었다. 아브람은 아마 고왕국(주전 2575-2150년) 후기의 어느 시점에 태어났을 것이다. 12장의 바로가 누구인지는 확인하기 어렵지만, 역사가들은 이 시기를 제7왕조에서 11왕조까지로 알고 있다.

이집트가 제1중간기에 내부적인 갈등과 가난과 기아를 겪었기 때문에 우리는 아브람의 이집트 방문 시기를 중왕국의 멘투호텝 2세의 통치기로 짐작한다. 그는 전 왕국의 통치권을 회복하였던 최초의 파라오였다. 50년에 걸친 그의 통치로 인해 문화와 부의 르네상스가 시작되었고, 아브라함이 방문한 시기의 이집트의 특징과 유사하다. 이것은 재통일 기간으로 알려진 제 11왕조였다.

## 교안

### A. 들어가는 글

1. '믿음의 쌍안경' 이야기로 시작하라.
2. 배경 설명: 11장 끝의 족보는 선택된 민족의 조상인 아브라함이라는 주요한 인물의 등장을 위한 무대를 마련해주고 있다.
3. 적용: 13장은 하나님의 약속을 생각하면서 경배를 드리는, 평화로운 모습의 아브람으로 마무리하고 있다. 이제 우리는 그가 접촉하게 될 이웃에 대해 보게 될 것이다.

### B. 본문 이해

1. 가나안으로의 여행(12:1-9)
2. 애굽으로의 이동(12:10-20)
3. 벧엘로의 이동(13:1-7)
4. 헤브론으로의 이동(13:8-18)

**C. 결론**: '트라팔가 광장' 을 읽어주라.

## 토의 질문

1. 오늘날 우리가 삶으로 보여야 하는 믿음의 모범을 아브람이 어떻게 보여주었는지 기술해보라.

2. 아브람의 짧은 애굽 방문과 후일의 야곱의 애굽 여행이 어떤 면에서 유사한가?

3. 오늘날 우리가 요단 강 평지를 선택한 롯과 같은 상황에 처할 수 있는 선택으로는 어떤 것들이 있는가?

# 창세기 14:1-15:21

## 하나님과 맺은 언약

*"나의 가슴에는 약속이라는 열쇠가 있다. 확신하건대, 그 열쇠는 의심의 성에 있는 어떤 자물쇠도 다 열 수 있다."*

*- 존 번연(John Bunyan)*

**하나님의** 약속은 확실하고 영원하다. 전쟁 중이든, 평화 시든, 아플 때든, 건강할 때든 신자들은 하나님의 능력과 돌보심을 의지할 수 있다.

### 지리적 정보: 싯딤 골짜기

- 요단 평지의 남부 지역에 위치
- 사해 가까운 곳에 위치, 아마 사해 북단이나 남단에 위치했을 것이다.
- 창세기 14장 3절에만 언급되어 있다.

### 지리적 정보: 가데스

- 엔 미스밧이나 가데스 바네아로도 알려져 있다.
- 브엘세바 남쪽 약 80킬로미터 지점의 네게브에 위치
- 창세기 14장 7절에 처음으로 언급되었지만 16장 14절, 20장 1절에도 언급되어 있고, 오경에서 빈번히 언급되고 있다.
- 열두 정탐꾼의 파송 지점

## 들어가는 글

### 순례자의 약속

어른들이 드리는 주일 예배에 처음으로 참석한 세 살배기 앤드류는 기도회에 참석하고 싶어했다. 그의 아버지가 마침 그 교회의 목사님이었다. 기도 요청을 할 수 있는 기회가 왔을 때 앤드류는 자리에서 일어나 회중들에게 그의 형제 바르트를 위해 기도해 달라고 부탁하였다. 바르트는 런던의 한 성에 살고 있었고, 그는 사람이 아니라 용이었다. 앤드류는 어른들에게 어떤 영적인 상징을 의도한 것이 아니었다. 아주 단순하게 모든 부모들이 너무나 잘 알고 있는 전형적인 어린아이의 공상에 빠져 있던 것이었다.

존 번연이라고 하는 또 다른 공상가는 그리스도인이라고 하는 한 방랑자가 파멸의 성에서 천상의 성으로 가는 그 여정에 대한 이야기인 「천로역정(Pilgrim' s Progress)」을 썼다. 그리스도인이 험한 길을 발견하고 해로운 넝쿨로 덮인 축축한 땅으로 들어서는 장면이 있다. 그리스도인이 떡갈나무 아래서 웅크리고 있는 동안 밤새 사정없이 비가 퍼붓는다. 절망이라는 거인이 그를 보고 잡아서 의심의 성에 가둬버린다. 그리스도인은 곤경에 처하자 너무나 두려워서 자살로 자신의 비참한 신세를 마감하고 싶은 지경에 이른다.

갈등하던 그리스도인은 이 장의 첫 부분에 인용된 인용구가 포함된 문장을 말하게 된다. "지금쯤 자유로이 걸어다닐 수도 있었을 내가 이런 악취 풍기는 지하실에 갇혀 있다니 이게 무슨 꼴인가! 얼마나 어리석은가! 어느 것이나 열 수 있는 언약이라는 열쇠가 내 품 속에 있는데 그것이 나에게 있는 줄도 모르고 이처럼 고생을 하다니…."

아브람 역시 순례자였다. 하나님의 약속을 의지하는 순례자였다. 그리스도 이전의 2천 년 전부터 번연이 「천로역정」을 쓴 1678년까지, 그리고 현재의 21세기까지 하나님의 순례자들은 그분의 약속으로 지탱할 힘과 구원을 받으며 세상을 순례하고 있다.

## 본문 이해

### 하나님과 맺은 언약

| Main Idea | 전쟁, 신비한 만남, 하나님과의 개인적인 논쟁 그리고 불에 대한 환상을 통해 아브람은 모든 그리스도인이 알아야 하는 것, 즉 하나님은 자신의 약속과 우리의 약속을 매우 진지하게 받아들이신다는 사실을 배우게 된다. |
|---|---|

### A. 국가들의 전쟁(14:1-17)

| Supporting Idea | 전쟁의 궁극적 원인은 인간의 죄악된 마음에서 찾을 수 있다. |
|---|---|

**14:1-7.** 아브라함은 창세기에서 가장 중요한 인물일 수 있다. 성경은 창세기 외에도 115회에 걸쳐 그를 언급하고 있으며, 신약에서는 믿음으로 인한 칭의에 대해 구약의 두드러진 모범으로 그를 제시한다. 많은 사람들은 그의 생애가 두 가지, 즉 장막과 제단으로 특징지어진다는 것을 관찰하였다. 이러한 두 상징은 하나님에 대한 그의 지속적인 예배와, 그 예배를 통해 힘을 공급받으며 세상에서 순례자로서 살아간 그의 삶을 반영한다.

하지만 아브람의 생애는 또한 끝없는 위기로 특징지어진다. 창세기 14장의 전쟁은 이것을 확실하게 드러낸다. 이것은 성경에서 언급된 첫 전쟁이다. 북동부의 강력한 네 왕이 롯의 새로운 고향인 소돔을 비롯한 평지의 다섯 성이 포함된 남부의 반역한 부족들을 징벌하기 위해 왔다.

**14:8-12.** 침략을 받은 이 지역은 하나님이 아브람에게 약속하신 곳에 속해 있었다. 이 모든 일은 역청 구덩이가 많은 저지대에서 일어났다. 사해는 지구에서 가장 낮은 수역이다(해수면보다 약 390미터 아래에 있다). 우리는 이 바다의 남단에서 떠다니는 아스팔트를 볼 수 있다. 소돔과 고모라의 주민들은 침략한 왕들이 소돔과 고모라의 모든

재물과 양식을 약탈하기 전에 성을 포기하였다. 기사는 그들이 전투에서 대패했음을 분명하게 말해준다.

13장 12절에서는 "그 장막을 옮겨 소돔까지 이르렀을" 뿐인 롯이 이제는 그 성 안에 살고 있었다. 이것은 이 장을 이해하는 데 중요한 열쇠를 제공한다. 아브람은 평화롭게 살기 위해서 그 땅의 주민들이 원하는 대로 하는 것을 묵인하였다. 하지만 이제는 그들이 포로와 함께 롯을 끌고 감으로써 아브람은 어쩔 수 없이 그 일에 관여할 수밖에 없었다. 도널드 번하우스(Donald Burnhouse)는 롯과 아브람을 육신적인 그리스도인과 영적인 그리스도인에 비유한다. "영적인 사람은 모든 사람들과 대적해야 할 것이다. 이는 그가 오직 하나님께만 속한 사람이기 때문이다. 종교계의 도덕적 승리가 믿음의 사람의 영적 승리와 혼동되어서는 안 된다"(「Genesis: A Devotional Exposition」, 96).

**14:13-17.** 히브리 사람 아브람이라는 표현을 주목하라. 10장 21절에서 '에벨'이라는 이름이 나타난다. 이 부분을 보면 "셈은 에벨 온 자손의 조상이라"는 내용이 기록되어 있다. 그러므로 히브리인에 해당하는 히브리어 단어의 기원인 그 사람들은 '셈족'으로도 알려져 있었다. 에벨은 10장 24-25절에 잠시 등장하지만, 이제 아브람이 유대 민족의 아버지인 최초의 히브리인이 됨에 따라 새로운 의미를 지니게 된다. 히브리인의 어근은 '건너오다'를 의미하는 단어에서 파생된 것으로, 70인역에서는 '여행자'로 번역되어 있다. 그러므로 순례자란 주제가 아브라함의 생애를 지배하고 있다.

아브람 역시 집에서 길리고 연습한 자 삼백십팔 인을 거느렸다. 우리는 아브람이 큰 재력가라는 것을 여러 번 들었지만 연습한 자(훈련된 사람들)라는 구절은 성경 이 부분에서만 등장한다. 아브람이 한 번도 전쟁을 한 적이 없었기 때문에 그가 가솔들 중 3백 명 이상을 전사로 훈련했다는 점은 흥미롭다. 그뿐 아니라 그는 매복 전략을 구사하여 북부 왕들을 무찌르고 모든 빼앗겼던 재물과 포로들을 되찾을 수 있었다.

그러나 아브람 혼자 그 일을 한 것은 아니었다. 아모리 족속 마므레와 에스골과 아브넬이 아브람과 동맹하였다. 이웃들로 이뤄진 이 동맹은 히브리인들이 아모리 족속과 싸우는 구약의 이후 묘사에서는 부정적으로 언급되고 있다. 앨런 로스는 이렇게 설명한다. "'아모리 족속'이라는 용어가 독자적으로 사용될 경우 그것은 요단 동편 왕국들과 팔레스타인 구릉지에 살던 서부 셈계 민족들을 가리킨다. 이 아모리 족속들은 고대 수메르와, 서양에 쏟아져 들어온 거대한 아모리 족속들의 무리가 아니라 소규모의 부족이었다.”

그래서 아브람은 그돌라오멜과 그의 네 친구를 물리친 후 승리의 행진을 하며 돌아왔다. 그때 그를 맞은 이는 두 왕이었다. 먼저 언급된 이는 소돔 왕이다. 이 시점에서 우리는 소돔 왕이 말하는 21절로 내러티브가 바로 이동하리라고 기대한다. 하지만 모세는 구약에서 가장 흥미롭고 신비한 인물 중 한 사람인 멜기세덱을 소개함으로써 이야기의 흐름을 단절시키는 방법을 취하고 있다.

### B. 예기치 못한 축복(14:18-24)

| Supporting Idea | 그리스도인들은 종종 두 유형의 표상, 악과 의의 표상을 대면한다. 아브람의 경우도 그러했다. 아브람처럼 우리는 받아들여도 되는 박수갈채와 선물이 무엇인지, 거절해야 할 것이 무엇인지 알아야 한다. |
|---|---|

**14:18.** 성경 학자들은 이 내러티브에 대해 동의할 수 없다. 어떤 이들은 멜기세덱이 예루살렘의 왕이었으며, 창세기 이 부분에서는 단순히 살렘으로 축약된 표현으로 사용되었다고 말한다. 이 장소는 대략 헤브론의 아브람의 집 북쪽 40킬로미터 지점에 위치하였을 것이다(시 76:2). 그러나 멜기세덱이란 이름은 ‘의의 왕’을 의미한다. 이 가나안 왕이 또한 지극히 높으신 하나님의 제사장이었음을 알았다는 것이 너무나 이례적이다. ‘심층 연구’에서 멜기세덱에 대해 더 심도 있게 고찰해볼 것이지만 여기서도 우리는 이 특별한 만남을 인식할 수 있다. 신약의 멜기세덱에 대한 언급(히 7장)에서는 여호수아 10장 1절에 언급된 예루살렘 왕인 아도니세덱과 멜기세덱의 상관성을 인정하지 않는다. 그들의 이름이 의미상 유사하기는 하지만 ‘의의 왕’에서 ‘의의 주’로 단순히 변화했을 뿐이다.

많은 주석가들은 이것이 또 다른 그리스도의 현현(Christophany), 즉 성육신 이전의 그리스도의 나타나심이었다고 믿는다. 부주의하게 성경을 읽는다면 세상에서 하나님의 역사가 전적으로 히브리인 아브람의 어깨에 달려 있지 않다는 것을 증명한, 전략적이고 영적인 이 사람을 쉽게 간과해버릴 것이다.

**14:19-20.** 우리는 멜기세덱의 축복을 제사장 겸 왕인 한 가나안인이 가나안의 으뜸

되는 신의 이름에 호소하는 고대의 주문으로만 보기 쉽다. 그러나 그것은 이 장뿐 아니라 나머지 성경 전체의 문맥을 무시하는 것이다. 멜기세덱은 하늘과 땅의 창조주인 야훼에 대해 말하고 있었다. 하나님의 축복이 창조주로부터 온다는 것을 멜기세덱이 강조하는 것은 얼마나 흥미로운가.

아브람의 승리가 동맹 관계인 아모리 족속과 더불어 연합군과 싸운 318명의 훈련된 전사들 때문인가? 그렇지 않다. 멜기세덱은 너희 대적을 네 손에 붙이신 지극히 높으신 하나님이라고 확실하게 밝히고 있다.

짧은 멜기세덱의 내러티브는 또 다른 놀라운 표현으로 마무리된다. 아브람이 그 얻은 것에서 십분 일을 멜기세덱에게 주었더라. 오늘날 많은 교회에서 '십일조'를 매우 강조하는 것을 볼 때, 그렇게 많은 주석서들이 이 표현을 간과하고 지나간다는 사실이 당혹스럽다. 히브리서 7장 4절을 생각해보라. "이 사람의 어떻게 높은 것을 생각하라 조상 아브라함이 노략물 중 좋은 것으로 십분의 일을 저에게 주었느니라." 그러고나서 바로 몇 절 뒤에 다음과 같은 내용이 기록되어 있다. "또한 십분의 일을 받는 레위도 아브라함으로 말미암아 십분의 일을 바쳤다 할 수 있나니 이는 멜기세덱이 아브라함을 만날 때에 레위는 아직 자기 조상의 허리에 있었음이니라"(히 7:9-10). 후대의 구약 본문을 통해 우리는 십일조가 왕의 몫이었고(삼상 8:15, 17) 이스라엘의 율법에서 중요하게 여겨졌음을 알 수 있다. 그러나 여기서 아브람의 행위가 지니는 상징성은 신비로운 인물인 멜기세덱의 중요성을 강조하기 위한 것으로 보인다.

**14:21-24.** 구약 학자들은 이 절의 구조를 교차 대구법(chiasm)이라고 부른다. 본문은 베라(소돔 왕)가 아브람을 만나는 장면, 멜기세덱이 아브람을 만나는 장면, 멜기세덱이 아브람을 축복하는 장면, 베라가 아브람에게 모든 약탈물을 가지라고 제안하는 네 장면으로 나뉜다. 그러나 아브람은 전혀 관심을 보이지 않는다. 확실히 그는 멜기세덱의 축복으로 인해 영적으로 고조되어 있었기 때문에 베라의 돈이 그에게는 아무 의미가 없었다. 도널드 번하우스는 "세속적인 왕은 누가 보더라도 자신의 모든 소유를 함께 나누자는 것으로 이해될 관계의 교류를 제안하고 있다. 하지만 아브람은 멜기세덱이 준 빵을 먹고, 포도주를 마시고, 그 힘으로 유혹에 저항하고 있다"(「Genesis: A Devotional Exposition」, 102).

아브람이 자신의 영적 기준을 다른 사람들에게 강요하지 않았다는 것을 주의하라. 베라가 나(아브람)와 동행한 아넬과 에스골과 마므레의 분깃을 나누어주게 하고 전투에 쓰인 비용에 대한 충분한 보상을 흔쾌히 받아들였던 것이다. 그는 자신이 지극히 높으신 하나님이 아닌 다른 어떤 것을 의지한다고 생각하는 사람이 한 사람도 없게 하기 위해서 베라 왕과 모든 면에서 거리를 유지하였다.

데렉 키드너(Derek Kidner)는 이것을 우리에게 적용한다.

> 아브람에게 더 어려운 전쟁이 시작되었다. 그를 영접하러 나온 두 왕 사이에는 거대한 차이가 존재하기 때문이다. 왕이며 제사장으로서의 멜기세덱은 의와 선의 영역을 표현하는 이름인 동시에 칭호였다(비교. 히 7:2). 그는 하나님의 절대적 충족성을 증거로 제시하며 무형의 축복을 선언하고(선물이 아니라 베푸시는 자를 생각하며) 비싼 예물을 받는다. 이 모든 것은 믿음으로 볼 때만 의미가 있다. 그러나 소돔 왕은 후한 실제적인 제안을 한다. 그 제안의 유일한 단점은 역시 믿음으로 볼 때만 인식되는 것이다. 경쟁자가 되는 이 호인들에게 아브람은 자신의 소명을 타협하기를 거부하고 가부를 확실하게 표현한다(「Genesis」, 120-121).

### C. 약속의 후손들(15:1-6)

| Supporting Idea | 세상의 모든 승리와 재물은 가족, 특별히 아들이 없다면 무의미하게 보인다. |
|---|---|

**15:1.** 여호와의 말씀이 이상 중에 아브람에게 임하여라는 내용을 읽게 되면 우리는 예언자적 언어를 연상하게 된다. 실제로 아브라함은 후에 선지자로 불린다. 하지만 이 단락에서  오직 이곳과 민수기 24장에만 등장하는 단어를 제시하며 이상 중에 그의 자격이 확정된다. 존 세일해머는 이렇게 말한다.

> 이 장의 사건들의 이러한 서론은 15장에 기록된 사건들이 사실상 아브라함이 환상 중에 본 사건들임을 보여주기 위한 의도를 갖고 있다. 그러므로 성경 다른 곳의 예언적인 환상처럼 이 사건들은 다소 상징적인 가치 이상의 의미를 지녔을 수 있다. 이것은 특별히 아브라함이 17절에서 본 환상에 적용될 수 있다(「Genesis」,

127).

아브람이 14장의 사건들로 인해 위축되어 있었는가? 전쟁을 하고 두 명의 아주 다른 왕과 대면하는 일은 헤브론의 상수리나무 아래 앉아 있는 일과는 분명히 다르다. 하지만 이 환상은 치유의 성격보다는 준비의 성격이 더 강한 것 같다. **두려워하지 말라**는 구절은 성경 전반에 걸쳐 나타나는 주된 메시지이다(눅 1:13, 30). 성경의 다른 곳에서 방패는 왕의 보호막을 상징하기 때문에(신 33:29, 삼하 22:3, 시 7:10) 하나님은 아브람을 보호하시고 그를 현재보다 훨씬 더 번영하도록 하겠다는 자신의 약속을 더욱 공고히하시는 것이다.

**15:2-3.** 아브람은 **무엇을 내게 주시려나이까 나는 무자하오니**라는 표현을 통해 자신의 인생의 공허함에 대해 하나님께 항변하고 있다. 그는 가나안에 온 지 10년이 지났지만 자손에 대한 약속이 이루어진다는 어떤 증거도 보지 못했다(12:2, 7). 아브람은 그가 가진 재산에 대해 이미 계획을 세워놓았고 당시의 법에 따라 유산을 그의 집의 종인 **다메섹 엘리에셀**에게 물려주기로 결정하였다. 앨런 로스는 이렇게 말한다.

> 그의 걱정은 그가 데리고 있는 종의 태생에 대한 놀라운 언어 유희(word play)를 통해 표현되어 있다. 다마스쿠스(Dammeseq)의 이 엘리에셀은 내 재산의 소유자 겸 후사(ben meseq, 문자적으로 '소유의 아들' )이다. 아브람은 '징조가 이름 속에 들어 있다' , 즉 일개 종이 그의 후사가 될 것이라고 하나님께 강조하고 있는 것이나 마찬가지다(「Genesis」, 55).

**15:4-5.** 그러나 아브람의 조바심은 하나님의 응답으로 제지되었다. 엘리에셀이 아브람의 후계자가 되지 않을 것이다. 하나님은 **네 몸에서 날 자**가 아브람의 후사가 될 것이라고 약속하셨다. 아브람이 다소 공식적인 절차를 통해 엘리에셀을 입양했다 하더라도 주인의 아들이 태어나면 그 종의 권리는 무효화될 것이다.

한 아들이 아니라 수천 수만의 아들들이 태어날 것이다. 사막의 칠흑 같은 밤하늘의 어둠을 상상해보라. 아브람은 수천 개의 별들을 볼 수 있었을 것이다. 약속의 아들로 이삭이 태어날 것이며(갈 4:28), 그의 후손들은 애굽에서 번성할 것이다. 그러나 궁극적으로 예수 그리스도 안에 있는 모든 신자들은 아브람에 대한 이 약속의 자녀들이다(갈 3:29). 이 약속은 이 외에도 이삭을 제물로 드린 후인 창세기 22장 17절과 가나안 입성을 앞둔 신명기 1장 10절에 두 번 기록되어 있다. 바울은 로마서 4장 18절에서 이것을 언급하고 있으며, 히브리서 11장 12절은 그 약속이 성취되었음을 말하고 있다.

**15:6.** 이 절에 기록된 아브람의 반응은 복음의 중심을 형성한다. 성경에서는 처음으로 '믿는다'는 동사가 사용되고 있다. 그것은 믿음이 무엇인지, 즉 믿음은 하나님을 믿는 것임을 가르쳐준다. 그래서 바울은 아브람이 모든 믿는 자들의 아버지가 되었다고 말할 수 있었다(롬 4:11). 어떤 주석가들은 창세기 15장 6절이 아브람의 회심 경험을 기록한 것이라고 주장하기도 한다.

창세기 15장 6절은 신약 기자들이 수 차례나 인용할 정도로 중요하다. 이 절은 갈라디아서 3장 6절과 야고보서 2장 23절뿐 아니라, 로마서 4장에서 전문 혹은 일부 내용이 세 번이나 나타난다(롬 4:3, 22-23). 로마서 4장 23-25절에서 아브람의 믿음은 그리스도의 죽음과 부활에 대한 우리의 믿음과 비교된다. 다시 말해, 하나님이 그때까지 그에게 하신 말씀에 대한 그의 믿음이 하나님이 우리에게 말씀하시고 그리스도를 통해 계시하신 것에 대한 우리의 믿음과 대등한 위치에 놓이는 것이다. 갈라디아서 3장 6-7절에서 우리는 신자들이 아브라함의 자녀라는 것을 알 수 있다. 야고보서 2장 23절 역시 창세기 15장 6절을 행함 없는 믿음이 죽은 것이라는 증거로 인용하고 있다. 우리가 그리스도를 위해 일하고, 그분이 원하시는 대로 살아감으로써 우리의 믿음을 증명하지 않는다면 우리의 믿음은 큰 가치가 없는 것이다. 그러한 믿음은 죽은 것이나 마찬가지다.

### D. 언약 의식(15:7-11)

| Supporting Idea | 하나님은 아브람을 부르신 것을 재확인하시고, 땅에 대한 약속을 확증하신다. |
|---|---|

**15:7-11.** 아브람은 하나님이 약속을 지키실 것을 알 수 있는 어떤 인간적인 방법이나 보장을 요청하였다. 그는 아들에 대한 약속을 받아들이기는 했지만 땅에 대한 약속은 여전히 불확실한 것 같았다. 아브람에 대한 하나님의 계획은 예정대로 진행되고 있었지만, 85세가 된 그 족장은 약속이 성취될 것인지 조금씩 조바심이 나고 있었다. 희생

제사가 일반적으로 성행하기는 했지만 이러한 의식에 대한 구약 기록은 당시까지 한 번도 없었다. 이 경험은 이스라엘이 애굽에서 해방된 후 시행하게 될 여러 가지 희생 제사 절차를 예고한다. 어떤 주석가들은 이 단락을 통해 십자가에 대한 고대의 근거를 찾기도 한다.

### E. 땅의 경계(15:12-21)

| Supporting Idea | 때로 우리는 하나님의 약속이 지연되는 경험을 하기도 하지만 이것은 하나님의 계획에 대한 우리의 제한적인 이해를 반영할 뿐이다. |
|---|---|

**15:12-14.** 해가 지자 아브람이 깊은 잠에 들었다. 하나님과의 논쟁으로 힘이 소진되어 지쳐 있었던 탓이다. 하지만 캄캄함이 임하므로 아브람이 심히 두려워한 것을 어떻게 이해할 수 있는가? 어떤 주석가들은 아브람이 희생 제물의 사체를 공격한 육식성 새로 인해 감정적인 불안이 아직 사라지지 않았기 때문이라고 주장한다. 어떤 이들은 본문을 앞질러 내다보며 애굽에 대한 공포를 지적하기도 한다. 아브람은 아직 첫아들을 갖지 못한 상태였고, 그의 후손이 4백 년 동안 노예 생활을 할 것을 알았다. 괴롭게 하다란 단어가 출애굽기 1장 11-12절에서 애굽의 압제를 표현하기 위해 다시 사용되고 있다.

4백 년이란 기간은 야곱이 애굽에 들어간 시기(주전 약 1876년)로부터 주전 1446년으로 추정되는 출애굽까지로 보는 것이 가장 적절하다. 앨런 로스는 "그렇다면 분명히 400년이란 언급이 있는 창세기 15장 13절과 사도행전 7장 6절은 대략적인 기간을 표현했으며, 그것은 상당히 일리가 있다"고 지적한다. 아브람의 후손들은 노예 생활을 끝낼 때 큰 재물을 이끌고 나올 것이다. 이것은 아브람이 애굽을 떠나올 때 경험한 일을 상기시킨다(13:2, 6). 애굽은 역사를 통해 이스라엘의 애굽 방문이 처음보다 항상 마지막이 더 매력적이라는 것을 알았다.

**15:15-16.** 아브람은 장수하다가 평안히 장사될 것이기 때문에 이 노예 생활을 경험하지는 않을 것이다. 이것은 아브람이 땅에 대한 하나님의 약속을 개인적으로 경험하지 못할 것이라는 말씀을 처음으로 들은 것이다. 아브람과 달리 그의 조상들은 가나안에 묻히지 않았기 때문에 아브람은 세상을 떠난 의로운 영혼들이 있는 곳인 스올에서 그들과 편안히 있을 것이다. 그의 후손들은 4대 만에 돌아올 것이다. 4대라는 표현은 4백 년

에 걸친 노예 생활에 대한 표현이다. 그때가 되면 아모리 족속의 죄악이 관영해 있을 것이다.

가나안의 문헌들은 가나안 신들을 숭배한 사람들이 전쟁에서 잔혹한 악행을 저지르고 성적인 문제로 난잡했음을 보여준다. 그리고 이 모든 것이 종교의 이름으로 행해졌다. 하나님은 자비로운 분이시지만, 그분의 오래 참으심과 관용이 사람들에게 무한정 허용되지는 않는다. 인간의 완악함과 불순종이 한계점을 넘으면 하나님은 죄인들을 처벌하신다.

**15:17-21.** 이 모든 계시가 이루어질 동안, 아마 애굽과 가나안과 관련해 이스라엘의 미래를 하나님이 계시하신 후에 연기 나는 풀무가 보이며 타는 횃불이 쪼갠 고기 사이로 지났다. 이것은 하나님의 임재를 상징하였다(출 3:2, 14:24, 19:18, 행 2:3-4). 그러고나서 하나님은 땅의 정확한 경계를 확인하는 언약을 아브람과 세웠다(잘랐다).

서쪽 경계는 가자 지구의 정남쪽에 있는 애굽의 강, 아마 현재의 엘 아리쉬 근처일 것이며(지중해도 전제하고 있음) 서쪽 경계는 유프라테스 강이다. 이것은 열 족속들이 소유한 모든 땅을 포함하였고(10:15-18), 하나님이 아브람에게 주신 선물의 완벽함을 의미한다. 학자들은 여러 방식으로 이 땅을 측정하였고, 대부분 777,000평방킬로미터가 넘는다는 데 동의한다.

| Main Idea 복습 | 전쟁, 신비한 만남, 하나님과의 개인적인 논쟁 그리고 불에 대한 환상을 통해 아브람은 모든 그리스도인이 알아야 하는 것, 즉 하나님은 자신의 약속과 우리의 약속을 매우 진지하게 받아들이신다는 사실을 배우게 된다. |
| --- | --- |

# 결론

## 순례자가 이방인과 맞설 때

내 인생에서 가장 어려운 저녁 중 하루는 플로리다의 마이애미에 있는 좁은 텔레비전 스튜디오 안에서 보낸 시간이었다. 1977년 가을, 나는 90분 생방송 텔레비전 토론에서 무신론자인 마달린 머레이 오헤어(Madalyn Murray O' Hair)와 정식 토론을 하게 되었다. 마이애미 전역의 그리스도인들은 그날 저녁 기도회로 모였고, 많은 사람들이 교회의 친교실에서 텔레비전을 주시하고 있었다.

나는 그 일을 피하려고 최대한 노력했다. 그 도시의 다른 복음주의 지도자들을 추천하기도 했고, 전 주에 달라스 신학교에서 강의를 했기 때문에 여력이 없다고 변명하기도 하며 그 외 온갖 이유들로 그 자리를 피하고자 했다. 결국 방송국 측은 도무지 거부할 수 없는 제안을 하였다. "당신이 토론에 참석하지 않겠다면 우리는 그녀에게 90분 전부를 할애하여 자신의 의견을 피력하도록 하겠습니다." 하나님의 은혜와 나를 위해 기도해주던 그 친구들 덕분에 나는 그날 저녁 토론을 무사히 마쳤다. 하지만 나는 진리 대 오류, 성경주의 대 무신론, 하나님 대 세상의 이데올로기라는 세기의 토론을 또다시 경험하였다.

그러나 오헤어 여사가 미국에서 온 국민의 관심을 집중시킨 최초의 무신론자는 아니었다. 수십 년 전에 로버트 잉거솔(Robert Ingersoll)은 강의를 통해 수많은 청중들을 끌어모았고, 커다란 회중 시계를 꺼내들고 "만약 하나님이 있다면, 나를 쓰러뜨려 죽게 하는 데 5분의 시간을 주겠다"고 선언하여 사람들에게 충격을 주었다.

조셉 파커(Joseph Parker)가 그때 미국에서 복음주의 집회를 인도하고 있었기 때문에 누군가가 그에게 잉거솔의 속임수에 대해 말해주었다. 파커는 전형적인 영국식 표현으로 반응했다. "그럼, 그 미국 신사 양반께서는 하나님께서 겨우 5분 정도도 인내하시지 못할 거라고 생각한다는 말인가?"

이 두 장은 선과 악의 투쟁, 순례자인 아브람과 이 세상 왕들과의 대립을 묘사하고 있다. 영적인 문제에 대한 서구 세계의 큰 관심에도 불구하고 그 전쟁은 바로 이 시간까지 계속되고 있다. 천사들, 악마들, 기도, 묵상에 몰두하는 것으로 우리의 현대 문화에서 노골적으로 드러내고 있는 이교도적 영향력을 숨길 수는 없다. 아브람처럼 소돔과 고모라의 왕들에게 점령당한 세상에서 우리 역시 순례자들이다. 그리고 아브라함처럼 우리는 그 전쟁을 수행할 수 있는 힘을 얻기 위해 오직 하나님만을 의지하는 법을 배워야 한다.

■ 진리 알기

- 이기적인 이익을 추구하고 하나님의 뜻을 무시한다면 그에 상응하는 결과를 맞게 될 것이다.
- 우리가 하나님의 약속을 계속 바라볼 때 믿음의 삶이 가능하며 유익한 결과를 낼 수 있다.
- 하나님은 예기치 않은 사람들을 통해 우리에게 축복을 베푸신다.
- 초창기 신앙 생활 속에 있었던 투쟁은 후대에 올 하나님의 축복을 방해하지 않는다.

■ 적용하기

- 가장 어렵고 위험한 상황 속에서도 하나님의 보호하심을 절대 의심하지 말라.
- 선택권이 주어진다면, 이기심을 버리고 관용을 베푸는 길을 택하라.
- 주변에서 멜기세덱, 즉 하나님을 대표하고 그를 대신해 축복을 전달할 수 있는 사람들을 찾아보라.
- 어떤 식으로든 세상의 노예로 만들 세상의 선물을 받지 말라. 당신이 필요로 하는 것에 대해 하나님을 의지하라.

## 삶의 적용

### 다른 존 헨리

우리는 모두 망치로 증기 드릴을 이기고자 했고, 결국 목숨을 잃은 광부인 존 헨리에 대한 오래된 민요를 알고 있다. 하지만 1837년 뉴욕의 바타비아 태생으로 구두 판매원이었던 존 헨리 예이츠(John Henry Yates)에 대해서 아는 사람은 많지 않다. 하나님은 그를 설교자로 부르셨고, 그는 감리교 목회자가 되었다. 그러나 말년에 그는 7년 동안 웨스트 베다니 프리윌 뱁티스트 교회의 목회자로 섬겼다. 예이츠는 유명한 이안 생키(Ian Sankey)와 교류를 계속하였고 수많은 찬송시를 썼다. 생키는 이 시들을 음악으로 표현하였다.

우리는 시인이 찬송시를 작사할 때 어떤 성경 구절을 염두에 두었는지 잘 알 수 없다. 하지만 '믿음이 승리' 라는 후렴은 요한일서 5장 4절로 우리의 관심을 돌리게 한다. "세상을 이긴 이김은 이것이니 우리의 믿음이니라." 우리의 영적 전쟁은 아브라함이 이방 왕들과 싸우면서 보여준 것과 동일한 믿음에 의지한다. 사도 요한은 "예수께서 그리스도이심을 믿는 자마다 하나님께로서 난 자" (요일 5:1)라는 사실을 우리에게 상기시켜주면서 영적 승리를 위한 믿음의 힘과 구원에서 믿음의 역할을 확인해준다.

존 헨리 예이츠는 그것을 이렇게 표현하고 있다.

우리 위에 날리는 그의 깃발은 사랑이며 우리의 검은 하나님의 말씀
천국의 성도들이 승리를 외치며 걸어간 길을 우리가 걸어가네
그들은 믿음으로 회오리바람처럼 모든 전쟁터를 휩쓸었다네.
죽음을 정복한 그들의 믿음은 지금도 우리의 빛나는 방패여라.

## 기도

하나님 아버지, 영원한 삶을 위한 믿음과 오늘 하루를 살 수 있는 믿음을 주십시오. 우리 삶의 모든 영적 전투에서 예수님을 위해 승리의 진군을 계속할 수 있도록 해주십시오. 아멘.

## 심층 연구

### A. 멜기세덱(14:18)

이 인물의 정체에 대한 확인을 둘러싸고 해석학 지도에는 수많은 해석들이 난무하다. 비평적인 주석가인 클라우스 웨스터만(Claus Westermann)은 적어도 창세기 14장의 문맥에서는 멜기세덱의 역사성을 의심하고 있다.

> 여기 제시되어 있는 것은 제사장, 제의적 기관 그리고 십일조를 특징으로 하는 정착화된 의식(sedentary cult)이다. 이 중 어떤 것도 족장 시대의 예배와 관련이 없었다. 이 장면은 후대에 가서야 족장 시대의 아브라함과 연결되었을 것이 확실하다(「Genesis 12-36」, 203).

대부분의 복음주의자들은 멜기세덱에게서 제사장과 왕의 합리적인 조화를 보며 클라우스 웨스터만의 결론을 전혀 지지하지 않는다. 그는 후에 이스라엘 사상에서 이상적인 통치자 상이 되었다. 류폴드(Leupold)는 이렇게 지적한다.

> 이것은 시편 78편 35절에서만 실제로 발견되지만, 유사한 많은 합성어에서는 빈번히 발견되는 야훼의 이름이다. 우리는 이 존경받는 왕겸 제사장을 홍수 시대의 더 건전한 전승에서 전해 내려온 진정한 야훼 종교의 공적 추종자와 숭배자로 인식할 수밖에 없다. 이것이 종교 발전의 실제적인 과정이라는 것과 일신교가 다신교보다 분명히 먼저 발달되었다는 것이 이제 확실하게 증명되었다고 볼 수도 있다.

여기서 그리스도 현현 사상을 지지할 이유는 거의 없는 것 같다. 하지만 확실히 히브리서 본문은 예표론을 확증한다. 예수님에 대해 이야기하면서 그 저자는 "온전하게 되었은즉 자기를 순종하는 모든 자에게 영원한 구원의 근원이 되시고 하나님께 멜기세덱의 반차를 좇은 대제사장이라 칭하심을 받았느니라"(히 5:9-10)고 선언한다. 그러고나서 제사장직에 대한 논증인 두 장 뒤에서 그 장의 거의 전체를 할애해 예표론에 대한 논의가 자세하게 이루어진다. 첫 세 절은 특별한 중요성을 갖는다.

> "이 멜기세덱은 살렘 왕이요 지극히 높으신 하나님의 제사장이라 여러 임금을 쳐서 죽이고 돌아오는 아브라함을 만나 복을 빈 자라 아브라함이 일체 십분의 일을 그에게 나눠 주니라 그 이름을 번역한즉 첫째 의의 왕이요 또 살렘 왕이니 곧 평강의 왕이요 아비도 없고 어미도 없고 족보도 없고 시작한 날도 없고 생명의 끝도 없어 하나님 아들과 방불하여 항상 제사장으로 있느니라"(히 7:1-3).

성경은 그리스도가 율법보다 더 위대하시고 "그는 육체에 상관된 계명의 법을 좇지 아니하고 오직 무궁한 생명의 능력을 좇아 된 것이기"(히 7:16) 때문에 레위 계열의 어떤 이보다 더 위에 있는 대제사장이시라고 가르친다. 그러고나서 저자는 그리스도의 영원한 대제사장 되심을 강조하기 위해 "네가 영원히 멜기세덱의 반차를 좇는 제사장이라"는 시편 110편 4절 말씀을 인용한다.

이 모든 것에 대해 토마스 레아(Thomas Lea)는 이렇게 쓰고 있다.

> 역사적으로 멜기세덱은 제사장 - 왕 계열에 속했던 것으로 보이며 전임자와 후임자가 모두 있었다. 히브리서는 멜기세덱의 제사장직을 하나님의 아들의 제사장직에 비유하고 예수님의 제사장직을 표준으로 만든다. 멜기세덱은 하나님의 아들 예수님과 유사하다. 멜기세덱에 대한 기록은 멜기세덱보다는 예수님께 더 완벽하게 적용되는 몇 가지 진리들을 증명하기 위한 것이었다. 멜기세덱은 그리스도의 상징이지만 그리스도는 실체 그 자체였다(「Hebrews & James」, 129).

## B. 창조주(14:19, 22)

우리가 앞에서 창조의 개념을 다루었지만 기독교 신학에서 차지하는 창조의 근본적인 역할과 창세기와 성경 전반에 드러난 창조 교리의 중요성은 아무리 강조해도 지나치지 않다. 때로 뼈와 바위와 화석에 대한 매우 과학적이고 복잡한 이야기 때문에 우리는 흥미를 잃고 모든 논쟁에서 실제적인 실체를 더듬어 찾기도 한다. 창조론은 너무나 비실제적이고, 혼란스러우며, 실용주의적 사회에서는 불필요한 것같이 보인다.

그러나 하나님의 창조는 하나님 자신에 대한 계시와 창조주의 아름다움과 질서 정연함을 반영할 목적으로 이루어졌다. 죄를 통해 인간은 하나님의 창조 세계의 웅장한 아름다움에 죄의 악을 영구적으로 전가하고 자연 계시의 진리를 왜곡하였다. 그래서 이방 왕들의 전쟁과 소돔 왕의 영접과 마찬가지로, 하나님을 창조주로 강조한 멜기세덱의 이야기가 이토록 마음을 새롭게 하는 것이다.

멜기세덱은 그리스도의 표상이기 때문에 우리는 그가 하나님을 창조주로 언급하리라고 예상하게 된다. 예수 그리스도의 위격에 대한 근본적인 진리 중 하나가 창조주로서의 그의 역할이기 때문이다(요 1:3, 골 1:16, 히 1:1-3). 실제로 예수님 자신이 가르침을 통해 창조를 수차례 확인하셨다. 그러므로 예수님을 믿는다면 창조에 대한 성경의 내용을 믿어야 한다.

수년 전 내가 사랑하는 그레이스 신학교의 선생님이 어느 술주정뱅이가 하나님의 능력으로 변화된 이야기를 들려주셨다. 어느 날 교인들이 공원에서 나무를 부둥켜안고 울고 있는 그를 보게 되었다. 처음에는 사람들이 그가 이전 생활로 되돌아갔다고 생각했다. 하지만 가까이 다가갔을 때 그들은 얼굴에 웃음을 머금고 눈물을 흘리며 속삭이고 있는 그의 소리를 듣게 되었다. "예수님께서 이 나무를 만드셨군요. 당신이 이 나무를 만드셨어요."

물질과 영적인 모든 창조도 마찬가지다. 모든 건전한 신학은 '예수님이 이 나무를 만드셨다' 고 인정함으로 시작한다. 우주와 인간 삶의 실체 그리고 복음 안에 제시된 영원한 소망을 그가 만드셨다고 인정함으로 시작한다.

## C. 의로 여기시고(15:6)

모든 그리스도인은 "모든 사람이 죄를 범하였으매 하나님의 영광에 이르지 못하더니"라는 로마서 3장 23절을 인용할 수 있다. 이 짧은 구절은 종교적 행위나 혈통에 의한 관계로 하나님과의 온전한 관계를 보장할 수 없다는 전제 아래 전개한 이신칭의에 대한 바울의 논증의 핵심에 속한다. 그러고나서 그는 창세기 15장 6절을 인용한 단락으로 로마서 4장을 시작한다.

> "그런즉 육신으로 우리 조상된 아브라함이 무엇을 얻었다 하리요 만일 아브라함이 행위로써 의롭다 하심을 얻었으면 자랑할 것이 있으려니와 하나님 앞에서는 없느니라 성경이 무엇을 말하느뇨 아브라함이 하나님을 믿으매 이것이 저에게 의로 여기신 바 되었느니라"(롬 4:1-3).

하나님이 아브람의 믿음을 의로 인정하셨을 때 족장 아브람은 율법도 전혀 없었고, 여호와께 멋진 예배를 드리지도 않았으며, 불규칙적으로 제단을 쌓는 것 외에 종교적 의식도 전혀 행하지 않았다. 하나님은 약속하시고, 아브람은 그것을 믿었다. 그 결과 아브람은 의롭다 함을 얻었다.

## D. 아브라함의 언약

아브람과 맺은 하나님의 언약은 12장에서 시작되었지만 아브람의 모든 경험 속에서 확증되고 있으며 항상 자손과 땅을 강조한다. 15장은 하나님이 아브람에게 주시기로 약속하신 땅의 경계에 초점을 맞춘다. 어떤 주석가들은 언약이 조건적이라고 믿는다. 아브람과 이스라엘이 하나님께 불순종했기 때문에 언약은 무효화되었고, 이제 교회를 통해 영적으로 적용되고 있다는 것이다. 그러나 클라우스 웨스터만마저도 다음과 같이 말하고 있다.

> 족장 아브라함에 대한 약속들이 무조건적이라는 것은 후대에 매우 중요하였다. 직접적인 위협 아래 있던 후대의 세대들은 개정된 약속들을 자신들의 상황에 따라 확인할 수 있었고, 백성들과 땅이 상실될 위험에 처하면 하나님의 보증에 의지하

기 위해 백성들과 땅의 보존을 다루었다(「Genesis 12-36」, 230).

많은 복음주의 학자들은 예수님이 다시 오셔서 자신의 왕국을 세우시고 이스라엘을 통치하실 때 이 언약이 실현될 것이라고 믿는다. 제임스 몽고메리 보이스(James Montgomery Boice)는 하나님의 약속을 다음과 같이 묘사한다.

> 첫째, 언약은 일방적이다. 오직 하나님에 의해서만 체결된다. 둘째, 언약은 영원하며 취소될 수 없다. 셋째, 언약은 은혜에 근거하고 있다. 어떤 개인이나 사람도 하나님이 약속하신 언약을 받을 자격이 없다. 이 세 가지 점은 노아와 하나님이 언약을 체결하시는 이야기에서 드러났듯이 아브람의 인생에서도 드러난다(「Genesis」, 117).

창세기 15장은 성경 전반에서 복음의 발전의 초석이 되고 있다. 구원은 바꿀 수도 없고 바뀌지도 않는 하나님의 약속에 근거한다. 우리가 이 시점에서는 이교도적 주변 환경 속에서 하나님의 빛을 여전히 흐릿하게 드러내고 있지만, 곧 이름이 바뀔 한 남자에게 주신 영원히 유효한 은혜의 언약에 대해 연구하게 될 것이다. 그러한 이유로 에릭 사우어(Eric Sauer)는 이렇게 말한다. "창세기 15장은 지금까지 구약에서 가장 기본적인 장이다"[「세계구속의 여명(The Dawn of World Redemption, 생명의 말씀사)」].

## 교안

### A. 들어가는 글

1. '순례자의 약속' 이야기로 시작하라.
2. 배경 설명: 논의를 통해 다루지는 않았지만 창세기의 이 부분에 기록된 사건의 흐름에 대해 고등 비평가들 간에 많은 논의가 있다. 우리는 클라우스 웨스터만의 글

을 통해 이 부분을 약간 소개했지만 이것은 빙산의 일각도 아니다. 하지만 성경을 열린 마음으로 읽는 사람이면 이 전쟁 이야기가 헤브론에서의 아브람의 생활 중에 일어난 사건임을 인정하는 데 어려움이 없을 것이다. 실제로 13장 14-17절의 언약에 대한 짧은 언급은 15장에서 자세히 설명되고 있다. 두 장 모두 "당시에"(14:1)와 "이 후에"(15:1)라는, 동일한 역사적 저자에게서 기대할 수 있는 자연스러운 표현으로 시작하고 있다.

3. 적용: 다음으로 우리는 아브람이 자손에 대한 약속을 어떻게 처리하는지 보게 될 것이다. 이 약속들은 12, 13, 15장에 이미 기록된 적이 있다.

### B. 본문 이해

1. 국가들의 전쟁(14:1-17)
2. 예기치 못한 축복(14:18-24)
3. 약속의 후손들(15:1-6)
4. 언약 의식(15:7-11)
5. 땅의 경계(15:12-21)

### C. 결론: '다른 존 헨리' 를 읽어주라.

## 토의 질문

1. 하나님을 신뢰할 수 있는 실제적인 방법은 무엇인가?

2. 15장의 언약적 의식과 유사한 현대적 의식을 서술해보라.

3. 하나님이 아브라함과 맺으신 언약이 당신에게 어떤 영향을 미친다고 생각하는가?

# 창세기 16:1-18:15

## 최초의 아랍인

*"하나님은 너무 좋은 분이셔서 진실이 아닌 약속을 결코 하시지 않습니다."*

*- 무디(D. L. Moody)*

**하나님의** 약속은 아브라함과 그분의 관계와, 우리와 그분의 관계의 핵심에 위치한다. 아브라함과 우리는 모두 자신의 말씀을 지키시는 하나님의 신실하심을 의지한다. 우리는 땅(12:1)과 자손(12:2) 그리고 축복(12:3)에 대한 하나님의 약속을 이미 살펴보았다. 약속에 대한 이러한 표현들이 여러 번 반복되었다. 우리는 또한 그 약속이 문자 그대로 정확하고(13:14-16), 영원하며(13:15), 무조건적(15:9-18)임을 알고 있다.

### 지리적 정보: 브엘라해로이

- '나를 감찰하시는 살아 계신 자의 우물' 이라는 뜻이다.
- 가데스 근처로 추정된다.
- 이삭이 얼마 동안 살았던 지역(창 24:62, 25:11)

### 지리적 정보: 베렛

- '차갑다' 는 의미이다.
- 가데스 바네아 근방에 위치
- 이곳은 팔레스타인, 가데스, 시나이를 이어주는 역할을 하였다.

### 인물 정보: 하갈

- 사래의 애굽 여종
- '도망' 을 의미하는 이름
- 이스마엘의 모친
- 구약에서는 창세기 21장 21절에 마지막으로 언급되어 있다.
- 신약에서는 율법과 은혜의 차이에 대한 바울의 비유에 나타난다(갈 4장).

# 들어가는 글

## 4월의 크리스마스

로버트 모건(Robert Morgan)은 1766년 12월 25일에 가난한 구두 직공과 그 아내 사이에서 태어난 웨일즈 지방 복음 전도자인 크리스마스 에반스(Christmas Evans)의 사역을 기술하기 위해 '4월의 크리스마스' 라는 제목을 선택하였다. 에반스가 아홉 살이 되던 해, 그의 아버지는 구둣방에서 죽었다. 크리스마스는 결국 알코올 중독자인 삼촌의 집에 얹혀 살게 되었다. 그후 크리스마스는 데이빗 데이비스(David Davies)의 설교를 통해 그리스도께 자신의 삶을 헌신하고, 페니랄트포어(Penyralltfawr)의 헛간에서 촛불로 성경을 읽기 시작했다. 그와 함께 다니던 거친 폭력배는 그가 회심해서 복음 전도자로 소명받은 데 격분해 그를 때리고 그의 오른쪽 눈을 애꾸로 만들었다.

모건이 이야기를 이어간다. "그 젊은이는 그럼에도 불구하고 설교하기로 결심했다. 교회든, 광산이든, 공터든 그가 가는 곳마다 사람들이 모여들었고, 말씀을 듣는 청중들에게 부흥의 영이 강력히 임했다. 말을 가질 여유가 안 되었던 그는 걸어서 웨일즈 전역을 다니면서 마을이나 촌락에서 복음을 전했고 큰 결실을 거두었다."

1802년 4월 10일, 사역으로 힘을 소진하고 주님에 대한 기쁨을 상실한 에반스는 하나님이 그의 가슴에 부흥의 불길을 소생시켜주실 때까지 기도하러 웨일즈 산으로 올랐다. "그는 그날 13개 항목을 적고 머리 글자를 서명하였다. 네 번째 항목은 '나의 은사를 시들게 하는 어리석은 행동을 일절 하지 않도록 하소서' 였고, 여덟 번째 항목은 '당신의 말씀을 전달하기에 앞서 그 말씀의 능력을 경험하게 하소서' 였다."

에반스는 모세처럼 능력이 충만해 산을 내려와 이후 36년 동안 웨일즈와 인근의 엔젤레스(Angeles) 섬에 열정적으로 복음을 전했다. 어떤 역사 학자들은 그를 '웨일즈의 번연' 이라고 부른다.

아브라함은 이와 비슷한 영적 위기에 직면할 것이다. 그는 사역으로 지치지는 않겠지만 하나님의 약속이 이루어지기를 기다리는 인내심을 잃게 될 것이다.

# 본문 이해

## 최초의 아랍인

| Main Idea | 때로는 하나님이 약속을 지키시는 데 지체하시는 것처럼 보인다. 이로 인해 우리는 우리 자신의 계획을 실행하게 되고, 불가피하게 어려움에 빠지게 된다. 이 장들에서 아브람은 위기감을 느끼고, 또한 그가 사랑하는 이들 때문에 두려워한다. 대부분의 신자들은 때로 이러한 경험을 하게 된다. |
|---|---|

### A. 광야의 종(16:1-16)

| Supporting Idea | 아브람에 대한 하나님의 계획은 예정대로 진행되고 있었지만, 유한한 인간의 생각으로는 아브람도 사래도 그 진리를 이해할 수 없었다. |
|---|---|

**16:1-6.** 전세계의 신문 제1면이 팔레스타인의 전쟁과 불안에 대한 이야기와 자살 폭탄과 보복, "아랍인들에게 죽음을" 혹은 "유대인들에게 죽음을"이라는 구호를 외치는 군중의 모습을 담은 텔레비전 화면으로 가득 차 있다. 갈등은 종교 때문이 아니다. 갈등의 핵심은 땅 때문이다.

아랍의 주장을 지지하는 인간적인 논리에도 불구하고 하나님의 계획은 변하지 않았다. 팔레스타인은 이스라엘에게 주어졌고, 언젠가는 전적으로 그들의 땅이 되어 아브라함에게 주신 하나님의 약속이 성취될 것이다. 아브람이 아직 자녀가 없을 때 그 약속이 주어졌다는 것을 기억하라. 유대적이고 동양적인 상속 기준에 의하면, 장자인 이스마엘이 아브람의 상속자가 되고 약속의 계보의 후손이 될 것이다. 하지만 선택된 민족에 대한 하나님의 계획 속에는 애굽인인 하갈의 아들이 포함되지 않았다.

이 장의 사건이 일어날 때 아브람의 나이는 86세였고, 여전히 자녀가 없었다. 고령이 된 부부는 약속의 자녀에 대해 여러 번 의논했을 것이다. 인간적인 조바심 때문에 그들은 그 당시 그 지역에서 일반적으로 성행하던 문화적 관습을 채택했다. 사래가 자신의 여종인 하갈을 통해 아브람의 자녀를 갖자고 제안했던 것이다.

이 고대의 동양적 관습은 현대의 윤리 체계와는 매우 이질적인 것이기 때문에 로널드 영블러드(Ronald Youngblood)의 글을 참고해보자.

> 이스라엘 족장들의 아내들이 그러한 제안을 어떻게 할 수 있었는가? 다시 한 번 강조하지만 그것은 한 사람이 사망할 때 유업의 체계적인 처분을 가능하게 할 조치를 취하기 위해서 아들이 없는 사람이 합법적으로 선택하던 당시의 관습이었다. 아브람이 이미 택했듯이(15:2-3), 아들을 입양할 수도 있었다. 혹은… 집안의 여종 중 한 사람과 동침함으로써 아들을 얻는 방법도 있었다. 그러한 동침을 통해 아들이 태어나면 그 아들의 상속권이 입양된 모든 아들의 권리를 박탈하게 될 것이다. 남성들이 흔히 한 명의 정실 부인과 한 명 이상의 첩을 거느렸던 일부다처제 사회에서(아브람이 그랬던 것처럼, 25:6 참고), 우리가 느끼는 것과는 달리 여종과의 동침은 그다지 이상하거나 충격적이지 않았다(「The Book of Genesis: An Introductory Commentary」, 166).

그러나 그 계획은 시작부터 문제가 되었다. 브닌나와 한나의 경우처럼(삼상 1:6), 하갈이 사래를 멸시하고, 사래는 아브람을 비난하게 되고, 아브람은 사래에게 무엇이든 원하는 대로 할 수 있도록 허용했기 때문에 사래가 하갈을 학대하고… 문제가 계속 꼬여갔다. 그리피스 토마스는 "하갈이 여주인의 절대적인 재산이었기 때문에 그 문제에 관해 아브라함은 당연히 아무런 힘이 없었다. 그는 참견할 수 없었기 때문에 불가피한 현실을 받아들이고 사래에게 '원하는 대로' 하라고 말할 수밖에 도리가 없었다"고 지적한다(「Genesis」, 148).

틀림없이 하갈에게 아브람과의 동침은 기회의 문이었다. 거부 아브람의 첫 번째 첩이 된다는 것은 사래의 노예였던 그녀에게 상당한 신분 상승이었다. 아브람의 장막에 있는 사람들은 그 아내가 불임이라는 것을 다 알고 있었고, 하갈의 임신 소식은 곧바로 퍼졌을 것이다. 하지만 사래는 여주인의 위치에서 밀려날 생각이 전혀 없었다. 자신이 직접 제안했던 그 동침으로 난 아이를 전혀 보고 싶지 않았다. 사래의 시기심 때문에 결국 하갈은 자신이 낳은 아이로 인해 아브람의 장막에서 노예로 예속되지 않기 위해 광야로 도망가게 되었다.

**16:7-12.** 이제 아랍 민족의 탄생을 위한 무대가 마련되었다. 자유에 대한 갈망으로 아랍 민족의 여자 조상은 술이라는 광야의 우물 곁에 홀로 앉았다. 그리고 그곳에서 그녀는 여호와의 사자를 만났다. 이러한 호칭은 구약에서 여러 번 발견된다(창 19:1, 21, 31:11, 13, 출 3:2, 4, 삿 2:1-5, 6:11-12, 14, 13:3, 6, 8-11, 13, 15-17, 20-23). 많은 학자들은 이것이 삼위일체의 제2위인 분의 성육신 이전 현현인, 그리스도의 현현(Christophany)이라고 해석한다. 하지만 주의 천사들은 중요한 사건들의 경우 하나님의 메신저로서 성경 전반에 나타나기 때문에 이것이 유일한 해석은 아니다.

천사는 두 가지 구체적인 질문을 한다. 하갈은 자신이 겪은 일과 광야에 홀로 있게 된 이유를 설명한다. 천사는 하갈에게 사래에게 돌아가서 그 수하에 복종하라고 격려하고 또한 내가 네 자손으로 크게 번성하여 그 수가 많아 셀 수 없게 하리라는 하나님의 약속을 일러준다. 그리고 이어서 주의 메시지는 점점 구체성을 띠며 계속된다. 이 절들은 하갈에 대해 세 가지 개별적인 약속과 그녀의 아들에 대한 세 가지 약속을 담고 있다.

천사는 그녀의 후손들이 번성할 것과, 그녀가 아들을 낳을 것과, 그 아들이 '하나님이 들으신다' 는 의미의 이스라엘로 불릴 것이라고 약속하였다. 이 아들에 대해 천사는 그가 들나귀같이 될 것이며, 다른 사람들과 끊임없이 싸울 것이고, 모든 형제와 대항하며 문명의 언저리에서 살게 될 것이라고 말했다.

세일해머는 "이 장 전반의 핵심적 용어는 '비참함' 이다. 이것은 11절 하반절에서는 명사로, 6절(학대하다)과 9절(복종하다)에서는 동사로 표현되고 있다. 하갈은 사래에게 핍박을 받았다(6절), 그녀는 핍박받는 생활로 다시 돌아가라는 말씀을 들었다(9절), 그리고 여호와께서는 그녀의 고통을 들으셨다(11절)" 고 지적한다(「Genesis」, 135).

**16:13-16.** 천사의 나타남으로 도망을 가던 여종은 결코 잊을 수 없는 교훈을 배웠다. 그녀는 하나님이 '엘 로이(El Roi)' , 즉 '감찰하시는 하나님' 이라는 것을 깨달았다. 오늘날 많은 사람들이 결코 배우지 못한 것, 즉 악과 선을 감찰하시며 모든 곳을 보시는 여호와로부터 도망갈 수 없다는 것을 배웠다. 사무엘처럼 이스마엘은 본인이 아닌 자신의 모친의 인생에서 일어난 사건과 관련된 이름을 갖게 되었다. 이 모든 일은 이삭이 후일 살게 된 곳인(창 25:11) 가데스와 베렛 사이의 우물에서 일어났다.

하갈이 광야에서 돌아오자 아브라함이 얼마나 기뻐했겠는가. 그녀의 증언은 하나님의 약속에 대한 아브라함 자신의 경험을 상기시켜주었을 것이다. 확실히 사래의 여종이 개인적으로 하나님을 만난 것을 아브라함은 분명히 알 수 있었고, 그 임신은 아기가 출생하기까지 새로운 의미를 지니게 되었을 것이다.

### B. 언약의 표징(17:1-14)

| Supporting Idea | 하나님 말씀의 전반에 걸쳐 나타나는 그분의 약속은 진실하고, 우리는 그 약속을 신뢰할 수 있다. |
|---|---|

**17:1-2.** 16장 끝과 17장 시작 사이에는 13년의 세월이 흘렀다. 이스마엘은 이제 십대 소년이 되었고, 아브람은 전능하신 하나님, 엘 샤다이(El-Shaddai)의 방문을 받았다. 이것은 족장들을 정면 도전하실 때의 하나님의 특별한 이름이었다. 하나님은 아브람에게 의의 생활을 계속 하라고 요구하시고 씨에 대한 언약을 확증하셨다. 이 장은 새로운 차원의 영적 경험으로 아브람을 끌어올린다. 확실히 확신과 재보증의 지속적 필요성이 하나님의 이 새로운 계시의 이유였다.

**17:3.** 하나님은 또다시 이것이 너와 내 언약이라고 아브람에게 강조하신다. 성경 학자들은 이것을 구약의 세 번째 언약이라고 생각한다. 이 언약은 양측이 모두 역할을 하는 종주와 봉신의 조건적 맹세 형식을 띠고 있다. 이것은 15장의 무조건적 언약과는 상당히 다르다.

**17:4-8.** 아브람( '높임을 받은 아버지' )에서 아브라함( '많은 자들의 아비' )으로의 이름의 변화는 엘 샤다이의 주권적 권위와 자신의 약속을 이루시겠다는 하나님의 추가적 맹세를 시사한다. 아브라함과 사라가 자신들의 새 이름을 들을 때마다 하나님의 약속을 상기하게 될 것이고, 그분의 신실하심에 고무될 것이다. 이 절에서 하나님만 말씀하시고, 아브라함은 하나님 앞에서 침묵하고 있다.

이 단락에는 내가 너로 심히 번성케 하리니로 시작하여 다섯 개의 약속이 나타난다. 하나님이 아브라함에게 베푸신 축복 중 하나가 자녀들에 대한 기쁨, 이스마엘과 이삭의 아버지라는 기쁨, 처음에는 자신의 가족을 통해 이어서 이스라엘 민족이 성장함으로써 다른 후손들을 통해 성취될 기쁨이라는 것이 얼마나 흥미로운가. 열국의 아비가 되게 함이니라라는 두 번째 약속은 첫 번째 약속의 확장이다. 열국이라는 단어는 복수로 사용되어 있다. 우리는 아브라함이 유대 민족의 조상이라고 생각하지만 그는 또한 모든 아랍인들의 조상이기도 하다. 하나님이 아브라함을 큰 나라들로 만드시겠다는 이 약속은 처음으로 아브라함에게 약속이 주어진 12장(12:1-3)을 상기시켜준다.

하나님은 또한 **열왕이 네게로 좇아 나리라고** 약속하신다. 수년 동안 이스라엘은 왕이 필요하지 않았기 때문에 왕을 두지 않았다. 그러나 사울이 베냐민(아브라함의 증손자) 지파에서 태어났을 때 하나님은 17장 6절의 이 말씀을 이루셨다. 후에 위대한 전사이며, 시편 작가인 다윗이 또 다른 아브라함의 증손자인 유대의 계보에서 났다. 그러므로 우리는 왕들의 전통을 족장들에게로 거슬러 올라가서 결국 아브라함에게로 거슬러 가게 된다.

7절에서 하나님은 아브라함에게 **너와 나 사이에 언약을 세울 것이라고** 말씀하신다. 이 구절을 해석하는 여러 가지 시각이 있다. 어떤 사람들은 구약과 신약으로 확대되는 오직 하나의 언약이 존재한다고 본다. 하지만 어떤 이들은 두 가지의 언약이 있다고 보고, 또 어떤 이들은 여러 가지 언약이 존재한다고 본다. 하나님은 매우 특별한 사람들의 집단, 즉 구약의 언약 백성들과 신약의 언약 백성들에게 자신을 속박시키기를 원한다고 말씀하시고 있다.

마지막으로, 하나님은 **가나안 일경으로 주어 영원한 기업이 되게 하고라고** 아브라함에게 말씀하신다. 이곳은 지중해 동쪽 작은 지역으로 역사의 핵심적인 장소인 팔레스타인이었다. 21세기의 스포트라이트를 받는 현대적 사건들은 하나님이 수천 년 전에 한 노인에게 약속하신 이 지역을 비추고 있다. 이 땅은 언약의 핵심 장소였고, 수 세대에 걸친 반목은 팔레스타인의 태양이 작열하는 평원에서 절정을 이룬다.

**17:9-14.** 9절에서 우리는 이 언약이 하나님의 시각으로 보면 영원함에도 불구하고 아브라함과 그의 후손들의 반응을 요구한다는 것을 알 수 있다. 하나님은 또한 이 인간적인 반응의 상징을 준비하셨다. **너희 중 남자는 다 할례를 받으라.** 할례는 하나님이 이 경우를 위해 특별히 고안하신 새로운 신체적 표징이 아니었다. 실제로 할례는 고대에 잘 알려져 있었고, 아브라함이 살고 있던 민족들 중 많은 곳에서 시행되었다.

하나님은 이 사회적 관습을 종교적 의미를 지닌 행위로 바꾸셨다. 언약을 상징하기 위한 완전히 새로운 의식을 제정하시기보다는 고대의 익숙한 관습을 개정하고 바꾸셔서 새로운 의미를 부여하셨다.

바울은 신약 성경에서 이 상징을 선택하여 영적인 유사성에 대해 지적하였다. 한 개인이 오직 아브라함과의 혈통적 연관성을 통해서만 죄 용서함을 받고 영원하신 하나님과 관계를 갖게 되는가? 절대 아니다.

믿음 때문에 아브라함은 의롭다 함을 받았다. 어떤 환경에서 그것이 의롭다 함을 얻게 되었는가? 그가 할례를 받기 전인가? 후인가? 그것은 할례를 받기 전이었다. 그는 의의 증표인 할례의 표징을 받았고, 아직 할례를 받지 않은 상태에서 믿음으로 의롭다 하심을 받았다. 그러므로 그는 의롭다 하심을 받을 수 있다고 믿지만 할례를 받지 않았던 모든 사람들의 조상이다. 또한 그는 할례를 받았을 뿐 아니라 할례받기 전에 우리의 조상 아브라함이 가졌던 믿음의 발자취를 따르는 자들의 조상이기도 하다(롬 4:9 하-12 참고).

그러므로 우리 역시 할례를 받았다. 마음으로 변화를 받은 새로운 언약의 신자들이기 때문이다. 하나님은 예수 그리스도 안에서 새로운 정체성을 우리에게 주셨고, 그와 우리의 관계를 기억하도록 하시기 위해 두 개의 새로운 언약적 표징(세례와 성만찬)을 주셨다.

아마 믿는 이방인들을 영적으로 포함시킨 것은 하나님이 너희 자손이 아닌 자들을 포함시키신 창세기 17장에서 이미 암시되어 있는 것 같다. 아브라함의 장막에는 많은 노예들이 있었다. 그들 역시 할례 의식에 동참하고 이스라엘 민족으로 흡수되지 않았겠는가?

류폴드는 이렇게 지적한다.

> 우리는 이 질문에 대한 대답이 '그렇다'라고 믿는다. 이스라엘은 확실히 열등한 존재이고, 단순히 소유물로만 인정되던 별개의 노예 계급을 결코 두지 않았다. 그렇다면 원래 가솔의 일부로서 야곱 시대에 애굽으로 내려간 노예들은 어떻게 되었는가? 그 대답은 이러할 것 같다. "그들은 이스라엘 민족으로 자연스럽게 흡수되어 이스라엘 종교를 채택하며 이스라엘 혈통과 융합되었다." 그러므로 불가피한 배타성에도 불구하고 이스라엘은 동시에, 많은 이들이 생각하는 것보다 더 포용력이 있었다. 그러나 할례를 받은 노예들이 선택된 족속으로 흡수되게 해야 한

다는 것에 대해서는 거의 망설임의 여지가 없다.

### C. 약속의 아들(17:15-27)

| Supporting Idea | 오늘날 하나님의 약속은 아브라함 시대와 조금도 다를 바 없이 성취될 수 있다. |
| --- | --- |

**17:15-22.** 이 장의 세 번째 단락은 하나님이 또 아브라함에게 이르시되라는 구절로 시작한다. 첫 단락처럼 이 단락 역시 이름의 변경으로 시작된다. 사래와 사라 둘 다 '공주'라는 의미를 지닌다. 이 변화는 아브람('높임을 받은 아비')에서 아브라함('많은 자들의 아비')으로의 변화보다 더 미묘하다. 두 경우 다 이 부모들이 새로운 한 민족의 시초가 될 것임을 강조한다.

엘리에셀을 대체한 이스마엘의 경우 그런 일은 일어나지 않을 것이다. 사라는 아들을 낳게 될 것이고, 그녀는 열국의 어미가 될 것이다. 이러한 하나님의 말씀에 아브라함은 엎드렸다. 웃다라는 단어는 실제로 이삭('그가 웃다')이라는 이름의 동음이어(pun)이다. 아브라함의 응답을 유의해보라. 이스마엘이나 하나님 앞에 살기를 원하나이다. 아브라함은 이스마엘을 거의 잃어버릴 뻔한 적이 한 번 있었다. 그러나 하나님의 반응은 여기서 어떤 대체 인물도 없을 것임을 암시한다. 이스마엘은 축복을 받을 것이고, 번성케 될 것이며, 큰 나라를 이루게 될 것이다. 그러나 그가 언약의 아들이 되지는 않을 것이다.

21절은 구체적으로 언약에서 이스마엘을 배제시킨다. 영적인 용어로 그는 아브람과 사래가 계획한 행위와 교묘한 계획을 표현하신다. 그러나 이삭이 철저히 은혜의 자녀가 될 것이다. 그리고 이 모든 일은 일 년 안에 일어날 것이다.

**17:23-27.** 하나님은 처음과 마찬가지로 신속하게 아브라함과의 토론을 중지하셨다. 이제 아브라함이 행동할 차례가 된 것이다. 이스라엘을 시작으로 그는 집 사람 중 모든 남자에게 할례를 행하였다. 같은 날에 같은 물 속에서 아들과 아들이 세례를 받는 것처럼 아브라함과 이스마엘은 동시에 할례를 받았다.

### D. 하늘에서 온 방문자들(18:1-15)

| Supporting Idea | 아브라함의 성장과 믿음과 하나님의 언약에 대한 그의 반응은 하나님의 능력과 목적을 증언한다. |
|---|---|

**18:1-2.** 18장에 들어서면 우리는 아브라함의 언약에 초점을 맞춘 한 부분에서 대부분 아브라함의 가족과 관련이 있는 네 장으로 내용상의 전환점을 지나게 된다. 17장의 사건 이후 아브라함은 다시 상수리나무 옆에 자리를 잡고 앉았다. 갑자기 그는 사람 셋이 맞은편에 선 것을 보게 된다. 여호와께서 아브라함에게 나타나셨다는 내용으로 이 장이 시작하고 있기 때문에 이들은 평범한 방문자들이 아니었고, 19장 1절에서는 그 중 두 사람이 천사라고 불리고 있다. 많은 학자들은 이 방문객 중 세 번째 사람을 여호와 자신이라고 본다(또 다른 그리스도 현현).

류폴드는 이렇게 말한다. "세 방문자의 정체를 결정하기 위해서는 여기서 아브라함에게 나타난 이가 '여호와' 였다는 이 첫 절의 단언이 견지되어야 한다. 이 첫 절은 기본적인 진술을 제시하고 있다. 이 진술은 여호와가 세 명의 인간을 보내심으로써 자신의 모습을 드러내셨다는 다소 느슨한 의미로 해석될 수 없다. 그러한 의미가 전달되기 위해서는 1절이 매우 불만족스러운 진술을 했을 것이다."

**18:3-8.** 창세기 18장의 전반부는 공손함과 존경심을 드러낸 손님 접대를 보여준다. 낯선 사람들이 장막 앞에 나타났다. 그들이 누구인지 생각하느라 머뭇거리지 않고 아브라함은 바로 그들에게 가서 엎드려 절하고, 발 씻을 물을 가져오고, 그들에게 휴식과 식사를 제공하였다. 이 사건은 신약 성경에서도 지적하고 있다. 히브리서 13장 2절이 "손님 대접하기를 잊지 말라 이로써 부지중에 천사들을 대접한 이들이 있었느니라"고 기록하고 있다.

아브라함은 손님들을 접대하는 데 전혀 비용을 아끼지 않았다. 사라는 고운 가루를 사용하였고, 아브라함은 기름지고 좋은 송아지를 선택하였다. 8절 말미의 흥미로운 구절도 주의해보라. 나무 아래 모셔 서매 그들이 먹으니라. 이것은 종의 자세이다. 식사를 방해하지 않도록 손님들로부터 적당히 먼 거리에 서 있지만, 필요한 것을 시중 들기 위해 언제든지 손님들이 부를 수 있을 정도의 가까운 거리에 서 있는 것이다.

**18:9-15.** 아브라함이 손님들에게 시중 들기 위해서 나무 아래 서 있을 때 그들은 사

라가 어디 있느냐고 물었다. 그는 지체하지 않고 그녀가 장막 안에 있다고 대답하였다. 그러자 여호와께서는 일 년 안에 약속의 아들이 사라에게서 태어날 것이라고 말씀하셨다. 일반적인 용어로 표현된 후손에 대한 모든 이야기와 사라가 아들을 낳을 것이라는 구체적인 약속(17:16)이 이제 이 일이 이루어질 시기에 대한 구체적인 예언으로 드러났다. 하나님이 직접 이 기적적인 사건을 일어나게 하시기 때문에 이 일이 이루어질 것이다.

사라는 그 말을 듣고 자신과 아브라함의 나이를 즉각 떠올리고 속으로 웃었다. 이것은 17장 17절에서 아브라함이 보인 반응과 완전히 동일했다. 아브라함이 사라에게 자신이 받은 약속을 이야기해주었지만 하나님의 약속을 직접적으로 듣게 된 것은 이것이 처음이었다. 이것은 하나님의 잔인한 농담이 전혀 아니었다.

사라의 웃음이 장막 밖에까지 들리지 않았겠지만 여호와는 아브라함에게 사라가 왜 웃느냐고 물으셨다. 사라는 웃은 것을 부인하였다. 하지만 이 순간의 어려움 속에서 성경의 놀라운 수사학적 질문 중 하나가 제시된다. 여호와께 능치 못한 일이 있겠느냐?

제임스 몽고메리 보이스는 이 실제적인 질문을 오늘날의 세대에게 하고 있다.

> "여호와께 능치 못한 일이 있겠느냐?" 하나님의 아들 주 예수 그리스도의 피로 대속할 수 없는 죄가 있겠는가? 모세는 살인자였지만 구원을 받았고, 다윗은 간음죄와 살인죄를 지었지만 구원을 받았다. 베드로는 그리스도를 부인했다. 바울은 스데반을 죽였다. 이 사람들과 그 외 셀 수 없이 많은 죄인들이 오직 예수 그리스도의 공로로 구원을 받았다. 그들의 구원은 하나님께 능치 못한 일이 아니었다. 당신들의 구원이 불가능한 이유가 어디 있겠는가? 하나님은 여러분에게 이렇게 말씀하신다. "우리가 서로 변론하자 너희 죄가 주홍 같을지라도 눈과 같이 희어질 것이요 진홍같이 붉을지라도 양털같이 되리라"(사 1:18, 「Genesis」, 155).

| Main Idea 복습 | 때로는 하나님이 약속을 지키시는 데 지체하시는 것처럼 보인다. 이로 인해 우리는 우리 자신의 계획을 실행하게 되고, 불가피하게 어려움에 빠지게 된다. 이 장들에서 아브람은 위기감을 느끼고, 또한 그가 사랑하는 이들 때문에 두려워한다. 대부분의 신자들은 때로 이러한 경험을 하게 된다. |
|---|---|

# 결론

## 야베스의 기도

「야베스의 기도(The Prayer of Jabez, 도서출판 디모데)」라는 제목의 작은 책은 2001년 한 해 동안 「뉴욕 타임스(New York Times)」의 베스트 셀러 목록에 오른 최고 10권의 책 중 하나였다. 수백만 부가 판매되었는데, 목회자들이 교인들에게 주기 위해 수천 권씩 그 책을 구입하기도 했다.

이 책은 역대상의 첫 9장이라는 사막에서 오아시스처럼 등장한 역대상 4장 10절 한 절을 해석하고 있다. 야베스는 군사적 승리에 대해 이야기하고 땅에 대한 그의 소유권을 주장한다. 바톤 페인(J. Barton Payne)은 "야베스의 믿음의 기도는 은혜를 받는 계기가 되었고, 하나님은 오스비(osbi), 문자적으로 '내게 고통을 끼치는' 대신 그를 지키시고 축복하셨다"고 지적한다.

아브라함은 하나님께 자신을 축복하시거나, 그의 땅을 넓혀 주시도록 기도할 필요가 없었다. 하나님이 이미 그것을 이루어주시겠다고 분명하게 밝히셨기 때문이다. 그러나 아브라함은 여전히 하나님에 대한 절대적 의존을 배울 필요가 있었다. 이러한 자세는 22장의 큰 시험이 있은 후에야 나타난다. 아브라함과 사라 두 사람 모두 하나님이 악에서 그들을 지켜주시도록 계속해서 기도할 필요가 있었다. 가나안에서 그들을 둘러싸고 압력을 가하는 악과 하나님을 의심하게 하고 사라의 경우 거짓말로 죄를 범하도록 한 그들의 마음의 악에서 보호해주시도록 계속 기도해야 했다. 지금까지 일어난 온갖 일에도 불구하고 가장 큰 도전이 아브라함 앞에 기다리고 있었다.

■ **진리 알기**

- 하나님이 자신의 약속을 지키시는 데는 우리의 도움이 필요치 않다.
- 하나님은 모든 것을 보시고 아신다.
- 하나님은 우리 안에서 우리를 위해 하신 일을 상기시키기 위해 시각적인 존재를 두신다.

• 하나님은 우리의 삶에 대한 하나님의 계획을 비웃는 것을 좋아하지 않으신다.

▣ 적용하기

• 아브람과 사라의 조바심에서 오래 참음을 배우라.
• 하나님이 우리 삶의 모든 상황을 감찰하고 계심을 깨달을 때 어떤 변화가 일어나는가?
• 세례의 증인이 되고 주의 만찬에 참여할 때 하나님이 어떤 깨달음을 주시는가?
• 하나님이 당신의 삶 속에서 하시기를 원하시는 것에 한계를 두고 있지는 않는가?

## 삶의 적용

### 튼튼한 기초

아브라함의 믿음이 성장하고 하나님과의 영적 행보가 깊이를 더해 갈수록 그는 시편 119편 89-93절에서 웅변적으로 기록해놓은 진리를 깨닫게 되었다. "여호와여 주의 말씀이 영원히 하늘에 굳게 섰사오며… 내가 주의 법도를 영원히 잊지 아니하오니 주께서 이것들로 나를 살게 하심이니이다." 이와 같은 성경 본문들을 이용해 로버트 킨(Robert Keene)은 '얼마나 튼튼한 기초인가(How Firm a Foundation)' 라는 위대한 찬송시를 지었다.

로버트 리(Robert E. Lee)는 이 찬송을 좋아하여 자신의 장례식에 이 곡을 연주하도록 하였다. 이 찬송은 1787년 '참으로 놀랍고 보배로운 약속(Exceeding Great and Precious Promises)' 이라는 제목으로 처음 등장했다. 1898년 크리스마스 이브에 하바나 근처의 쿼마도스 언덕에 주둔한 전 미 육군 군대가 이 찬송을 불렀다.

안식하기 위해 예수를 의지하는 영혼을
나는 결코 원수들에게 넘겨주지 않으리라.
모든 지옥의 원수들이 흔들려고 해도
그 영혼을 나는 결코 버리지 않으리라.
결코 버리지 않으리라.

여호와께 능치 못한 일이 있겠는가? 결코 없다. 우리의 믿음과 삶은 그 튼튼한 기초 위에서 앞으로 나아가고 있다.

## 기도

하나님 아버지, 우리에게 아브라함의 믿음을 주셔서 당신이 우리에게 원하시는 모든 것이 우리의 삶 속에 실제로 이루어질 수 있음을 믿게 해주십시오. 당신께 능치 못한 일이 없다고 진정으로 믿으며 손님 대접하기를 게을리하지 않는 그리스도인이 되게 해주십시오. 아멘.

## 심층 연구

**A. 엘 샤다이(17:1)**

아브람은 언약의 하나님께 경배하였다. 수년 후에 하나님은 모세에게 "나는 여호와로라 내가 아브라함과 이삭과 야곱에게 전능의 하나님으로 나타났으나 나의 이름을 여호와로는 그들에게 알리지 아니하였고"(출 6:2-3)라고 하실 것이다. 족장들은 이스라엘의 언약의 하나님과 관계를 맺었지만 그들의 신학은 여전히 원시적인 수준에 머물러 있었다. 그들은 역사를 통해 반복적으로 자기 백성들을 구속하신 하나님에 대한 온전한 의미를 다 깨닫지 못하였다. 출애굽은 하나의 민족으로서의 이스라엘에 대한 자기의 언약을 이루시기 위해 하나님이 어느 정도까지 움직이시는지 보게 될 최초의 대사건이 될 것이다.

'엘 샤다이' 라는 이름은 창세기에서 다섯 번 사용된다(17:1, 28:3, 35:11, 43:14, 48:3). 욥기에서 이 이름은 여러 번 등장한다. 대부분의 전문가들은 '샤드' 라는 핵심 요소가 '산' 인지 '가슴, 품' 이라는 뜻인지 확인할 수 없다는 데 동의한다. 이는 이 단어가 두 의미를 모두 갖고 있기 때문이다. 하늘의 하나님께 두 의미가 모두 적용될 수 있다. 도널드 번하우스는 '가슴' 을 선택한다. "이 구절의 진의 혹은 신학은 이 이름에 그러한 의미가 담겨 있어야 함을 요구한다. 그렇다면 하나님은 그분의 자녀들이 그분의 품에서 안식과 자양분을 얻을 수 있는 분이시다"(「Genesis: A Devotional Exposition」, 132).

데렉 키드너는 그의 주장에 동의하지 않는다. 그는 이렇게 주장한다.

> 더 나은 방식은 이 단어의 용례를 연구하는 것이다. 이것은 우리에게 익숙한

(하나님의) 힘의 강조, 특히 인간의 연약성과 대조되는 (하나님)의 능력에 대한 강조를 확인해준다(이 이름은 욥기에서 선호하는 신의 명칭이다). 창세기에서 이 호칭은 하나님의 종들이 압박을 받고 재확신을 필요로 하는 상황에서 사용되는 경향이 있다(「Genesis」, 129).

자녀들을 포근하게 안아주시는 하나님의 의미든, 전능하신 하나님의 의미든, 가슴이란 뜻을 가지든, 산이란 뜻을 가지든 하나님은 특별히 족장들과 욥을 위해 이 특별한 이름을 사용하셨다.

### B. 조건적 언약과 무조건적 언약(17:1-14)

언약이라는 개념의 등장은 아브라함이 아니라 노아 때였다. 언약은 창세기의 초두에서 신약에 이르기까지 사람들에 대한 하나님의 지속적인 사역과 관련이 있었다. 창세기 17장에서 하나님은 이 관계를 반복적으로 "내 언약" 이라고 상기시키신다. 이는 하나님이 그것을 시작하시고, 확인하시고, 확증하셨기 때문이다. 그러나 창세기 17장 9절에서 "그런즉" 이라는 구절은 언약의 백성들의 책임을 소개하고 있다. 18장과 22장과 26장에서 다시 살펴보겠지만 언약이 약속한 모든 것을 누릴 수 있는 조건은 사람들의 순종이었다. 이러한 의미에서 언약은 무조건적일 뿐 아니라 조건적이기도 하다.

이 모든 것은 성경 전체를 특징짓는 은혜와 율법 간의 독특한 관계를 형성한다. 바울은 이것을 여러 번 반복해서 다루지만, 언약의 개념은 히브리서에서 완성된다. 히브리서에서는 '디아헤케(diaheke)' 라는 단어가 17번 사용되고, 새로운 언약은 옛 언약과 극적으로 대조를 이루고 있다.

새로운 언약의 약속 때문에 하나님은 직접 옛 언약이 무용지물이 되었음을 선언하셨다. 그러므로 그것은 언제든 사라질 수 있다(히 8:13). 이것은 옛 언약이 완전히 배제되었다는 의미가 아니라 새로운 언약에 의해 옛 언약이 추월당하고 성취되었음을 의미한다. 그리스도 안에서 한 가지 언약 개념의 '모형(타이포스, typos, 8:5)' 과 '참 형상(에이콘, eikon, 10:1)' 이 실현되었다. 콜린 브라운(Colin Brown)에 의하면,

새 언약은 더 나은 약속들에 기초를 두었다… 하지만 옛 언약처럼 새 언약은 피

> 의 언약이다. …하지만 그것은 희생 제물의 피가 아니라 희생 제사를 집행하는 당사자 자신, 즉 대제사장의 피다. 그러므로 오직 유언자의 죽음을 통해서만 그의 유언이 법적으로 집행될 것이기 때문에 그리스도의 죽음이 필수적이었다(「The New International Dictionary of New Testament Theology」, 371).

우리가 어떤 방향으로든 죄를 짓는다면 우리 자신의 책임을 망각하지 않는 동시에 하나님을 더 의지하도록 해야 한다. 은혜가 율법을 대체하고, 하나님의 약속의 무조건성이 우리의 믿음의 토대를 형성한다. 토저(A.W. Tozer)는 자신의 저서 「하나님을 바로 알자(The Knowledge of the Holy, 생명의 말씀사)」에서 이렇게 상기시킨다.

> 오늘날 교회에 부과된 가장 막중한 의무는 다시 한 번 하나님에 대한 합당한 개념이 형성되기까지 하나님에 대한 교회의 개념을 정화시키고 고양시키는 것이다. 교회의 모든 기도와 노력에서 이 일이 가장 우선시되어야 한다. 히브리인들과 과거 세대의 기독교 교부들로부터 받은 하나님에 대한 그 고귀한 개념을 조금도 축소시키거나 모호하게 하지 않은 상태로 다음 세대의 그리스도인들에게 전달할 때 우리는 그들에 대한 최고의 봉사를 하는 것이다. 이것은 예술이나 과학이 고안할 수 있는 어떤 것보다 더 놀라운 가치를 지닌 것으로 판명될 것이다.

## C. 할례

이스라엘이 광야에서 방랑 생활을 할 때 할례의 관습을 행하지 않았기 때문에 여호수아는 여리고 전투를 앞두고 요단 강 서편에서 그 관습을 재시행하였다(수 5:2-9). 여호수아 시대에는 이스라엘도 할례가 외적인 표징 이상의 것임을 이해하였다. 그것은 내적인 헌신을 상징하는 것이었다. 모세는 신명기 10장 16절에서 백성들에게 "그러므로 너희는 마음에 할례를 행하고 다시는 목을 곧게 하지 말라"고 말했다.

그리피스 토마스는 이 창세기 본문이 함의하고 있는 헌신의 의미를 포착하고 있다.

> 우리는 여기서 성경에서는 처음으로 하나님과 관련한 초기 생활을 정식으로 접하게 된다. 하나님은 어린 아이들과 언약을 맺으셨고, 아브라함과의 언약은 은혜

의 언약이었기 때문에 우리는 하나님의 나라에서 어린 아이들의 진정한 위치를 보게 된다. 할례가 모세의 율법과 유대인의 행위 언약의 특징이었던 것만은 아니다. 그것은 여기서 보듯이 모세 이전에 생긴 것이었고, 은혜의 언약과 관련이 있었다. 따라서 유대 민족의 종교 생활과는 독립적이면서 그것보다 더 포괄적인 것이었다(요 7:2). 하나님은 여기서 어린 자녀에 대한 아버지의 모습으로 나타나고 계시며, 그 태도를 한 번도 바꾸지 않으셨다(「Genesis」, 155).

## 교안

### A. 들어가는 글

1. '4월의 크리스마스' 이야기로 시작하라.
2. 배경 설명: 아브람은 주전 약 2166년에 태어났고, 2091년에 가나안으로 이주하였다. 이스마엘은 주전 2080년에 태어났는데, 17장에서 열세 살로 기록되어 있기 때문에 이 장의 연대는 2093년이 된다. 그러나 18장은 적어도 2년 후에 일어났을 것이 분명하다. 이제 이삭의 출생이 불과 일 년밖에 남지 않았기 때문에 이삭이 태어날 때 이스마엘은 열여섯 살이었다.
3. 적용: 우리가 땅과 자손의 개념을 명심한다면 이 장들을 관통하는 흐름을 알 수 있다. 전쟁과 싸움이 일어났다 사라지고, 영적인 경험과 상징이 풍성하게 등장하지만 하나님은 아브라함의 삶 속에서 자신의 계획을 이루어가신다. 16장은 이스마엘의 출생에 대해 이야기해준다. 이제 13년이 흐른 후 거룩한 방문자들이 소돔과 고모라에 대한 하나님의 계획을 계시함에 따라 우리는 아브라함의 생애에 나타난 또 다른 개입을 보게 될 것이다.

### B. 본문 이해

1. 광야의 종(16:1-16)

2. 언약의 표징(17:1-14)
3. 약속의 아들(17:15-27)
4. 하늘에서 온 방문자들(18:1-15)

**C. 결론**: '튼튼한 기초' 를 읽어주라.

## 토의 질문

1. 16절의 초두에 나타난 아브람과 사래의 관계에 대해 어떤 결론을 내리겠는가?

2. 구약의 할례와 신약의 세례의 관계를 자기 자신의 말로 설명해보라.

3. 불가능해 보이고 심지어 믿기조차 어려운 하나님의 말씀의 약속에 대해 어떻게 반응하겠는가?

# 창세기 18:16-19:38

## 소돔과 고모라

"기도만큼 인생의 어려움을 빠르게 해결할 수 있는 방법은 없다."

- 윌리엄 맥켈로이(William T. McElroy)

죄악 속에 살기로 선택한 롯의 행위는 그의 가족에게 최종적인 영향을 미친다. 소돔과 고모라 이 두 성의 파멸에서 오직 세 사람만 살아 남는다.

**인물 정보: 벤암미**

- '내 백성의 아들' 이라는 뜻이다.
- 롯의 둘째 딸이 낳은 그의 아들이자 손자
- 암몬족의 조상

**인물 정보: 모압**

- '씨' 를 의미한다.
- 롯이 큰 딸과의 근친 상간을 통해 얻은 아들이자 손자
- 이스라엘에게 계속해서 어려움을 안겨준 모압족의 조상

## 들어가는 글

# 악의 뿌리

2001년 6월 티모시 멕베이(Timothy Mcveigh)는 사형 집행을 기다리며 감옥에 앉아 있었다. FBI의 악명 높은 '문서 누락' 때문에 원래의 집행 계획은 연기되었고, 사람들은 한 개인이 아무런 가책 없이 무모하게 타인을 파멸하고자 하는 자발적 의사를 갖게 하는 것이 무엇인지 궁금증을 갖기 시작했다. 그들은 또한 조나단 알터(Jonathan Alter)가 말하고 있는 사형 제도에 대해 다시 눈여겨보았다. "그들은 사형 제도의 공정성에 대해 점점 더 관심을 갖게 되었다. 모든 차원에서 무고한 자를 처형하지 않고 죄인을 응징하는 제도 구축이 이제 목표가 되어야 한다. 지금이 그때가 아니라면 언제겠는가?"[〈뉴스위크(Newsweek)〉, 2001년 5월 21일]

멕베이 사건은 1993년 뉴욕의 세계무역센터 폭파를 지휘한 람지 유세프(Ramzi Yousef)와 테드 카진스키(Ted Kaczynski)에 대한 기억을 떠올리게 한다. 우리는 그 목록에 33명의 소년들을 강간하고, 고문하고, 살해한 존 웨인 게이시(John Wayne Gacy), 24명의 여성들을 죽이고 희생자들을 '짐짝'과 '상한 물건'으로 부른 테드 번디(Ted Bundy)를 추가할 수 있다. 혹은 17명의 남자와 소년들을 자신의 아파트로 유인해 그들을 살해한 후 인육을 먹고 그 시체의 일부를 냉장고에 저장한 제프리 대머(Jeffrey Dahmer)도 있다. 〈뉴스위크〉의 연구에서 기자들은, 설문에 응한 사람들의 31퍼센트는 모든 사람들이 악에 대한 성향을 갖고 있다고 말했고, 33퍼센트의 사람들은 잘못된 양육 과정에 원인이 있다고 대답했으며, 53퍼센트는 악과 싸울 수 있는 최선의 방법이 종교적이고 도덕적인 훈련이라고 대답했음을 발견하였다.

그러나 진정한 해답은 동일한 문제에 대한 '악의 극복'이라는 기사로, 케네스 우드워드(Kenneth L. Woodward)가 쓴 글에서 드러난다. 우드워드는 다음과 같은 내용으로 시작하고 있다.

> 우리가 악에 매료되는 것은 우리 자신에게 매료되기 때문이다. 성경을 그대로

받아들인다면, 하나님으로부터의 소외는 인간성의 자연적인 서식처이며 그것이 완전히 형체를 드러낸 것이 악이다. 실제로 성서에서 악은 선보다 더 많이 언급된다. 그럴 만한 이유가 있다. 성경의 관점에서 보면 하나님보다 자신을 섬기는 것이 인간의 본능적 성향이기 때문이다. 오클라호마 시티 연방 청사 폭파범으로 사형을 기다리고 있는 티모시 멕베이 같은 사람의 경우 그의 본능은 자신이 하나님인 것처럼 다른 사람에게 징벌을 가하는 것이다. 이런 관점에서 보면 악행은 지나친 자만심에서 나온다. 그 자만심은 도덕적 허약함으로 그 자체가 강력한 힘으로 발현된다. 성인들조차 그런 자만심을 극복하기 위해 노력하지 않으면 안 된다. 사도 바울은 이렇게 고백했다. "내 속 곧 내 육신에 선한 것이 거하지 아니하는 줄을 아노니 원함은 내게 있으나 선을 행하는 것은 없노라 내가 원하는 바 선은 하지 아니하고 도리어 원치 아니하는 바 악은 행하는도다" (롬 7:18-19).

항상 그러듯이 우드워드는 정곡을 찌른다. 우리가 살펴볼 본문은 성경에서 거대한 악의 모습 중 하나를 드러낸다. 소돔과 고모라 이야기는 동성애와 밀접한 관련이 있기 때문에 소도미(sodomy)는 우리 사회의 동성애와 동의어가 되었다. 성경 구절은 명확하고 구체적이다. 소돔에 확실히 이성애가 없었던 것은 아니지만, 그 성에는 낯선 자들이 성을 방문하면 성관계를 요구하며 거리를 쏘다니는 동성애자 무리들이 있을 정도로 성적 향락이 만연하였다. 하나님의 심판의 필요성이 절대적으로 요구되었기 때문에 하나님은 먼저 아브라함과 그것을 논의하였고, 그로 인해 성경의 가장 익숙한 논쟁 가운데 하나를 촉발하게 되었다.

## 본문 이해

# 소돔과 고모라

| Main Idea | 하나님은 종종 우리가 예기치 못한 방법으로 우리의 기도에 응답하신다. |
|---|---|

### A. 심판의 메시지(18:16-21)

| Supporting Idea | 아브라함은 하나님의 친구였고(대하 20:7, 사 41:8, 약 2:23), 하나님은 그를 통해 세상의 모든 민족들을 축복하기로 선택하셨다. 아브라함은 지상의 열방 속에서 죄에 대한 하나님의 원리를 배울 수 있는 특권을 받았다. |
|---|---|

**18:16-19.** 주인으로서 자신의 역할을 계속하던 아브라함은 손님들이 떠나는 것을 배웅하였다. 그들은 소돔으로 향하였다. 우리는 아브라함이 하나님의 친구라는 것을 성경 뒷부분에서 알게 된다. 하나님은 여기서 친구라는 단어를 사용하지 않고도 그 관계를 연상시키신다. 본문 17-19절은 아브라함에게 들리도록 하나님이 말씀하신 내용을 기록한 것인지, 혹은 하나님이 '자신에게 말씀하셨던' 것인지 의문스럽다. 류폴드는 "그것은 나지막하지만 다른 사람에게 들릴 정도로 이루어진 야훼의 독백이라고 보는 것이 가장 설득력이 있는 것 같다. 그것은 실제로 독백이었다. 하지만 아브라함의 귀에 들리게 할 의도도 있었던 것이 확실하다"고 말한다.

류폴드가 옳다면 이 단락은 하나님과 아브라함의 친밀한 관계뿐 아니라 그의 무거운 책임을 그에게 일깨우는 것이었다. 우리는 19절의 강조를 간과하지 말아야 한다. 하나님은 아브라함을 택하셔서 그로 그 자식과 권속에게 명하여 여호와의 도를 지켜 의와 공도를 행하게 하려 하셨다. 우리는 "~하려"의 표현에서 약속의 조건적인 측면을 볼 수 있다.

**18:20-21.** 이 절들은 호기심을 불러일으킨다. 내가 내려가서 그 모든 행한 것이 과연

내게 들린 부르짖음과 같은지 그렇지 않은지 내가 보고 알려 하노라. 왜 하나님이 알아보실 이유가 있는가? 우리는 이미 소돔의 죄가 명확하게 드러났음을 알고 있다(창 13:13). 이 구절은 18장 25절 말미의 아브라함의 수사적 질문에 드러나는 심판자의 이미지를 특징적으로 드러낸다. 하늘의 방문자들은 땅이 아니라 사해를 끼고 있는 평지로 내려갈 것이다. 의로운 인간 재판관처럼 자신의 판결에 대한 증거가 뒷받침될 때까지 행동하지 않는다고 해서 하나님의 전지하심이 위험에 처하는 것은 아니다.

### B. 중보 기도(18:22-33)

| Supporting Idea | 아브라함은 하나님과의 관계를 주도했다. 두 천사가 동쪽으로 떠난 후 아브라함은 하나님께 나아가고 흥정이 시작된다. |
|---|---|

**18:22-26.** 하나님의 심판에서 죄악된 한 성을 구하기 위해 몇 명의 의인이 필요한가? 우리는 어떤 경험도 없지만 이 경우에는 하나님이 50명의 의인만 찾을 수 있다면 전 성을 심판하시지 않는 데 동의하실 것이다. 소돔과 같은 곳에서 의롭다는 것은 무엇을 의미하는가? 아마 아브라함은 그 성에 대한 롯의 영향력으로 하나님을 따르는 자들이 생겼을 것이라고 바랐던 것 같다. 아니면 이 성에서 순수한 추구자들, 즉 죄악된 주변 환경을 거부하고 진리와 선을 찾던 사람들을 가리킬 수도 있다.

아브라함과 전능자의 이 거래에 대해 데렉 키드너는 이렇게 기록한다.

> 이 기도가 흥정에 가깝다고 말하기 쉬울 것이다. 하지만 올바른 표현은 '탐색'이다. 아브라함은 믿음(하나님의 통치 범위와 그 통치의 공정성에 대한 그의 이해가 드러난 25절에 훌륭하게 표현되어 있다)과, 철저히 올바른 호칭을 사용하는 겸손과, 자기 친족만이 아니라 성 전체를 생각하는 모습에서 증명된 사랑의 마음으로 신중하게 중재를 시도하고 있다(「Genesis」, 133).

**18:27-33.** 26절에서 긍정적인 대답을 받은 아브라함은 계속해서 45명으로, 이어서 40명, 30명, 20명 결국 10명까지 내려간다. 하나님은 그 모든 수에 대해 아브라함의 요청을 들어주신다. 내가 십 인을 인하여도 멸하지 아니하리라. 물론 하나님은 평지의 그

성들에 정확히 얼마의 의인들이 있는지 알고 계셨다. 의인의 수가 감소함에 따라 그 성들의 죄악의 깊이에 대한 아브라함의 이해도 함께 증가했을 것이다.

아브라함이 열 명에서 멈춘 이유가 무엇인가? 하나님은 그의 요청을 계속 들어주고 계셨다. 그렇다면 다섯 명이나 심지어 네 명까지 요구하지 않은 이유가 무엇인가? 존 필립스(John Phillips)는 아브라함이 평지의 다섯 성에 대해 각기 필수적인 증인의 수를 곱했을 것이고, 열 명이 하한선이라고 결론지었다고 주장한다. 그는 "평지 지역에는 다섯 개의 성들이 있었다. 성경에서 적절한 증인의 수는 두 사람이다. 그러므로 계곡에는 열 명의 의인들이 있어야 했다. 그렇지 않으면 하나님께 제시할 수 있는 최소한의 증인도 갖출 수 없을 것이다"(「Exploring Genesis」, 157).

아브라함은 자신이 하나님을 설득하고 성(전체 대화는 성을 단수로 표현하고 있다)을 구했다고 생각했을 수도 있다. 무엇보다도 롯의 영향을 받았을 두 명의 사위가 있고, 그들의 가족들도 롯의 영향을 받았을 것이다. 어떤 학자들은 아브라함이 주님과 매우 친밀하였기 때문에 주님과의 논쟁이 끝났음을 감지할 수 있었고, 32절 후에 바로 포기했다고 말한다. 하지만 본문은 그 결정이 하나님께 속했음을 암시하는 것 같다. **여호와께서 아브라함과 말씀을 마치시고 즉시 가시니.** 대화가 끝난 후 혼자 서 있던 **아브라함도 자기 곳으로 돌아갔다.**

### C. 롯에 대한 경고(19:1-15)

| Supporting Idea | 아브라함은 하나님이 롯을 구하고 성을 심판에서 면해주심으로써 정의를 드러내시기를 원했다. 하지만 하나님은 롯을 구하고 성을 멸망시키심으로써 정의를 실현하는 방법을 택하신다. |
|---|---|

**19:1-2.** 언뜻 보기에 이 두 절은 앞장에서 아브라함이 이 두 천사에게 보인 것과 동일한 순수한 겸손과 손님 접대의 모습을 보여준다. 또한 그의 신실함을 부인할 수 있는 이유도 전혀 없다. 하지만 소돔에서 롯의 역할은 **소돔 성문**에 **앉았다는** 단순한 표현에 드러나 있다. 이것은 그가 여가 시간을 보내던 장소에 대한 가벼운 표현 이상의 내용을 제공하고 있다. 그것은 장로들이 법적인 문제와 정치적인 사건들을 논하던 공식적인 회합 장소를 가리킨다.

아마 롯은 악한 성으로 들어오는 선량한 사람들에게 도움이 되기 위해 자신의 지도적 위치를 이용하고 있는 것 같다. 이것은 확실히 천사들에 대한 그의 즉각적인 반응의 이유를 설명해준다. 우리는 천사들이 밤을 경야에서 지내겠다고 말했을 때 그가 크게 근심했을 것이라는 추측만 할 수 있을 뿐이다. 롯이 '의인' 이었다는 베드로의 평가(벧후 2:7-8)를 잊지 말자. 우리는 창세기 기사에서 그러한 점을 엿볼 수 없지만 베드로의 증언은 이 장 초반의 롯의 근심을 이해하는 데 도움이 된다.

**19:3-5.** 우리 시대에 흔한 표현을 빌리자면, 롯은 "아니라"는 대답을 받아들이려고 하지 않았을 것이다. 그가 그 나그네들을 집 안으로 데리고 가서 먹을 것을 대접하였지만, 자려고 할 때 문제가 시작되었다.

롯의 강한 권유는, 그가 그 성에서 이 나그네들에게 어떤 일이 일어날지 알았다는 것을 시사한다. 우리는 소돔이라는 타락한 곳에서 살며 지도자의 직책을 맡았던 롯을 베드로가 왜 "의롭다"(벧후 2:7-8)고 했는지 궁금하다. 도널드 번하우스는 "그것은 성령의 이끄심에 저항하는 육의 욕망에 대한 놀라운 그림이다. 지상에 있을 동안 자신의 육적인 욕망이 잠잠해질 것이라고 생각하는 사람은 누구든지 롯의 욕망의 비열함을 이해하지 못한 것이고, 실제로 자기 자신의 욕망의 성격에 대해서도 이해하지 못한 것이다"라고 말한다(「Genesis: A Devotional Exposition」, 163).

많은 주석가들은 KJV 성경에서는 '알다' 로 번역된 히브리어 동사 '요다(yoda)' 가 NIV 성경이 번역한 것처럼 반드시 성적인 지식을 의미하는 것은 아니라는 것을 근거로 소돔 이야기에 대한 역사적 이해에 다소 이의를 제기해왔다. 동성애 찬성 주장에 동조하는 주석가들은, 소돔 사람들은 단순히 롯의 손님들을 '소개받고' 싶었을 뿐이라고 주장해왔다. '요다' 의 의미가 고려해야 할 유일한 요인이라면 이 주장이 설득력이 있다. 하지만 전체적인 문맥을 고려할 때 이 해석은 핵심을 간과한 것이다.

확실히 모든 성과 마찬가지로 소돔에도 다른 죄들이 만연하였다. 하지만 우리는 하나님이 특별히 한 사건을 선정하시고 그 죄 때문에 두 성 전체를 멸망시키신 역사의 한 사건만 알고 있다. 그 죄는 동성애였고, 그 성은 소돔과 고모라였다. 동성애 신학자들은 롯이 신분이 확실하지 않은 이방인들을 받아들임으로써 소돔 주민들을 분노케 하였다고 주장한다. 이 해석에 의하면, 사회적 불법 행위에 화가 난 사람들이 그들의 신분을 증명하길 요구하며 롯의 문을 두들기고 있었다는 것이다.

롯의 대문에서 소돔 사람들이 갑자기 동성애 충동을 느꼈다고 생각하는 사람들은 아마 순진한 성경 학도들일 것이다. 하나님은 이미 소돔의 죄악이 심각하다고 선언하셨다. 그 성에서 동성애의 악취가 진동한 것은 오래되었다. 아브라함은 천사들이 그 성에 들어서기 전에 심판이 임할 것이라는 말을 들었다. 동성애 옹호 신학자들은 '요다' 라는 단어가 성적인 지식을 묘사하기 위해 구약에서 사용된 것은 열다섯 번밖에 없다고 주장하지만, 정신적인 이해의 의미로 사용된 것은 9백 회가 넘는다.

그러나 문맥을 통한 논증에 근거한 해석이 항상 더 설득력이 강하기 때문에 진지한 주석가들은 그러한 통계에 크게 연연해하지 않는다. 성경에서 분명한 성적 의미를 묘사하기 위해 '요다' 가 사용된 용례가 한두 개밖에 없다고 하더라도 우리는 이 구절에서 이 단어가 성적인 것을 강조하는 것이라고 확실히 결론내릴 것이다. 데렉 키드너가 지적하듯이 "사사기 19장 25절에서 기브아 사람들이 개인적 관계라는 의미에서 그들의 희생자를 '알았다' 고 주장하는 사람은 아무도 없다. 하지만 그들에 대해 '알다' 란 단어가 사용되고 있다"(「Genesis」, 137). 소돔의 죄악으로 동성애가 아닌 다른 죄를 주장하는 동성애 옹호 신학자들의 주장을 다룰 때 데렉 키드너는 "이러한 이유 중 어떤 것도 엄밀한 검증을 견딜 수 있는 것은 하나도 없다고 주장할 수도 있다" 고 말한다.

사실상 여기서 사용된 '요다' 는 그 토대가 되는 창세기 4장 1절을 떠올린다. 창세기 19장은 인간의 타락이 어디까지 갈 수 있는지 엿보게 한다. 소돔을 살펴볼 때 우리는 창세기 6장 1-12절, 레위기 18장 24-30절 그리고 로마서 1장 24-27절과 같은 구절들이 사실을 과장한 것이 아님을 알 수 있다. 동성애가 다른 곳에서도 만연하였다고 가정할 수 있지만 역사의 이 시점에서 집중적인 조명을 받는 곳은 평지의 다섯 성에 한정되어 있다. 우리 시대에 동성애자의 권리와 동성애자의 자부심은 국제적인 대의가 되었다.

**19:6-9.** '대안적 생활 방식' 에 대해 관용을 보일 것을 요구받는 현대 그리스도인들은 롯이 어느 정도 타락했는지 살펴볼 필요가 있다. 그 성의 죄악이 자신의 집과 그가 책임져야 할 손님들에게 영향을 미치기 전에 확실히 그는 그 죄악을 무시할 수 있었다. 하지만 두 손님 대신에 처녀인 두 딸을 내어주겠다는 그의 제안에 우리는 충격을 받을 수밖에 없다. 여기서 우리는 또 다른 죄를 범하는 것으로 죄를 피하려고 하는 전형적인 예를 볼 수 있다. 어떤 주석가들은 그의 제안이 거부될 것을 그가 미리 알았다고 주장한다. 그러나 실제로 그가 그것을 미리 예상했다면 그러한 제안으로 그의 손님들을 어떻

게 보호할 수 있겠는가?

그 당시의 엄격한 손님 접대의 관습을 근거로 한 어떤 변명도, 현명하거나 지혜로운 대처에 대한 어떤 변명도 이러한 혐오스러운 제안을 한 롯의 죄를 면죄해줄 수 없다. 더욱이 성 내의 그의 지도자적 위치는 이 광적인 폭도들에게 전혀 고려 대상이 아니었다. 갑자기 그는 이방인이 되었고, 강간의 위협이 그의 두 손님뿐 아니라 그에게도 가해졌다.

존 필립스는 이렇게 말한다.

> 이제 그들의 수치스러운 죄악은 더 이상 허용적인 사회에 의해 사람들이 하고 싶다면 할 수 있는 권리로 묵인되는 정도가 아니었다. 그것은 그 선을 훨씬 넘어 버렸다. 이제 사람들은 그 성에서 그 누구도 감히 방해할 수 없는 공적이고, 공격적이며, 자신의 요구를 강요하는 세력이 되었다. 그들의 행위는 소돔 사람들에게 죄악된 것이 아니라 헌법적 가치를 지니게 되었기 때문이다. 그들은 원하는 때에 어디서나 자신들의 욕망을 충족시킬 수 있는 헌법적 권리를 가졌고, 그들을 저지하려는 모든 시도가 그 성에서는 폭동으로 번질 수 있었다(「Exploring Genesis」, 161).

현대 서구 문화의 유사성에 우리는 전율을 느낀다.

**19:10-15.** 이제 우리는 하나님의 구원이 아브라함의 홍정과 전혀 무관하다는 것을 알 수 있다. 천사들은 폭도들의 눈을 멀게 하고 롯에게 구원의 방법을 소개하면서 신속하게 움직였다. 그는 그에게 속한 자들을 다 데리고 떠날 수 있었다. 하지만 롯이 그 딸과 정혼한 사위들에게 갔을 때 그의 위선이 명확히 드러났다. 그들은 그 성에 대한 심판의 위협을 결코 심각하게 받아들이지 않았다. 실제로 그들은 그것을 농담으로 여겼다.

### D. 소돔에서의 구원(19:16-29)

| Supporting Idea | 주님은 때로 우리가 원하지 않을 때라도 의로운 선택을 강요하신다. |
|---|---|

**19:16-20.** 완전히 그 성에서 끌려나가다시피 한 롯의 가족들은 여호와께서 그에게 인자를 더하셨기 때문에 그 성을 빠져나왔다. 베드로가 신약에서 롯을 의인으로 인정하기는 하지만(벧후 2:7-8) 롯의 구원의 근거는 그의 의로움이 아니었다. 영적인 구원처럼 육적인 구원도 오직 하나님의 은혜로 이루어졌다.

롯이 감사함으로 감격하여 산으로 도망하라는 명령에 즉각 순종했을 것이라고 생각하는 사람들이 있을 것이다. 하지만 도시 생활은 그의 목을 차가운 손가락으로 잡고 있었다. 그는 소돔과 고모라의 심판이 산에 있는 그에게 미칠 것이라고 생각했고, 성에 있으면 생명이 보존될 것이라고 생각했다. 류폴드는 이것을 "약하고 비겁한 사람의 뻔뻔스러운 부탁"이라고 평가한다. "그는 최선을 다한 것 같지도 않고 자격도 없는 자신에게 내려진 은혜를 크게 소중히 여기지도 않은 것 같다." 롯의 생각은 심하게 뒤틀려 있어서 하나님께서 작은 성들은 멸망시키지 않고 큰 성들만 심판하신다고 생각했다.

**19:21-22.** 하나님의 은혜는 이것으로 그치지 않았지만 상황이 촉박하였다. 심판이 선언되었지만 롯의 가족이 안전할 때까지 실행될 수 없었다. 그래서 그들은 평지의 다섯 성 중 가장 작은 성인 소알로 향했다. 소알이라는 이름은 '작다'는 뜻을 갖고 있다. 여기서 놀라운 일이 일어났다. 롯이 소알에 있기 때문에 그 성을 심판하지 않으셨던 것이다. 존 세일해머는 이렇게 말한다.

> 이 짧은 에피소드의 효과는 롯의 구출이 아브라함과 롯 자신의 기도의 결과라는 저자의 의도를 더 강화시키는 것이다…18장의 아브라함의 기도가 중요하다는 암시는 롯의 간청으로 의인이 있는 성을 하나님께서 구원해주심으로써 아브라함의 기도에서 그려지던 실제적인 환경이 실현되고 있다는 사실에서 알 수 있다(「Genesis」, 156).

**19:23-26.** 이제 우리는 하나님이 계획하신 심판을 목격하고 있다. 그것은 불타는 유황으로 살아 있는 모든 것을 죽이는 것이었다. 어떤 주석가들은 이것이 격렬한 지진이었다고 주장한다. 사해의 평지가 아직도 이 지진으로 악명이 높기 때문이다. 하지만 본문에는 이것을 지지하는 증거가 전혀 없다. 워쉬 왓츠(J. Wash Watts)는 24절을 아주 독특하게 번역한다. "그러자 야훼께서 하늘로부터, 소돔과 고모라에 유황과 불을 비처

럼 퍼부으셨다." 이 일은 또한 고모라를 포함해 평지의 다른 세 성에도 일어났다. 하지만 소알은 면제되었다.

하나님은 시련에서 경건한 자들을 구하시고, 불의한 자들을 계속 형벌 아래 둔 채 심판의 날까지 보류하는 법을 알고 계신다(벧후 2:6, 9). 이와 유사하게, 소돔과 고모라와 주변의 성들은 성적 부도덕과 타락에 취해 있었다. 그들은 영원한 불의 형벌을 당할 자들의 전형적 예를 보여준다(유 7절).

사해 남부 지역은 소돔과 고모라의 죄악에 대한 하나님의 심판의 경고로 영원히 서 있다. 성들의 파멸은 하나님이 그러한 행위를 용납하지 않으심을 보여주는 무서운 증거이다. 인간의 성적 악행은 후에 율법 조문에서 다루어져야 할 것이다. 하나님은 롯과 같은 상대주의적 시각을 가진 자들을 통해 조직적인 민족을 이루실 수 없었다. 19장을 읽은 후 모세의 율법에 성적 일탈에 대한 기록이 빈번히 등장한다고 해서 놀라지 말아야 할 것이다(레 18:22-24, 20:13, 신 23:17-18).

이야기는 시작과 마찬가지로 비극적으로 끝난다. 롯의 아내는 뒤를 돌아본 고로 소금기둥이 되었더라. 그녀는 단순히 불을 보고자 했던 것일까? 이것은 그녀가 뒤에 두고 온 재물에 대한 아쉬움의 표현인가? 우리는 단순히 추측만 할 수 있을 뿐이다. 그러나 로널드 영블러드는 다음과 같이 지적한다. "롯의 아내에 대한 기억은 이 세상 것이 아무리 매력적으로 여겨지더라도 뒤돌아보아서는 안 된다는 것을 상기시킨다(눅 17:32). 그녀는 망설임으로 자신의 목숨 자체를 비롯해 모든 것을 대가로 치렀다"(The Book of Genesis: An Introductory Commentary, 178)

**19:27-29.** 이야기는 아브라함에게로 되돌아간다. 그는 집이 있는 마므레로 돌아왔고(18:33), 동쪽으로 걸어가서 평지의 도시들을 내려다보았다. 그날 그가 본 장면은 지옥의 축소판을 상징한다. 하지만 하나님을 거부하는 자들은 소돔보다 더 무서운 운명에 처할 것이다.

### E. 산에서 행한 근친 상간(19:30-38)

| Supporting Idea | 자녀들은 종종 부모의 영적 천박함을 그대로 모방하고 나아가 발전시킨다. |
|---|---|

**19:30-33.** 부모로서 롯의 부적합성이 이 구절에 드러나 있다. 그는 심판이 이루어지기 전에 간청했던 성을 떠나 산으로 향했다. 실제로 롯은 소알에 거하기를 두려워하였다. 이러한 롯의 반응에 대한 유일한 설명은 천사가 "너의 말하는 성을 멸하지 아니하리니"(19:21)라고 약속했음에도 불구하고 소알도 심판을 받을 것이라는 롯의 잘못된 추론이다. 롯에 대한 성경의 전체 그림을 보면 롯은 믿음을 보여주기보다는 두려움에 떠는 모습을 보여준다. 공포감 때문에 소알로 갔던 그가 이제 공포심 때문에 그곳을 탈출하고 있다.

롯에 대한 성경 기록의 마지막 드라마는 동굴에서 펼쳐진다. 데렉 키드너는 다음과 같이 말하고 있다.

> 자력으로 출세하는 길을 선택한 결과는 자신의 신체에 대한 재량권마저 잃는 것으로 마무리되었다. 그가 남긴 모압과 암몬이라는 유산은 이스라엘 역사에서 최악의 음란한 유혹(바알브올의 유혹, 민 25장)과 가장 잔인한 종교적 타락(몰렉에 대한 제사, 레 18:21)을 제공하게 될 운명이었다. 자기 본위적 선택(13:10 하)과 그것에 대한 고집은 너무나 무서운 결과를 낳았다(「Genesis」, 136).

근친 상간의 죄를 지을 때 롯이 취해 있었다 하더라도 본문이 그 잘못을 그의 딸들에게 두지 않기 때문에 궁극적인 잘못은 롯의 몫이다.

**19:34-38.** 아홉 달 후에 롯은 할아버지가 된 동시에 아버지가 되었다. 아이들의 이름을 그 어머니들이 짓고 있음을 유의해보라. 롯은 지배력을 상실하였다. 우리는 여기서 근친 상간의 행위에 욕망이 개입하지 않았다는 것을 지적해야 한다. 그들은 우리 아버지로 말미암아 인종을 전할 의도밖에 없었던 것이다. 롯의 후손들은 신명기 2장에 긍정적인 언어로 언급되어 있다. 그들의 아들이 아브라함의 후손들을 항상 괴롭히는 족속들의 조상이 되기는 하지만 그 딸들은 목표를 이루었다. 그러므로 우리는 이 내러티브에서 롯의 딸들이나 그들이 낳은 아들들을 비난하는 대신에 롯에게 초점을 맞추어야 한다.

앨런 로스는 다음과 같이 지적한다.

근친 상간의 행위는 그들에 대한 소돔의 영향력을 보여준다. 그들은 모압과 벤암미라는 아들을 낳았다. 그들의 후손은 이스라엘의 영구적인 적이 될 모압 자손과 암몬 자손이다(36-38절). '모압'은 '아비로부터'라는 단어와 유사하게 들리고 '벤암미'는 '나의 친족들의 아들'이라는 의미가 있다. 이러한 어원들은 이스라엘에게 이 악한 적들의 치욕스러운 기원을 영속적으로 상기시켜주었다(「Genesis」, 61).

| Main Idea 복습 | 하나님은 종종 우리가 예기치 못한 방법으로 우리의 기도에 응답하신다. |
|---|---|

# 결론

## 죄와 도시

60억이 넘는 세계 인구 중 절반이 현재 도시에 거주하고 있다. 이 세계적인 경향은 미래에도 계속될 것이다. 도시 인구 증가의 대부분은 세계의 빈국에서 일어날 것이지만 산업화되고 발달된 나라들은 이미 도시화로 인한 문제들을 목격해왔다. 2050년이 되면 세계 인구의 약 3분의 2가 도시에 살 것이다. 이것은 도시의 공간과 자원에 부정적 영향을 미칠 것이고, 사회적 붕괴와 도시 빈곤의 원인이 될 것이다.

1900년에 세계에서 가장 인구 밀도가 높은 도시들은 모두 북미나 유럽에 있었다. 20세기 말에 도쿄, 로스앤젤레스는 상위 열 개 도시에서 산업화된 유일한 곳이었다. 인구통계학자들은 2020년경이 되면 방글라데시의 다카, 파키스탄의 카라키, 인도네시아의 자카르타에 밀려 그 목록에서 뉴욕과 로스앤젤레스가 탈락할 것이라고 예측한다. 도쿄는 세계에서 가장 인구 밀도가 높은 도시로 인도의 뭄바이에게 1위 자리를 내줄 것이다.

우리는 편리함, 일자리, 높은 소득, 생활 수준 그리고 다양한 오락거리가 있는 도시에서 모든 사람들이 살고자 하는 것을 이해한다. 롯이 소돔을 선택했을 때도 분명히 이러한 모든 것들이 그에게 매력적으로 느껴졌을 것이다. 그러나 미국의 거의 모든 도시들이 이런 끔찍한 교통 문제, 높은 범죄율, 장티푸스에서 HIV에 이르기까지 온갖 것으로 악명높은 슬럼가 문제로 골치를 썩히고 있다.

2001년 케이블 TV의 가장 인기 있는 프로그램 중 하나가 〈섹스 앤 더 시티(Sex and the City)〉라는 제목의 드라마였다고 한다. 창세기 19장은 확실히 그것의 기초를 놓았다. 롯이 아브람을 떠나기 전에도 히브리서의 믿음의 장을 향해 가고 있지 않았겠지만, 분명한 것은 그가 소돔으로 간 때부터 산의 동굴에서 할아버지가 될 때까지 모든 것이 내리막길이었다는 것이다.

본문을 볼 때 롯이 소돔 때문에 타락했다고 주장할 수 있지만, 또한 롯이 소돔 사람들에게 도전할 수도 있었다는 주장도 제기할 수 있다. 아브람의 생애에 나타난 하나님의 놀라운 은혜와 그의 놀라운 성취를 본다면 의인 50명으로 심판을 면해달라는 그의 요구에 하나님이 "문제 없다. 너의 조카가 그의 집에서 함께 예배를 드리고 광장에서 복음을 전하는 그 정도의 사람은 이미 갖고 있다"라고 말씀하시는 소리를 상상해볼 수 있다. 롯이 성문 어귀에서 무리들에게 복음을 전하고 요한복음서를 나누어주는 동안 그의 두 사위와 딸이 기타를 치면서 찬송을 부르는 모습을 상상해보라. 하나님이 한 의인과 그의 가족의 증언을 통해 그 도시를 회개케 하시는 가능성에 대해 상상해보라.

■ 진리 알기

- 모든 아버지는 "그 자식에게… 여호와의 도를 지켜… 행하게 할"(창 18:19) 책임이 있다.
- 하나님은 악을 대적하신다.
- 하나님은 매우 특이한 방식으로 자기 백성들을 위험과 죄에서 건지실 수 있다.

■ 적용하기

- 하나님은 우리의 요청이라는 방법을 사용하지 않으시고 요청의 대상을 허용하시는 방법으로 우리의 기도에 응답하실 수 있다.
- 특히 유혹이 많은 도시 생활 속에서 풍요로운 삶의 영향을 경계하라.
- 하나님이 죄를 버리라고 경고하시면 그것을 즉시 버리고 다시는 뒤돌아보지 말라.

## 삶의 적용

### 뷰셔(Buesher)의 농구와 성경

2001년 1월 23일 화요일자 〈USA 투데이(USA Today)〉의 스포츠면 첫 면은 '성령으로 충만하다' 라는 기사를 소개하고 있었다. 그것은 에린 뷰셔(Erin Buesher)에 관한 스토리였다. 그녀는 여자 대학 농구에서 대스타로 이미 자리를 굳히고 있었다. 데이비드 레온 무어(David Leon Moore) 기자는 다음과 같이 그녀를 소개했다.

> 3년 연속 그녀는 캘리포니아 산타 바바라 대학을 미국 농구 선수권 대회로 이끌면서 승리의 잔을 마셨고, 대서부지역연맹 '올해의 선수상' 을 연속해서 세 번 수상하고, 수상자들을 위한 연회에 참석하였다. 하지만 그녀는 더 많은 것에 목마르고 굶주렸다.

갑자기 그녀는 인생의 허무함을 느끼고 가방을 싸서 대학원으로 진학했다. 그곳에서 그녀의 내면에 있던 공허함이 하나님으로 충만하게 되었다. 에린은 그것을 다음과 같이 표현한다.

> 나는 주님이 내 안에 이루고 계신 일들로 인해 날아갈 듯이 행복하다. 그것은 롤러 코스터처럼 감정적으로 고조되는 것이 아니다. 그것은 현실이다. 나는 매일 내가 변화되고 있다고 느낀다. 성경과 주님이 전에는 전혀 존재한 적이 없었던 것처럼 생생하게 다가온다. 매일 성경을 읽을 때 일용할 양식을 먹고 있는 것을 안다. 나는 살아 있음을 느낀다. 많은 것들을 깨달아가고 있다고 느낀다. 나는 성령으로 충만해 있다.

몇 가지 면에서 이것은, 결론은 정반대지만 롯의 이야기와 유사하다. 뷰셔는 대도시에 있는 지명도가 높은 팀에서 경기했지만, 주변 환경이 자신의 영적 생활에 전혀 도움이 되지 않는다는 것을 알았다. 그래서 그녀는 공허한 마음으로 그곳에 머물러 있기보다는 그 도시를 떠나 기사의 표현 그대로 "산으로 갔다."

미국 대학가에서 흘러나오는 소식들은 해마다 악화되고 있다. 그리스도인들에게 쏟아지는 조롱과 핍박, 종종 학생들이 신체적 위해를 입고 심지어 사망까지 하는 경우도 있는 집단 음주 파티, 사소한 시비로도 통제 불가능한 폭동으로 번지는 사태, 인생의 철학으로 조직화된 설득을 받게 되는 세속적 인본주의. 그리스도인들은 영적 성장을 위해 끊임없는 죄의 유혹의 융단 폭격에서 하나님의 백성들을 분리시키는 것이 필수적임을 알아야 한다. 오늘날에는 어디서나 복음주의에 근거한 학교들을 찾을 수 있다. 부모들은 단순히 전공 선택의 기회가 더 폭넓게 보장되기 때문에 또는 명문 대학의 학위가 주는 명성 때문에 자녀들을 '소돔'에 보낼 필요가 없다.

## 기도

하나님 아버지, 제자들에게 "우리를 악에서 구원하소서"라고 가르치신 예수님의 기도에 응답하실 수 있는 당신의 능력을 깊이 깨닫도록 도와주십시오. 아멘.

## 심층 연구

### A. 오늘날의 동성애적 타락

1965년 새해에 일단의 자유주의 개신교 목회자들과 그 아내들이 그들이 동참함으로써 그들이 옹호하는 게이 집단의 체포를 막을 수 있기를 희망하며 동성애자 파티에 모습을 드러냈다. 캘리포니아 회관의 운영자에게 임대 계약을 취소하도록 설득하는 데 실패한 경찰은 건물 밖에 경찰차를 배치하고 회관으로 오는 6백 명의 사진을 모두 찍었다. 그 당시 캘리포니아에서는 상호 동의에 의한 성인의 동성애 행위가 불법이었기 때문에 여섯 명이 체포되었다.

그 다음 날 샌프란시스코 성직자들은 경찰을 비난하기 위해 기자 회견을 요청하였고, 미국에서 가장 대규모의 동성애 공동체가 벽장 밖에서 세상으로 나왔다. 그날 이후로 샌프란시스코에서 동성애자들의 재정적, 정치적 영향력은 믿기 어려울 정도로 막강해졌다. 샌프란시스코뿐만이 아니다. 키 웨스트, 플로리다 그리고 수많은 다른 지역들도 유사하다. 2001년 6월 올해 최고 음악가로 선정된 토니 상(Tony Award)의 네 지명자 중 세 사람이 동성애적 혹은 성 전환 생활 방식을 옹호하는 발언을 하였다.

샌프란시스코 사건에서 20세기 말까지의 35년이란 기간 동안 동성애는 사회의 비주류에서 주류로 부상하였다. 그리고 동성애자 권리 운동이 1969년에 시작되었다. 동성애는 이제 수많은 텔레비전 프로그램을 장악하고 있으며, 그 중 일부는 동성애적 생활 방식의 진전에 모든 것을 건 듯하다.

커비 앤더슨(J. Kerby Anderson)은 모든 그리스도인들이 알아야 할 것이 무엇인지 강조한다. 동성애의 근본적 문제는 생물학적, 심리학적인 것이 아니라 영적인 것이라는 점이다.

> 궁극적으로 동성애는 우리 모두를 공격하는 죄성(롬 3:23)의 발현이다. 타락으로 인해(창 3장) 하나님의 피조 세계는 망가졌고, 인간 행위는 더러운 정욕에 빠지게 되었다(롬 1:24). 죄는 우리 존재의 모든 측면을 훼손하였다(영적으로, 지적으로, 정서적으로, 신체적으로, 성적으로). 그러므로 우리는 사람들이(이성애자든, 동성애자든) 성적 환상을 가지고 이런 부분에서 유혹을 받을 수 있다는 사실에 놀라지 말아야 한다. 그러한 느낌과 유혹에 따라 살기로 선택하는 사람들은 인간의 성에 대한 하나님의 계획에서 이탈해 행동하고 있다(「Moral Dilemmas」, 176).

주님이 오실 때까지 이 문제는 세상에서 사라지지 않을 것이다. 모든 것에 대한 관용이 종교의 위치로 부상한 사회에서 성경이 말하는 동성애에 대해 진실을 선포하는 자들에게 돌아오는 것은 조롱과 억압뿐이다.

### B. 소돔과 고모라에 대한 고고학적 증거

소돔과 고모라에 대한 창세기의 이야기는 사해 남쪽 지역을 물과 역청이 풍부한 골짜기로 묘사하고 있다. 아브라함의 조카 롯은 처음에 그 성 밖에 정착했지만 후에는 소돔 사회의 주류로 진입하였다. 성경에 따르면, 하나님은 하늘에서 불을 내려 이 성들과 주변 지역을 심판하셨다.

그러나 많은 학자들은 그러한 심판의 재앙이 실제로 일어난 것인지에 대해 의문을 제기해왔다. 이 지역의 현재 지형은 대심판의 기록을 지지하는 것 같다. 사해의 남단에서 서쪽과 동쪽과 남쪽 면에 존재하는 다양한 높이의 동일한 암석층은 이 이야기를 확증해 주는 것 같다. 사해 양쪽의 지질 단층은 지진을 암시하고 있다. 단층에서 발견되는 유황은 성경이 "유황(brimstone)"이라고 한 것과 관련이 있을 수 있다.

45미터 두께로 이루어진 소금 언덕은 현대 이스라엘 사람들에 의해 '소금산'으로 불리고 있다. 사해의 이곳을 에워싼 지역은 표면의 소금 때문에 쓸모없는 땅이다. 이스라엘은 매년 사해의 남부에서 수십만 톤의 가성 칼리를 채취하고 있다.

고고학자인 넬슨 글루에크(Nelson Glueck)는 북부 네게브의 4백여 개의 촌락 터를 확인하였고, 그 중 대부분은 주전 약 2000년부터 1800년까지 사람이 거주했다. 오늘날 고고학자들은 고대 소돔과 고모라가 있던 계곡에서 광범위한 문명의 잔해들을 발견하고 있다.

창세기는 역청 구덩이(bitumen)에 대해 이야기하고 있고, 일부 학자들은 번개나 하나님의 다른 도구로 불이 붙은 거대한 가스 덩어리들이 문자 그대로 골짜기를 날려버렸다고 추측하였다. 많은 양의 유황과 소금이 공중으로 치솟았고, 이것은 다시 문자 그대로 그 성들에 불과 유황을 비처럼 쏟아 부었다. 이러한 견해는 소돔과 고모라에 대한 하나님의 개입에 의한 심판을 제한시키지 않는다. 하나님이 평지의 성들의 죄악을 심판하시기 위해 사용하신 정확한 수단이 무엇인지 우리는 알 수 없고 말할 수도 없다.

### C. 에스겔 16장의 소돔

동성애 신학 주창자들과 해석학자들은 소돔의 죄악이 동성애가 아니라 손님 접대를 거부한 것임을 증명하는 중요한 본문으로 에스겔 16장 48-49절을 제시한다.

> "나 주 여호와가 말하노라 내가 나의 삶을 두고 맹세하노니 네 아우 소돔 곧 그와 그 딸들은 너와 네 딸들의 행위같이 행치 아니하였느니라 네 아우 소돔의 죄악은 이러하니 그와 그 딸들에게 교만함과 식물의 풍족함과 태평함이 있음이며 또 그가 가난하고 궁핍한 자를 도와주지 아니하며."

수세기 동안 소돔을 타락의 상징으로 만들었던 악명 높은 죄를 선지자가 다루지 않은 이유는 무엇인가? 부분적으로는 그의 의도가 예루살렘을 사마리아와 소돔과 비교하는 데 있었기 때문이다. 그는 세 도시의 공통적인 악으로 그러한 요소들을 선택하였고, 앞의 두 도시는 성적 타락과 관련해서 소돔에 비유된 것이 아니었다. 소돔에도 분명히 이기심과 교만이 존재했지만 그 죄악이 오직 소돔에서만 자행된 죄는 아니라고 주장하는 것이다.

더욱이 49절의 핵심은 전체적인 문맥상의 논증을 고려하지 않고 있다. 속담은 44절에서 시작하여 59절까지 계속되고 있다. 소돔은 이 구절에서 한 번만이 아니라 다섯 번이나 언급되고 있다. 교만, 빵의 풍부함으로 인한 무절제, 게으름, 가난한 자들과 궁핍한 자들을 도와주지 않는 것 외에, 선지자는 또한 '가증', '수욕', '악' 그리고 '음란'과 같은 단어들도 언급하고 있다. 명성이 높은 주석가들은 소돔의 가장 대표적 죄악이 언급되지 않은 이유는, 그것이 선지자의 독자들에게 너무나 익숙한 것이어서 재론할 필요가 없었기 때문이라고 주장한다.

## 고안

### A. 들어가는 글

1. '악의 뿌리' 이야기로 시작하라.
2. 배경 설명: 하나님과 아브라함의 관계에 초점을 둔 내용에서 빠져 나온 직후 18장 20절에서 소돔 이야기가 시작된다. 그것은 모압과 벤암미의 출생으로 마무리한다. 20장이 시작되면 아브라함이 남방으로 다시 한 번 더 이동하는 모습을 보게 된다. 지리적으로, 영적으로 그의 유랑 생활은 계속된다.
3. 적용: 12장에서 시작된 아브라함 이야기의 전개는 세 가지 개념, 즉 축복과 땅과 후손을 연관시키고 있다. 우리는 영적으로, 물질적으로 이 충성스러운 종에게 쏟아부어진 축복을 살펴보았다. 구체적, 지리적 경계가 명시된 땅의 언약이 체결되는 것을 보았다. 하지만 이스라엘 민족이 나오게 될 약속의 아들에 대해서는 아직 보지 못하였다. 하지만 사라가 임신한 상태에 있고, 우리는 그를 기대하고 있다.

### B. 본문 이해

1. 심판의 메시지(18:16-21)
2. 중보 기도(18:22-33)
3. 롯에 대한 경고(19:1-15)
4. 소돔에서의 구원(19:16-29)
5. 산에서 행한 근친 상간(19:30-38)

**C. 결론**: '뷰셔(Buesher)의 농구와 성경' 을 읽어주라.

## 토의 질문

1. 창세기 18장에서 소돔의 운명에 관해 아브라함과 하나님 사이에 오간 대화를 그렇게 긴 지면을 할애해 기록하는 이유가 무엇이라고 생각하는가?

2. 동성애에 대한 자신의 입장을 생각해보라. 동성애는 합법적인 대안적 생활 방식인가? 아니면 죄라고 생각하는가? 사람들은 자신들의 성적 취향을 바꿀 수 있는가? 아니면 '그런 식으로 태어났는가?' 동성애자가 그리스도인일 수 있는가?

3. 한편으로는 은혜 안에서 손을 내밀고 복음을 전하면서, 다른 한편으로는 공격적인 동성애의 물결에 저항하기 위해 복음주의 교회는 무엇을 해야 하는가?

# 창세기 20:1-21:34

## 시스터 액트 2

*"인간이 전쟁에 대비해서 가장 훌륭한 인간적 자질을 아끼고 사용하지 않는 한 세상에 결코 영구적 평화는 오지 않을 것이다. 전쟁과 마찬가지로 평화는 이상주의와, 자기 희생과, 의롭고 역동적인 믿음을 필요로 한다."*

*- 존 포스터 둘레스(John Foster Dulles)*

**이 두 장은** 평화 시와 큰 기쁨의 시기에 아브라함의 변함없는 믿음을 묘사하고 있다. 하지만 22장의 시험으로 평화와 기쁨은 중단된다.

### 지리적 정보: 그랄

- 가자 남쪽 지중해 해안 근처의 네게브에 위치
- 팔레스타인과 이집트로부터 들어오는 안전한 내륙 대상로의 한 거점
- 아브라함과 이삭이 각기 거주하기도 했던 지역

### 지리적 정보: 브엘세바

- '일곱 우물' 혹은 '맹세의 우물' 이라는 의미를 지닌 것으로 추정되며, 후에 유다 지파가 차지한 땅의 남부 경계에 위치하였다.
- 흔히 이스라엘의 북부 경계와 남부 경계를 밝히는 구절, "단에서 브엘세바까지" 라는 표현으로 알려져 있다.

### 지리적 정보: 바란

- 창세기 14장 6절에 처음으로 언급되어 있다.
- 시나이 반도의 중앙 지역 어딘가에 위치
- 이스마엘이 아브라함을 떠난 후 본거지로 삼은 곳

### 지리적 정보: 술

- 이집트 동쪽 사막 지역
- 주의 천사가 하갈을 발견한 장소(창 16장)
- 아브라함이 일시 거주한 곳 중 하나(창 20:1)

### 인물 정보: 아비멜렉

- '왕의 아버지' 혹은 '내 아버지는 왕' 이라는 의미를 지닌 것으로 추정된다.
- 창세기 20장에서 그랄의 블레셋 왕으로 처음으로 언급
- 우물에 대한 언쟁 이후 아브라함과 언약을 맺은 인물(창 21장)

## 들어가는 글

### 천국은 시내 통화

2000년 12월 「리더스 다이제스트(Reader' s Digest)」에서 리처드 라이트(Richard A. Wright)는 샌프란시스코 성당을 방문해 '분당 1만 달러' 라는 표지와 함께 금으로 된 전화기가 벽에 걸려 있는 것을 본 연구원에 대해 이야기한다. 그가 성당의 목회자에게 그 전화기에 대해 질문하자 그는 그 전화기가 천국으로 연결된 직통 전화선이라고 설명하였다. 그리고 값을 지불하면 하나님과 개인적으로 대화할 수 있다고 했다. 그 연구원은 국내를 여행하던 중 미국의 여러 도시 교회에서 1만 달러 가격표가 붙은 유사 전화기들을 보았다. 달라스를 방문했을 때도 그는 금으로 만든 전화기를 보았는데 이번에는 안내판에 '분당 35센트' 라고 쓰여 있었다. 그래서 그는 그 교회 목사님에게 "목사님, 천국 직통 전화선으로 연결된 황금 전화기를 여러 번 보았습니다만 어디서나 분당 1만 달러라고 되어 있더군요. 그런데 여기서는 어떻게 35센트밖에 안 됩니까?" 그 목사님은 "당신이 있는 곳은 텍사스입니다. 여기서는 천국까지 시내 통화 요금을 냅니다" 라고 말했다.

이제 우리가 연구하고자 하는 장들에서는 12장에서 시작된 천국과 땅의 이 대화를 계속해나갈 것이다. 20장에서는 하나님이 아비멜렉에게 말씀하시고 아비멜렉이 대답한다. 20장의 끝부분에서는 아비멜렉이 함께 있는 것이 분명한 상황에서 아브라함이 기도한다. 21장에서는 하나님이 하갈에게 전할 메시지와 함께 천사를 보내시고, 아비멜렉은 "네가 무슨 일을 하든지 하나님이 너와 함께 계시도다" (21:22)라고 말한다. 우리는 성경 초반인 여기서 기본적인 진리, 즉 하나님께 말씀드리는 것이 삶의 방식이라는 진리를 보게 된다. 로렌스 형제(Brother Lawrence)가 지적한 바 있듯이 "당신은 큰 소리로 울부짖을 필요가 없다. 그분은 우리가 생각하는 것보다 더 가까이 계시기 때문이다."

텍사스가 어떤 차이점이 있는지 의심스럽다. 모든 신자들에게 천국은 모두 시내 통화이기 때문이다.

# 본문 이해

## 시스터 액트 2

| Main Idea | 우리의 모든 반발에도 불구하고 하나님의 계획은 이루어진다. 이 장에서는 평생 동안 하나님의 계획을 따르고 하나님이 약속하신 유업을 보호하는 아브라함을 보여준다. |
|---|---|

### A. 남방의 이웃들(20:1-7)

| Supporting Idea | 아브라함은 진실을 말하면 위험해질 수 있는 상황에서 진실을 말해야 하는 문제로 씨름한다. 이 단락에서 우리는 아브라함이 예전에 애굽에서 바로에게 사용했던 것과 동일한 속임수를 아비멜렉에게 사용하는 모습을 본다. |
|---|---|

**20:1-3.** 창세기의 이 장들을 읽다보면 우리는 가나안의 우편 서비스가 유랑하는 유목민의 움직임을 계속 따라가느라 매우 힘들었을 것이라는 생각이 든다. 여기서 그는 남방으로 다시 이동하며 우편 번호를 또 변경하고 있다. 본문은 아브라함이 이곳으로 다시 이동한 이유가 무엇인지 전혀 알려주지 않는다. 그가 소돔을 통해 겪었던 일과 약속의 아들이 일 년 안에 태어날 것이라고 인지한 것을 고려할 때 그의 이러한 행동은 이해하기 어렵다. 12장에서는 그가 기근 때문에 애굽으로 갔지만 여기서는 그가 남방으로 이주한 이유가 전혀 드러나 있지 않다.

데렉 키드너는 이렇게 말한다.

> 이 사건은 땀에 손을 쥐게 한다. 이삭의 출생 이야기를 바로 앞두고 여기서 약속 자체가 개인의 안전과 맞바꿔지면서 위기에 처하기 때문이다. 이 약속이 성취된다면 이것은 인간의 노력과는 실제적, 도덕적인 면에서 거의 무관할 것이다. 그것은 하나님의 은혜로 성취되는 것이 분명하다(「Genesis」, 137).

하나님은 사라의 순결을 지켜주셨지만 사라를 자신의 하렘으로 삼은 데 대해 아비멜렉에게 책임을 물으셨다. 그러나 하나님은 다시 꿈을 통해 개입하셨다(창 28:12, 31:10-11, 37:5-9, 40:5, 41:1).

**20:4-7.** 분명히 아비멜렉은 개인의 이름이 아니라 파라오나 시저와 같이 왕의 직책을 가리키는 단어이다. 이 이름은 26장에 다시 나타난다. 그는 아마 우리가 여기서 본 아비멜렉의 아들 혹은 손자일 것이다.

그러나 이 절들의 흥미로운 점은 하나님과 아비멜렉의 대면이 아니라 **온전한 마음과 깨끗한 손과 너를 위하여 기도하리니**와 같이 둘이 주고 받는 대화의 내용에 집중되어 있다. 아비멜렉은 아브라함의 생애에 대한 이 기록의 초반에서 본 다른 왕들처럼 악하고 폭압적인 군주였을 수도 있다. 물론 아비멜렉은 자기 민족의 관습과 주변 문화의 기준으로 볼 때 아무런 잘못을 범하지 않았다는 의미로 이렇게 말했고, 실제로 그의 주장이 옳았다. 그럼에도 불구하고 하나님은 그에게 책임을 물으시고, 그와 그에게 속한 자들을 다 죽이겠다고 경고하셨다.

이와 같은 구절은 하나님의 진리를 이해하는 수단으로 자연 계시의 중요성에 대한 로마서의 바울의 경고를 상기시켜준다.

> "하나님의 진노가 불의로 진리를 막는 사람들의 모든 경건치 않음과 불의에 대하여 하늘로 좇아 나타나나니 이는 하나님을 알 만한 것이 저희 속에 보임이라 하나님께서 이를 저희에게 보이셨느니라 창세로부터 그의 보이지 아니하는 것들 곧 그의 영원하신 능력과 신성이 그 만드신 만물에 분명히 보여 알게 되나니 그러므로 저희가 핑계치 못할지니라 하나님을 알되 하나님으로 영화롭게도 아니하며 감사치도 아니하고 오히려 그 생각이 허망하여지며 미련한 마음이 어두워졌나니 스스로 지혜 있다 하나 우둔하게 되어 썩어지지 아니하는 하나님의 영광을 썩어질 사람과 금수와 버러지 형상의 우상으로 바꾸었느니라 그러므로 하나님께서 저희를 마음의 정욕대로 더러움에 내어 버려두사 저희 몸을 서로 욕되게 하셨으니 이는 저희가 하나님의 진리를 거짓 것으로 바꾸어 피조물을 조물주보다 더 경배하고 섬김이라 주는 곧 영원히 찬송할 이시로다 아멘"(롬 1:18-25).

### B. 합리화(20:8-18)

| Supporting Idea | 우리는 불신자들에게 미치는 신자들의 영향을 늘 민감하게 생각할 필요가 있다. 우리의 말과 행동이 우리가 원하지 않는 방식으로 불신자들에게 해석될 수도 있다. |
|---|---|

**20:8-10.** 하나님의 이 경고는 심각하게 수용되어야 했다. 아비멜렉은 그의 신하들을 모두 불러들였다. 그 이야기를 듣고 그들은 심히 두려워하였다. 그러고나서 아비멜렉은 아브라함에게 세 가지 질문을 하였다. 가장 중요한 질문은 10절에 나타난다. 네가 무슨 의견으로 이렇게 하였느냐?

**20:11-13.** 아브라함의 세 가지 변명은 실제로 이유가 아니라 믿음의 거인과는 전혀 어울리지 않는 자기 행동의 합리화였다.

1. 나는 두려웠다.
2. 내가 한 말이 전부 거짓은 아니다.
3. 사라와 나는 자주 이러한 방법을 쓴다.

그러나 11절의 시작인 이곳에서는 하나님을 두려워함이 없으니라는 내용은 많은 것을 시사한다. 그리스도인들은 하나님을 전혀 두려워하지 않는 곳에서 살고, 일을 하고, 여행을 가고, 학교를 다녀야 할 때가 참으로 많다. 여기서 '두려워함' 이라는 단어는 종교적 의미를 지닌다. 아비멜렉은 하나님을 두려워하지 않았다. 그는 하나님이 누구신지 전혀 몰랐다. 하지만 아브라함은 하나님을 잘 알았기 때문에 아비멜렉을 두려워했다. 이런 종류의 두려움은 종종 헌신과 순종을 동반하는 외경으로 표현되기도 한다.

**20:14-18.** 하나님의 은혜로 아브라함은 형벌이 아니라 재물을 받았다. 아브라함은 가는 곳마다, 하는 일마다 하나님의 보호하심과 축복을 받았다. 아비멜렉은 땅을 준 사실을 제외하면 바로와 너무나 유사하게 반응하였다. 세겔이라는 단어는 히브리어 본문에 나타나지 않지만, 고대 세계에서 가장 흔한 무게 단위이기 때문에 번역자들이 그 단어를 삽입하고 있다(개역 성경에는 세겔이라는 단어가 사용되지 않음 - 역주).

18절은 성경에서 처음으로 언급되는 형벌의 일부를 알려주고 있다. 3절로 돌아가 보면 사라를 궁전으로 들인 일로 아비멜렉만 위험에 처해 있다. 여기서 우리는 여호와께서 이왕에 아브라함의 아내 사라의 연고로 아비멜렉의 집 모든 태를 닫히셨음이더라는 사실을 알게 된다.

하나님은 은혜로 아브라함의 무지를 덮어주셨다. 그리고 아브라함이 아니라 아비멜렉을 위협하셨다. 아비멜렉은 기도가 필요했고, 아브라함은 그를 위해 기도하였다. 아비멜렉은 잘못을 범하였고, 아브라함에게 그것과 관련해 보상을 하였다. 우리가 이 장에 나타난 하나님의 은혜를 보지 못한다면 전체 장이 암울하게 보일 것이다. 이 사건은 확실히 아브라함에 대한 아비멜렉의 생각을 바꾸어 주었지만 하나님의 시각은 흔들림 없이 지속되었다. 그분은 아브라함을 용서하셨다.

### C. 약속의 자녀(21:1-7)

| Supporting Idea | 하나님의 계획과 약속이 실현 불가능해 보일 때라도 하나님은 그것들을 성취하신다. 그리고 우리의 의심과 두려움을 용서하신다. |
|---|---|

**21:1-5.** 아브라함이 백 세가 되었을 때 드디어 약속의 아들이 태어났다. 이삭과 예수님은 모두 임신이 되기 전에 이름이 지어졌다(창 17:19, 눅 1:31). 두 사람의 모친은 하나님의 초자연적인 역사를 통해 임신하였다. 두 아들 모두 아브라함의 언약을 성취하였다. 먼저 이삭이 그 계보를 시작하였고, 결국 이삭의 후손 중 하나인 예수님이 땅의 모든 민족들에게 축복이 임하게 될 궁극적 약속의 아들이 되셨다.

이삭의 경우 어떤 천사도 나타나지 않았지만 그의 출생은 예수님 못지않게 기적적이었다. 아브라함과 사라는 "이는 한 아기가 우리에게 났고 한 아들을 우리에게 주신 바 되었는데 그 어깨에는 정사를 메었고"라는 이사야 9장 6절을 인용해 만든 불후의 명곡, '메시아' 를 함께 부를 수도 있었을 것이다. 그 절의 후반부 "이름은 기묘자라, 모사라, 전능하신 하나님이라, 영존하시는 아버지라, 평강의 왕이라 할 것임이라"는 첫 약속의 아들이 아닌 마지막 약속의 아들에게만 적용될 것이다. 창세기 21장 1-2절은 말씀대로란 단어를 통해 의도적으로 평행법을 사용하고 있다.

이 절은 우리의 구원뿐 아니라 매일의 삶에도 엄청난 희망을 주고 있다. 여호와께서 그 말씀대로 사라를 권고하셨고 여호와께서 그 말씀대로 사라에게 행하셨으므로.

**21:6-7.** 이 기적적인 출생으로 사람들은 웃음을 되찾게 되었다. 하나님이 그 약속대로 실제로 이루실 것을 누가 예측이나 했겠는가? 사라는 "내가 한때 웃었고 이제 하나님이 나로 웃게 하시는도다"라고 말했다. 18장 12절에 대한 주석에서 존 세일해머는 "그녀의 웃음은 내러티브에서 중요한 신학적 교훈을 도출해낼 수 있는 기회를 제공한다. 즉, 주께서 아브라함에게 하신 약속을 이루시기 위해 하시고자 하는 일이 '너무 놀라워' 자기 백성들도 상상조차 하기 어려웠다"고 지적한다(「Genesis」, 147). 아브라함과 사라 두 사람 다 아들을 낳을 것이라는 말씀을 듣고 웃었기 때문에 그것이 그의 이름이 되었다.

이 출생에 대해 바울은 로마서에서 다음과 같이 기록하였다.

> "아브라함이 바랄 수 없는 중에 바라고 믿었으니 이는 네 후손이 이 같으리라 하신 말씀대로 많은 민족의 조상이 되게 하려 하심을 인함이라 그가 백세나 되어 자기 몸의 죽은 것 같음과 사라의 태의 죽은 것 같음을 알고도 믿음이 약하여지지 아니하고 믿음이 없어 하나님의 약속을 의심치 않고 믿음에 견고하여져서 하나님께 영광을 돌리며 약속하신 그것을 또한 능히 이루실 줄을 확신하였으니 그러므로 이것을 저에게 의로 여기셨느니라"(롬 4:18-22).

하나님은 사라와는 달리 아브라함이 웃은 데 대해서는 전혀 꾸짖지 않으셨다. 그에게는 약하지만 믿음이 있었으나, 사라는 하나님이 아들을 주실 것이라는 약속을 전혀 믿지 않았다.

### D. 사막의 방랑자(21:8-13)

| Supporting Idea | 하나님은 아브라함이나 사라와 같은 명망 있는 자들만 돌보시지 않는다. 그분은 하갈이나 이스마엘과 같이 버림받고 거부당한 사람들도 돌보신다. |
|---|---|

**21:8-13.** 8절의 젖을 뗀 일은 아마 이삭의 나이 두 살이나 세 살 때의 일일 것이다. 십대 아이가 어린아이를 괴롭히는 것은 현대에도 익숙한 장면이다. 사라는 이 사실에

즉각 반응하며 하갈과 이스마엘을 내쫓기를 원하였다. 그녀가 보기에 이스마엘은 하나님의 계획과 무관하였고 내 아들 이삭과 함께 기업을 잇지 못할 것이라고 생각되었다. 그러나 아브라함은 그렇게 확신이 서지 않았다. 그는 이스마엘을 사랑했고 또한 그가 속한 사회의 명망 있는 인사로서 관습적인 의무가 있었다. 그래서 하나님이 다시 개입하셔서 이삭에게서 나는 자라야 네 씨라 칭할 것임이니라는 놀라운 말씀을 하셨다.

아브라함은 또한 법률적인 문제도 해결해야 했다. 로널드 영블러드는 다음과 같이 지적한다.

> 그 당시의 법적인 관행에 의하면, 그녀(사라)는 걱정해야 할 이유가 전혀 없었다. 누지(Nuzi) 문서는 한 남자와 그의 여종을 통해 태어난 아들의 상속권이 양자로 입양된 아들의 권리보다 우월하듯이, 한 남자와 정실 부인에게서 태어난 아들의 상속권은 종의 아들의 상속권보다 우월하다고 암시한다. 아브라함의 가족이 처한 상황 속에서 이 문제를 요약한다면 이스라엘의 권한이 엘리에셀보다 앞서듯이 이삭의 권한이 이제 이스마엘의 권한을 앞서게 될 것이다(「The Book of Genesis: A Introductory Commentary」, 181).

이스마엘의 출생에서 이삭의 출생까지의 침묵의 14년 동안 하나님이 아브라함과 이스마엘의 부자 관계를 전혀 제지하지 않으셨다는 사실을 알 필요가 있다. 아마 이 기간 동안 아브라함은 아들 이스마엘을 애지중지 키우느라 만족감과 행복감을 경험하였을 것이다. 아브라함이 하나님의 말씀에서 볼 수 있는 신학적인 깊이에 거의 접근하지 못했다는 것을 기억하라. 그는 하나님의 약속을 유업으로 이을 자가 누구인지에 대한 문제를 비롯해 수많은 주제들에 대해 점진적인 계시를 받고 있음을 알았다.

이스마엘은 아브라함의 집에서 매우 중요한 인물이었고, 그의 아버지의 자랑과 기쁨이었을 것이며, 모든 사람들의 귀여움 속에 응석받이로 자랐을 것이다. 우리는 또한 17장에서 하나님이 이삭뿐 아니라 이스마엘에게도 많은 자손을 약속하시고 계심을 기억해야 한다.

하나님이 이스라엘에 대한 자신의 약속을 지키셨는가? 오늘날 아랍인들의 수는 그들이 살고 있는 사막 지대의 모래 수만큼이나 많다. 창세기 25장에 묘사된 사막의 열두 방백들에게서 난 이스마엘의 자손들은 오늘날 여러 개의 중요한 국가를 이루고 있다.

희롱했다는 이스마엘의 행동은 정확히 어떤 것이었는가? 주석가들은 이 구절에 대한 해석을 두고 놀리거나 조롱하는 것에서 그 어린 소년을 살해하려고 했다는 것에 이르기까지 온갖 추측을 동원한다. RSV 성경은이스마엘이 단순히 '놀린 것' 이라고 암시하지만, 데렉 키드너는 이 단어가 "이삭의 이름의 동사형인 '웃다' 의 강력한 표현으로 문맥과 갈라디아서 4장 29절을 볼 때 악의적인 의미로 사용된 것" 이라고 주장한다. 이와 관련해 중요한 갈라디아서 본문을 살펴보자. "그러나 그 때에 육체를 따라 난 자가 성령을 따라 난 자를 핍박한 것같이 이제도 그러하도다."

핍박은 놀리는 것과는 비교할 수 없을 정도로 강력한 표현이다. 실제로 그 차이가 매우 심하기 때문에 브루스(F. F. Bruce)는 "이스마엘과 이삭이라는 두 사람에 관한 한 이스마엘이 이삭을 박해했다는 진술을 성경을 통해 입증하기란 어렵다. 이스마엘의 후손들이 이삭의 후손인 이스라엘 민족에 대해 호전적이었던 경우와 관련된 언급일 수도 있다" (「The Epistle to the Galatians」, 223)라고 말한다. 그러나 바울의 진술은 상당히 분명한 것 같고, 사라의 반응으로 보아 그것이 단순히 어린아이의 짓궂은 장난으로 보기는 어렵다.

이삭에게서 나는 자라야 네 씨라 칭할 것임이니라의 구절로 다시 돌아가보자. 데렉 키드너는, 이것은 "하나님의 선택이 확고한 것임을 보여주며, 바울이 로마서 7-9장에서 밝히는 선택의 신학과 아브라함에게는 이삭의 대체불가능성을 공개적으로 드러내는 것이다. 이 시험대에서 다음 장의 엄청난 충격으로부터 피할 길은 전혀 없었다. 히브리서 11장 18-19절은 아브라함의 믿음이 바로 이 수단을 통해 완전하게 되었음을 보여준다" 고 말한다(「Genesis」, 140).

이스마엘이 정확히 어떤 행동을 했든 간에 한 가지는 확실하다. 사라는 두 소년이 한 집에서 자랄 수 없다고 결정했고, 이스마엘과 그 모친을 집에서 내쫓도록 요구했다는 것이다. 갈라디아서의 이 구절에 대한 바울의 주석에서 그는 율법과 복음이 공존할 수 없다는 것을 보여주기 위해 많은 지면을 할애해 이 사건을 다룬다(갈 4:21-31). 바울은 그리스도인들을 이삭에, 율법에서 자유로운 약속의 자녀들에 비유한다. 하지만 이삭이 육의 후손에게 박해를 받았듯이, 바울 시대의 갈라디아인들은 유대주의자들로 인해 어려움을 겪었다. 두 사람의 어머니는 두 언약을 대표한다. 하갈은 율법이라는 시내산 언약을 대표하고, 사라는 은혜의 새 언약을 대표한다.

### E. 편모(21:14-21)

| Supporting Idea | 이 단락에서 우리는 편부모에 대한 하나님의 따뜻한 관심을 배울 수 있다. 이것은 현대 사회에 소중한 성경의 교훈이다. |
|---|---|

**21:14-18.** 아브라함은 하갈과 이스마엘을 내쫓아야 한다는 것에 마음이 괴로웠다. 그의 따스한 마음은 두 사람을 모두 사랑했다. 그는 사라의 요구를 받아들이기 전에 하나님의 확인을 받아야 했다. 그는 하갈이 갖고 갈 여력이 되는 한 최대한으로 많은 식량을 챙겨주고 십대의 아들과 함께 하갈을 광야로 보냈다. 그들은 방황하다가 결국 후일 브엘세바로 알려진 곳까지 갔다. 거기서 물이 바닥나자 이스마엘의 목숨이 위태로운 상황에 처하게 되었다.

부주의하게 15절을 읽으면 이스마엘의 나이에 모순이 있다는 생각이 든다. 어떻게 십대의 아들을 그 모친이 떨기나무 아래 누일 수 있겠는가? 혹자는 이스마엘이 이 당시 아기였다고 주장한다. 하지만 그것은 설득력이 약해 보인다. 아브라함의 풍족한 장막에서 응석받이로 자랐을 십대 소년에 비해 애굽 출신의 여자 노예는 물이 없는 상태에서 더 오래 견딜 수 있었을 것이다.

이 단락에서 우리는 하나님이 그 아이의 소리를 들으시므로라는 놀라운 말씀을 발견한다. 많은 주석가들은 하나님의 사자라는 구절이 성경 전반에서 이 명칭을 지니고 나타나신 그리스도를 가리키는 것이라고 믿는다.

**21:19-21.** 하나님의 위로는 계속된다. 17절에서 하나님은 그 아이의 우는 소리를 들으셨고, 19절에서는 하나님이 하갈의 눈을 밝혀 주셨고, 20절에서는 하나님이 그 아이와 함께하시매 그가 장성하여라고 기록한다. 여기서 우리는 역사상 최초의 편모에 대한 기록을 보게 된다. 하갈에 대한 기록이 창세기에 더 이상 나타나지 않지만 하나님과의 이 만남으로 인해 그녀가 봉사의 삶을 살았고, 어쩌면 아들을 키우는 희생의 삶을 살았으리라고 추측해볼 수 있다. 그녀가 자신의 아들을 위해 애굽 출생의 아내를 선택해줄 정도로 그녀의 영향력은 그의 성인기까지 지속되었다.

팔레스타인에서 이스라엘과 아랍 간의 갈등에 대한 기사를 읽을 때마다 우리는 최초의 아랍인인 이스마엘을 생각해야 한다. 그리고 이스마엘에 대해 생각할 때 하나님이 아브라함에게 아랍인들의 놀라운 미래를 약속하셨고, 그것을 다시 하갈에게 반복하신 이 구절을 떠올려야 한다. 하나님은 아브라함, 사라 그리고 이삭과 함께 무대 중앙에서 활동하셨다. 그러나 그분은 또한 하갈과 이스마엘을 위해 무대 뒤에서 즉 아무도 없는 사막의 나무 아래서도 함께하셨다.

### F. 맹세의 우물(21:22-34)

| Supporting Idea | 하나님의 백성은 이웃과 자신의 관계를 보호해야 할 필요가 있다. 창세기 21장 후반부에서 아브라함이 한 일이 바로 이것이다. |
|---|---|

**21:22-24.** 우리가 아비멜렉에 대해 마지막으로 본 모습은 아브라함이 아비멜렉의 아내들과 여종들이 다시 수태할 수 있도록 기도한 것이었다. 이번에 등장하는 아비멜렉은 군대 장관을 대동하고 나타나 아브라함과 장기적인 평화 조약을 체결하기를 원한다. 그는 아브라함에게 네가 무슨 일을 하든지 하나님이 너와 함께 계시도다라고 말한다. 아브라함은 이미 아비멜렉에게 속임수를 쓴 적이 있었기 때문에 먼저 그 일을 거론한다. 하지만 실제적인 제안은 23절 끝에 나타난다. 내가 네게 후대한 대로 너도 나와 너의 머무는 이 땅에 행할 것이니라. 아비멜렉은 아브라함의 영향력의 규모와 힘을 알았을 뿐 아니라 아브라함의 하나님의 위대하심과 능력도 깨달았다. 그는 아브라함과 같은 사람을 적으로 둘 이유가 없었다. 그래서 그들은 악수를 하였고, 아브라함은 내가 맹세하리라고 선언하였다.

**21:25-31.** 아브라함은 그 조약이 체결된 후 보다 더 구체적인 것을 생각하였다. 아비멜렉의 종들은 아브라함으로부터 우물을 빼앗아간 적이 있었고, 그는 그것을 되돌려 받기를 원했다. 이것은 23절의 협정 범위에서 벗어나는 공식적 조약을 태동시켰다. 아브라함은 이 우물을 판 증거로 아비멜렉에게 암양 새끼 일곱을 주었다. 이 일이 일어난 장소는 브엘세바였다. 이 이름은 이스라엘 영토의 최남단 경계이며 중요한 지계석(landmark)으로 구약 성경에 자주 나타나는 지명이다(삼하 17:11).

**21:32-34.** 아비멜렉과 비골(이름이라기보다는 직책이었을 것)은 블레셋 족속의 땅으로 불리는 지역으로 되돌아갔다. 그가 블레셋 족속의 땅에서 여러 날을 지내었더라는 사

실을 접하게 되면 우리는 다윗과 골리앗에 대한 이야기가 즉각적으로 떠오른다. 그는 적절한 환경적 관심에 따라 에셀 나무를 심고 성경의 이 부분에서만 나타나는 이름인 영생하시는 하나님(엘 올람, El olam)을 불렀다. 그것은 영원하신 하나님의 본성을 강조한다.

| Main Idea 복습 | 우리의 모든 반발에도 불구하고 하나님의 계획은 이루어진다. 이 장에서는 평생 동안 하나님의 계획을 따르고 하나님이 약속하신 유업을 보호하는 아브라함을 보여준다. |
|---|---|

# 결론

## 믿음이란 느낌 이상의 것이다

2001년 5월 7일 〈뉴스위크〉 지의 '종교와 대뇌' 라는 기사에서 샤론 베이글리(Sharon Bagley)는 선불교와 프란체스코 수도회 수녀들의 명상에 대해 주의 깊게 연구하고, 다른 '신경 신학들(neurotheologies)' 을 관련시킨 후 "신비한 경험이 일어나기 위해서는 공간 감각을 관장하고 자아와 세상의 구분을 담당하는 영역의 뇌의 활동이 멈춰져야 한다" 고 주장했다.

베이글리가 기고한 글(앤 언더우드의 도움을 받아 기록된 글)의 결론은 다음과 같은 다소 평범한 내용을 제시한다.

> 과학자들이 종교적·영적·신비적 체험의 생물학적 근원에 대한 탐구에서 잠정적으로 아무리 좋은 성과를 거두더라도 한 가지 미스터리는 영원히 그들의 손이 닿지 않는 곳에 숨어 있을 것이 분명하다. 과학자들은 인간의 뇌에서 어느 정도 크기의 초월적 감각을 추적해낼 수 있을 것이다. 또 그 정도 크기로 영적인 느낌을 추적해낼지도 모른다. 그러나 최대 의문은 결코 풀지 못할 가능성이 높다. 즉, 인

간의 뇌가 작동해 신이 만들어지는 것이냐, 아니면 신이 인간의 뇌를 작동시키느냐 하는 것이다. 어느 쪽을 믿느냐 하는 것은 결국 신앙의 문제다.

〈뉴스위크〉 지의 종교 전문 기자인 케네스 우드워드는 한 페이지에 걸쳐 그의 글에 대해 반박한다. 그는 "이 신경 신학자들이 저지르는 최대 실수는 종교를 특정 경험이나 느낌과 동일시하는 것이다. 기도에 푹 빠져 있으면 행복감이나 고양감을 느낄지는 모르지만 그런 감정은 우리가 신과 어느 정도 교류하느냐 하는 문제와는 무관하다"라고 말한다.

그리스도를 통한 하나님과 우리의 연합은 신비주의적인 것이 아니라 영적인 것이며, 세계가 다르기 때문에 두 단어의 차이가 생긴다. 과학은 비물질적인 것을 다루지 않기 때문에 신경 생물학자들과 신경 신학자들은 자신들의 다양한 기계와 통찰을 통해 그들이 본다고 생각하는 것을 기술할 수 있을 뿐이다. 그러나 뇌가 종교적 체험의 유일한 근원이라고 주장하는 것은 극단적 환원주의이며, 현재 우리의 연구의 맥락에서는 은혜에 대한 노골적인 부정이다.

케네스 우드워드는 "한창 영적 환희에 빠져 있는 신자가 자기 자신에게 이것은 신경회로가 작동하는 것뿐이라고 말하는 광경은 상상하기 어렵다. 신앙심이 두터운 사람은 인간이 뇌파의 존재를 발견하기 15세기 전에 살았던 성 어거스틴처럼 '주 하나님이시여, 주께서는 주님을 위해 우리를 만드셨으니 우리의 마음은 주님의 품에 머물기 전에는 평온하지 아니하나이다' 라는 것을 직관으로 이해한다"는 것으로 자신의 말을 마무리한다.

우리는 안식하지 못하는 마음을 가지고 있고, 그런 면에서 아브라함과 매우 흡사하다. 창세기의 이 장들은 시편 23편과 많이 다르고, 또한 시편 23편이 다윗의 격정적인 삶의 모든 것을 반영하지도 않는다. 때로 그리스도를 신뢰하고, 성경을 읽으며, 기도하고, 교회에 다니는 사람들은 주변의 소란에도 불구하고 고요하고, 평화롭고, 정돈된 삶을 산다는 인상을 준다. 하지만 대부분의 성경 자료들은 그러한 결론을 지지하지 않는다. 아브라함처럼 우리는 순례의 길을 가는 동안 우리의 삶이 끊임없는 선택의 시험이라는 것을 발견한다. 이로 인해 우리는 하나님을 전적으로 의지할 수밖에 없게 된다. 이것이 바로 믿음의 삶이다. 우리는 아비멜렉이 아브라함에게 한 말을 반복해서 암송해야 할 것이다. "네가 무슨 일을 하든지 하나님이 너와 함께 계시도다."

▣ 진리 알기

- 아브라함도 중요한 교훈들을 배우는 데 매우 오랜 기간이 걸렸다. 우리는 하나님이 우리에 대해 인내하신다는 것에 용기를 얻어야 한다.
- 하나님은 다른 사람들을 위한 자기 백성들의 기도에 응답하신다.
- 하나님은 약속을 이행하신다.

▣ 적용하기

- 영향을 미칠 수 있는 범위 내에 있는 사람들을 위해 기도하라.
- 영적이든, 육적이든 기적적인 아기들을 주신 하나님을 기뻐하고 찬양하라.
- "서로 마음을 같이 하며… 할 수 있거든 너희로서는 모든 사람으로 더불어 평화하라"(롬 12:16, 18).
- 인생의 시련과 시험 속에서 하나님을 신뢰하고 순종하라.

## 삶의 적용

### 길모퉁이

데이빗 제러마이어(David Jeremiah)는 1994년 4월 임파종이라는 진단을 받고 시작된 암과의 투병을 세세히 기록한 「길 모퉁이(A Bend in the Road)」라는 책을 저술했다. 그는 '삶의 혼란'으로 인한 어두운 나날들을 묘사하고, 이스라엘 백성들이 절기를 지키고 예배하기 위해 집에서 예루살렘까지 긴 여행을 할 때 그들의 기쁨과 하나님에 대한 믿음을 표현하기 위해서 종종 노래를 했다는 사실을 상기시킨다.

우리는 성경에서 아브라함이 노래하고 있는 장면을 한 번도 본 적이 없지만, 그는 확실히 영적인 용기로 인생의 역경과 고투를 감당하기를 원하는 믿음의 사람들을 위한 기초를 놓았다. 제러마이어는 "아비멜렉과의 갈등과, 하갈과 이스마엘을 광야로 내보내야 하는 고통을 감내해야 했던 아브라함을, 삶의 어려움을 다루는 방법에 대한 모범적 사례로 삼았다. 제러마이어는 적이 가까이 다가오면 우리는 자기 자신만의 무기를 사용하는 적을 절대 이길 수 없을 것이다. 하지만 우리는 땅에서는 결코 장전할 수 없는 가장 강력한 화약으로 우리의 입술과 혀와 손과 의지라는 무기를 장전한다. 그것은 예배와 찬양이다"라고 말한다.

제러마이어는 첫 번째 암과의 투병에서 살아 남았지만 1998년 가을에 암이 재발하였다. 이번에 그는 시편에서 큰 위로를 얻었다. "고통이 찾아올 때마다 시편으로부터 약을 처방받았다. 상처가 생길 때마다 시편은 나의 상처를 싸매어주었고 치유를 향해 나아가도록 했다… 나는 그것들을 깊숙이 들이마셨고, 그 안에 몸을 적셨으며, 시편의 음율 속에서 하나님의 임재로 인한 소망과 평강이 세상의 더러운 먼지를 깨끗이 씻어내렸다고 느낄 때까지 나를 씻어주도록 했다."

## 기도

하나님 아버지, 우리의 삶은 온갖 깨어짐으로 가득합니다. 깨어진 관계, 깨어진 약속들, 깨어진 기대들. 우리의 삶 속에서 당신의 변함 없으신 임재로 계속해 돌아감으로써 그 깨어짐과 더불어 살 수 있는 법을 배우도록 도와주십시오. 아멘.

## 심층 연구

### A. 선지자 아브라함(20:7)

대선지자와 소선지자들의 목록을 외울 때 아브라함의 이름은 등장하지 않는다. 하지만 그는 성경에서 선지자라고 불린 최초의 인물이다. 우리는 그 단어가 역사의 이 시점에서 어떻게 사용되었는지 의문이 생긴다. 이 단어가 창세기에서는 두 번 다시 사용되지 않지만 출애굽기 7장 1절에서 하나님은 모세에게 아론이 그의 선지자가 될 것이라고 말씀하신다. 신명기는 특별히 13장과 18장에서 선지자들에 대해 많이 거론하고 있다. 또한 열왕기상, 하에 이르면 선지자들이 이스라엘 문화와 종교에서 흔하게 등장한다.

선지자의 영어 단어는 실제로 '프로(pro, ~을 대신해)'와 '펨니(phemni, 말하다)'라는 두 단어를 합성한 것이다. 그러므로 선지자는 다른 사람을 대변하는 사람이었다. 성경에서 그들은 주로 하나님을 대신해 말하고 있다. 구약 성경에서 대부분의 선지자들은 나단이나 엘리사처럼 말로 하나님을 대변하거나 이사야, 예레미야, 다니엘처럼 글을 통해 대변하는 선지자들이었다. 신명기는 선지자가 말하는 내용의 진실성을 입증하는 두 가지 기준을 밝힌다. 선지자는 진실을 말해야 하며(신 18:22), 사람들을 하나님께로부터 떠나도록 미혹해서는 안 된다(신 13:1-5).

### B. 갈라디아서 4장의 이스마엘

이스마엘이란 이름이 갈라디아서에서 거론되지는 않지만, 바울의 논증(갈 3:1-5:12)은 분명히 하갈과 사라의 차이점에 초점을 맞추기 때문에 결국 그것은 이스마엘과 이삭의 차이점에 초점을 맞춘 것이다. 두 경우, 모친과 아들은 율법과 은혜, 육과 성령의 차이를 대표한다. 바울은 4장 6절에서 입양에 대해 이야기하는 것으로 자연스럽게 그 주제를 끄집어내며, 4장 22절에서는 그들을 이용한 구약의 메타포를 사용하기 시작한다.

구절의 핵심은 "이것은 비유니 이 여자들은 두 언약이라 하나는 시내산으로부터 종을 낳은 자니 곧 하가라"는 24절에서 불쑥 등장한다. 율법을 고집하는 사람들은 시내산과 "지금 있는 예루살렘"(25절)에 갇힌 하갈의 자녀들이다. 여기서 바울은 율법과 은혜라는 이 주제를 한 번 이상 논증한다. 그는 그리스도인들이 "이삭과 같이 약속의 자녀"(28절)라고 말한다.

하갈과 이스마엘 두 사람이 아브라함과 사라가 취한 육적인 행동을 상징하기 때문에 행위를 통해 구원을 얻는다는 시각으로 이어지는 모든 육적인 행위는 거부되어야 한다. 나아가 신자들은 육신을 거부하고 믿음으로 성령 안에 온전히 거해야 한다. 자신의 논증을 강조하기 위해 바울은 "계집종과 그 아들을 내어 쫓으라 계집종의 아들이 자유하는 여자의 아들로 더불어 유업을 얻지 못하리라"(30절)라고 말한다. 이것은 창세기 21장 10절을 대략적으로 인용한 것이다. 그리고 갈라디아서 4장 24절이 그 유비를 다 설명하지 않았음에도 불구하고 5장 1절은 "그리스도께서 우리로 자유케 하려고 자유를 주셨으니 그러므로 굳세게 서서 다시는 종의 멍에를 메지 말라"는 내용으로 시작하고 있다.

그러므로 모세가 석판을 가지고 산에서 내려오기 오래전에 이미 성경에는 율법과 은혜의 문제가 드러나 있다. 아브라함은 율법과 은혜의 차이에 대해 전혀 몰랐을 것이다. 하지만 하나님과의 영적 동행은 하나님이 역사 속에서 자기 백성들을 다루실 방법에 대한 무대를 마련해주었다.

### C. 블레셋 족속의 땅(21:34)

아브라함 시대 이전에 블레셋 족속들은 북부 이집트에서 해상을 거쳐 가나안에 도착하여 가나안 서남 경계에 정착하였다. 그들은 사울과 다윗 통치기에 가장 막강한 힘을 자랑하였다. 결국 다윗에게 패한 그들은 구약의 후반기에는 위협적인 세력이 되지 못했다.

아브라함과 관계한 블레셋인들을 여호수아와 후대의 다윗이 맞서 싸웠던 막강한 세력으로 생각해서는 안 된다. 창세기 21장에 나타나는 블레셋 족속에 대한 이 최초의 언급은 후대의 팔레스타인 왕들과 성들의 선조인 아비멜렉의 족속들만을 가리키는 것일 수 있다.

# 고안

### A. 들어가는 글

1. '천국은 시내 통화' 이야기로 시작하라.
2. 배경 설명: "아브라함이 거기서 남방으로 이사하여"라는 내용으로 시작하는 창세기 20장은 지리적 배경을 제공한다. 하지만 사실상 아브라함은 롯과 소돔의 문제를 뒤로 하고 히브리 민족의 시초가 되는 그의 삶의 일부를 시작하고 있다.
3. 적용: 우리는 21장 끝부분과 22장 시작 부분의 유사성을 발견한다. 아브라함은 드디어 브엘세바의 에셀나무 곁에서 행복감을 느끼며, 영원하신 하나님의 이름을 불렀고 한 곳에서 '오랫동안' 머물렀다. 하지만 모든 성숙한 그리스도인들이 알고 있듯이, 하나님이 우리의 인생을 주관하신다면 우리는 한 곳에 안주할 수 없다. 그래서 아브라함의 안식 후에 아브라함의 시험이 찾아온다. 다음 장에서 그러한 그의 모습을 보게 될 것이다.

### B. 본문 이해

1. 남방의 이웃들(20:1-7)
2. 합리화(20:8-18)
3. 약속의 자녀(21:1-7)
4. 사막의 방랑자(21:8-13)
5. 편모(21:14-21)
6. 맹세의 우물(21:22-34)

### C. 결론: '길모퉁이'를 읽어주라.

## 토의 질문

1. 하나님이 아비멜렉의 죄 때문에 그를 심판하신 이유가 무엇이라고 생각하는가?

2. 하갈의 경험과 오늘날 편모들의 어려움의 몇 가지 유사성을 열거해보라.

3. 오늘날의 그리스도인들에게 맹세는 어떤 역할을 하는가?

# 창세기 22:1-24:67

## 아브라함의 노년

*"인생에서 멈추어 서는 곳이 있다면 머물러야 좋은 장소인지 아니면 계속해서 가야 할 장소인지 질문해보아야 할 것이다."*

*- 메리 캐서린 베이츠슨(Mary Catherine Bateson)*

**이 장들은** 아브라함과 구약 족장들의 역사에서 중요한 사건들을 기록하고 있다. 여기에 나타난 사건들, 즉 자녀의 죽음, 배우자의 죽음, 심한 긴장 속에서 결혼을 기다림 등은 우리에게도 일어날 수 있는 사건들이다. 그 모든 일들을 통해 하나님의 은혜가 계속 아브라함의 인생 여정을 인도하고 있다.

### 지리적 정보: 모리아 산

- 브엘세바로부터 불과 80킬로미터 거리의 예루살렘 성 북쪽에 위치
- 하나님께서 재앙을 멈추게 하신 아라우나의 타작 마당이 있던 장소(삼하 24장)
- 솔로몬, 스룹바벨, 헤롯 대왕이 지은 성전들이 있던 곳

### 지리적 정보: 막벨라

- 헷 족속 에브론의 소유였던 곳
- 아브라함이 사라를 묻었던 큰 들판과 굴이 있는 지역
- 아브라함, 이삭, 리브가, 야곱, 레아의 매장지이기도 한 곳
- 오늘날 이곳에는 큰 이슬람 사원이 있다.

### 인물 정보: 밀가

- '권고' 라는 뜻을 가진다.
- 하란의 딸이며 아브라함의 조카
- 롯의 누이
- 브두엘의 모친

### 인물 정보: 브두엘

- 리브가와 라반의 아버지이며 '하나님의 거처' 라는 의미를 지닌다.
- 나홀과 밀가의 아들

### 인물 정보: 에브론

- '새끼 사슴' 의 뜻을 갖고 있다.
- 헷 족속 소할의 아들
- 아브라함이 구입한 막벨라의 밭과 굴의 소유자

## 들어가는 글

# 우리 조상들의 하나님

1876년 버몬트의 브랜든에 있는 성 토마스 감독 교회의 교구 목사인 다니엘 크래인 로버트(Daniel Crane Robert)는 백 번째 독립 기념일을 위해 공식적인 찬송시를 쓰도록 위촉을 받았다. 1892년이 되어서야 "러시아 찬송가"의 곡조에 맞추어 그 찬송시가 노래로 표현되었지만 현재의 곡인 "국가(National Hymn)"는 성 토마스 교회의 오르가니스트인 조지 워렌(George W. Warren)이 작곡한 것이다. 이 곡이 공식적으로 처음 소개된 것은 1894년 프로테스탄트 국교회 찬송에 실렸을 때이다.

이 찬송은 전국적으로 즉각적인 반향을 불러일으켰고, 오늘날 거의 모든 찬송가에 수록되어 있다. 이 곡의 주제는 아브라함의 생애를 지배한 "단번에 성도들에게 위탁된 믿음"이라는 진리를 포착해 드러낸다. 이 기도는 오늘날의 세속적인 세계에서 사람들의 주목을 요구하고 있다.

전능하신 조상의 하나님
아름답고 화려한 그곳에
우리들을 인도해주시니
보좌 앞에 감사 찬송하세

거룩하신 당신의 사랑이
자유로운 이 땅에 임하니
통치자와 보호자되소서
당신 말씀 우리 율법일세

아마 아브라함은 그의 조상들의 하나님에 대해 별로 찬양할 것이 없었을 것이다. 하지만 이삭과 야곱, 그리고 우리가 창세기 연구에서 만나는 후손들은 이 위대한 찬양의 전체적인 정서를 이해할 수 있었을 것이다. 창세기 12-22장에는 아브라함과 하나님의 대화에 대한 거의 백 개의 언급이 기록되어 있다. 아브라함이 노년에 겪은 새롭고 다른 경험들을 통해 그들의 관계는 더욱 견고해졌다.

## 본문 이해

### 아브라함의 노년

| Main Idea | 아브라함은 영적 여정을 믿음의 발걸음으로 전진하고 있다. 이제 그는 제단에 이삭을 드린 일과 이어서 사랑하는 사라의 죽음과 장례를 경험하면서 믿음의 거대한 두 걸음을 내딛게 될 것이다. |
|---|---|

#### A. 모리아 산의 만남(22:1-8)

| Supporting Idea | 영적 성장은 우리에게 오는 시험과 시련을 우리가 어떻게 대하느냐에 따라 결정된다. |
|---|---|

**22:1-2.** 순종이라는 단어가 본문에 나타나지는 않지만 하나님께 대한 '순종'이 이 장의 뼈대를 이루고 있다. 본문은 **그 일 후에 하나님이 아브라함을 시험하시려고**라고 지적하는 것으로 시작한다. 어떤 번역들은 '유혹하다(tempt)'라는 표현을 사용하고, 어떤 번역은 '증명하다(prove)'라는 단어를 사용한다. 어떤 경우든 하나님의 절대적인 의로운 판단에 대한 아브라함의 믿음이 시험대에 오르고 있다. 데렉 키드너는 이렇게 지적한다. "아브라함의 신뢰는 상식, 인간적 애정 그리고 일생의 야망과는 반대로 균형 있게 평가되어야 한다. 모든 세상적인 것에 반하는 행위로 평가되어야 한다"(Genesis, 143).

하나님께서 이스마엘도 축복하시겠다고 강조하셨음에도 불구하고 2절이 네 사랑하는 독자라는 구절을 포함시킨 이유가 무엇인지 의문이 생긴다. 어떤 주석가들은 현재 아브라함과 이삭 사이에 존재하는 관계에 초점을 맞추었기 때문이라고 주장한다. 어떤 이들은 이 시점에서 하나님이 관심을 두신 유일한 아들이 이삭이기 때문이라고 주장한다. 즉, 아브라함이 닥쳐올 시험을 통과해야 할 유일한 아들인 것이다. 확실히 아브라함은 이 끔찍한 죽음의 대상으로 하나님이 선택하신 이가 누구인지 전혀 질문하지 않았다.

모리아 산이 성경 본문에 처음으로 소개되고 있고, 유대인의 역사에서 이 산의 중요성은 계속 강해진다. 이 산은 역대하 3장 2절에서 다윗의 생애에 위기가 닥쳤을 때 다시 나타난다. 고대의 성전이 이 산에서 건축되었다. 오늘날 이곳은 이슬람 교도들에게 세 번째로 중요한 장소(메카와 메디나를 제외하면)로 주후 691년에 건축된 유명한 바위 사원이 자리하고 있다.

가서라는 단어는 이 순례자에게 확실히 익숙한 단어였을 것이다. 하나님은 수차례 그에게 이 명령을 해오셨던 것이다. 그러나 이번에는 특수한 목적을 가진 특별한 여행이었다. 거기서 그를 번제로 드리라는 명령은 수천 년이 흐른 지금까지도 읽는 사람들을 두려움에 떨게 한다.

고대 이방 종교에서 흔했던 인신 공양은 주께 속한 의로운 사람들에게 악한 행위였다. 하지만 여기서 하나님의 명령은 인간적 관습들보다 우위에 있었다. 우리는 아브라함이 인신 공양에 대해 반대하는 계시를 전혀 받지 않았다는 것을 명심해야 한다.

**22:3-5.** 아브라함은 사망의 음침한 골짜기에서 삼 일간에 걸쳐 할 일을 시작하였다. 나귀가 그 산을 향해 괴로운 발걸음을 내디딜 때 북동쪽을 향한 80킬로미터에 걸친 여행은 엄청난 마음의 고통을 안겨주었을 것이다. 두 사환이 그 부자와 함께하였지만 아브라함은 그들에게 내가 아이와 함께 저기 가 있는 동안 뒤에서 기다리라고 말하였다. 그는 또한 종들에게 자신이 경배할 것이라고 말했다.

아브라함은 또한 종들에게 (우리가) 너희에게로 돌아오리라고 말했다. 이것은 소망을 표현한 생각이거나, 이 사건에 대해 그들이 가질 수 있는 불안을 벗어버리기 위해 조심스럽게 표현한 말이라고 할 수 없다. 하지만 하나님이 다른 희생 제물을 준비하시고 이삭은 아무 해도 입지 않을 것이라는 사실을 아브라함이 알았다는 증거도 전혀 없다. 실제로 히브리서 11장 19절의 영감된 기록을 참고로 하지 않는다면 아브라함이 어떤 생각을 했는지 우리는 전혀 알 수 없다. "저가 하나님이 능히 죽은 자 가운데서 다시 살리실 줄로 생각한지라 비유컨대 죽은 자 가운데서 도로 받은 것이니라." 하나님의 백성들이 믿음으로 행동할 때 그분이 약속하신 목적들을 이루시기 위해 사용하실 방법을 구체적으로 지명하고자 하는 시도는 결코 하지 않는다.

**22:6-8.** 아브라함이 불과 칼을 들고 가는 동안 자신의 죽음에 사용될 나무를 이삭이 지고 가는 모습에서 궁극적 희생 제사에 대한 예표론적 의미를 볼 수 있다. 그러나 이삭은 이 상황에 뭔가 문제가 있다는 것을 알아차렸다. 그는 희생 제사로 드릴 어린 양이 어디 있느냐고 질문했고, 아브라함은 구약에서 가장 위대한 기록 중의 하나로 대답하였다. 어린 양은 하나님이 자기를 위하여 친히 준비하시리라.

이 사건이 일어날 때 이삭은 몇 살이었는가? 5절에 '아이' 라는 단어가 사용되어 있지만 이 히브리어 단어는 유아(출 2:6)에서 젊은 남자(대상 12:28)에 이르기까지 모든 연령층에 사용될 수 있는 단어이다. 대부분의 학자들은 이때 이삭이 튼튼하고 건강한 십대 소년이었기 때문에 그 전체 과정을 거부하거나 저항할 수 있었다고 믿는다. 그러므로 우리는 모리아 산을 배경으로 전개되는 이 시나리오를 통해 아버지뿐 아니라 아들의 믿음도 볼 수 있다.

### B. 희생 제물로 드려진 아들(22:9-19)

| Supporting Idea | 아브라함의 하나님은 자기 백성들에게 전적 신뢰, 순종, 자신의 목숨 그 자체를 비롯해 모든 인간적인 소유를 포기할 것을 요구하신다. 아브라함이 하나님을 믿었듯이 우리는 우리 삶에서 만나는 모든 도전에 동일한 자세를 취해야 한다. |
|---|---|

**22:9-12.** 이 끔찍한 여행에서 하나님은 어느 때든 아브라함을 제지하시고 "그것으로 충분하다. 너의 믿음이 충분하다는 것을 알겠다" 고 말씀하실 수 있었다. 하지만 그분은 그렇게 하지 않으셨다. 그분은 아브라함이 소년을 묶고 그를 단 나무 위의 제단에 놓는 일을 비롯한 희생 의식을 다 치르도록 하셨다. 아브라함이 손을 내밀어 칼을 잡고 그 아들을 잡으려 할 때 비로소 하나님은 그를 제지시키셨다. 아브라함은 하늘에서 자신을 부르는 소리가 들릴 때 어떻게 반응하였는가? 정확히 1절과 동일하게 반응하였다. 내가

여기 있나이다.

**22:13-14.** 이 구절은 대속이라는 복음의 주제를 포착해 드러낸다. 그리스도는 온 세상을 위해서만 죽지 않으셨다. 그는 우리 개개인을 위해서 죽으셨다. 하나님이 이삭을 대신하여 번제로 드릴 제물로 수양을 준비해주심으로써 이삭은 죽음을 피할 수 있었다. 우리의 약한 믿음이 시험을 받을 때 우리 믿음이 승리하는 믿음이 될 수 있다. 하지만 그 모든 것은 하나님의 대속적 속죄를 받아들이는 것으로 시작된다.

이 구절의 핵심은 14절이다. 아브라함은 이 장소를 여호와 이레 - 여호와께서 준비하신다 - 로 불렀다. 그 순간부터 모세가 이 글을 기록할 때까지 그리고 그 이후로도 이 장소는 그 이름을 그대로 유지하였다. 앨런 로스는 이렇게 말한다. "이것은 구약 성경에서 종종 반복되는 진리의 기본이다. 즉, 주님은 그 민족에 의해, 그분의 거룩한 산에서 경배받으셔야 한다는 것이다… 주님은 그 앞에 나아오는 자들의 필요를 보시고 그들의 필요를 충족시켜주실 것이다. 그러므로 그들을 위해 필요한 것을 준비하실 때 그분이 '보일' 것이다."

**22:15-19.** 이 장에서 아브라함에 대한 첫 부르심은, 구체적인 방법이 기록되어 있지는 않지만 하나님께로부터 직접 온 것이었다. 하지만 11절의 두 번째 부르심은 "여호와의 사자"를 통해서 이루어졌다. 이제 15절에서 여호와의 사자가 다시 부르신다. 이것은 하나님이 아브라함에게 주시는 일련의 약속 중 일곱 번째 약속이다. 이것은 하늘의 별과 같고 바닷가의 모래와 같이 많은 자손의 축복을 성취하시겠다고 하나님이 실제로 맹세하신 최초의 경우이다. 아브라함에 대한 하나님의 약속의 무조건적 성격과 조건적 성격을 주목하라. 하나님은 이 모든 일들이 네가 나의 말을 준행하였기 때문에 이루어질 것이라고 말씀하심으로써 대화를 마무리하신다.

대부분의 성경 학자들은 아브라함이 이삭을 바친 것과 하나님이 자기 아들을 주신 것의 상관성을 본다. 그러므로 이삭은 그리스도의 예표인 것이다. 우리는 그것을 로마서 8장 32절과 요한복음 3장 16절과 히브리서 11장 9절에서 볼 수 있다. 한 가지 큰 차이점은, 신약에서는 수풀에 걸린 수양이 없고 하나님의 아들이 죽임을 당하신다는 것이다. 윌리엄 라솔은 이렇게 지적한다. "자기 아들 예수를 제물로 바치시기로 하신 하나님의 자발성을 생각하지 않고서 자기 아들 이삭을 바치고자 한 아브라함의 자발성을 생각할 수 없다. 하나님이 이삭을 대신할 어린 양은 준비하셨지만, 예수님을 대신할 어린 양은 없었다. 그가 어린 양이셨던 것이다! 우리는 하나님이 그리스도 안에서 우리를 위해 행하신 일 때문에 생명과 구원과 영생의 소망을 갖게 되었다. 이 세상이 우리가 알고 있는 구원을 알 수 있는 유일한 길은 우리의 신실함을 통해서일 것이다. 하나님은 우리가 신실하기를 원하신다"(「Great Personalities of the Old Testament」, 30).

## C. 가나안의 동굴(22:20-23:20)

| Supporting Idea | 아브라함처럼 우리는 우리의 사랑하는 이의 죽음을 하나님과 그분의 약속에 대한 믿음과 확신을 증명할 수 있는 훌륭한 기회로 보아야 한다. |
|---|---|

**22:20-24.** 20절의 첫 세 단어는 1절의 세 단어를 그대로 반복한 것이다. 이 기록은 아브라함의 가계도를 확장해서 기록하고 있다. 롯의 누이이며 이제 자신의 삼촌의 아내인 밀가는 우스와 부스와 다른 여섯 자녀의 어머니가 되었다. 본문이 이것을 설명하고 있는 까닭은 그 자녀 중 하나이며 가장 마지막으로 이름이 거론된 브두엘이 리브가를 낳았음을 알려주기 위해서이다.

**23:1-6.** 사라가 죽자 아브라함은 메소포타미아의 옛 고향으로 돌아가지 않고, 이 하나님의 약속의 땅에서 매장지를 확보하기로 결심하였다. 그녀는 헤브론에서 죽었고, 우리는 아브라함이 들어가서(went) 사라를 위하여 슬퍼하며 애통하다가라는 기사를 볼 수 있다. 어디로 갔다(went)는 것인가? 22장 19절에서 "브엘세바에 이르러 거기 거하였더라"고 기록하기 때문에 우리는 그가 브엘세바에서 헤브론으로 갔다고 추정할 수 있다. 아브라함은 사라의 죽음부터 현 시점까지 히브리 민족의 특징이 된 나는 당신들 중에 나그네요 우거한 자니라는 고백을 한다. 아브라함의 백성들은 애굽과 앗시리아, 바벨로니아, 그리스 그리고 로마 제국 주위를 떠돌게 될 것이다.

데렉 키드너는 아브라함의 독특한 입장에 대해 상술한다.

> 나그네(게르, ger)는 지역 공동체에 연고를 갖고 있기는 하지만 권리는 제약받는 외국인 거주자였다. 예를 들어, 이스라엘에서 게르는 자신의 개인 토지를 갖지 못하였다. 이 장에서는 아브라함이 정중한 예의를 갖추고는 있지만 그가 영속적

인 기반을 얻을 수 있는지 없는지에 대한 예민한 문제가 걸려 있다. 6절의 아부는 그가 자기 땅을 갖지 못한 채 의존적인 존재로 계속 있게 하기 위한 유인책이다. 한 개인의 이름을 지명한 아브라함의 대답은, 집단은 침입자에 대해 분개하는 경향이 있지만 땅의 주인은 고객을 원한다는 사실을 교묘하게 이용한 것이다 (「Genesis」, 145).

이 점은 앞장의 토지 불하의 중요한 기능이다. 아브라함이 첫 번째 제의를 받아들였다면 헷 족속의 무덤에 사라를 묻었을 것이고, 가나안의 땅을 단 1평방미터도 소유하지 못했을 것이다. 그것은 현명한 선택이 아니었을 것이다.

**23:7-16.** 헷 족속들이 아브라함에게 자신들의 땅에 사라를 매장하도록 합의해주었기 때문에 유일한 문제는 어느 곳에서, 어떤 조건으로 하느냐 하는 것이었다. 분명히 아브라함은 이미 한 장소를 염두에 두고 있었다. 이는 그가 전혀 주저함 없이 그 밭머리에 있는 (에브론의) 막벨라 굴을 상세히 거론했기 때문이다. 에브론이 바로 그 자리에 앉아 있었지만 아브라함은 헷 족속의 전체 지도자들을 대상으로 자신의 요청을 피력하였다. 이런 식의 구체적인 요청으로 아랍 유목민들의 거래가 시작되었고, 이 거래는 아브라함이 탁자 위에 은 사백 세겔을 내놓는 16절에서 마무리된다.

**23:17-20.** 아브라함이 구입한 것은 무엇인가? 본문은 어떤 의문도 남기지 않고 명백하게 밝히고 있다. 마므레 앞 막벨라에 있는 에브론의 밭을 바꾸어 그 속의 굴과 그 사방에 둘린 수목을… 아브라함의 소유로 정한지라. 아브라함에게 메소포타미아는 이제 과거에 불과했다. 이제 새로운 고향이 이 매장지를 중심으로 건설될 것이다. 부동산에 대한 아브라함의 보잘것없는 출발은 앞에서 기술된 이스라엘의 넓은 땅을 상징적으로 표현한다. 사라는 막벨라에 장사된 네 세대 중 최초의 세대였다. 자신의 아내가 죽고나서야 아브라함은 실제로 그 땅의 일부를 소유하게 되었다.

아브라함이 그 땅을 구입한 것은 사라를 매장할 장소가 필요했기 때문일 뿐 아니라 하나님의 약속에 대한 자신의 확신을 표현하기 위한 것이었다. 그는 그 땅에서 한 곳에 정착하지 못한 채 유목민으로 60년간을 살아왔다. 그는 자신이 죽기 전에 하나님이 그의 후손들에게 하신 약속을 성취하실 것이라는 기대감의 표현으로 약속의 땅의 흙을 흙으로 돌아간 그의 사랑하는 이의 육신과 섞었다. 이 땅 매입은 그의 자녀들에게 증거가 되었다. 이는 그들이 거의 4백 년 동안 그 땅을 소유하지 못했기 때문이다. 그리고 그의 자손들은 그 교훈을 확실하게 배웠다. 야곱은 애굽에 묻혔지만 아브라함 본인, 이삭, 리브가, 야곱, 레아는 그곳에 묻혔다. 그의 아들들은 그의 시신을 가나안으로 가져가서 그의 아버지와 할아버지 곁에 묻었다.

### D. 주인의 결혼 중매인(24:1-33)

| Supporting Idea | 사라의 죽음 이후 아브라함은 경건한 리더십의 모델로 계속 본을 보이는 삶을 살았고, 그의 아들에게 자신의 생애를 투자하였다. 하나님의 부르심에 순종하기 위해 그는 이삭의 아내를 찾는다. |
|---|---|

**24:1-9.** 노인이 되면 사람들은 보통 자녀들과 손자들에게 큰 관심을 갖게 된다. 아브라함은 이 문제에 관한 한 다른 사람들에 비해 대기 만성형이었다(늦게 아들을 가졌다). 그래서 그는 나이 많아 늙었을 때 자기 아들의 아내를 구했다. 이 장에 이름이 거론되어 있지는 않지만 아브라함의 늙은 종은 다름 아닌 15장 2절에 나타난 적이 있는 엘리에셀일 것이다. 아브라함은 메소포타미아로 가서 이삭의 아내감을 찾는 일을 맡기고 그에게 맹세를 하게 하였다. 주변에 가나안 족속의 딸들만 있었기 때문에 아브라함은 다른 선택의 여지가 없다고 생각하였다.

가나안 사람인 아내를 맞는 것보다 아내가 없는 편이 낫고, 약속의 땅에 정착할 수 있는 근거지로 새롭게 얻은 땅을 버리기보다는 아내가 없는 편이 나았다. 이 단락에서 몇 가지 사실이 우리의 관심을 끈다.

만약 이 늙은 종이 엘리에셀이라면 그는 자신의 상속권을 앗아간 후계자를 섬기는 데 성심과 열심을 다한 셈이다. 데렉 키드너는 엘리에셀을 "조용하면서 양식이 있고, 경건함과 믿음이 있으며, 주인에 대한 깊은 헌신, 문제를 간파하는 단호함을 가진, 성경에서 가장 매력적인 주변 인물 중 하나"라고 부른다(「Genesis」, 146).

우리는 또한 특별한 형식의 맹세를 본다. 아브라함은 짐승을 갈라 그 사이로 걸어가는 의식을 치르지 않고 엘리에셀에게 네 손을 내 환도뼈 밑에 넣으라고 말한다. 대부분의 학자들은 이 구절을 미래의 후손과 생식 기관을 연결시키는 행위로, 즉 문자 그대로의 의미로 이해한다. 클라우스 웨스터만은 "맹세를 할 때 생식 기관에 손을 대는 의식은, 이 외에 동일한 환경, 즉 죽음이 임박한 상황인 창세기 47장 29절에서만 찾아볼 수 있다. 죽음을 앞둔 사람은 생명의 원천에 대고 맹세함으로써 자신의 마지막 유언을 확인시킨다" 고 말한다(「Genesis 12-36」, 384).

마지막으로, 이 단락에서 강조되는 분리의 원리에 유의하라. 가나안에서 아내를 구해서는 안 되는 것이다. 아브라함은 가나안인들 중에서 평판이 좋았고, 사라의 매장지 구입 건에서 보듯이 쉽게 이삭에게 아내를 구해줄 수 있었을 것이다. 존 세일해머는 다음과 같이 말한다.

> 아무런 설명이 되어 있지 않지만 가나안인들 중에서 이삭의 아내를 구하고 싶지 않은 아브라함의 바람은 창세기 9장 25-27절의 축복받은 계보와 저주받은 계보라는 개념에 대한 심층적인 설명인 것으로 보인다. "가나안에게는 저주를! 그러나 셈의 하나님 여호와께는 찬송을!" 지금까지 내러티브 전반에 걸쳐 그러했듯이, 가나안의 주민들은 죄악 때문에 하나님의 저주 아래 있는 것으로 인식된다(15:16 참고). 아브라함의 씨는 가나안의 씨와 구분되어야 한다(「Genesis」, 176).

**24:10-21.** 엘리에셀은 모든 좋은 것을 싣고 나홀의 성을 향해 떠났다. 우리는 엘리에셀이 아람(후의 시리아)에 위치하였고, 티그리스와 유프라테스 강에 가까운 곳인 아브라함의 형제인 하란의 이름을 본 딴 성으로 갔다고 추정해볼 수 있다. 그는 그 지역 사람들에게 식수를 공급하던 우물로 갔다.

그러나 엘리에셀이 단순히 그 지역의 여인들을 관찰만 한 것은 아니었다. 그에게는 영적인 눈이 열려 있었다. 그는 하나님이 적합한 여성을 분명하게 지적해주시도록 기도하며 하나님의 도우심을 구했다. 그리고 하나님이 처음부터 아브라함을 대하셨던 방식에서 전형적으로 나타났듯이, 그 종이 말(기도)을 마치지 못하여서 리브가가 물 항아리를 어깨에 메고 나왔다. 종이 마주 달려가자 기도는 그대로 계획이 되어 실행에 옮겨졌다. 그가 말을 걸자 그녀가 대답했고 그는 구하던 증거를 얻게 되었다.

엘리에셀은 단지 흔쾌히 자신에게 물을 마시게 해줄 사람을 구했던 것 같지만, 그의 기도는 내가 당신의 약대에게도 마시우리라라는 구절을 구체적으로 명시했다. 하지만 이 아름다운 소녀는 이에서 그치지 않고 급히 물 항아리의 물을 구유에 붓고 다시 길으려고 우물로 달려가서 모든 약대를 위하여 긷기까지 했다. 그리피스 토마스는 이 사랑스러운 이야기에서 영적인 교훈을 지적한다. "그의 극진한 공손함을 주목하라(17절). 모든 그리스도인의 행동에는 예의가 매우 중요하다. 우리는 예의 바름과 사려 깊음의 부족으로 대의를 망칠 수 있다. 우리는 또한 그의 인내를 볼 수 있다(21절). 그는 억지로 일을 해결하려고 하지 않을 것이다. 서둘러서는 안 되기 때문이다. 그는 하나님의 뜻에 대한 모든 증거를 세밀하게 구하는 거룩한 신중함을 지녔다"(「Genesis」, 214).

모범적 모델을 강조하는 어떤 학자들은 이 장에서 미묘한 예표론을 발견한다. 주인의 뜻을 따라 신부를 구하러 가서 주인의 메시지를 전하고, 그 메시지가 자신에게 비롯된 것이 아님을 명확히 밝히는 신실한 종은 확실히 우리에게 찬양받으실 우리 주님을 연상시켜준다.

**24:22-27.** 이 사랑스러운 소녀가 이삭에게 관심이 있는지 알아보기 위해 이제 결혼 선물을 내놓아야 할 때가 되었다. 이 종은 금고리 하나와 금 손목고리 한 쌍을 내놓았다. 이 빛나는 보석의 힘을 빌려 그는 그녀의 아버지 집에 묵어가게 해달라고 제안하였다. 47절을 미리 보면 이 장신구를 단순히 그녀가 구경만 한 것이 아니라 실제로 착용하고 있음을 볼 수 있다. 그녀는 자신의 아버지와 할아버지의 이름을 밝히고 엘리에셀과 그의 약대들이 그녀의 집에 유숙하도록 초청하였다.

엘리에셀은 그 자리를 떠나기 전 표적을 구하는 기도만큼이나 단순하고 감동적인 감사의 기도를 드린다. 존 필립스는 이 장면을 이렇게 기술한다. "초자연적인 것이 자연의 모습을 입은 모습으로, 그 모든 것이 너무나 수월하고 자연스럽게 이루어졌지만 또한 동시에 하나님의 분명한 개입하심이 있었다. 우연적인 만남은 전혀 없었다. 하늘에서 계획되고 지상에서 이루어지는 만남이 있을 뿐이었다. 그 종이 이삭의 동기와 요구사항을 제시할 때 리브가는 큰 관심을 가지고 성심을 다해 경청했다"(「Exploring Genesis」, 192).

**24:28-33.** 리브가는 달려가서 이 일을 어미 집과 그녀의 오빠 라반에게 고하였다. 동생이 가져온 보석을 보고 그는 성을 처음으로 방문한 나그네를 맞이하기 위해 달려 나갔다. 일반적인 격식이 오고가고 엘리에셀이 내가 내 일을 진술하기 전에는 먹지 아니하겠나이다라고 말한 것으로 보아 식사 초대가 있었던 것을 알 수 있다. 엘리에셀의 임무가 이보다 더 수월하게 달성될 수 없는 것 같았다. 그가 예상한 것보다 훨씬 빨리 일

이 진척되었고, 가나안에서 그곳까지 긴 여행을 하게 된 목적을 쉽게 털어놓게 되었던 것 같다.

### E. 자원하여 나선 신부(24:34-67)

| Supporting Idea | 이 단락은 여러 가지 영적 교훈을 일깨워준다. 하나님에 대한 순종, 진지하고 단순한 기도, 약속의 성취로 인한 기쁨, 결혼의 설레임과 중요성, 우리의 하늘 주인께 훌륭한 종이 되는 것의 가치. |
|---|---|

**24:34-49.** 지금까지 리브가와 라반은 엘리에셀이 아브라함의 사람이라는 것을 전혀 몰랐다. 그래서 엘리에셀은 주인의 재물과 권력에 대한 정보와 더불어 그 사실을 분명하게 밝힌다. 그는 거침없이 그 이야기를 다시 들려준다. 이번에는 두세 가지의 새로운 사실이 추가된다. 엘리에셀은 아브라함이 이삭에게 자신의 모든 것을 주었다고 말한다. 아브라함은 175세까지 살게 될 것이다. 하지만 그는 죽기 전 모든 것을 이삭에게 주었다. 이것은 그의 모든 물질적인 소유뿐 아니라(24장 36절과 25장 5절의 주된 의도가 명백히 이것이기는 하지만) 그가 평생 동안 지녔던 믿음의 유산도 주었음을 의미한다.

엘리에셀은 또한 가족의 혈연 관계를 강조한다. **나의 주인의 동생의 딸을 그 아들을 위하여 택하게 하려고** 왔다는 것이다. 49절에서는 설교 후의 권면이 이어진다. 우리는 도널드 번하우스의 지적에 전적으로 동의한다. "하나님이 축복하신 사명을 위해 일한다는 것은 놀라운 것이다. 우리가 그분의 뜻 안에 있으면 어떤 실패도, 불리함도 있을 수 없다. 하나님이 인도하시는 곳에서는 하나님이 필요한 것들을 제공하신다. 교회와 가정과 신앙 고백이 하나님의 축복을 받고 있음을 알 때 형언할 수 없는 찬양을 드리게 된다. 그리고 그 모든 것은 다 하나님의 은혜 때문이다!"(「Genesis: A Devotional Exposition」, 27).

**24:50-60.** 이제 그 가족이 반응할 차례가 되었다. 라반과 브두엘 두 사람 모두 합당한 대답을 하였다. **이 일이 여호와께로 말미암았으니… 여호와의 명대로 그로 그대의 주인의 아들의 아내가 되게 하라.** 엘리에셀은 그들이 허락해줌으로 자신의 임무를 이루게 된 것에 대해 하나님을 경배했다. 그러고나서 그는 신부감과 그녀의 오빠 그리고 어머니를 위해 준비한 은금 패물과 의복을 꺼내기 시작했다.

이 장에서 브두엘이 차지하는 역할이 얼마나 작은가. 그는 말을 한다 하더라도 리브가를 보내겠다는 라반의 말에 동의하는 식으로 참여할 뿐이다. 그는 그 패물을 받지 않은 것으로 보이지만 그 집의 가장이고 주인이었다. 이제 문제는 리브가의 의중에 달려 있었다. 그녀의 배역은 이 장에서 찬란하게 빛나고 있다. 그녀는 나그네를 매우 친절하게 대하였고, 그의 약대들을 돌봐줄 정도로 스스로를 낮추었으며, 자신의 인생에 대한 하나님의 뜻을 알아차렸다.

친척들이 엘리에셀과 리브가를 적어도 열흘 정도 더 머물게 하려 했지만 리브가는 이 긴박한 문제가 즉시 처리되어야 한다는 데 동의했다. 누구도 140세 된 노인이 미래의 며느리에 대한 소식을 계속 기다리게 해서는 안 되는 것이다. 제임스 몽고메리 보이스는 "그녀는 아마도 평생 동안 한 번도 집을 떠나본 적이 없었을 것이다. 그러나 하나님이 그녀를 먼 곳으로 보내시는 것이라면 그녀는 그분의 인도하심에 즉각 반응하기를 원했다. 우리가 순종하기를 지체한다면 이루어지는 것이 거의 없을 것이다. 십 일이 열 달이 되고, 십 년이 될 것이며 섬길 수 있는 시간은 사라져버릴 것이다"라고 말한다 (「Genesis」, 250).

**24:61-67.** 이삭이 남방에 거하고 있었으므로 집으로 귀환하는 대상을 가장 먼저 보게 되었다. 리브가가 엘리에셀에게 이삭에 대해 묻자 엘리에셀은 이는 내 주인이니이다라고 대답한다. 엘리에셀의 보고를 들은 이삭은 리브가를 사라의 장막으로 인도한다. 이 야기는 그들이 결혼을 하고 아내를 삼고 사랑하였으니 이삭이 모친 상사 후에 위로를 얻었더라는 내용과 함께 다소 갑작스럽게 끊어진다.

이 장의 이 부분을 읽다보면 몇 가지 의문이 생긴다. 귀환한 엘리에셀 일행이 아브라함보다 이삭을 먼저 만나게 된 이유는 무엇인가? 분명히 고대의 족장 아브라함은 헤브론에 있었을 것이고, 그렇다면 오는 길에 그를 먼저 만나야 했을 것이다. 이 의문은 이삭에 대해 질문하는 리브가에게 제시한 엘리에셀의 대답인 이는 내 주인이니이다란 말로 더 복잡해진다. 이 장에서 '주인' 이란 단어는 지금까지 오직 아브라함에게만 해당된 단어였다.

이러한 두 질문은 이 장의 끝부분에서 아브라함이 사라진 것으로 연결된다. 그는 처음부터 이 일을 지시하고 계획했던 장본인이었다. 그는 헤브론에서 엘리에셀을 파견했다. 이제 그의 이름에 대한 어떤 언급도 없이 갑자기 이 결혼이 이루어진다.

데렉 키드너는 다음과 같이 추측한다.

> 이것은 아브라함이 임박한 이삭의 결혼을 고려하여(그리고 추측이기는 하지만 아브라함 자신의 재혼을 고려해, 25:1) 그에게 집안을 관리할 총책임을 맡은 종을 할당해주고 이삭을 독립시켰다는 의미일 수도 있다. 그러나 이것은 상속자인 이삭에 대해서도 적용될 수 있다. 또한 아브라함이 이야기에서 사라진 것은 단순히 이야기의 무게 중심이 옮겨가는 두 사람에게 관심을 돌리기 위한 내레이터의 기법에 불과한 것일 수도 있다(「Genesis」, 149).

| Main Idea 복습 | 아브라함은 영적 여정을 믿음의 발걸음으로 전진하고 있다. 이제 그는 제단에 이삭을 드린 일과 이어서 사랑하는 사라의 죽음과 장례를 경험하면서 믿음의 거대한 두 걸음을 내딛게 될 것이다. |
| --- | --- |

## 결론

### 결혼 중매: 개인적인 생각

1976년 나는 온타리오의 성 캐서린 교회에서 몇몇 메노나이트 형제단 교회들의 연합예배 설교를 위해 국경을 넘어 캐나다로 갔다. 주말 성경공부모임이 있는 동안 존(John)과 로티 더커슨(Lottie Durksen) 부부의 집에 묵게 된 나는 발랄하고 재능 많은 열여섯 살의 소녀를 보게 되었다. 그녀는 그들이 "B. J."(베티 제인의 별명)라고 부르는 그 집의 셋째 딸이었다. 어린 숙녀의 재치와 지혜에 금방 매료된 나는 같은 나이의 내 아들을 떠올렸다. 하지만 성경을 가르치는 일 외에는 어떤 임무를 맡고 파견받아본 적이 없는 나는 냉정을 되찾고 두 사람은 이제 열여섯 살의 청소년일 뿐 아니라 국경을 사이에 두고 있기 때문에 만나기가 불가능하다는 결정을 내렸다.

그럼에도 불구하고 더커슨의 집을 떠나기 직전에 나는 B. J.에게 사진 한 장을 부탁했고, 그녀는 조금도 주저하지 않고 사진을 내주었다. 토론토와 마이애미 사이의 어느 지점에서 단순한 생각으로 시작되었던 일이지만 그것의 의미와 가능성이 점점 구체화되기 시작했다. 집으로 돌아오자마자 나는 거침없이 내 아들의 방으로 걸어들어가 아들에게 사진을 건네주며 "제프, 이건 네가 나중에 결혼하게 될 소녀의 사진이다"라고 말했다. 그때 일을 생각하면 지금도 내 자신의 모습에 놀란다.

창세기 24장에 익숙한 독자들은 이 이야기가 정확히 어디를 향하는지 알고 있다. 그 다음 해 두 사람은 캐나다의 성경공부모임에서 만났다(그때도 내가 강사로 참여하였다). 다음 해 그들은 함께 대학교에 들어갔고, 친구가 되었으며, 성 캐서린 교회 설교 이후 만 6년 만에 결혼하였다. 이제 20년간 건강하게 유지되어온 결혼 생활로 두 명의 사랑스러운 손자들이 생겼고, 사역에 헌신한 두 사람은 재능을 조화롭게 사용하며 성공적으로 그 사역을 수행해왔다. 나의 아들은 목회자이자 대학의 교목으로 섬기고 있으며, B. J.(이제는 베스로 알려진)는 집에서 자녀들을 가르치며 남편이 목회자로 섬기는 교회에서 수많은 재능을 통해 교회를 섬기고 있다.

아브라함이나 엘리에셀의 삶을 산다는 것이 그 자체로는 매우 부담스러운 것이지만, 처음으로 그 두 사람의 역할을 모두 감당하는 일은 당황스러울 수 있었을 것이다. 하지만 엘리에셀처럼 나의 시도는 하나님의 복을 받았다. 그분의 손길이 닿으면 사역이든, 선교든, 결혼이든 모든 일이 아름답게 마무리된다.

■ 진리 알기

- 하나님의 명령은 논의의 대상이 아니라 순종의 대상이다.
- 하나님이 아브라함이 직면한 것과는 매우 다른 시험들을 우리 인생에 허락하신다 하더라도 우리는 신뢰와 순종으로 반응해야 한다.
- 진정한 믿음은 하나님을 섬기거나 다른 사람들을 자발적으로 섬기는 일에 이기적이지 않다.

■ 적용하기

- 아브라함과 엘리에셀처럼 우리는 하나님이 우리보다 앞서가시며 우리의 삶을 통해 자신의 뜻을 이루실 것을 확신해야 한다.

- 기도와 상식과 성령의 능력을 통해 하나님이 우리의 생활을 인도하실 것이다.
- 하나님의 말씀은 아브라함에게 주신 약속으로 가득하다. 우리는 우리의 삶 가운데서 그 약속들을 이루기 위해 하나님을 의지해야 한다.

## 삶의 적용

### 하나님이 양을 준비하실 것이다

창세기 22장의 드라마는 아브라함의 이야기 중 가장 흥미진진한 장면이다. 눈에 눈물이 흥건한 채 공중으로 칼을 뽑아들고 제단에 결박당한 아들 옆에 서 있는 아브라함을 상상해보라. 하지만 아브라함은 하나님의 부르심과 하나님의 일관성에 대한 믿음이 있었다. 그는 또한 하나님의 포기하지 않으심에 대한 믿음도 있었다. 그는 하나님이 큰 민족을 약속하시고, 그 민족이 약속의 아들을 통해 이루어질 것이라고 분명히 말씀하셨기 때문에 어떤 것도 하나님의 계획을 좌절시킬 수 없음을 믿었다.

아브라함은 이미 높은 성숙의 경지에 도달해 있었다. 그렇지 않다면 생각조차 하기 어려운 이 명령을 결코 감당하지 못했을 것이다. 그리고 하나님은 아브라함의 믿음이 성숙하다는 것을 알고 계셨다. 그는 약 25년 전에 애굽 왕에게 자신의 아내를 누이로 소개하던 그 젊은 사람이 더 이상 아니었다. 그는 하나님과 규칙적으로 대화를 나누는 한 민족의 조상으로 성장해 있었다. 그는 하나님이 무엇을 하시는지 그리고 그 이유가 무엇인지 스스로 알고 계심을 인식할 정도로 엄청난 고투를 해왔다. 하나님은 인간의 희생을 전혀 필요로 하지 않으시며, 그것을 허용하시려고 하지도 않으신다. 그분은 가장 소중히 여기는 것을 기꺼이 드릴 수 있는 아브라함의 자발성을 원하셨다. 자기 아들을 바치라는 하나님의 명령에 순종한 아브라함의 행위는 십자가에서 죽으신 하나님의 어린 양의 순종을 제외하면 성경에서 가장 놀라운 순종의 행위이다.

## 기도

하나님 아버지, 아브라함의 믿음과 엘리에셀의 헌신과 리브가의 즉각적인 순종에 대해 감사를 드립니다. 우리의 삶 가운데서도 이런 태도들이 드러날 수 있기를 원합니다. 아멘.

## 심층 연구

### A. 그리스도의 예표로서의 이삭(22:9-12)

몇 가지 이유로 벤자민 키치(Benjamin Keach)는 그리스도의 예표론에 대한 단원을 1천 페이지에 달하는 그의 저서 「성경의 모형과 메타포에 대한 설교(Preaching from the Types and Metaphors of the Bible)」의 마지막 장에서 다룬다. 이삭에 앞서 그는 아담, 노아, 멜기세덱 그리고 아브라함을 그리스도의 예표로 보고 있다. 현대 학자들은 그들 중 일부를 그리스도의 예표로 보는 데 대해 이의를 제기할 수도 있으며, 적어도 키치보다 열심을 덜 가질 수 있다. 그러나 이삭에 관한 한 예표론의 문제를 피하기가 거의 불가능한 것 같다. 키치는 다섯 가지를 강조한다. 이삭처럼 예수님은 아브라함의 자손이었고, 그의 형제들의 조롱을 받았으며, 어린 양으로 살육당하기 위해 끌려갔고, 삼 일 동안 '죽은 상태(적어도 아브라함이 생각하기에)' 에 있었으며, 교회의 상징인 리브가와 결혼하셨다(974).

### B. 나그네요 우거한 자(23:4)

나그네와 행인으로서 순례자의 삶을 사는 하나님의 백성이라는 주제만큼 처음부터 끝까지 성경을 관통하고 있는 주제는 거의 없다. 바울은 우리가 이 세상의 시민이 아니라 하늘나라 시민으로서 이 세상에서 잠시 살고 있다는 이야기를 자주 하였다. 아브라함에 대해 히브리서의 저자는 다음과 같이 말한다.

> "믿음으로 저가 외방에 있는 것같이 약속하신 땅에 우거하여 동일한 약속을 유업으로 함께 받은 이삭과 야곱으로 더불어 장막에 거하였으니… 이 사람들은 다 믿음을 따라 죽었으며 약속을 받지 못하였으되 그것들을 멀리서 보고 환영하며 또

땅에서는 외국인과 나그네로라 증거하였으니"(히 11:9, 13).

방랑자, 이주민, 영주권자, 하나님의 백성들은 이러한 자와 같다. 믿음은 우리의 참된 본향과 소망이 여기 이 땅이 아니라 천국에 있음을 확신한다. 토마스 레아(Thomas Lea)는 이렇게 말한다.

> 그들은 약속을 보고 그 약속을 품었기 때문에 믿음으로 견뎠다. 그들은 자신들이 소망만 할 수밖에 없었던 것을 하나님이 미래의 세대들에게 주실 것을 믿었다… 그들은 이 땅에서 이방인이며 나그네라고 고백했다. 그들은 메소포타미아의 우르와 하란의 편안하고 안락한 삶으로 돌아가려고 시도하지 않았다. 그들은 하나님이 준비하신 천상의 도시를 추구하였다. 그러한 순수한 믿음의 결과는 무엇이었는가? 이 모든 사람들의 분명한 실패에도 불구하고 하나님은 그들의 하나님으로 불리기를 부끄러워하지 않으셨다. 그분은 그들을 위해 영적인 도시를 준비하셨고, 그들의 하나님으로 알려지기를 기뻐하셨다(「Hebrews & James」, 202).

## 고안

### A. 들어가는 글

1. '우리 조상들의 하나님' 이야기로 시작하라.
2. 배경 설명: 이 연구에서 우리는 아브라함이 "여러 날"(21:34)을 보낸 곳인 블레셋 족속들의 땅에 있는 것을 볼 수 있다. 그러던 중 하나님이 이삭을 바치라는 명령과 마지막 순간의 구원을 통해 그의 인생에 일대 충격을 가하신다. 사라가 127세의 나이로 사망하자 그는 매우 슬퍼한다. 그러고나서 장막을 세우고 제단을 쌓는 데 만족하던 이 믿음의 사람은 미래를 위한 계획을 세우기로 결심한다. 그래서 24장은

이삭과 리브가의 결혼으로 끝난다.

3. 적용: 창세기 본문은 175세의 나이로 아브라함이 사망한 사건에 대한 기록으로 이어진다. 창세기 25장은 아브라함의 시대에서 이삭의 시대로 이어주는 확실한 다리 역할을 한다.

**B. 본문 이해**

1. 모리아 산의 만남(22:1-8)
2. 희생 제물로 드려진 아들(22:9-19)
3. 가나안의 동굴(22:20-23:20)
4. 주인의 결혼 중매인(24:1-33)
5. 자원하여 나선 신부(24:34-67)

**C. 결론**: '하나님이 양을 준비하실 것이다' 를 읽어주라.

## 토의 질문

1. 창세기 12장과 22장 사이의 유사한 점과 다른 점을 열거해보라.

2. 이삭이 가나안 여자를 아내로 맞아서는 안 된다는 아브라함의 확고한 입장에서 어떤 현대적 의미들을 부여할 수 있는가?

3. 창세기 24장을 통해 구혼과 결혼에 대해 어떤 교훈을 배울 수 있는가?

# 창세기 25:1-26:35

## 반복되는 역사

*"하나님은 화평케 하는 분이시다. 예수 그리스도도 화평케 하는 분이시다. 그러므로 우리가 하나님의 자녀와 그리스도의 제자가 되기를 원한다면 우리 역시 화평케 하는 자들이 되어야 한다."*

*- 존 스토트(John R. W. Stott)*

**아브라함에** 대한 하나님의 약속은 그의 사후에도 계속된다. 가족 사이의 그리고 종족 사이의 싸움에서 선과 악의 싸움이 전개된다.

### 지리적 정보: 밧단 아람

- '아람의 평원' 이라는 뜻을 가진다.
- 창세기 31장에서 라반의 고향으로, 야곱이 형을 피해 도망가 살던 장소로 그려지고 있다.
- 유프라테스 강 상류 계곡에 위치하였으며, 하란과 동일 지역인 것으로 추정된다.
- 후에 시리아로 알려진다.

### 인물 정보: 미디안

- 그두라를 통해 낳은 아브라함의 아들
- 그의 후손들은 요단 강 동쪽과 시나이 반도 남쪽에 살았다.
- 요셉을 그의 형들로부터 노예로 산 사람들이 미디안인이었다(창 37장).

### 인물 정보: 아비멜렉

- 아마 '왕의 아들' 을 의미할 것이다.
- 그랄의 블레셋 왕으로 아브라함이 창세기 20-21장에서 만난 아비멜렉의 아들일 것이다.
- 이 이름이 성경의 다른 곳에서도 나타나지만 창세기에 기록된 블레셋 왕들과는 전혀 관련이 없다.

## 들어가는 글

### 족장들의 순례 여행: 미국의 고령화

설문 조사를 해보면 미국인들은 외모가 중요하지 않다고 주장한다. 하지만 21세기 들어 머리를 염색하고 성형 수술을 하는 사람들의 수는 기록적이다. 45-54세의 여성들 중에서 71퍼센트가 흰 머리를 숨기기 위해 머리를 염색하고, 55-64세의 여성들 중 15퍼센트가 미용 수술을 했다.

미국 퇴직자 협회에 의한 연구의 표준인 이 조사는 38세가 되면 육체적인 매력이 최고에 도달한다고 주장하지만 나이가 많아질수록 가장 매력적인 외모의 연령대도 증가한다. 35세 이하의 사람들은 30세가 가장 매력적인 나이라고 말하지만, 65세 이상의 사람들은 46세를 가장 매력적인 나이로 선택한다.

아브라함이 175세가 되었을 때 백 살을 가장 매력적인 나이로 볼 수도 있었지만, 실제로 이러한 일은 아브라함에게 일어나지 않았다. 성경에서 매력은 얼굴과 머리카락보다는 마음과 훨씬 더 관계가 있다. 사무엘은 새로운 왕을 구하고 있을 때 이새에게 이 점을 명확히 밝혔다(삼상 16:7). 우리 가운데 노인의 나이가 된 사람들은 아브라함의 딜레마를 어느 정도 이해한다. 배우자의 죽음이나 자녀에 대한 애착 그리고 옛날의 책임에 대한 추억들과 같이 노년은 새로운 시련과 시험을 경험하게 되는 시기이다.

이 장들의 연대가 논리적인 순서를 따른 것이라면 아브라함은 140세가 되었을 때 자신의 첩인 그두라와 결혼한 것이다. 그녀는 그의 동반자로서 35년을 더 살았다. 아브라함은 마침내 무대에서 사라지고, 위대한 2대 족장인 그의 아들 이삭이 그 자리를 물려받게 된다.

# 본문 이해

## 반복되는 역사

| Main Idea | 아브라함이 죽은 후 하나님은 그의 아들 이삭을 통해 자신의 일을 계속하신다. 그는 그의 아버지처럼 인간적으로 연약했지만, 그의 아들 야곱처럼 조용한 사람이었다. |
|---|---|

### A. 마침내 고향으로(25:1-11)

| Supporting Idea | 사람은 나이들면 옛날의 책임에 대한 기억과 자녀들에 대해 애착을 갖게 된다. 이것은 아브라함에게도 마찬가지였다. |
|---|---|

**25:1-4.** 이삭이 한 걸음 물러서서 상황을 통솔하는 가운데 새로운 세대인 야곱과 에서가 본격적으로 등장함에 따라 우리는 장면 전환이 이루어지는 장을 접하게 된다. 아브라함은 140세에 그두라와 결혼함으로 새로운 삶을 살게 되었다. 어떤 이들은 그두라가 첩이었다고 주장하지만 히브리어 단어 '처' 의 용례는 이에 대해 다소 의문을 불러일으킨다. 본문을 문자 그대로 받아들이면 아브라함은 이전에 그의 집에 살지 않았던 여인과 결혼하여 여섯 명의 자녀를 더 두었다. 그두라가 아브라함의 첩으로 있다가 정실부인으로 격상되었다는 주장은 역대상 1장 32절에 근거하고 있다.

여섯 자녀 중 가장 유명한 이는 미디안 지파의 조상인 미디안이었다. 물론 다른 지파들도 구약의 여러 곳에 때로 등장한다. 하지만 이 여섯 자녀들은 많은 민족을 이루게 하겠다는 약속의 성취였고 큰 축복이었다(창 12:2, 17:4). 그럼에도 불구하고 기드온은 하소연하듯이, 이스마엘처럼 미디안의 후손들이 이스라엘을 괴롭히게 될 것이라고 말했다. 사사기 6장 1-2절은 "이스라엘 자손이 또 여호와의 목전에 악을 행하였으므로 여호와께서 칠 년 동안 그들을 미디안의 손에 붙이시니 미디안의 손이 이스라엘을 이긴지라 이스라엘 자손이 미디안을 인하여 산에서 구멍과 굴과 산성을 자기를 위하여 만들었으며" 라는 말로 시작하고 있다.

**25:5-6.** 모세는 아브라함의 두 번째 가족을 소개하고 있지만 이삭이 유일한 약속의 자손이라는 사실을 독자들의 뇌리에 확실히 심어준다. 죽기 전에 아브라함은 자기 서자들에게도 재물을 주어 자기 생전에 그들로 자기 아들 이삭을 떠나게 하였다. 데렉 키드너는 이 절들에 대해 흥미로운 설명을 제공한다. "5-6절과, 누가복음 15장 31-32절에 기록된 일부 이삭의 후손들에 대한 책망을 비교하지 않을 수 없다. 하나님의 계획은 이 아들들을 먼 곳으로 보내어 결국 돌아올 수 있는 참된 가정이 있도록 하는 것이었다!" (비교. 사 60:6 하, 「Genesis」, 150).

**25:7-11.** 마침내 아브라함은 마지막 숨을 거두고 임종하였다. 본문은 그의 죽음에 대해 자세히 소개하지는 않지만 그가 묻힌 장소에 대해서는 상세히 기술하고 있다. 이 장소가 얼마나 중요한 곳인지 기억하라. 약속의 땅에서 아브라함이 근거지로 삼은 한 장소였고, 결국 한 나라가 이루어질 장소이다. 아브라함의 평온한 죽음은 창세기 15장 15절의 약속이 성취된 것이다. "너는 장수하다가 평안히 조상에게로 돌아가 장사될 것이요."

존 세일해머는 아브라함의 수가 높고 나이 많아와 야곱의 "나의 연세가 얼마 못되니 험악한 세월" (47:9)에 대해 아주 재미있는 차이점을 지적한다. "그리하여 창세기라는 맥락 안에서 아브라함과 야곱은 '선'과 '악'의 대조에 대한 이야기의 예를 제공한다. 이 주제는 창세기의 초반에 시작되어 끝까지 연결되는 주제이다" (비교. 50:20, 「Genesis」, 180).

## B. 두 부류의 손자들(25:12-26)

| Supporting Idea | 대부분의 사람들은 자기 자녀들 외에는 어떤 기념비도 남기지 않는다. 우리 각자는 세상을 떠날 때 우리의 자녀들과, 손자들과, 증손자들을 통해 이 땅에 증거를 남기게 될 것이다. 그러한 유산은 긍정적인 것과 부정적인 것이 복합적으로 결합된 것일 수도 있다. |
|---|---|

**25:12-18.** 우리는 이 장의 앞부분에서 아브라함이 두 번째 가족을 통해 여섯 명의 아들을 낳았다는 것을 알았다. 이제 본문은 이삭과 이스마엘에게로 관심을 돌리고 있다. 이 이름들은 아랍인들이 큰 세력을 이루고 있는 세계에 살고 있는 우리들에게 익숙하

다. 이스마엘은 최초의 아랍인이었다. 우리가 이 단락에서 보고 있는 가계는 아랍 민족이 어떻게 시작되었는지를 알려준다. 야곱의 유명한 열두 아들이 생기기 전에 이스마엘은 십이 방백을 이룬 자손들을 낳았고, 그들은 하윌라에서부터 앗수르로 통하는 애굽 앞 술에 이르는 지역에 거하였다. 자기 열조에게로 돌아갔다는 구절에 대해 이스마엘이 죽어 그의 친지들과 함께 묻혔다는 사실 외에 어떤 신학적인 의미도 부여해서는 안 된다. 8절과 17절을 대조적인 의미로 해석해 아브라함은 천국에 가고, 이스마엘은 지옥으로 갔다고 주장하는 사람들은 본문을 왜곡하는 잘못을 범하는 것이다.

그러나 이 구절은 17장 20절의 아브라함에 대한 하나님의 약속을 상기시켜준다. "이스마엘에게 이르러는 내가 네 말을 들었나니 내가 그에게 복을 주어 생육이 중다하여 그로 크게 번성케 할지라 그가 열두 방백을 낳으리니 내가 그로 큰 나라가 되게 하려니와." 이것은 축복이 분명하다. 많은 후손들을 주신다는 것은 분명히 축복인 것이다. 하지만 25장 18절 말미의 그 모든 형제의 맞은편에 거하였더라(그들이 그들의 모든 형제들을 적대하며 살았다)는 예언적인 구절을 간과해서는 안 된다. 아브라함의 죽음을 주전 1990년 정도로 추정한다면 그의 손자들인 두 가계 사이의 적대적 태도는 거의 4천 년 동안 지속되었고, 현재는 그 어느 때보다 심각하다는 것을 쉽게 알 수 있다.

실제적인 숫자들과 관련해 독단적인 태도를 고집해서는 안 되지만 이스마엘은 주전 2081년경에 태어나 주전 1944년경에 사망했을 수 있다. 창세기 17장 20절의 약속이 이스마엘의 아들들에 대한 설명에서 성취되었듯이, 적대감에 대한 짧은 언급은 천사가 사막에서 이스마엘에 대해 한 말을 사용하고 있다. "그가 사람 중에 들나귀같이 되리니 그 손이 모든 사람을 치겠고 모든 사람의 손이 그를 칠지며 그가 모든 형제의 동방에서 살리라 하니라" (16:12).

데렉 키드너는 이렇게 지적하고 있다. "어떤 면에서 당대에 유명한 열두 방백을 둔 아브람의 이 아들은 그의 부친의 그림자, 혹은 그와 거의 동등한 존재였다. 그러나 구속사에서 그가 차지하는 역할은 그렇지 않다. 그의 끝없는 유랑의 삶은 절대 순례 생활이 아니라 그 자체가 목적이었고, 의식의 습관인 그의 비순응주의는 열방에게 비추는 빛이 아니었다" (「Genesis」, 127).

**25:19-26.** 반면 브엘라해로이로 돌아간 우리의 역사가는 24장의 말미에서 시작했던 이삭의 결혼 이야기를 재개한다. 이제 우리는 이삭이 결혼한 때가 40세였고, 쌍둥이가

태어난 것이 그의 나이 60세 때였음을 알게 된다. 아브라함처럼 이삭은 불임의 문제로 고통을 겪었다. 하지만 아브라함과 달리, 그는 여호와께서 그 간구를 들으실 때까지 하나님의 약속 안에서 안식하였다. 성경은 메시아의 약속의 계보가 인간적 노력이 아니라 오직 하나님의 개입을 통해서만 지속된다는 것을 강조한다. 우리는 이것을 29장 31절의 라헬에게서 다시 보게 될 것이다.

22절 내용은 출생과 관련한 일화 이상의 것이다. 이것은 형제들 간의 투쟁이라는 창세기의 문학적이고 신학적인 중요 주제를 집어내고 있다. 이 주제는 4장의 가인과 아벨에게서 처음으로 나타나며, 21장의 이삭과 이스마엘에게서 다시 나타나고, 야곱과 에서에게서는 그 비중이 훨씬 더 커지며, 창세기의 후반부인 요셉과 열 형제들 간의 싸움에서 정점에 달한다.

> 창세기의 저자는 "당신들은 나를 해하려 하였으나 하나님은 그것을 선으로 바꾸사"(창 50:20)라는 형제들을 향한 요셉의 말을 이용해 이러한 투쟁의 이면에 숨은 교훈을 극적으로 표현하기 위해 끝까지 인내심을 가지고 기다린다. 그 각각의 투쟁을 통해 하나님의 뜻이 성취되었다. 저자가 강조하고자 한 핵심은 하나님의 뜻을 이루기 위해 그들의 싸움이 필수적이었다는 것이 아니라 그러한 싸움에도 불구하고 하나님의 뜻이 이루어졌다는 것이다(「Genesis」, 182).

나아가 하나님은 단순히 자손들이 아니라 전 민족의 발전에 초점을 맞추신다. 23절의 예언은 창세기의 또 다른 주제, 큰 자는 어린 자를 섬기리라는 주제를 드러내고 있다. 이 주제 역시 가인과 아벨에게서 시작되었고, 이스마엘과 이삭이 이어받았으며, 에서와 야곱에게서 다시 나타나고, 나머지 열 명의 형제들(베냐민은 후에 태어났다)이 요셉과 맞서는 사건을 통해 정점에 이른다.

이 모든 역사의 배후에는 은혜의 교리가 있다. 그 당시 문화의 모든 인간적인 기준에서는 장자가 가장 많은 권리를 누렸다. 하지만 하나님은 가인과 이스마엘과 에서를 제외하셨듯이, 결국 이방인들이 구원의 나무에 접붙임을 받도록 하시기 위해 이스라엘을 제외하셨다.

외모와 성격과 직업 그리고 영적으로 추구하는 가치에 이르기까지 소년들은 처음부터 서로 달랐다. 우리는 창세기의 사건들 속에서 하나님의 주권이 차지하는 역할을 결코 과소평가할 수 없다.

그리피스 토마스는 그것을 다음과 같이 서술한다.

> 신적 주권에 대한 큰 어려움은 당연히 인간의 지성으로는 해결할 수 없다. 그것은 그냥 사실로 수용되어야 한다. 그러나 영적인 것과 관련해서 그것이 단순히 사실이기만 한 것은 아니라는 점이 지적되어야 한다. 인간적인 기질과 종족과 관련된 본성에서도 발견된다. 바로나 키로스(Cyrus)와 같은 예들을 통해서 알 수 있듯이 모든 역사는 하나님의 선택에 대한 사례들로 넘쳐난다. 신적 선택은 우리의 이해 여부와 관계없이 사실이다. 하나님의 뜻이 종종 불가해한 것 못지않게 확실하게 드러난 경우도 있다. 인간에 대한 하나님의 선택이 그들의 장점이나 업적에 대한 예지(미리 앎)와 전혀 무관하다는 것은 에서와 야곱의 경우를 통해 분명하게 알 수 있다(롬 9:11, 「Genesis」, 227).

### C. 형제간의 경쟁(25:27-34)

| Supporting Idea | 영적인 일들을 물질적인 것보다 무가치하다고 생각하기가 얼마나 쉬우며 그것은 또한 얼마나 위험한 것인가. |
|---|---|

**25:27-34.** 본문은 이삭의 쌍둥이 아들인 야곱과 에서가 장성할수록 그들의 차이가 심해졌음을 상기시킨다. 에서는 오늘날 우리가 야인(outdoorsman)이라고 부르는, 즉 브엘라해로이의 셈족 문명의 사람들과 어울리기보다는 숲에서 더 안정감을 느끼는 사람이 되었다. 반면에 야곱은 가정적인 사람이 되었다. 여기까지는 아무 문제가 없다. 하지만 이삭은 에서를 사랑하고, 리브가는 야곱을 사랑하였다는 글을 읽게 되면 앞으로 일어날 갈등이 눈에 선하다. 에서에 대한 이삭의 애정이 사냥한 고기 때문임을 볼 때 이러한 예상이 설득력이 있다.

우리의 저자는 자신의 강조하는 바를 설명하기 위해서 성경에서 가장 유명한 일화 중 하나를 소개한다. 그것은 붉은 죽 사기 사건이다. 에서가 자신의 장자권을 넘겨준 사건은 그의 부주의함과 가족과 문화적 전통에 대한 그의 무신경한 태도를 확인해준다. 장자의 명분은 장자의 상속권을 수반하였다. 이 단순하고 보잘것없는 식사로 23절의 예언이 실현되었다.

30절 끝부분에 있는 흥미로운 삽입문에 대해 살펴보고 넘어가도록 하자. 에돔이라는 이름은 '붉다'는 의미를 갖고 있다. 이것이 에서의 별명이 된 것은 출생 때 타고난 그의 붉은 피부(25절) 때문이 아니라 붉은 죽에 대한 그의 치명적인 선택 때문임이 확실하다. 야곱이 야채죽을 끓이고 있을 때 이 유능한 사냥꾼이 사냥감을 한 마리도 잡지 못하고 돌아왔다는 사실이 매우 흥미롭다. 사냥꾼이 동생의 요리라는 미끼에 걸려 사냥감이 되었다. 그 결과는 비극적이었다.

그렇게 해서 둘째 아들인 야곱이 장자의 명분을 갖게 되었다. 장자권에 대한 영적 가치를 인식한 조용하고 계산적인 그는 형이 그것을 포기하도록 조작하였다. 어쩌면 야곱은 예언(23절)을 알고 이 기회를 기다려왔을 것이다. 그러나 하나님은 후일 그의 약속이 이런 식으로 성취되는 것이 아님을 야곱이 깨닫도록 하셨다.

## D. 또다시 등장한 아비멜렉(26:1-11)

| Supporting Idea | 영적인 교훈은 아버지에게서 아들에게로 전달되어야 한다. 그렇게 되지 않으면 하나님의 명령을 목전에 두고 그들의 실수가 드러날 때에도 아들들은 종종 아버지의 실수를 반복한다. |
|---|---|

**26:1-6.** 역사는 반복되는 것 같다. 실제로 이 이야기는 창세기 12장과 너무나 흡사하기 때문에 모세가 아브라함 때에 첫 흉년이 들었더니 그 땅에 또 흉년이 들매라고 말할 필요성을 느낄 정도이다. 이삭은 그랄의 아비멜렉에게 향하는 것으로 흉년에 대한 첫 조치를 취했다. 우리는 가능한 한 빨리 애굽으로 떠날 것을 이삭이 계획하고 있었으리라고 추측할 수 있다. 그래서 하나님이 개입하셔서 애굽으로 내려가지 말고 내가 네게 지시하는 땅에 거하라고 말씀하신 것이다. 이삭은 하나님이 땅과 자손과 축복에 대해 아브라함에게 반복하셨던 말씀을 다시 듣게 되었다. 우리는 아비멜렉이 개인의 이름이라기보다는 직책일 가능성이 있음(바로처럼)을 이미 지적한 적이 있다. 그러므로 이 인물은 아브라함이 만났던 아비멜렉의 아들이나 손자일 가능성이 높다.

이 흥미로운 장은 아브라함의 생애와 유사한 사건들을 반복하고 있다. 이 사건들은 아브라함의 싸움이 이삭의 싸움이기도 하다는 사실과 아브라함의 하나님이 이제 이삭의 하나님이 되었음을 독자들에게 상기시킨다.

하지만 이삭의 순종에는 의문점이 있다. 그는 애굽으로 내려가지 않았지만 그렇다고 해서 가나안에 머물지도 않았다. 그는 그랄에 정착하였다. 존 세일해머는 이렇게 말한다. "우리는 아브라함의 자손들에게 '땅'을 주실 것이라는 약속의 측면에서 이것을 읽어야 한다. 그러므로 하나님의 말씀 직후 아브라함의 언약과 그 땅이 이삭과 그의 후손들에게 주어질 것이라는 약속에 대한 최초의 강력한 반복이 이어진다"(「Genesis」, 186).

다시 말해서, 여기서 하나님이 이삭에게 하신 말씀은 특별히 **이 모든 땅**이라는 구절에서 나타난 이삭의 약속의 땅에 대한 예언적 해석이다. 그 당시 그 땅들이 아비멜렉의 소유였지만 언젠가는 이삭의 후손들의 소유가 될 것이다. 그래서 하나님은 그곳을 합법적인 이삭의 땅으로 생각하셨다. 이삭은 **떳떳하게 그랄에 거하였다.**

**26:7-11.** 여기서 또다시 동일한 사건이 반복된다. 이 동일한 거짓말로 아브라함이 문제를 야기했음에도 불구하고 이삭은 정확히 동일한 이유로 리브가를 자신의 누이라고 속인다. 이러한 속임수는 그런 대로 통했던 것이 분명하다. 본문은 아비멜렉이 그들의 은밀한 포옹을 보고 진상을 실제로 알기까지 **이삭이 오랫동안 그곳에** 있었다고 말한다. 아브라함과 이삭 두 사람 다 불경건한 통치자의 비판을 듣고서야 회개하게 되었다. 거짓말이 들통나고 나서야 아브라함과 이삭은 사실을 인정하게 되었다.

이 블레셋 왕은 히브리인 족장보다 더 훌륭하게 처신하고 있다. 그는 한눈에 이 속임수에 잠재된 도덕적인 위험을 간파한다. 아비멜렉은 강력한 이방 민족을 다스린 도덕적이고 비교적 의로운 지도자인 키로스(Cyrus)의 축소판에 가까운 인물인 것 같다. "그래서 이삭은 아브라함처럼 하나님의 놀라운 약속을 받았지만 두려움으로 아비멜렉을 속였고 약속된 축복을 조롱하였다. 두려움은 믿음을 조롱한다. 믿음은 승리감 속에서 대담하게 타락한다. 그러나 하나님의 약속을 진정으로 믿는 사람은 그의 계명과 교훈과 명령에 순종한다"(앨런 로스, 「Bible Knowledgement Commentary」, 71).

### E. 언약의 확증(26:12-25)

| Supporting Idea | 하나님의 사람들은 항상 세상과 불화한다. 때로 사소한 문제들로 싸움이 일어나기도 한다. 그러한 순간에 우리는 이삭의 모범을 따르기 위해 최선을 다해야 한다. 그는 자신의 아버지 아브라함의 본을 따랐다. 그는 정중하게 양보하고, 그 결과를 하나님께 맡긴다. |
|---|---|

**26:12-22.** 이삭은 그의 아버지처럼 창대하고 왕성하여 마침내 거부가 되었다. 이삭은 장막과 제단이라는 족장의 상징에 우물을 추가하였다. 그 우물들은 대부분 양과 소를 먹이는 데 사용되었지만 시기하는 블레셋 사람들이 모두 막아버렸다. 이 우물들은 새로 판 우물들이 아니라 아브라함의 종들이 팠던 우물이었다. 이삭이 그랄 골짜기로 옮기자 더 많은 우물을 얻게 되었다. 그는 옛 우물들을 다시 파고 그 아비가 부르던 이름으로 불렀다.

그러나 블레셋인들은 거기서 멈추지 않았다. 이삭이 에섹('다투다'라는 의미의 이름)에서 새 우물을 발견하자 싸움이 다시 시작되었다. 그는 또 다른 우물을 싯나('반대')라고 지었고, 다툼으로 인해 다시 그 우물을 잃었다. 마침내 그는 르호봇('공간')을 팠고, 이 땅에서 번성할 만큼 아비멜렉의 블레셋인들과 거리를 두게 되었다고 생각했다.

**26:23-25.** 온유한 마음과 순종 때문에 이삭은 브엘세바에서 여호와의 환상을 보게 되었다. 이 환상은 거의 네 자손의 수에 전적으로 초점을 맞추고 있다. 이 약속은 하나님이 12장에서 아브라함에게 처음으로 말씀하신 이후 빈번하게 봐온 약속이다.

브엘세바에서 이 한 구절에 나타난 족장들의 세 가지 상징이 모두 나타난다. 이삭이 그곳에 단을 쌓아 여호와의 이름을 부르고 거기 장막을 쳤더니 그 종들이 거기서도 우물을 팠더라. 브엘세바는 남방의 북쪽 구릉 지대에 있는 그랄 북동쪽에 위치하였다. 아브라함은 여기서 브엘세바라는 성의 이름을 짓고 유사한 조약을 맺은 적이 있다(21:23-24, 31). 이제 이삭은 아버지의 언약을 재확증하고 있다.

## F. 교제의 향연(26:26-35)

| Supporting Idea | "사람의 행위가 여호와를 기쁘시게 하면 그 사람의 원수라도 그로 더불어 화목하게 하시느니라"(잠 16:7). |
|---|---|

**26:26-29.** 그랄로 돌아온 아비멜렉은 자신의 군대가 아무리 이삭의 우물을 파괴해도 이 끈질긴 히브리인이 번영할 것이라고 생각했다. 전략의 변화가 필요한 시점이었다. 그래서 그는 친구와 그의 군대 장관을 대동하고 평화 회담을 위해 브엘세바로 향했다. 우리는 다시 한 번 어디선가 본 적이 있다는 느낌을 갖는다. 이것은 우리에게 21장의 아비멜렉 1세와 아브라함 간에 맺은 이 조약의 시초를 떠올리게 한다.

**26:30-35.** 참으로 놀라운 일이다. 잔치를 베풀고 그랄의 삼인조가 떠난 직후 이삭은 새로운 우물이 발견된 것을 알게 된다. 세바가 '일곱' 이라는 의미를 가질 수 있지만 이 문맥에서는 확실히 '맹세' 라는 이 단어의 또 다른 의미를 지니고 있다. 이 이름이 새로운 것도 아니다. 21장 31절에 "두 사람이 거기서 서로 맹세하였으므로 그곳을 브엘세바라 이름하였더라"는 내용이 기록되어 있기 때문이다.

이삭 내러티브는 곧 끝날 것이다. 모세는 잠시 동안 '에돔' 에게 관심을 돌림으로써 이삭의 죽음에 대한 내용으로 넘어가기를 원한다. 이삭처럼 에서는 40세에 결혼하였지만 결혼 대상이 유딧과 바스맛이라는 헷 족속의 여인들이었기 때문에 이중적인 문제를 안고 있었다. 우리는 28장에서 에서의 세 번째 아내를 볼 수 있고, 36장에서 반복적인 기록(다른 이름들을 가진)을 볼 수 있다. 이 아내들은 이삭과 리브가의 마음의 근심이 되었다.

존 세일해머는 이 두 절을 다음과 같이 평가한다.

> 일견에는 에서가 두 헷 족속 여인과 결혼한 사건에 대한 짧은 언급이 더 큰 맥락에서 중요한 역할을 하지 않는 것처럼 보일 수도 있다. 하지만 이것을 27장의 서론으로 읽으면 이 장에서 일어난 사건들을 매우 다른 시각에서 읽을 수 있다. 야곱에 대한 잘못된 축복의 이야기 바로 앞에서 축복을 빼앗긴 에서가 헷 족속의 여인들과 결혼하였고, 그들이 이삭과 리브가 두 사람에게 근심의 원인이 되었다는 이야기가 기록되어 있는 것이다. 그렇다면 이 절들은 29-34절과 더불어 야곱의 축복이

라는 27장의 핵심적인 사건의 배경이 되고 있다. 이러한 예비적인 언급들은 야곱과 리브가의 속임수를 조망할 수 있는 시각을 제공한다. 이 언급들은 에서가 축복을 상속할 자로 적합하지 않다는 것을 증명한다(「Genesis」, 189).

| Main Idea 복 습 | 아브라함이 죽은 후 하나님은 그의 아들 이삭을 통해 자신의 일을 계속하신다. 그는 그의 아버지처럼 인간적으로 연약했지만 그의 아들 야곱처럼 조용한 사람이었다. |
|---|---|

## 결론

### 용서의 말

존 페이튼(John Paton)은 스코틀랜드의 커크마호이의 돌로 된 작은 집에서 처음으로 이 세상을 보았다. 그 집은 세 개의 방에 일곱 명의 아이들로 와글거렸다. 중간 방은 아버지의 기도실로 사용되었다. 청년 시절에 존은 스코틀랜드 개혁 교회에서 남태평양 선교사로 소명을 받았다. 그가 부모의 조언을 구하자 그들은 그가 태어날 때부터 선교사로 하나님께 헌신되었다고 말해주었다. 그는 1858년 4월 1일 남태평양의 군도로 향했고, 식인종들만 살고 있는 한 섬에 도달하였다. 그가 섬 사람들에게 물을 공급하기 위해 10미터 깊이의 우물(땅에서 나오는 비)을 팔 때까지 그의 복음 선포는 전혀 반응을 이끌어내지 못했다.

추장 마모케이(Mamokei)를 비롯해 몇 명의 원주민이 그리스도를 구주로 영접하였다. 페이튼은 그 섬에 도착한 지 거의 11년 후인 1869년 10월 24일 처음으로 성찬식을 거행하였다. 로버트 모건은 그것을 이렇게 기술하고 있다. "열두 명의 회심한 식인종이 주의 만찬에 참여하였다. '내가 식인 풍습의 피로 물들었다가 이제 구속주의 사랑의 상징들을 받고 그것에 참여하기에 이른 이들의 손에 빵과 포도주를 놓자 나의 가슴이 찢어질 정도로 하나님의 기쁨을 맛보았다' 고 그는 썼다."

예수님이 모든 인류를 위해 죽으심으로 십자가에서 죄의 형벌을 감당하셨기 때문에 하나님이 그 식인종들과, 아브라함과, 이삭과, 우리에게 주신 용서가 가능해졌다. 그러나 이 핵심적인 교리가 너무나 자주 오해의 대상이 되어왔다. 주후 250년경 오리겐(Origen)은 십자가가 사단을 위해 지불된 속전이라고 주장했다. 약 900년 후 아벨라드(Abelard)는 그리스도의 죽음이 사회에 대한 도덕적 영향력 외에는 아무런 의미도 없다고 가르쳤다. 종교 개혁 후에도 소시니우스(Socinius)라는 인물은 십자가를 단순히 희생의 한 사례일 뿐이라고 주장했다.

그러나 성경은 예수님이 우리의 구속을 위한 값을 지불하시기 위해 죽으셨으며, 그만이 용서의 말씀을 하실 권세가 있다는 주제를 표제로 삼고 있다.

성금요일을 기념하는 공식적인 자리에서 많은 교회들은 십자가의 말씀, 특히 용서의 말씀을 살펴본다. 이 장들은 아브라함의 죄, 그 죄를 반복하는 이삭, 그들의 인간적인 실수에도 불구하고 기꺼이 축복하시는 하나님의 모습을 드러내고 있다. 우리가 과거의 교훈을 망각하기 때문에 역사가 너무나 자주 반복된다. 하나님이 쉽게 망각하는 우리의 연약함 그리고 그분의 말씀에 대한 불충성을 용서해주시기를 간구한다.

▣ 진리 알기

- 하나님의 신실하심은 세대마다 증명되고 있다.
- 사람들은 영적인 우선순위를 팽개치고 물질적인 것들을 얻으려는 유혹을 받는다.
- 어떤 자녀들은 그들의 아버지의 죄를 그대로 반복한다.
- 하나님에 대한 확신이 있는 자들은 다른 사람들에게 자신들의 방식을 강요할 필요가 없다.

▣ 적용하기

- 하나님의 축복을 인내하며 기다리라.
- 하나님이 그분의 세계와 그분의 백성들을 주권적으로 통치하심을 기억하라.
- 하나님이 정의보다는 자비를 우리에게 베푸신다는 사실에 감사를 드리라.
- 영적인 장자권보다 세상적인 물질을 선택하는 일이 결코 없도록 하라.

## 삶의 적용

### 조용한 혁명

미국 성경협회(American Bible Society)는 '조용한 혁명' 이라는 제목으로 조지 갤럽(George Gallup Jr.)의 업적을 기술하였다. 그는 미국인들의 생활 속에서 '리서치(research)' 와 동의어가 되어버린 회사를 운영하고 있다. 그의 조사에서 미국인들의 96퍼센트가 '하나님, 혹은 우주적 영이나 생명력의 존재' 를 믿으며, 78퍼센트는 천국의 존재를 믿고, 60퍼센트는 지옥의 존재를 믿는다는 것이 입증되었다. 비교를 하자면, 영국인들은 각 항목과 관련해 61퍼센트, 50퍼센트, 24퍼센트의 수치를 보였다.

그 기사를 작성한 피터 푸에르헤르드(Peter Feuerherd)는 미국인이면서 그리스도인인 갤럽이 이 나라의 영적인 변화에 대한 위대한 약속을 가슴에 품고 있다고 주장하고 있다.

> 지난 수십 년간 그의 회사가 조사한 수천 개의 자료를 통해 수집한 결과들은 갤럽 씨가 희망뿐 아니라 이론을 제시하기도 하는 리서치(research)에서 절정을 이루었다. 그는 미국인들이 탐색 중이라고 말한다. 그들은 정치적 부패와 비난, 가정과 직장을 함께 유지해야 하는 스트레스로 인해 피폐해져 있고, 단순한 소유가 자기 성취와 동일시될 수 없다는 항구적인 의식을 지니고 있다. 간단히 말해, 그들은 영적인 의미를 추구하고 있다. 그리고 영혼의 그 진공 상태를 채워주는 것이 교회의 의무이다.

족장들이 가나안의 고대 사막 지대에서 유목 생활을 할 때 그들로 인해 조용한 혁명의 물결이 시작되었다. 가나안 사람들, 블레셋 족속들, 헷 족속들은 아브라함과 이삭과 같은 이들을 본 적이 없었다. 인격적인 하나님, 세상의 창조주, 인간의 운명을 인도하시는 존재에 대한 그들의 믿음은 그들 주변의 온갖 우상 숭배와 부도덕성에 도전하였다. 그들은 하나님의 백성 중 처음으로 등장한 남은 후손들이었고, 하나님이 자기 아들의 모습으로 세상에 오신 후 1세기의 초대 그리스도인들에 의해 촉발된, 동일한 종류의 조용한 혁명의 선구자들이었다.

아마 우리는 이교도적 환경 속에서 기독교적 지도력이 삼손과 사울보다 아브라함과 이삭에 더 가깝다는 것을 족장들을 통해 알 수 있을 것이다. 블레셋 족속들을 죽임으로써 하나님을 섬기는 것은, 그들이 자신의 우물을 가지도록 둔 채 다른 곳으로 옮기고 결국 그들이 "여호와께서 너와 함께 계심을 우리가 분명히 보았으므로"(창 26:28)라고 고백하는 방식보다 조용한 영적 혁명을 진행하기에 덜 효과적이다.

## 기도

하나님 아버지, 저명한 목회자인 필립스 브룩스(Phillips Brooks)의 기도를 빌려 기도 드립니다. "평안한 삶을 위해서 기도하지 말고 강한 사람이 되도록 기도하십시오. 자신의 능력에 맞는 사명을 위해서 기도하지 말고 당신의 사명에 맞는 능력을 위해서 기도하십시오. 그러면 당신의 사명을 감당하는 것이 기적이 아니라 당신 자신이 기적이 될 것입니다. 당신은 날마다 스스로에게 놀라게 될 것이며, 하나님의 은혜로 당신에게 주어지는 삶의 풍성함에 경이로움을 느낄 것입니다." 아멘.

## 심층 연구

### A. 장자의 명분(25:31)

'bekhouroh' 라는 단어는 일반적으로 '우선권' 혹은 '장자권' 을 의미한다. 창세기 25장을 제외하면 이 단어는 27장 36절(역시 에서와 야곱과 관련되어 있다)과 역대상 5장 1절에만 등장한다. 엘머 타운스(Elmer Towns)는 고대 문화 속에서 이 자격의 중요성을 서술하고 있다.

> 전통적으로 한 가족의 장자는 수많은 고유한 권리를 부여받았다. 장자권이라고 하는 이 권리는 맏아들에게 아버지가 남긴 유산에 대한 특별한 소유권과 후세에까지 가족의 이름을 전수할 수 있는 고유한 권리를 주었다. 장자권의 소유자는 (1) 하나님의 언약의 상속자가 되고 (2) 아브라함에게 주어진 약속을 받았으며 (3) 가족을 위해 희생 제사를 드려야 했다(「History Makers of the old Testament」, 164).

이것이 유대인만의 관습이 아니었음을 지적할 필요가 있다. 고대 근동의 다른 지역들에도 유사한 문화적 관습이 알려져 있었다. 하지만 그들에게는 약속의 하나님과의 영적 관계가 결여되어 있었고, 아브라함과의 이 특별한 언약의 유산을 이어받지 못했다. 이 장에서 에서는 장자권을 상실했다. 27장에서 그는 축복을 빼앗길 것이다.

### B. 헷 족속(25:9-10; 26:34)

메소포타미아인들과 이집트인들과 더불어 헷 족속들은 초기 족장 시대에 이스라엘이 직면하였던 세 개의 강대국을 형성하였다. 갈그미스의 유적지에서 발굴된 일만 개의 석판과 터키의 후대 'Khattusa(카투사)'는 비옥한 초승달 지대의 거대한 면적을 "헷 족속의 온 땅"으로 기술한 여호수아의 기록(수 1:4)을 확인해준다. 이 함의 후손들은 주전 3000년 중반경 현재의 터키 중부에 자리를 잡았다. 하지만 아브라함 시대 이전에 그들은 북쪽에서 온 인도 유럽계 민족들에게 정복당했고, 남쪽으로 이동해 가나안에까지 영향을 미친 문화의 지배 계급이 되었다.

헷 족속들은 창세기 15장 20절에서 이미 등장하고 있고, 23장 7절에서 다시 등장하지만 아브라함과 그들의 관계와 이제 60년 후 에서와의 관계를 통해 가장 두드러지게 부각되고 있다. 셈족의 역사 기록과 관련해 우리는 헷 족속과 히브리인들이 고대 근동 역사에 대한 가장 신뢰할 수 있는 기록자들이었음을 알고 있다. 마리(Mari)와 누지(Nuzi)와 같은 곳에서 발견된 석판들은 고대 생활에서 이 민족들의 역할과 사사 시대와 열왕 시대에 그들의 중요성이 극적으로 증대되었음을 암시하고 있다.

우리의 본문에서 중요한 것은 그들의 이교도적 태도이다. 에서는 부친이 아내를 선택해주는 공인된 방식과 단절했을 뿐 아니라 '믿음 밖'에서 결혼하였다. 브루스 발트케(Bruce Waltke)는 다음과 같이 주장한다.

> 에서가 악한 가나안 민족의 명단에 속한 헷 족속의 여인들과 결혼한 것은 변명의 여지가 없다. 그는 하나님이 그들의 악함으로 인해 아브라함의 후손을 정죄하시고 결국 그들에게 그 땅을 주실 것(15:16-20)을 알았어야 했다. 그의 할아버지와 아버지가 이 여성들과 결혼하는 것을 막기 위해 얼마나 열심히 노력했는지(24:3)를 그는 알았어야 했다. 그는 부모의 주도 아래 부모의 축복을 받아야 함을 고려하지 않고 이 여인들과 결혼함으로써 이스라엘의 운명에 대한, 아브라함의 비전에 대한 헌신이 결여되어 있다는 것과, 그로 인해 축복을 받을 자격이 없다는 것을 다시 한 번 드러낸다(「Genesis」, 375-376).

# 교안

## A. 들어가는 글

1. '족장들의 순례 여행: 미국의 고령화' 이야기로 시작하라.
2. 배경 설명: 창세기의 이 두 장은 짧은 이삭 내러티브를 훨씬 더 긴 아브라함 내러티브와 야곱 내러티브로부터 분리시킨다. 이삭은 24장 말미에서 결혼을 하였지만, 27장이 시작되면 늙고, 약하고, 눈이 어두운 모습으로 등장한다. 이삭이 주전 2027년경에 결혼했고, 주전 1887년에 사망했기 때문에 이 두 장은 140년의 기간을 다루고 있다.
3. 적용: 24절 끝부분에 "이삭이 모친 상사 이후 위로를 얻었더라"라는 내용이 기록되어 있다. 그러고나서 그두라에 대한 짧은 삽입구적인 소개 후에 이삭에 대한 이야기, 그의 아버지의 경험 중 많은 부분을 그가 되풀이하고 있는 모습을 그리고 있는 내러티브로 두 장을 채우고 있다. 26장 끝부분에 이르면, 그의 결혼의 기쁨은 맏아들의 행동 때문에 근심으로 변하고 있다. 26장의 마지막 두 절은 27장에 있을 축복의 이동을 예고하고 있다. 에서가 축복에서 제외되고 야곱이 그것을 받게 된다.

## B. 본문 이해

1. 마침내 고향으로(25:1-11)
2. 두 부류의 손자들(25:12-26)
3. 형제간의 경쟁(25:27-34)
4. 또다시 등장한 아비멜렉(26:1-11)
5. 언약의 확증(26:12-25)
6. 교제의 향연(26:26-35)

## C. 결론: '조용한 혁명' 을 읽어주라.

## 토의 질문

1. 이삭이 동일한 조건과 동일한 장소에서 그의 아버지와 유사한 죄를 지은 이유는 무엇이었을까?

2. 이 두 장을 통해 경건한 자녀 양육 방법에 대해 우리가 배울 수 있는 교훈을 세 가지 이야기해보라.

3. 이삭을 통해 우리 자신의 신앙 생활과 믿지 않는 사람들과의 관계 속에서 어떤 도움을 얻을 수 있는가?

# 창세기 27:1-28:22

## 스킨스 게임(Skins Game)

*"행복한 가정들은 모두 비슷하다. 그러나 불행한 가정은 모두 나름대로의 이유로 불행하다."*

*- 레오 톨스토이(Leo Tolstoy)*

**창세기** 27장과 28장을 읽는 것은 마치 역기능 가정의 비디오를 보는 것 같다. 그것은 우리 자신의 실수와 연약함을 상기시킨다. 우리는 또한 하나님의 축복이 때로 별다른 자격도 없고, 가능성도 없는 사람들에게 임할 수 있다는 것을 배운다.

# 들어가는 글

## 인간과 그의 선택

주일 저녁에 흔히 부르는 찬송가 몇 곡을 부른 후 한 목사님이 일어서서 강대상으로 걸어갔다. 저녁 예배 설교를 한 후 그는 예배에 손님으로 참석 중인 목사님 한 분을 간단히 소개하고, 그에게 안부 인사와 더불어 무슨 메시지든 교인들과 함께 나누어주기를 부탁하였다.

그 노 신사는 강대상으로 올라가 이렇게 말하기 시작했다. "한 아버지와 그의 아들과 그 아들의 친구가 태평양 연안을 벗어나 항해를 하고 있었습니다. 그때 난데없이 불어닥친 폭풍으로 인해 해안으로 돌아가고자 하는 모든 시도가 좌절되었습니다. 파도가 너무 높아 그 아버지 같은 경험 많은 선원도 배의 균형을 유지하지 못한 채 세 사람은 물 속으로 휩쓸려 들어가고 말았습니다." 그 노 신사는 잠시 주저하듯이 예배가 시작된 후 처음으로 그의 이야기에 약간 관심을 갖게 된 듯한 두 명의 십대 소년에게 눈을 맞추었다.

연로한 그 목사님은 자신의 이야기를 계속 이어나갔다. "구명줄을 움켜 쥔 아버지는 생명줄의 다른 끝부분을 어느 소년에게 던져야 할 것인가라는, 그의 생애에서 가장 고통스러운 결정을 내려야 했습니다. 그는 몇 초 내에 결정을 내려야 했습니다. 그는 자기 아들은 그리스도인이었지만 아들의 친구는 그렇지 않다는 것을 알았습니다. 아버지는 '아들아 사랑한다' 라고 큰 소리로 외치며 아들의 친구에게 구명줄을 던졌습니다. 아버지가 뒤집힌 배로 그 친구를 다시 끌어올렸을 때 그의 아들은 무섭게 일렁이는 물결 아래 깊은 어둠 속으로 사라져버렸고, 그의 시신은 끝내 발견되지 않았습니다."

이제 두 십대 소년은 노 목사님의 입에서 어떤 말이 나올지 호기심에 가득 차 의자에 똑바로 앉았다. 그는 계속해서 말을 이었다. "그 아버지는 자기 아들은 예수님과 함께 천국으로 가지만 아들의 친구는 예수님 없이 영원의 세계로 발을 들여놓게 될 것이라고 생각하니 그 슬픔을 감당할 수 없었습니다. 그래서 그는 아들의 친구를 구하기 위해 자기 아들을 희생했습니다.

우리를 위해 동일한 일을 하신 하나님의 사랑이 얼마나 큰지요. 우리의 하늘 아버지는 우리가 구원받도록 자신의 독생하신 아들을 희생하셨습니다. 여러분을 구하시고자 하는 그분의 제안을 받아들여, 지금 그분이 이 예배를 통해 던지고 계신 구명줄을 붙잡기를 바랍니다".

그의 말이 끝나고 목사님이 다시 강대상으로 걸어와 짧은 설교와 함께 초대의 말을 했다. 하지만 그 초청에 응하는 사람은 한 사람도 없었다. 예배가 끝나고 몇 분 후 두 십대 소년이 노 신사 쪽으로 뛰어왔다. 그 중 한 소년이 이렇게 말했다. "멋진 내용이었어요. 하지만 다른 소년이 그리스도인이 되기를 바라는 마음으로 자기 외아들의 목숨을 포기한다는 것은 너무나 비현실적이라고 생각해요."

"네 말도 일리가 있어"라고 자신의 낡은 성경책을 힐끗 내려다보며 그 노 목사님은 대답했다. 그는 얼굴에 활짝 미소를 띄고 소년들을 올려다보더니 이렇게 말했다. "그것이 그렇게 현실적이 아니라는 것은 맞는 말이야. 하지만 이 이야기를 통해 하나님이 우리를 위해 자기 아들을 포기하신 것이 어떤 것인지 조금이라도 알 수 있게 말해주려고 나는 오늘 여기 서 있는 거란다. 나는 그 아버지였고, 너희 목사님은 내 아들의 친구였거든."

이 이야기는 이삭과 리브가, 야곱과 에서가 내린 선택이라는 이 장들의 주요한 주제와 그 선택의 결과를 강조하고 있다.

## 본문 이해

### 스킨스 게임(Skins Game)

| Main Idea | 자녀에 대한 부모의 영향은 그 나무가 자라고 오랜 후에 달콤한 열매로 나타나기도 하고, 쓴 열매로 나타나기도 한다. |
|---|---|

### A. 어머니의 사주(27:1-29)

| Supporting Idea | 반목과 불화가 많은 가정은 종종 깊은 상처를 입으며, 그 상처가 깊은 곳에 묻혀 평생 동안 지속되기도 한다. 하나님의 은혜로운 개입이 있을 때만 부모의 갈등과 형제의 경쟁이 선한 방향으로 바뀔 수 있다. |
|---|---|

**27:1-4.** 이 절들은 이삭이 죽음의 문턱에 있음을 암시하고, 이삭 자신도 이것을 직접 밝히고 있다. 하지만 그는 이후에 43년을 더 살았던 것으로 추정된다(35:28). 우리는 그가 그의 쌍둥이 아들들보다 육십 살이 더 많았던 것을 알고 있기 때문에 여러 본문에 기록된 야곱과 에서의 나이를 비교해보면(41:46-47, 45:6, 47:9) 이삭이 137세이고, 야곱과 에서가 77세일 때 이 장의 사건이 전개되었을 가능성이 도출된다. 이 내러티브에서 우리는 가족이 한 자리에 모인 장면을 한 번도 보지 못한다. 각기 두 명의 가족이 등장하는 여섯 장면이 기록되어 있지만 야곱과 에서가 말을 하는 경우는 한 번도 없고, 리브가와 에서가 만나는 장면도 등장하지 않는다.

창세기 25장 28절을 통해 우리는 이삭이 육식을 좋아했음을 알 수 있고, 이러한 식습관은 그후에도 계속되었다. 그러나 리브가에게 주신 하나님의 약속을 이삭이 무시한 사실과 죽기 전에 에서에게 완벽한 축복을 베풀고자 하는 그의 분명한 의도에 비교한다면 이 사실은 그렇게 충격적이지 않다. 실제로 이 장에서는 축복(모든 사람이 소유하고자 하는 상급)이 핵심적인 사상이다. 우리는 리브가가 쌍둥이 아들에 대해 하나님이 말씀하신 것(25:23)을 남편에게 한 번도 이야기하지 않았다고 추측할 수도 있지만, 이삭이 장자권의 교환과 붉은 죽 사건에 대해 몰랐으리라고 믿기는 어렵다. 앞에서 우리가 이삭과 아브라함을 비교해왔지만 이 시점에서 이삭은 자신의 배와 재물에 대해서만 생각할 수 있었던 세속적인 인간인 롯과 더 유사하게 보인다.

**27:5-13.** 속임수와 기만을 전혀 모르지 않았던 리브가는 '자신의 아들'을 보호하기 위해 적극적으로 뛰어들고 있다. 오랫동안 편애가 그들의 양육 방식으로 자리잡았다. 우리는 리브가가 이삭에게 정식으로 직언하기를 기대하지만 이 가정에서는 그런 식으로 일이 해결되지 않았다. 그녀는 야곱에게 늙고 눈이 어두운 노인을 속일 수 있는 방법을 설명해준다. 야곱은 그러한 부도덕한 계획을 두려워하기보다는 거짓말이 발각되어

축복은커녕 저주를 받는 것으로 끝나지 않을까 하는 염려 때문에 잠시 망설일 뿐이다. 목표를 이루고자 하는 집념 때문에 리브가는 너의 저주는 내게로 돌리리니라며 자신을 연루시키는 무서운 말까지 내뱉는다.

이 속임수는 네 명의 가족 모두에게 잘못이 있다. 이삭은 야곱에 대한 하나님의 계획에 대해 알고 있는 진실을 부정하였다. 에서는 25장 33절에서 자신이 한 맹세를 어겼다. 리브가는 자기 아들이 기만과 속임수를 쓰도록 부추겼다. 야곱은 연약함과 철저한 믿음의 결핍을 드러내며 그 계획에 무력하게 끌려갔다.

**27:14-25.** 이 긴 단락은 우리의 연구에 상당한 부담이 되지만 내러티브는 쉽게 연결되고 있다. 야곱은 그의 아버지와의 대면에서 세 가지 거짓말을 하고 있다. (1) 나는 아버지의 맏아들 에서로소이다 (2) 아버지께서 내게 명하신 대로 내가 하였사오니 (3) 아버지의 하나님 여호와께서 나로 순적히 만나게 하셨음이니이다.

그는 24절에서 첫 번째 거짓말을 반복한다. 우리의 내레이터는 이 추악한 장면에 무려 8절을 할애한다. 야곱의 영적 상태는 20절의 이삭의 질문에 대한 그의 대답에서 드러나고 있다. 아버지의 하나님 여호와께서 나로 순적히 만나게 하셨음이니이다. 이 거짓말은 성격상 신성 모독일 뿐 아니라 야곱이 여호와 하나님을 자신의 하나님이 아닌 이삭의 하나님으로 보았다는 것을 암시한다.

하나님이 이 기만적인 속임수에 개입하시지 않은 이유는 무엇인가? 약속으로 얻은 이 기쁨의 아들인 이삭에게 하나님이 더 큰 영적 책임을 강요하시지 않은 이유가 무엇인가? 다시 말해, 하나님이 사람들로 하여금 이러한 일을 하지 못하도록 하시지 않는 이유는 무엇인가?

헨리 모리스(Henry Morris)는 유익한 설명을 제시한다. "이 상황을 이해하는 유일한 방법은 야곱과 리브가의 계략과 속임수가 아무리 잘못된 것이라 하더라도 에서와 이삭의 죄악은 이에 비해 훨씬 더 악하다고 결론짓는 것처럼 보일 것이다. 하나님이 거짓말을 용납하지 않으신다는 것을 야곱과 리브가는 잘 알았다. 그들은 민감하고 영적인 사람들이었지만, 하나님 보시기에 속임수가 나쁜 것이라 하더라도 이 경우 더 악한 죄를 막기 위해서, 그것이 불가피하다고 결론지었다. 원하지도 않고 존중할 마음도 없는 사람에게 하나님의 약속 중 가장 거룩한 것을 맡기려 하고, 그것에 대한 하나님의 명령을 정면으로 거스르게 하는 죄를 막기 위해서였다. 그렇게 하지 못할 경우 이삭과 에서 두 사람 모두에게 하나님의 무서운 심판이 초래될 것이다. 그들은 무슨 일이 있더라도 이 일을 막아야 한다고 생각했다"(「The Genesis Record」, 435).

지금까지 성경에서 이 속임수와 가장 유사한 경우는 하나님이 약속의 아들을 준비하시도록 하기 위해 하갈을 이용하고자 했던 아브라함과 사라의 계획이다. 헨리 모리스는 리브가와 야곱을 그들의 실상에 비해 더 관대하게 다루고 있다고 생각한다. 그럼에도 불구하고 하나님은 애굽의 히브리 산파들(출 1장)과 여리고의 라합(수 2:3-6)의 경우처럼, 선한 의도로 한 거짓말을 종종 축복하기도 하신다. 물론 거짓말이 용인될 수 있는 행위는 아니다. 하나님이 때로 자신의 신적인 계명에 대해 예외를 허용하시기도 한다는 사실 때문에, 우리의 가정 생활과 교회 생활 속에서 하나님이 하셔야 한다고 생각되는 일을 이루기 위해 속임수와 조작 그리고 거짓에 대한 우리의 합리화가 묵과되어서는 안 된다.

**27:26-29.** 키스는 축복 의식의 일부였을 수도 있고, 단순한 가족 간의 애정 표현이었을 수도 있다. 하지만 이것이 이 의심스러운 아들을 한 번 더 시험하기 위한 이삭의 방어적 속임수였을 가능성도 있다. 본문은 아비가 그 옷의 향취를 맡고 그에게 축복하여 가로되라고 기록하고 있다. 데렉 키드너는 이 순간의 슬픈 세속성을 다음과 같이 서술하고 있다.

> 진정한 수치는 이삭의 경박성이다. 그의 식욕이 그의 마음을 지배하고(25:28), 그의 입을 닫게 한 지는 오래되었다(그는 에서의 타락과 죄악을 책망하기에 무기력했다.). 그가 이제 야곱을 민족들과 국가들의 심판자로 삼겠다고 제안하고 있다(29절). 그가 자신의 소임을 감당하지 못하고 있다는 것은 식욕의 충동을 좇고, 모든 일에 자신의 코를 통한 느낌을 추구하면서, 손의 증거 때문에 후각의 증거(27절)를 거부하는 이 눈이 보이지 않는 노인의 모든 행동에서 드러난다. 그러나 하나님은 바로 이 요인들을 이용해 자신의 뜻을 이루시는 데 사용하신다(「Genesis」, 156).

이삭의 축복은 세 부분으로 이루어진다. 27절의 냄새에 대한 서술, 28절의 에서에게 적절한 세속적 풍요에 대한 서술, 여호와가 25장 23절과 29절에서 리브가에게 약속하신 민족적 운명과 지배에 대한 서술. 그러나 마지막 부분이 중요하게 강조되어 있다. 이는 12장 3절에 처음으로 기록된 아브라함에 대한 축복을 전달하고 있기 때문이다.

### B. 반항적인 반응(27:30-46)

| Supporting Idea | 아무리 추하고 파괴적인 가족의 불화라 하더라도 하나님의 계획을 좌절시킬 수 없다. |
|---|---|

**27:30-40.** 확실히 커튼은 거의 닫히다가 에서가 사냥에서 돌아오는 장면에서 다시 열린다. 5-29절에 기록된 모든 일은 이삭의 요청과 에서가 사냥에서 돌아오는 일 사이에 일어난 것이다. 생각조차 하기 싫은 두려운 경험이었음이 분명했겠지만, 이삭은 아버지여 일어나서 아들의 사냥한 고기를 잡수시고 마음껏 내게 축복하소서라는 말을 다시 듣는다. 이삭은 자신의 장막에서 일어나고 있는 무서운 비극을 즉각적으로 알아차리고 크게 떨었다. 드디어 그 노인은 하늘의 사냥꾼이 리브가에 대한 하나님의 약속, 장자권을 포기한 에서의 태도, 헷 족속을 아내로 삼음으로 인한 고통에도 불구하고 반항적인 맏아들에 대한 무분별한 편애를 꾸짖기 위해 자신을 계속 추적해오셨음을 깨달았다. 그럼에도 불구하고 야곱에 대한 축복은 돌이킬 수 없는 것이 되었다. 그가 정녕 복을 받을 것이니라.

방성대곡하며 자신에게도 축복을 해달라고 애걸하는 에서의 반응은 그의 아버지의 모습을 반영하고 있다. 속임수를 쓴 사람이 이미 축복을 가로챘다는 사실을 들은 에서는 야곱의 이름의 뜻을 확인한다. '발꿈치를 잡는 자' 가 다시 이긴 것이다. 하지만 에서는 내용을 다소 왜곡하고 있다. 야곱이 실제로 그의 축복을 훔쳤지만 에서는 무분별하게 자신의 장자권을 팔아버렸다. 어쨌든 이제 장자권과 축복이 모두 사라져버린 것이다.

에서는 계속해서 축복을 요구하지만 그가 아버지로부터 들은 것은 기대하던 것이 아니었다. 땅의 기름짐과 하늘 이슬은 이미 야곱의 것이 되었다. 그 멍에를 네 목에서 떨쳐버리리라는 희망과 더불어 전쟁과 증오의 대상인 야곱에 대한 굴종만이 남아 있을 뿐이었다.

이 사건은 신약에서 다시 재조명하고 있다. 히브리서 기자는 에서 내러티브를 소개함으로써 영적인 반역을 경고하는 그의 논증을 전개한다.

"모든 사람으로 더불어 화평함과 거룩함을 좇으라 이것이 없이는 아무도 주를 보지 못하리라 너희는 돌아보아 하나님 은혜에 이르지 못하는 자가 있는가 두려워하고 또 쓴 뿌리가 나서 괴롭게 하고 많은 사람이 이로 말미암아 더러움을 입을까 두려워하고 음행하는 자와 혹 한 그릇 식물을 위하여 장자의 명분을 판 에서와 같이 망령된 자가 있을까 두려워하라 너희의 아는 바와 같이 저가 그 후에 축복을 기업으로 받으려고 눈물을 흘리며 구하되 버린 바가 되어 회개할 기회를 얻지 못하였느니라" (히 12:14-17).

이 구절을 다루면서 토마스 레아는 다음과 같이 이야기한다.

에서가 후에 축복을 구하였을 때 이삭은 자신의 행동을 되돌릴 수 없다는 것을 알았다. 에서는 자신의 장자권을 포기해버린 것을 깨닫고 울었지만 그의 눈물은 허망할 뿐이었다(창 27:34). 그는 기회를 탕진해버림으로써 하나님의 은혜를 자기 것으로 삼지 못한 사람의 확실한 예가 되었다. 신약은 간절히 바라는 사람에게 영적인 회개가 가능하다는 점을 강조한다. 에서는 자신의 어리석은 행동을 본래대로 회복할 기회가 전혀 없다는 사실을 깨닫고 눈물을 흘렸다. 우리는 그리스도를 부인하는 것이 참으로 심각한 일임을 깨달아야 한다. 우리는 선택의 시간이 올 때 쉬운 참회(return)의 길을 결코 의지해서는 안 된다. 에서의 눈물로 하나님께 돌아갈 수 있는 길이 열리지 않았듯이 그리스도를 고의적으로 떠난 경우에는 패망과 슬픔만 있을 뿐이다(「Hebrews & James」, 221).

**27:41-46.** 거의 평생 동안 지속되어온 쌍둥이 형제간의 불화는 이제 되돌릴 수가 없게 되었다. 에서는 내가 내 아우 야곱을 죽이리라고 말하며 아버지가 죽기만을 기다릴 뿐이었다. 이 형제 살해 계획은 가인처럼 에서가 불경건한 후손의 계열에 속해 있음을 드러낸다. 야곱에게 유리하게 상황이 전개되도록 하기 위해 리브가가 다시 한 번 개입한다. 무슨 일이 일어났는지 다 알고 있는 것이 분명한 리브가는 야곱에게 경고하고, 그

를 하란의 자기 오빠 집으로 보낸다. 이렇게 하면 에서의 마음이 진정되고 그 사건을 잊을 수 있는 시간을 벌게 될 것이다.

그러나 본문 내용의 이 부분에 문제가 있는 것 같다. 41절은 에서가 심중에 이르기를 이라고 기록한다. 이어서 42절은 맏아들 에서의 이 말이 리브가에게 들리매라고 기록하고 있다. 리브가가 어떻게 그것을 알 수 있었던 것인가? 그리피스 토마스는 이렇게 말한다. "충동적이며 격앙된 상태의 그가 그 계획을 마음에만 담고 있기 어려웠을 것이다. 처음에는 '마음 속으로' 만 말했겠지만 그 계획이 리브가의 귀에까지 들리는 시간은 얼마 걸리지 않았다" (「Genesis」, 255). 아마 그의 지적이 맞을 것이다. 확실히 그 설명은 어느 설명 못지않게 설득력이 있고, 에서의 성격과도 맞을 것 같다. 리브가는 에서의 유배 생활이 20년 동안 지속될 것이라고(31:41)는 꿈에도 생각하지 못했다. 이는 이삭 자신을 비롯해 가족 중 누구도 그가 그렇게 오랫동안 살 것이라고 예상치 못했기 때문일 것이다.

브루스 발트케는 45절 말미의 리브가의 수사학적 질문이 그녀가 두 사람을 멀리 떨어뜨려놓지 않으면 두 아들이 모두 죽을 수도 있다고 예상했음을 암시한다.

> 그녀는 아마 에서가 야곱을 죽인 후 무고한 생명을 죽인 데 대해 처형을 요구하는 판결을 받거나 피의 보복자에 의해 죽임을 당하게 될 것이라고 생각했을 것이다. …역설적인 것은 그녀가 물리적인 것은 아니지만 적어도 사회적으로 자신이 예상한 것보다 훨씬 더 심한 고통을 당한다는 것이다. 에서와 그녀의 관계는 치유 불가능할 정도로 손상되었음이 분명했고, 그녀는 밧단 아람에서 유배 생활을 하는 야곱을 부르기 위해 사람을 보내지도 않는다. 마지막으로 그녀는 심지어 성경의 추모 기록도 다른 이에게 빼앗긴다(35:8). 리브가는 에서의 살인 계획을 피할 수 있었지만 그럼에도 불구하고 자신의 기만의 대가로 쓰라린 고통을 맛보아야 한다 (「Genesis」, 381-382).

그러나 야곱의 떠남은 도망자의 탈출이 아니었다. 그래서 리브가는 이삭의 공식적인 허락을 받을 수 있는 방법을 생각해낸다. 에서의 아내들은 이삭과 리브가 두 사람 모두에게 골칫거리였기 때문에 그녀는 야곱이 가나안의 여인과 결혼하지 않도록 확실히 하기를 원했다. 이 장은 이렇게 고대의 역기능 가정의 모든 이들이 불행한 상태로 끝나고 있다. 스킨스 게임(skins game)이 효과가 있었지만 야곱은 도망 중이었고, 에서는 자신의 동생을 죽이겠다고 맹세하고 있으며, 이삭은 자신의 끔찍한 실수로 인해 비통함에 싸였고, 리브가는 가족을 분열시키고 결국 원하지 않던 아들을 곁에 두게 되고 말았다.

28장으로 이동하기 전에 이 비극을 통해 몇 가지 영적 교훈을 배우도록 하자. 히브리서 11장 20절은 "믿음으로 이삭은 장차 오는 일에 대하여 야곱과 에서에게 축복하였으며"라고 기록하고 있다. 축복의 의미를 확대하여 이삭으로 인해 그의 가정에 일어난 문제를 하나님이 어떤 식으로든 해결하실 것이라는 믿음에 이 절의 초점이 있다고 생각한다면 히브리서의 해석이 옳다. 분명히 이삭은 아들들의 죄와 자기 자신의 어리석음에도 불구하고 이 상황에 대한 하나님의 주권적 역사를 신뢰하였다. 그는 과거에서 돌이켜 미래에서 소망을 발견하였다.

우리의 과거의 실패가 하나님의 미래의 축복을 무효화시키지는 않는다. 죄악이 절망을 의미하지는 않는다. 우리의 실패가 하나님의 약속을 파기시키지도 않는다. 우리는 절망적인 상황에서도 우리가 보지 못하는 것에 대해 하나님을 신뢰해야 한다. 믿음은 과거가 아니라 미래를 바라본다.

지금 경치가 아름다운 곳으로 가고 있는 중이라고 생각해보라. 그런데 도중에 길을 잘못 접어들었다고 생각해보라. 당신은 어떻게 할 것인가? 돌아서서 집으로 돌아갈 것인가? 그곳에서 차를 멈춘 채 움직이지 않을 것인가? 목적지에 갈 수 있다는 희망을 모두 포기해버릴 것인가? 아마 이 중 어떤 것도 선택하지 않을 것이다. 잘못된 길을 택했을 때 우리는 원래 지점으로 되돌아가서 올바른 길을 찾아내고, 우리의 목적지까지 계속 갈 것이다. 우리가 범죄하거나 어리석은 결정을 내린다고 해서 하나님은 자신의 약속이나 복을 파기하시지 않는다. 우리가 다시 바른 길로 복귀한다면 우리의 삶 가운데서 여전히 그분의 손길을 경험할 수 있다. 마지막으로, 이 장의 끔찍한 사건에도 불구하고 야곱과 에서 두 사람 모두 하나님의 복을 받았다.

### C. 사촌들 간의 결합(28:1-9)

| Supporting Idea | 패망의 길에서 의의 길로 돌아오기 위해서는 하나님의 다스리심을 인정하고, 그분이 우리에게 기대하시는 대로 우리의 생활을 맞추어야 한다. |
|---|---|

**28:1-2.** 이삭이 리브가의 계획을 받아들이고 야곱을 밧단 아람으로 보낼 때도 그의 축복은 계속된다. 그의 지시는 구체적이다. 그는 그의 삼촌 라반의 딸인 그의 사촌 중 한 사람과 결혼해야 한다. 본문은 이삭이 에서의 계획을 전혀 몰랐고, 단순히 아브라함의 혈통을 보전하고자 하는 의도만 있었음을 암시한다. 이러한 이삭의 생각은 그의 아버지 아브라함이 이삭의 결혼과 관련해 취했던 행동과 일치한다(24:2-4). "야곱은 밧단 아람으로 피신함으로써 박해와 타협이라는 두 가지 위협에서 벗어난다. 그의 형의 물리적 위협은 아주 심각한 위험으로 보일 수 있었겠지만 가나안 생활 방식에 대한 적응이라는 위협 역시 그에 못지않게 심각한 위험이었다. 믿음의 공동체에게 적응은 박해 못지않은 무서운 위협이다"(브루스 발트케, 「Genesis」, 385).

**28:3-5.** 이삭은 지시와 더불어 또다시 야곱을 축복한다. 이번에는 '스킨스 게임(skins game)'의 언어와는 다소 다르다. 이것은 아브라함에게 주어진 후손과 땅에 대한 축복(17:1-8)의 반복에 가깝다.

야곱은 북동쪽을 향해 가다가 유프라테스 강을 건너 밧단 아람으로 갔다. 우리는 야곱이 "동방 사람의 땅에 이르렀다"(29:1)는 내용이 기록된 다음 장에서 다시 이것을 다루게 될 것이다. 메소포타미아는 북부 아라비아 끝에 있는 현대의 시리아 북동쪽에 위치하였다. 리브가처럼 이삭은 이것이 일시적인 여행이 될 것이며, 야곱이 너의 우거하는 땅을 유업으로 받게 하기 위해 돌아올 것이라고 생각했다.

**28:6-9.** 야곱이 떠난 후 에서는 매우 전향적인 자세를 보인다. 그는 동생의 여행을 이삭의 설명 그대로 이해하였다. 그는 자신과 그의 아버지 간의 주된 장벽이 가나안 사람의 딸들이 그 아비 이삭을 기쁘게 못하는 데 있다고 생각했다. 에서가 야곱이 여행하는 진정한 목적을 몰랐다는 사실은 거의 믿기 어려울 정도이다. 이것은 에서가 이 가정에서 얼마나 소외되어 있었는지를 보여준다. 그는 집에서 무슨 일이 일어나고 있는지 깨닫지 못했다.

여기서 마할랏(이 여자가 36장 3절의 바스맛인지는 확실하지 않다)으로 밝혀진 이스마엘의 딸과 결혼한 그의 해결책 역시 하나님의 계획에 대한 그의 무지를 증명한다. 그리피스 토마스가 지적하듯이 "에서는 영적인 실제에 대해 무지하였다. 그가 관심을 갖는 것은 오직 그의 부모를 기쁘게 해주겠다는 것뿐이었고, 가능하다면 축복을 되찾겠다는 것뿐이었다. 이것 역시 에서의 실제적 본성과 그의 삶을 움직이는 영적인 실체에 대한 철저한 무지를 드러낸다. 에서는 하나님을 기쁘게 해드릴 것이라는 헛된 희망 속에서 하나님의 백성들이 시도하는 것을 하려고 하는 사람들 중 하나이다"(「Genesis」, 258).

에서의 사고와 생활 방식은 그의 장인을 답습하고 있다. 이스마엘은 촌락들과 이동 중인 대상들을 공격하는 사막의 전사들로 이뤄진 약탈꾼들의 지도자로서 끝없는 반목의 생활을 하도록 저주를 받았다. 그는 족장 시대의 위대한 '사막의 여우'가 되었다.

## D. 거룩한 사다리(28:10-22)

| Supporting Idea | 하나님은 자신의 보호와 공급하심을 약속하시기 위해 자기 백성들에게 자신을 계시하신다. 우리는 이에 대해 순종과 경배로 반응해야 한다. |
|---|---|

**28:10-12.** 홀로 가나안 지역을 여행하는 것은 위험한 일이었다. 그때까지 모든 결정을 전적으로 어머니에게 의존하던 온순한 사람에게는 더욱 그러했다. 야곱의 목적지는 800킬로미터 밖에 있었고, 여러 주에 걸쳐 여행해야 하는 곳이었다. 브엘세바 북쪽의 약 110킬로미터 거리(아마 3일간의 거리)까지 온 그가 한 곳에 이르러는 해가 진지라 거기서 유숙하려고 그곳의 한 돌을 취하여 베개하고 거기 누워 자더니 꿈을 꾸었다. 아브라함이 이 장소 근방에서 제단을 쌓은 적이 있다(창 12:8, 13:3-4). 본문은 야곱이 이 사실을 알았다거나 그러한 이유로 그곳에서 하룻밤을 묵었다고 말하지는 않는다. '곳(마콤, maqom)'이라는 단어는 이 이야기에서 여섯 번 등장한다. 저자의 의도는 이곳의 이름이 벧엘이 되기 전에는 이 장소가 단순히 한 곳에 불과하다는 것을 인식하는 데 있는 것 같다.

그러나 그곳은 실제 사다리는 아니지만 지상에서 천국으로 이어지고 하나님의 사자가 그 위에서 오르락내리락하는 유명한 사닥다리가 나타난 꿈과의 비교로 빛이 바래고 있다. 이 단어(사닥다리)는 구약의 이곳에서만 사용되고 있으며, '쌓아 올리다' 라는 의미의 동사와 연결되고 있다. 70인역은 이 단어를 '사다리' 혹은 '계단' 을 의미하는 '클리맥스(klimax)' 라는 헬라어로 번역하고 있다.

앨런 로스는 "지구라트와 관련해 사용되는 단어가 여기서 사용된 단어와 동종어일 가능성이 매우 크다. 그것은 하늘과 땅의 의사 소통 방식을 묘사하기에 적합한 단어이다. 그러므로 히브리어 술람(sullam)이 이 이야기의 핵심에 어울리는 단어이다. 이곳은 하늘과 땅이 맞닿아 있고, 하나님께 나아감이 이루어지는 장소인 것이다" 라고 말한다.

창세기 11장의 바벨탑과의 유사성 때문에 우리는 그 차별성에 관심을 돌리게 된다. 바벨탑이라는 이교적 구조물은 땅에서 시작해 하늘에 닿기 위한 시도였지만 야곱의 사다리는 정반대 방향을 취하고 있다. 땅 위에 섰다는 표현은 '하늘을 향해 놓여 있었다' 라고 번역될 수 있다. 성경에서 흔하게 등장하는 편은 아니지만, 천사들은 이미 성경 본문에 나타난 적이 있다(18:2, 19:1-22). 천사들의 동작과 관련해 많은 해석이 제기되었지만 천사들이 흔히 하늘과 땅 사이를 왕래하고, 두 영역에서 동일하게 활동하고 있는 것 같다는 점을 제외한다면 그 중 어떤 해석도 도움이 되지 않는 것 같다.

**28:13-15.** 그러나 천사들의 오르락내리락하는 모습은 이 꿈의 절정(star attraction)이 아니다. 이는 여호와께서 그 위에 서 계셨기 때문이다. 야곱은 이러한 모습에 미처 반응하기도 전에 하나님이 직접 주시는 약속을 받았다. 이 약속은 이 단락의 나머지를 차지하고 있다. 이제 우리는 자손, 땅, 족속, 복을 받으리라, 후손이라는 단어에 매우 익숙하다. 야곱이 이 장의 초두에 기록된 아버지의 말에 대해 어떤 의심도 품지 않도록 이제 하나님께로부터 직접 확증을 받고 있다. 이와 동일하게 스스로를 계시하시는 하나님이 창세기 15장 7절에서 아브라함에게 말씀하셨고, 후에 출애굽기 20장에서 모세에게 말씀하셨다. 13-14절은 아브라함과 이삭에게 하신 약속을 반복하고 있다.

15절은 야곱에 대한 개인적인 약속들을 소개하고, 그가 반드시 가나안으로 돌아올 것임을 보장하고 있다. 브루스 발트케는 다음과 같이 말하고 있다.

> 이것은 야곱에 대한 개인적인 세 가지 약속 중 첫 약속이다. 첫째, 먼 미래에 대

> 한 약속들에 덧붙여 하나님은 야곱에게 그의 믿음을 지탱할 수 있도록 확고한 확신을 주시고 있다… 둘째, 하나님은 보존과 보호를 약속하신다… 셋째, 하나님은 집으로 돌아올 것을 약속하신다. 아브라함과 이삭의 하나님이며 이제 야곱의 하나님이신 분은 주변 가나안 사람들의 신들처럼 지리적 경계에 제한받지 않으신다. 야곱이 어디로 가든지 하나님은 그와 함께하실 것이며 결국 그를 집으로 돌아오게 하실 것이다(「Genesis」, 391-392).

이 거룩한 사다리의 이미지는 예수님이 나다나엘에게 말씀하시는 요한복음 1장 51절에서 다시 나타난다. "진실로 진실로 너희에게 이르노니 하늘이 열리고 하나님의 사자들이 인자 위에 오르락내리락하는 것을 보리라 하시니라." 여러 가지 해석이 있을 수 있지만, 주님은 창세기 28장에서 야곱이 이 계시를 받을 때처럼, 그의 제자들이 지상 사역에 대한 하나님의 축복을 직접적이고 장엄한 방법으로 받을 것임을 강조하고자 하셨던 것 같다.

**28:16-19.** 꿈 때문에 놀란 야곱은 그곳의 차별성과 의미를 입으로 선언한다. 집에서 있었던 사건 때문에 여전히 죄책감을 가지고 있었을 야곱은 두려워하며 이곳이여 다른 것이 아니라(이 장소가 얼마나 두려운 곳인가)라고 말한다. 오늘날 '두려운(awesome, good과 비교할 수 없는 최상의 의미로 사용)' 이라는 단어는 모래톱에서부터 자동차에 이르기까지 어디에나 사용할 수 있지만 야곱에게 그것은 하나님의 현존을 의미하였다. 사실 이 단어는 '놀라운' 으로 번역될 수 있다. 이곳이 다름아닌 하나님의 전이요 하나님의 문이기 때문에 이러한 번역은 결코 과장된 표현이 아니다.

아침이 되자 돌베개는 기름으로 거룩하게 된 예배 기념비인 돌 제단이 되었다. 야곱은 또한 그 장소를 '하나님의 집' 이라는 의미의 벧엘로 불렀다(더 정확히 표현하자면 개명했다).

**28:20-22.** 야곱은 먹을 양식과 입을 옷과 같은 필수품들을 포함해 하나님의 약속을 훨씬 구체적으로 적시하며 서원을 하였다. 그는 그 기둥을 제단 대용으로 인정하고 하나님께 자신이 얻게 될 모든 것의 십일조('심층 연구' 참고)를 바치겠다고 약속하며 자신의 맹세를 확증하였다. 확실히 야곱은 부모의 신앙을 알았고, 그의 조부의 깊은 신앙적 경건을 알았다. 여기서 그는 처음으로 하나님과 직접 대면하고 있으며, 이제 그의 생애

는 결코 이전과 같지 않을 것이다. 그러나 그는 완벽한 경건의 모델이 되지 않았고, 자기 자녀들로 인해 긴 세월을 비통하게 보낼 것이다. 실제로 요셉에 대한 편애는 에서에 대한 이삭의 태도를 반영한다. 아버지의 죄가 자녀들에게 전수되는 것이다.

하지만 야곱은 이제 하나님의 소유가 되었고, 이후로 높은 수준의 영적 성숙을 보여줄 것이다. 데렉 키드너는 이 구절을 다음과 같이 요약하고 있다.

> 이것은 일방적이고 무제한적인 하나님의 은혜를 가장 탁월하게 드러낸 것이다. 일방적이라 함은 야곱이 순례자도 아니었고 돌아온 탕자도 아니었지만 하나님이 천사들과 더불어 갑자기 찾으시며 그를 만나러 오셨기 때문이다. 무제한적이라 함은 책망이나 요구의 말도 전혀 없이 오직 핵심적인 "나는 여호와로라"는 선언을 통해 과거(13절 상)에서 먼 미래로, 야곱이 서 있는 자리(13절 하)에서 세상의 동서남북(14절)으로, 그 개인에서 모든 인류(14절 하)로 확대되는 확신의 말씀만 있기 때문이다. 이것은 또한 그에게 그의 조상들과 맺은 언약에 대해 확신시키고, 그에게 땅의 유업을 할당하며, 안전한 인도를 약속함으로써 집도 없이 외롭고 위험한 처지를 충족시키기 때문에 현실과 완전 상반된다(「Genesis」, 158).

| Main Idea 복습 | 자녀에 대한 부모의 영향은 그 나무가 자라고 오랜 후에 달콤한 열매로 나타나기도 하고, 쓴 열매로 나타나기도 한다. |
|---|---|

## 결론

### 놀라우신 은혜

「놀라운 하나님의 은혜(What' s So Amazing About Grace?)」라는 인기있는 책의 저자 필립 얀시(Philip Yancey)는 여기서 내가 풀어쓰고 있는 이야기를 들려주고 있다. 뉴스먼 빌 모이어(Newsman Bill Moyers)는 존 뉴턴(John Newton)의 위대한 찬송가('놀라우신 은혜')를 주제로 다큐멘터리 영화를 제작하기로 결심하고 런던의 윔벌리 스타디움에서 몇 가지 장면을 촬영하기로 했다. 그는 남아프리카의 정치적 발전을 축하하기 위해 계획된 락 콘서트의 말미에 오페라 가수인 제시 노먼(Jessye Norman)을 초청해 그 노래를 부르게 할 작정이었다.

약 12시간 동안 락 그룹들은 경기장이 떠나가라 공연을 했고, 마침내 노먼이 노래를 하기 위해 등장했다. 배경 음악도 없고 아무런 반주도 없이 그녀는 그 웅장한 가사를 아카펠라로 불렀다.

> 놀라우신 그 은혜, 그 소리가 얼마나 달콤한지
> 나처럼 비참한 자를 구원하셨도다
> 나는 한때 잃어버린 자였지만 이제 그가 도로 찾으셨고
> 볼 수 없었지만 이제 볼 수 있도다.

소리를 질러대던 7만 명의 팬들은 그 누구도 설명할 수 없는 이유로(제시 노먼을 비롯해), 한 사람도 빠짐없이 침묵에 빠져들었다. 그녀가 3절을 부를 즈음, 수천 명의 사람들이 그 노래를 따라 부르고 있었다.

은혜의 어떤 점이 그렇게 놀라운 것인가? 우리가 전혀 기대하지 않지만 대부분의 사람들이 필요로 할 때 은혜는 갑자기 우리를 찾아온다. 그것은 꿈을 통해서 올 수도 있고, 천사의 음성이나 성경의 한 구절 혹은 친구의 격려 한 마디로도 찾아올 수 있다. 하지만 그것의 근원은 항상 하나님이시라는 것을 우리는 알 수 있다. 그 모든 것의 영광스러움은 벧엘의 하나님이 우리가 어디로 가든지 우리와 함께하시기 때문에 그분을 만나기 위해 벧엘로 갈 필요가 없다는 것이다.

**▣ 진리 알기**

- 가정 내의 속임과 편애는 여러 세대까지 지속될 수 있는 결과를 초래한다.
- 하나님은 역기능 가정에서도 자신의 목적을 이루실 수 있다.
- 하나님은 죄인들을 돌아오게 하시기 위해 주도적이고 적극적으로 행동하신다.

• 하나님이 죄인들에게 손을 내미시는 것은 그들의 장점 때문이 아니라 그분의 은혜와 은혜로운 목적이 있기 때문이다.

▣ 적용하기

• 모든 자녀들을 동등하게 사랑하고 존중함으로써 가정 내에 편애가 없도록 하라.
• 세상이 추구하는 가치를 피하고, 경건하지 않은 문화의 이교도적 관습과 분리되도록 하라.
• 우리의 생활 속에서 하나님의 지속적 임재와 축복을 인정하고 경배와 순종으로 반응하라.

## 삶의 적용

### 기본으로 돌아가라

롱아일랜드의 새가모어 언덕에서 대화를 마친 테디 루스벨트(Teddy Roosevelt)와 자연주의자인 윌리엄 비브(William Beebe)는 하늘을 올려다보며 페가수스 자리의 왼쪽 아래 구석에서 별처럼 빛나는 곳을 찾아보곤 하였다. 그러고나서 루스벨트는 "저건 안드로메다의 나선형 은하입니다. 저건 은하수만큼 크다지요. 1억 개의 은하수 중 하나랍니다. 그것은 각기 우리 태양보다 더 큰 만 억 개의 태양으로 이루어져 있습니다" 라고 말했다. 이어서 루스벨트는 싱긋이 웃으며 "우리가 얼마나 작은 존재인지 실감이 납니다. 자러 갑시다" 라고 말하곤 했다.

하나님의 피조 세계를 감상한 루스벨트가 기본적인 것에 충실하게 되었듯이 하나님은 야곱이 기본에 충실하도록 하셨다. 그는 하나님이 전능하시고, 우리는 작고 보잘것없는 존재라는 것을 알게 되었다.

그리피스 토마스는 자신의 뛰어난 주석에서 야곱의 경험을 우리의 삶에 투사한다.

회심의 경험으로 우리가 하나님에 대해 알게 되는 지식이 너무나 미미하기 때문에 신적인 실체에 대한 우리의 생소함으로 인해 우리가 잘못을 범하게 된다고 해서 놀랄 필요는 없다. 하지만 그러한 회심을 통해 참된 삶이 시작된다. 우리가 하나님께 우리 자신을 굴복시키고 그분을 섬길 때 그분의 놀라운 은혜와 인내하심으로 우리가 교훈과 힘을 얻고 축복을 받는다는 것을 알게 될 것이기 때문이다. 하나님이 "내가 너희와 함께하노라" 고 말씀하실 때 "뭔가를 해주신다면" 이라고 조건을 달지 말고 전심을 다해 "제가 하나님을 믿습니다. 말씀하신 대로 이루어질 것입니다" 라고 말하고, 노년의 아브라함처럼 "그분이 약속하신 것을 이루실 수 있음을 온전히 믿고" 앞으로 나아가야 한다는 사실만은 꼭 명심해야 한다(「Genesis」, 267).

## 기도

하나님 아버지, 당신의 계시를 보고, 약속으로 재충전하며, 당신의 보호를 구하기 위해 벧엘로 돌아가야 할 때가 얼마나 많은지 모릅니다. 생활의 모든 영역에서, 우리가 발걸음을 내딛는 모든 곳에서, 세계의 어느 곳에 있더라도 "이곳이 바로 하나님의 집입니다" 라고 말할 수 있게 해주십시오. 아멘.

## 심층 연구

### A. 여러 족속(28:3)

얼핏 보기에 이것은 단순히 자손의 약속이 확대된 것처럼 보이지만 성경에서 '회중' 이라는 개념의 첫 등장을 알리는 것이다. 데렉 키드너는 " '회합하다' 의 어근에서 파생한 '모임(company)' 이라는 단어에서 교회나 회중에 해당하는 구약 용어가 처음으로 등장하고 있다. 이 단어의 사용으로 번성의 개념뿐 아니라 일체성의 개념까지 등장한다. 이것은 35장 11절과 48장 4절에서 다시 야곱과 연관해 사용되고 있다"(「Genesis」, 158)라고 말한다. 브루스 발트케는 이렇게 지적한다. "여러 족속들이 이스라엘을 축복하고 연합하기보다는 이스라엘을 공격하므로 이스라엘이 심판을 받게 될 때 이스라엘에게는 이 축복과 반대되는 일이 일어날 것이다(겔 23:24, 32:3 참고). 이것은 그리스도와 그의 교회를 통해 성취된다"(「Genesis」, 383).

### B. 십일조(28:22)

십일조는 복음주의적 기독교의 중요한 개념 중 하나인 동시에 논쟁의 대상이 되는 개념 중 하나이다. 이미 아브라함은 멜기세덱에게 십일조를 바친 적이 있는데(창 14:20), 이것이 벧엘에서 야곱이 한 결심에 영향을 주었을 것이다. 십일조가 후대의 오경에서 등장하기는 하지만 이 당시 십일조에 대한 명문화된 법이 있었는지는 전혀 알 수 없다. 야곱이 정확히 어떤 식으로 이 약속을 이행했는지에 대해서도 알 수 없다. 아마 제단을 쌓거나 어려운 사람들에게 관용을 베푸는 방법으로 이 약속을 지켰을 수도 있다. 분명한 것은 그가 특정한 성막이나 성전에 어떤 식으로든 예물을 드리지는 않았다는 점이다. 그의 소유의 10퍼센트에 해당하는 희생 제물을 드렸을 가능성에 훨씬 무게가 실릴 수 있다.

십일조가 모세의 법에서 명확한 의무 사항이 되었지만(레 27:30, 민 18:21, 24) 여기서는 신약으로 확대된 방식인, 순전히 자발적인 성격을 띠고 있다. 십일조가 교회의 필수적인 의무임을 설교하기 위해 창세기 28장이나 말라기 3장을 근거로 삼는 목회자들은 옛 언약과 새 언약의 차별성을 간과한 것이다.

헨리 모리스는 다음과 같이 말한다.

> 그러므로 야곱의 서원은 율법적인 의무감이나 하나님의 축복을 확보하기 위한 수단으로서가 아니라 하나님의 약속에 감사해서 이루어진 것이었다. 하나님의 약속은 무조건적인 것이기 때문에 약속의 이행을 위한 조건으로 십일조를 필요로 하지 않는다… 오늘날 그리스도인들이 소유와 수입의 십일조를 드리는 동기 역시 이러해야 할 것이다. 구원의 조건으로서 혹은 물질적인 하나님의 축복을 위해서 십일조를 요구하는 율법은 전혀 없다. 십일조는 오히려 주님에 대한 사랑과 관심의 표현이 되어야 한다(「The Genesis Record」, 452-453).

그러므로 여기서 중요한 것은 십일조의 분량이 아니라 정신이다. 어떤 종류의 헌금이든 억지로 드리거나 자유로운 선택과 열린 마음으로 드려야 할 헌금에 사람들을 강제로 참여하게 한다면 성경을 크게 모독하고 하나님의 말씀을 제대로 전하지 못한 것이다. 십일조는 복음서에서도 여전히 논쟁의 대상이 되고 있다(마 23:23). 하지만

> 그리스도가 성령을 보내신 후 그의 사도들은 더 고차원적 영적 기준에서 십일조의 원리를 제외시켰다(롬 12:1-2, 고후 8:5). 그러고나서 그들은 영적인 축복을 위해 일하는 이들과 물질적 축복을 나누었고(고전 9:6-18, 갈 6:6), 궁핍한 성도들을 위해 헌금을 모았다(롬 15:25-28, 고전 16:1-3, 고후 8:1-15, 갈 6:10, 엡 4:28)…그리스도인들은 열심히, 즐거운 마음으로, 인색하지 않게 자신의 소득 수준에 따라서 베풀어야 한다(브루스 발트케, 「Genesis」, 397).

## 고안

### A. 들어가는 글

1. '인간과 그의 선택' 이야기로 시작하라.
2. 배경 설명: 이삭은 구약이라는 장면에서 서서히 사라지지만 이 두 장을 기점으로 무대에서 실제로 사라진다. 이제부터 벧엘에서 영적 순례 여행을 시작한 야곱에게 스포트라이트가 집중되고 있다.
3. 적용: 두 장의 시작 부분에서 이삭은 나이 들고 눈이 어두워 죽음을 앞두고 있는 것으로 그려진다. 그럼에도 불구하고 그는 그의 두 아들을 축복하는 소임을 끝까지 감당하고, 아내를 구해 오도록 야곱을 메소포타미아로 보낸다. 28장의 마지막에서 우리가 야곱에 대해 본 모습이 이것이다. 29장은 "야곱이 발행하여(그러고 나서 야곱이 여행을 계속하여)" 라는 내용으로 시작한다.

### B. 본문 이해

1. 어머니의 사주(27:1-29)
2. 반항적인 반응(27:30-46)
3. 사촌들간의 결합(28:1-9)
4. 거룩한 사다리(28:10-22)

### C. 결론: '기본으로 돌아가라' 를 읽어주라.

## 토의 질문

1. 가족을 분열시키는 부모의 행동과, 가족을 하나로 이어주는 부모의 행동은 무엇인가?

2. 벧엘에서 있었던 야곱의 '회심 경험'과 당신 자신의 경험을 어떻게 비교할 수 있는가? 비슷한 점은 무엇이고, 차이점은 무엇인가?

3. 에서와 같은 반항적인 아들을 다루기 위해 부모들은 어떤 조치를 취할 수 있는가?

# 창세기 29:1-30:43

## 직장 내에서의 로맨스

*"결혼이란 서약을 주고받는 것 이상이다. 결혼은 가족의 토대이며, 사회를 이루는 인류의 가장 기본적 단위이고, 세상의 희망이며, 우리 조국의 힘이다. 그것은 우리 자신과 다른 세대와의 관계이다."*

*- 산드라 데이 오코너(Sandra Day O' Conner)*

**모세는** 내러티브 형식으로 이스라엘 열두 족속의 역사적인 토대를 전개시킨다.

## 들어가는 글

# 눈에 보이지 않는 것들

의학박사인 리처드 스웬슨(Dr. Richard A. Swenson)은 하나님이 우주와 인간의 몸을 창조하실 때 쏟으신 놀라운 관심을 경이로울 정도로 상세하게 서술한 책의 제목으로 위의 제목을 선택했다. 여기서는 그 책을 구체적으로 인용하지 않고, 스웬슨이 이용한 통계의 일부를 소개하고자 한다.

인체는 우주의 별보다도 훨씬 많은 1만 조의 원자로 구성되어 있다. 우리 인간의 인체에서 이 중 1조 이상의 원자가 백만 분의 1초 꼴로 새롭게 대체되고 있다. 표준적인 인간의 일생 동안 우리의 심장은 20억 회 이상을 박동하고, 9만 6천 킬로미터에 이르는 혈관으로 약 2억 리터의 피를 퍼올린다. 건강한 인체는 매초당 2백만 개 이상의 적혈구를 생산한다. 이 세포들을 한 줄로 나란히 세울 수 있다면 그 길이는 16만 킬로미터에 달할 것이다.

이 책을 읽기 위해 우리가 사용하고 있는 눈은 망막 속에 1억 개 이상의 간상 세포와 원추 세포를 갖고 있다. 원추 세포는 백억 개로 된 한 요인에 의해 변할 수 있는 빛의 조건에서 연속된 상을 받아들일 수 있다. 당신이 큰 소리로 읽고 있다면 당신의 귀는 초당 2만 번 진동하고 2천 피치에서 구별할 수 있는 백만 개의 진동자를 갖고 있음을 기억할 필요가 있다. 하지만 이것은 하나의 유한한 인체의 정교함에 대한 신비일 뿐이다.

우주는 백억 광년에서 2백억 광년에 이르며, 많은 성운들이 존재하고, 우리 은하수는 그 중 하나에 지나지 않는다. 어떤 천문학자들은, 우주는 적어도 천억 개의 다른 은하가 있으며, 각 은하는 약 천억 개의 별이 있다고 믿는다.

야곱이 섬겼던 하나님이 바로 그러한 하나님이셨다. 아브라함과 이삭을 축복하시고, 이제 동방 민족들의 땅으로 정처없이 떠난 야곱을 보호하시는 하나님이 바로 그러한 하나님이셨다. 스웬슨의 분석이 옳다면(나는 그 중 수치가 가장 낮은 예를 제공하였다), 하나님의 광대하심과 경이로운 그 능력의 신비는 야곱의 광야 유목 생활이든, 오늘날의 광포한 도시 생활이든, 어느 시대라도 우리가 효과적으로 살기 위해 필요한 모든 힘을 제공하신다.

## 본문 이해

### 직장 내에서의 로맨스

| Main Idea | 하나님은 가정들이 어리석고 세속적인 방식으로 살도록 허용하시지만 종종 그 혼란을 해결해주시기 위해 개입하신다. |
|---|---|

### A. 입맞춤하는 사촌들(29:1-14 상)

| Supporting Idea | 영원한 구원을 얻기 위해 그리스도를 믿기로 선택하는 일 다음으로 중요한 것은 평생의 동반자를 선택하는 것이다. |
|---|---|

**29:1-3.** 29장을 시작하면서 우리는 야곱과 함께하시겠다는 하나님의 약속(28:15)을 기억한다. 우리는 또한 그가 벧엘에서 꾼 꿈으로 인해 변화되어 새로운 사람이 되었다는 것도 기억한다. 또다시 우물이 등장함으로써 족장들의 경험 전반에 걸쳐 나타난 세 개의 중요한 상징(장막, 제단, 우물)이 계속 이어지고 있다. 그뿐 아니라 우물을 덮은 커다란 돌은 벧엘 사건에서 중요한 역할을 한 돌을 상기시키고 있다.

우리는 구체적인 지명을 살피는 데 익숙하기 때문에 동방 사람의 땅이라는 구절이 이상하게 느껴진다. 브루스 발트케는 이렇게 말한다. "이것은 팔레스타인 동쪽 지역을 가리키는 일반적인 표현이다…내레이터는 훨씬 더 구체적으로 지명을 밝힐 수도 있었겠지만 이러한 표현을 통해 야곱이 자신이 있는 정확한 위치를 모른다는 것과 그가 위험 지역에 있음을 암시하고 있다"(「Genesis」, 400). 우리는 모세가 역사적이고 지적인 측면에서 24장과 이삭의 아내를 찾기 위해 우물에 서 있는 엘리에셀의 모습을 연관짓게 할 의도를 갖고 있는 것으로 추정할 수 있다.

목자들이 (힘을 합쳐) 우물 아구에서 돌을 옮겼다고 기록하고 있기 때문에(우물을 덮은 돌의 크기와 무게를 강조하고 있다) 이 장의 뒷부분에서 야곱의 체력에 대한 암시를 얻을 수 있다. 그러나 10절은 야곱이 "나아가 우물 아구에서 돌을 옮겼다" 고 말하고 있다.

**29:4-8.** 우리는 이 장에서 특별한 활기를 느낄 수 있을 뿐 아니라 이상할 정도로 사교적인 야곱의 모습도 볼 수 있다. 지금까지 그려진 야곱은 다소 뒤로 물러서서 모친의 지시대로 움직이며 지도력을 거의 발휘하지 않는 모습이었다. 그러나 이 상황에서는 그가 목자들에게 먼저 다가가는 등 처음부터 주도적이다. 하나님의 주권 가운데 야곱은 더 이상 동방 사람들의 땅을 배회하고 다니지 않았다. 그는 그곳으로 온 목적인 그곳 사람들과의 만남을 시도했다. 아마 이 대화는 아람어로 이루어졌을 것이다. 아브라함은 분명히 가나안에서 가족들과 이 하란의 언어를 사용했을 것이다.

여기서 야곱은 혈기 왕성한 대학생이 여학생을 만날 준비가 될 때 보이는 행동, 즉 둘만의 은밀한 만남이 가능하도록 사람들을 따돌리려 하고 있다. 그러나 그들은 서두르지 않았다. 시간이 좀더 흐르고 양 떼들이 한 곳으로 모이면 그들은 돌을 옮기고 물을 먹일 것이다. 내러티브는 야곱의 열정과 적극성을 다소 느긋한 목자들과 대조시키고 있는 것 같다. 세 무리의 양 떼가 이미 도착해 있었고, 아마 더 많은 무리들이 오고 있을 것이다. 그 큰 돌을 옮기는 데 얼마나 많은 목자들이 필요하다는 것인가?

**29:9-14 상.** 라헬은 분명히 뛰어난 미인이었다. 야곱은 그녀를 보자마자 그녀가 누구인지 알아차리고 바로 행동으로 표현하였다. 본문은 아브라함의 종이 리브가가 그의 갈증을 해결해 주도록 해달라고 기도했던 24장과 다르다. 그 당시 문화 속에서 친척들 간의 입맞춤은 의례적으로 통용되는 습관이었기 때문에 11절의 행위를 남녀 간의 애정으로 해석해서는 안 된다. 우리의 역사가가 10절에서만 그들의 친족 관계를 세 번이나 강조하기 때문에 우리는 라헬을 만나는 것이 실제로 야곱의 궁극적 목표가 아니었음을 알고 있다. 야곱은 라반을 만나야 하는 것이다.

12절의 시간 순서가 불명확하게 보이지만 우리는 저자의 의도를 이해한다. 라헬은 야곱이 누구인지 안 즉시 라반에게 알리기 위해 집으로 뛰어간다. 라반은 그 소식을 듣자마자 달려와서 그를 영접하였다. 또 다른 입맞춤, 고향까지의 여행, 전체 사정 이야기에 대한 전달 그리고 친척들의 새로운 결합이 있기까지 백 년이나 흘렀다. 리브가는 백 년 전에 문자 그대로 갑자기 집을 떠났다. 그 기간 동안 두 가문이 무역상들을 통해 소식을 주고받을 수는 있었겠지만 왕래는 전혀 없었을 가능성이 있다.

브루스 발트케는 24장과 29장의 우물 이야기가 다소 유사성이 있지만 차이점이 더 중요할 수 있다고 지적한다.

> 두 우물 장면을 비교하는 핵심적인 요소는 기도와 예배의 존재 유무이다. 각 장면에서 중요한 순간에 아브라함의 종은 하나님의 인도하심을 기도하고, 그분의 공급하심에 감사를 드린다(24:12-14, 26-27). 야곱의 우물에서의 만남에는 어떤 찬양의 기도나 간구의 내용도 기록되어 있지 않다. 기도의 결여로 초래되는 결과는 야곱의 결혼에 대한 기만적이고 잘못된 합의가 등장하는 다음 장면에서 분명히 드러난다. 내러티브는 믿음의 공동체 생활에서 기도를 중시하고 있다(Genesis, 402).

라반의 열광적인 환영이 누이의 아들을 만난다는 순수한 기쁨이었는가? 아니면 건장하고 튼튼한 일꾼이 왔다는 생각 때문이었는가? 우리는 알 길이 없다. 하지만 리브가가 떠날 때 라반은 주로 엘리에셀의 번쩍이는 보석에 관심이 있었다는 것을 우리는 잊지 않고 있다(24:30).

### B. 이중 결혼(29:14 하-30)

| Supporting Idea | 야곱은 라반의 제안을 받아들인다. 하지만 라반의 계획적인 속임수로 이중 결혼을 하게 된다. |
|---|---|

**29:14 하-20.** 라반이 야곱에게 전업으로 영구적인 일자리를 제안했을 때 야곱은 한 달 동안 머무르면서 일을 도와주고 있었다. 그렇게 해서 고용 협상이 시작되었다. 라헬에게는 '암소' 를 의미하는 레아라는 이름의 언니가 있었다. 라헬이라는 이름은 실제로 '암양' 이라는 뜻을 갖고 있다. 확실히 라반의 두 딸 모두 그의 사업을 선전하는 걸어다니는 광고 역할을 했을 것이다.

그러나 레아는 시력이 약하다는 본문의 의미는 무엇인가? '허약한, 부드러운, 가냘픈' 등의 여러 가지 동의어가 제기되었지만 왜 이러한 서술어가 레아에게 사용되고 있는지 실제로 우리의 이해를 돕는 것은 전혀 없다. 이해의 열쇠는, 라헬은 반짝이는 눈을 가졌지만(얼굴과 몸매 역시 아름다웠다) 레아의 눈은 우리 표현을 빌리면 총기가 없음을 암시하는 이 절의 후반부에 있다. 물론 그녀가 근시거나 부분적으로 실명이었을 가능성도 있다.

야곱은 자신의 조건을 제시한다. 외삼촌의 작은 딸 라헬을 주는 조건으로 7년을 일하겠다는 것이다. 20절을 보면 야곱에게는 7년이 수일같이 여겨졌을 뿐이다. 이 표현은 아가서를 연상시키는 언어이다. 헨리 모리스는 "유능한 일꾼의 노동력을 칠 년 동안 무료로 제공받는다는 것은 확실히 라반에게는 대단한 횡재였다. 특별히 야곱을 자신의 사위로 맞는 것을 그가 좋아했을 것이라는 사실을 고려할 때 더욱 그렇다"고 지적한다(「The Genesis Record」, 46).

이 단락에 나타나는 한 가지 핵심 단어는 '일' 이다(15, 18, 20절). 이 일은 앞으로 20년 동안 야곱의 생활 방식이 될 것이다. 이 단어는 25, 27, 30절에도 나타난다. 브루스 발트케는 "야곱에게는 애굽의 이스라엘을 예고하는 노예 생활이라는 어둔 밤이 시작되었다. 라반은 야곱보다 한 수 위인 자로 가족을 경제 조직으로 전락시키고 있다… 특별히 이 키워드는 에서가 야곱을 섬길 것이라는 언급과 함께 사용된 단어이다(25:23, 27:29, 37, 40)"라고 말했다(「Genesis」, 403).

**29:21-27.** 야곱이 "내게 라헬을 주소서"라고 말하지 않고 내 아내를 내게 주소서라고 말했다는 것을 알아차린 사람은 전혀 없을 것이다. 이것은 능숙한 모사꾼(라반)이 야곱을 속이는 결정적 계기를 열었다. 그가 이것을 7년 전에 계획했던 것인가? 아마 그렇지는 않았을 것이다. 그동안 그는 레아가 남편감을 찾기를 정말 원했다. 하지만 그녀를 아내로 삼겠다는 사람은 한 사람도 없었기 때문에 그는 여성적인 매력이 떨어지는 딸을 아무런 의심도 하지 않는 조카에게 떠넘길 기회를 보았다. 결혼식은 신부가 베일을 가린 상태로 진행되었고, 야곱은 새 신부와 동침한 후 아침에 일어났을 때 뜻밖의 일을 당하게 되었다.

데렉 키드너는 이것을 "용두사미 그 자체라 부르고 이것을 에덴 이후로 계속 경험해온 인간적 환멸의 축소판이라고 부른다. 그러나 이 이야기는 라반이 아닌 하나님이 최종적 결정권을 가지셨음을 드러낸다. 기만자 야곱이 기만, 즉 속임을 당했고, 멸시를 당하던 레아가 사람들 중에서 레위와 유다라는 제사장 지파와 왕이 배출되는 지파의 어미가 되는 영광을 누리게 되었다"라고 말했다(「Genesis」, 160-161).

물론 라반에게는 완벽한 핑곗거리가 있었다. 형보다 아우를 먼저 주는 것은 우리 지방에서 하지 아니하는 바이라. 이뿐 아니라 그는 라헬에 대한 사랑 때문에 도무지 거절할 수 없는 야곱에게 역으로 제안을 하기까지 했다. 우리가 그도 네게 주리니 네가 그를 위하여 또 칠 년을 내게 봉사할지니라. 라반이 칠 년 전에 이 관습을 언급하지 않았던 이유는 무엇인가? 아마 그것은 처음부터 그가 계획한 속임수였을 것이다. 레아와 라헬 둘 다 혼기가 차고 있었고, 시간이 흐를수록 큰딸의 결혼 가능성이 희박해졌기 때문에 라반은 이중 결혼을 치를 기회를 보았고, 또다시 칠 년 동안 유능한 일꾼을 수하에 부리게 되었다.

이 모든 일에 대해 라헬은 어떻게 생각했는가? 우리가 그것을 확인할 길은 전혀 없지만 심지어 오늘날도 유목 문화에서 여성에게 강요된 역할은 여성들이 아버지의 뜻에 반하도록 허용하지 않는다. 야곱은 왜 라헬을 즉시 요구하지 않고 이 거래를 받아들였는가? 그는 사실 그 지역 치안 담당관의 도움을 기대할 수 없었고, 또한 자신이 계략이나 능력에서 그를 당할 수 없음을 인정했을 수도 있다. 게다가 라헬에 대한 사랑 때문에 또 다른 칠 년의 무상 노동도 큰 문제로 여겨지지 않았다.

**29:28-30.** 이렇게 해서 이유는 다르지만 야곱 역시 그의 조부처럼 결국 두 아내를 두게 되었다. 신부 지참금 외에 두 명의 여종(실바와 빌하)이 따라왔다. 그들은 다음 장에서 중요한 역할을 하게 될 것이다. 이 단락의 핵심 구절, 그가 레아보다 라헬을 더 사랑하고는 야곱의 집안이 겪을 고통의 근본 이유를 제시하고 있다. 이 구절은 그가 레아도 사랑하였다는 것을 암시한다. 하지만 이로 인해 사라 - 하갈 모티브가 다시 아브라함 가계에 등장하게 된다. 이번에는 야곱의 평생에 집요하게 따라다닐 것이다.

라반은 남을 속이고 때로는 경솔한 야곱을 훈련하는 역할을 맡았다. 야곱의 판단 오류는 앞으로 계속되지만 그는 미래에 대해서 생각해볼 수 있는 14년의 시간을 갖게 되었다. 야곱은 신약적 원리에 대한 구약의 그림을 제공한다. "스스로 속이지 말라 하나님은 만홀히 여김을 받지 아니하시나니 사람이 무엇으로 심든지 그대로 거두리라 자기의 육체를 위하여 심는 자는 육체로부터 썩어진 것을 거두고 성령을 위하여 심는 자는 성령으로부터 영생을 거두리라"(갈 6:7-8).

앨런 로스는 직장 내에서의 로맨스라는 이 매혹적인 이야기를 통해 우리가 얻어야 할 영적인 역동성을 놓치지 않는다.

하나님의 백성들이 그들의 노력으로 하나님의 축복을 경험한다 하더라도 하나님이 그들의 해결되지 않은 죄악들을 고통스럽게 자각하게 하심으로써 그들을 효과적으로 훈련하신다는 교훈을 배울 수 있다. 다시 말해, 그들은 뿌린 대로 거둔다고 볼 수 있다 - 그들이 하나님의 공급하심으로 진보하는 것처럼 보인다 하더라도. 하나님은 자기 백성들을 징계하시기 전에 인내하시며 기다리실 수도 있지만 그들이 올바른 길을 가도록 하기 위해 반칙과 유사한 수단을 종종 이용하셔서 그들을 징계하실 것이다(「Genesis」, 503).

## C. 나의 모든 자녀들(29:31-35)

| Supporting Idea | 성경에는 하나님이 사랑받지 못하는 자들을 사랑하신다는 놀라운 주제가 있다. 하나님이 레아의 고통을 돌아보심으로 그녀는 이스라엘의 첫 지파 지도자들의 어머니가 된다. |
|---|---|

**29:31-32.** 성경에서 하나님은 사랑받지 못하는 자들에게 특별한 관심을 보이실 때가 많다. 확실히 야곱은 라헬을 통해 첫아들을 얻기를 원했겠지만 하나님은 레아가 잉태하도록 하셨다. 르우벤은 유사한 상황에서 그 이름이 파생되었기 때문에 이스마엘을 상기시킨다(창 16:11). 그의 이름은 '보라, 아들이라' 는 의미였지만 음성학적으로 여호와께서 나의 괴로움을 권고하셨으니에 해당하는 히브리어와 유사하게 발음되었다.

**29:33-35.** 이후 세 명의 아들이 연속적으로 태어나는 것으로 보아 하나님이 레아의 태를 크게 여신 것이 분명하다. 레아가 아들들의 이름을 통해 곤궁한 자신의 처지를 계속해서 설명했기 때문에 시므온은 '들음' 을 의미하거나 '듣는 자' 를 의미할 수도 있다. 레위는 연합하다라는 히브리어와 관련이 있고, 유다는 레아가 35절에서 말한 내용 여호와를 찬송하리로다의 의미이다. 그러고나서 본문은 (잠시 동안) 그의 생산이 멈추었다고 말한다. 이 이름들에 대해 데렉 키드너는 이렇게 기록하고 있다. "사고의 흐름은 동사를 통해 시작된다. 그리고 아라베스크(Arabesques) 중 일부는 다른 것들보다 더 자유롭다. 그들 모두는 가정 내의 직접적인 긴장과 승리감을 반영한다. 후에 야곱의 축복(49장)에서 아들들의 이름과 관련된 사건들은 열두 지파에 대한 미래의 신탁의 근거로 사용될 것이다" (「Genesis」, 161).

레아에 대한 성경의 묘사는 아마 인생의 대부분을 아름다운 여동생의 그늘에 가려 살았을 수줍은 한 여인의 모습을 보여준다. 그러나 이 출산 기간에 영적인 세계에 대한 그녀의 민감성은 놀라울 정도로 발달하였다. 더욱이 라반과 리브가 두 사람에 이어 야곱에게 매우 두드러지게 나타났던 브두엘의 유전 인자를 레아가 물려받지 않은 것이 확실하였다. 다음 장에서는 영적인 헌신의 강도가 다소 약화되는 것을 볼 수 있지만 이 장이 마무리되는 시점에서 레아는 전반적으로 아내와 어머니로서 충족감을 누리고 있다. 존 필립스의 표현을 빌리자면, "레아는 이제 더 이상, 자신의 동생이 야곱의 마음을 매우 효과적으로 독점한다고 해서 안달하지 않았다. 레아는 주님 안에서 자신의 사랑의 출구를 발견하였다. 행복해지기 위해서 그녀는 더 이상 사람이 필요하지 않았다. 그녀는 주님 안에서 기쁨과 칭찬을 얻었다. 그러한 높은 경지의 영적 수준에 도달하자 레아의 태가 닫혔다. 미래에 대한 확신을 얻기 위해서 그녀에게 무엇이 필요했겠는가? 그녀에게는 백 명의 아들보다 주님이 더 든든한 존재였던 것이다"(「Exploring Genesis」, 243).

### D. 대리모들(30:1-24)

| Supporting Idea | 주님을 의지하지 않는다면 어떤 가정이라도 불화와 혼돈을 경험하고 결국 역기능적 가정이 될 수 있다. |
|---|---|

**30:1-8.** 자녀, 특히 아들을 부와 권력의 상징으로 여기는 사회에서 궁지에 몰린 라헬에게 질투심은 필연적인 결과였다. 좌절감 속에 외친 그녀의 비논리적인 과격한 표출은 베냐민을 출산하던 중 사망함으로써 자신의 운명에 대한 예언이 되고 말았다(35:16-19). 결혼 주간 내러티브 이후 무대에서 모습을 보이지 않던 야곱은 자신의 사랑을 상기시키며 자신이 아내의 출산율을 좌우하지 않는다고 화를 낸다. 이 장면에서 야곱과 라헬이 서로 가까이 다가가서 자녀를 허락해주시도록 하나님께 기도하였다면 얼마나 좋았겠는가. 두 사람 모두 이스마엘의 출생으로 야기된 고통에 대해 알고 있었음이 분명하지만, 라헬은 오히려 그 반대로 야곱의 할머니가 이용한 세속적인 방법에 의지한다.

이제 우리는 빌하와 실바가 29장에 소개된 이유를 알 수 있다. 그들은 족장 가계의 모친의 반열에 들어가게 될 것이다. 분명한 것은 사라와 이스마엘의 경우처럼, 여종에게서 태어난 자녀들은 그들의 주인의 소유가 된다는 것이다. 출생 환경에서 자녀의 이름을 짓는 일이 계속되고 있다. 단은 '신원' 을 의미하고, 납달리는 '나의 싸움' 이라는 의미이다.

빌하와 실바는 단순히 첩에 불과했기 때문에 4절의 **첩으로**라는 구절은 흥미롭다. 이 두 사람 외에 창세기에서 하갈과 그두라 역시 아내인 동시에 첩이었다. 브루스 발트케는 이렇게 말한다. "이 두 첩은 각기 족장에게 노예가 아니라 첩(auxiliary wife)이지만 본처인 여주인에게 종속된다. 족장 시대 이후에는 아내라는 용어가 결코 첩과 동의어로 사용되지 않는다"(「Genesis」, 411). 실제로 실바는 이 두 칭호를 전혀 갖지 못했지만 30장에서 그녀의 신분은 빌하와 정확히 동일하였다. 어떤 경우든 경쟁이 시작되었고, 이 두 여인은 최초의 베이비붐을 일으키기로 결심하였다.

**30:9-13.** 모방은 가장 진지한 형태의 아첨일 수 있지만 그것이 레아의 의중을 정확히 표현한 것은 아니다. 그녀는 아들과 관련해 4대 2로 여전히 앞서고 있었지만 이 마라톤에서 아직 확실하게 선두를 유지하고 있지 않다고 생각하였고, 결국 두 명의 아들을 더 얻게 되었다. 그 두 명의 아들은 '행운' 이나 '군대' 를 의미할 수도 있는 갓(아마 전자의 의미일 것이다)과 정식 이름이 '여인들이 나를 행복하다 부를 것이다' 라는 의미가 있지만 '행복' 이라는 별칭으로 불릴 수 있는 아셀이다. 약시로 인해 구혼자가 전혀 없던 불운한 큰딸이 이제 여섯 아들의 법적 어머니가 되고, 네 아들의 생물학적 어머니가 되어 야곱의 집에서 떳떳한 안주인의 위치를 확보하였다.

**30:14-16.** 대부분의 주석가들은 이 당시 르우벤의 나이가 7세 내지 8세일 것이며 맥추 때에라는 언급은 가족 중 누군가의 직업과 관련된 것이 아니라 단순히 연중의 한 시기를 알리는 것일 뿐이라고 주장한다. 그는 합환채를 발견하였다. 그것은 일종의 야생 과일이나 채소로서 아이들이 식용 버섯이라고 생각하고 집으로 가져올 수 있는 식물이다. 본문은 모친이 이 식물을 어떤 용도로 사용할지 르우벤이 알았다는 암시를 주지 않는다. 하지만 라헬은 그 의미를 즉각적으로 감지하였고, 또 다른 차원의 자매간의 싸움이 벌어졌다.

15절은 실제로 라헬이 레아의 남편을 훔친 것이 아니라 레아가 라헬의 남편을 훔친 셈이기 때문에 야곱이 한동안 레아와 동침하지 않고 있었음을 암시한다. 라헬의 반응은 집안의 여주인으로서의 레아의 권위가 야곱의 성적 행위까지 미친 것은 아님을 보여준다. 로널드 영블러드는 이렇게 지적한다. “야곱이 사랑하는 아내인 라헬은 확실히 남편 야곱과 동침할 아내나 첩을 결정할 수 있는 미심쩍은 특권을 갖고 있었다”(「The Book of Genesis: An Introductory Commentary」, 225).

그렇게 해서 원시적인 물물 거래 형식으로 라헬은 합환채를 받고, 레아는 자신의 남편과 하룻밤을 지낼 수 있게 되었다. 레아는 그에게 내게로 들어오라(나와 동침해야 한다)고 말할 수밖에 없었다. 다시 브루스 발트케의 말을 들어보자. “라반과 야곱의 관계가 ‘살과 피’ 라는 혈연 관계에서 ‘삯’ 에 의한 고용주와 고용인의 관계로 변했듯이 이제 레아와 그의 결혼 관계는 상업적 계약으로 변질되고 있다. 집 밖에서 계약을 통해 라반이 야곱을 양치기로 전락시킨 사건이 이제 바로 그의 집안에서 그를 강타하고 있다!”(「Genesis」, 413).

**30:17-24.** 레아의 기도에 대한 기록이 전혀 없지만 본문에서 하나님이 레아를 들으셨으므로라고 말하는 것으로 보아 레아가 기도를 했음이 분명하다. 다섯 번째 친아들이 태어났다. 그의 이름은 잇사갈로 ‘보상’ 에 해당하는 히브리어와 유사하게 들린다. 하지만 레아는 득남에 나타난 하나님의 직접적인 역사를 인정하기보다 야곱과 실바와 자도록 권했기 때문에 잇사갈이 하나님이 주신 선물을 상징하는 것이라고 결론짓는다. 그녀의 임신 때문에 혹은 라헬의 지속된 허락으로 그녀는 다시 야곱과 동침을 하게 되었다. 여섯 번째 아들이 출생하고 그녀는 그를 명예라는 단어와 관련이 있는 이름인 스불론으로 부른다. 드디어 그녀는 8명의 아들을 두었으므로 아내 중 제1인자의 역할과 남편의 인정을 회복할 것이라고 생각한다.

본문은 그 후에 그가 딸을 낳고 그 이름을 디나라 하였더라고 말하고 있다. 야곱에게는 다른 딸들도 있었다(37:35, 46:7, 15). 우리는 34장의 유쾌하지 않은 상황에서 다시 디나를 보게 될 것이다. 이 이름에 어떤 속임수가 있는가? 그녀가 족장의 가계에서 중요한 비중을 지니지 않을 것이기 때문에 전혀 그렇지 않다. 더욱이 “어원을 이용한 언어 유희는 내레이터가 그 민족의 형성에 중요한 역할을 했던 개인들의 의미를 강조하는 방식이었다”(앨런 로스, 「Genesis」, 513).

납달리가 태어난 지 상당한 기간이 흘렀고, 라헬은 이제 “내가 이겼다”(30:8)고 더 이상 말할 입장이 아니었다. 실제로 그녀는 마지막 점수가 8대 2임을 확인하고 싸움을 완전히 포기했을 수도 있다. 하지만 하나님이 라헬을 생각하신지라 하나님이 그를 들으시고 그 태를 여셨다. 우리는 라헬이 아들을 위해 그동안 계속 조용히 기도해왔다는 것을 알 수 있다. 합환채는 잊혀졌고(전혀 효험이 없었다) 라헬은 하나님이 나의 부끄러움을 씻으셨다는 말을 통해 마땅히 영광을 돌려야 할 분에게 그 영광을 돌려드린다. 이렇게 해서 열한 번째 아들이 태어났다. 요셉의 이름을 읽으면서 우리는 창세기의 마지막 열한 장을 지배할 인물을 인식한다.

그러나 24절의 마지막 행은 무슨 의미인가? 이 구절은 요셉이라는 이름과 연관되어 있지만 라헬이 요셉 후에 또 다른 아들을 구하고 있는 것 같은 표현으로 들린다. 유일한 논리적 결론은 다른 형제들과 달리 요셉은 라헬이 일어나기를 바라는 사건과 연관지어 이름을 지음받았다는 것이다. 어떤 해석가들은 씻으셨다(taken away)는 표현에서 요셉이 납치되고 애굽에서 노예 생활을 할 것이라는 예언적 암시인 언어 유희(word play)가 숨어 있다고 주장해왔지만 이것은 본문의 한계를 벗어난 것일 수 있다.

## E. 이상한 계약(30:25-43)

| Supporting Idea | 우리 자신이 직접 고안했다고 생각이 들지만 그 생각이 잘못된 결론일, 이상한 방식으로 하나님의 축복이 임할 수 있다. |
|---|---|

**30:25-30.** 열한 명의 아들과 한 명의 딸을 둔 야곱은 가나안으로 돌아가기로 결심했다. 야곱이 밧단 아람에 온 지 14년 후 '일'과 '섬김'의 모티브가 다시 초점의 핵심이 된다. 그는 거래에서 자신의 역할을 이행하였고, 하나님이 그 기간 동안 번영과 자손의 번식을 더하시는 것을 보았으며, 이제 떠날 때가 되었다고 생각했다.

하지만 야곱 때문에 이전보다 더 큰 부를 얻게 된 라반은 여호와께서 너로 인하여 내게 복 주신 줄을 내가 깨달았기(점을 쳐보고 여호와께서 너로 인해 내게 복을 주셨음을 알게 되었다 - NIV) 때문에 그에게 머물기를 간청하였다. 주석가들은 여기서 라반이 말하고자 한 의도를 두고 의견이 일치하지 않는다. 점은 주문이나 초자연적 수단을 통해 숨겨져 있는 지식을 발견하고자 하는 시도이다. 야곱이 나의 공력을 따라(내가 가는 곳마다) 여호와께서 외삼촌에게 복을 주셨나이다라고 말하는 것으로 보아 우리의 내레이터는 라반과 야곱의 영적인 성숙을 대조시키고 있다. 그들은 동일한 결론에 도달했지만 라반은 모세 율법 이후 이스라엘에서 금지된, 야곱과는 다른 수단(레 19:26, 신 18:10, 14)

을 통해 그 결론에 도달하였다.

자신의 재물이 불어났기 때문에 라반은 기꺼이 삯을 올리고 야곱이 원하는 건 무엇이든 지불할 용의가 있었다. 야곱은 이제 자녀들을 두고 있었기 때문에 재물을 원할 것이다. 아마 그러한 계획을 염두에 두고 그는 나는 어느 때에나 내 집을 세우리이까라고 반문했을 것이다.

여기서 우리가 현대 소설을 읽고 있다면 라반이 또다시 야곱을 속일 계책을 갖고 있을 것이라고 기대할 것이다. 이 두 사람에게는 남보다 한 수 앞서는 술책이 삶의 방식이었던 것이다. 27장에서 야곱은 에서를 속였다. 29장에서는 라반이 야곱을 속였다. 이제 30장에서는 야곱이 라반을 속일 것이다. 앨런 로스는 포켈만(Fokkelman)의 글을 인용한다. "이 반복된 '짧은 단편(fraction)' 이 보여주는 것은 야곱과 라반 같은 사람들이 서로 어울리게 되면 그 관계에 끝이 전혀 없다는 것이다. 이것이 어떻게 진행될 것인가? 두 사람의 속임수는 점점 더 수위를 높여갈 것이며 무한히 반복될 것인가? 얼마나 암울한 전망인가" (「Genesis」, 518).

**30:31-36.** 라반은 내가 무엇으로 내게 주랴라는 간단한 질문을 할 때 야곱의 대답을 전혀 예상하지 못하고 있었다. 야곱은 양 중에 아롱진 자와 점 있는 자와 검은 자와 염소 중에 점 있는 자와 아롱진 자를 요구하였다. 그 외의 모든 것은 그대로 라반의 것이었다. 라반은 적절한 표현을 했지만(내가 네 말대로 하리라) 상대방을 속이고자 하는 충동을 억제할 수 없었다. 그는 거래 조건에 따라 야곱의 것이 될 모든 짐승들을 골라서 아들들에게 주고 자신과 야곱 간에 거리를 두었다. 그가 중얼거리는 소리가 우리 귀에 들리는 것 같다. "이제 어리석은 내 사위가 이 미치광이 같은 계획으로 나를 이기는지 보자."

라헬의 합환채와 야곱의 나무 사이에서 우리가 라반의 신학적 유치함을 비난하기란 어렵다. 헨리 모리스는 다음과 같이 말한다.

> 단색 짐승들이 지금까지 수적으로 훨씬 더 많았고, 그 짐승들이 이미 얼룩 무늬나 점이 있는 짐승들(혹은 양떼 중 갈색이 있는 짐승들)에 비해 그러한 짐승들을 낳을 가능성은 매우 낮았기 때문에 이 약속은 라반에게는 매우 이롭고, 야곱에게는 그 가치가 매우 의문스러운 것이었다. 실제로 이것은 야곱 편에서 보면 순수한 믿음의 행동이었다. 그는 하나님의 자비에 전적으로 자신을 내맡겼다. 가능성이

거의 없는 환경에 비추어볼 때 야곱이 개인적으로 재물을 모으게 될 것인지, 그렇지 않을 것인지의 여부는 하나님께 달려 있을 것이다(「The Genesis Record」, 473).

그러나 기다려보라. 31장 10-12절에서 야곱은 본래 이 계획의 기본 틀을 형성했을 꿈에 대해서 이야기할 것이다. 그 꿈이 30장의 계약이 있기 이전에 있었던 것이라면 야곱은 하나님의 역사에 대한 확실한 기대 속에서 이미 행동하고 있었다. 그러나 다음 문단을 보면 그러한 영적인 추측은 즉시 사라진다.

**30:37-43.** 그 꿈이 계약 이전에 있었고, 하나님이 야곱의 마음에 두신 계획을 이루실 것이라는 것을 그가 신뢰하고 있었다면, 이 단락에 기록된 모든 인간적인 노력은 그의 믿음이 겉치레에 불과했음을 여지없이 드러내고 있다. 껍질을 벗겨 수태에 영향을 미치는 기교에 대해 상세하게 서술하고, 이에 그 사람이 심히 풍부하여 양떼와 노비와 약대와 나귀가 많았더라라는 놀라운 내용으로 이 장은 끝나고 있다.

이 장에서는 명확히 드러나 있지 않지만 야곱이 부를 이루게 된 유일한 이유는 하나님의 은혜 때문이었다. 심지어 이마저도 40절은 라반이 게임 중간에 게임의 규칙을 바꾸었음을 암시하고 있는 것 같다. 우리는 그 얼룩무늬와 검은 빛 있는 것으로… 약한 자는 라반의 것이 되게 하였다는 내용을 읽을 수 있다. 핵심은 라반이나 야곱의 행동 여하에 관계없이 하나님이 양 떼들과 가축들을 다스리고 계셨다는 것이다.

| Main Idea 복습 | 하나님은 가정들이 어리석고 세속적인 방식으로 살도록 허용하시지만 종종 그 혼란을 해결해주시기 위해 개입하신다. |
|---|---|

# 결론

## 하나님의 소유

회중 교회 목사인 조지 웨이드 로빈슨(George Wade Robinson)은 "나는 그의 소유, 그는 나의 것"이라는 찬송가를 작사하였다. 이 찬송가는 1876년 이 가사에 곡을 붙인 제임스 마운틴에 의해 소개되었다.

의미있는 이 찬송은 야곱의 주제 찬송이 될 수 있었을 것이다. 이 노래의 가사는 우리의 모든 주변에서 하나님의 창조적 손길과 사랑의 보살핌을 찾아보라고 가르치고 있다. 그리스도를 믿음으로 세상의 모든 사물이 우리의 마음 속에서 새롭게 다가올 때 우리는 하나님의 자연 계시의 신선함과 아름다움을 볼 수 있는 기회를 가진다. 양과 염소의 출생에서도 그러한 것들을 볼 수 있다. 예수님은 종종 제자들이 그를 통해 아버지와 그들의 관계를 이해하도록 하기 위해 노력하셨다. 로빈슨은 영적인 풍성함 속에서 그 생각을 포착하였다. 다음에 마지막 절을 소개한다.

> 영원히 그의 것, 오직 그의 것이다! 주님과 나를 떼어놓을 자가 누구인가?
> 아, 그리스도께서 얼마나 놀라운 기쁨의 안식으로 사랑의 마음을 채우실 수 있는지!
> 천지가 빛을 잃고 사라지고 최초로 생긴 빛이 어둠 속에 쇠약하지만
> 하나님과 내가 있는 동안 나는 그의 것이고, 그는 나의 것이라.

▣ 진리 알기

- 결혼에 대한 하나님의 계획은 항상 일부일처제였다 - 명백한 이유들을 근거로.
- 이 세상의 자녀들은 빛의 자녀들보다 그들이 처한 세대 속에서 더 현명하다.
- 특별히 하나님을 섬긴다고 주장하는 사람들 가운데서의 시기심은 추한 것이다.

■ 적용하기

- 하나님을 의존하는 대신 인간적인 꾀를 결코 선택하지 말라.
- 때로 우리의 가장 중요한 사역은 우리를 이용하고자 하는 친척들을 대상으로 한다.
- 당신 자신의 죄악 가운데서도 하나님이 당신을 축복하신 방법 몇 가지를 나열해보라.

## 삶의 적용

### 야곱 - 포스트모더니즘의 선구자

혹자는 절대적 진리에 대한 21세기의 첫 적은 1900년대 후반에 형성되기 시작한 포스트모더니즘이라고 주장할 것이다. 포스트모더니즘은 많은 특징이 있지만 자체적으로 진리를 창조하길 선호하고, 실제로 모든 주제를 자유로운 주관주의로 접근하면서 절대적 진리를 폐기한다. 그리스도인들은 절대적인 진리가 하나님의 절대적인 말씀 속에서 발견된다고 믿는다. 그러나 포스트모던주의자들은 진리란 고안되거나 창조되고, 따라서 한 개인에게 진리인 것이 다른 이들에게는 진리가 아닐 수도 있으며, 진리가 실제로 합리성과 동일시되어서는 안 된다고 믿는다.

앨런 블룸(Allan Bloom)은 자신의 유명한 저서 「미국 정신의 종말(The Closing of the American Mind)」에서 포스트모던적인 대학생들은 절대주의가 궁극적 저주인 불관용을 동반하기 때문에 그것의 위험을 두려워한다고 불평하였다. 그는 실제로 대학교에 입학한 신입생이 한 가지, 즉 모든 진리는 상대적이라는 것을 확신한다고 주장한다.

그의 생애의 이 지점에서 야곱은 자기 자신의 꾀로 자신의 세계를 설계하고자 시도하면서 절대적인 것들과 싸우고 있었다. 결국 그가 라반을 만날 때까지 그것은 항상 성과

가 있었다. 이제 옛날의 마술이 되돌아왔을 수도 있다. 그가 여러 번 하나님을 언급하였지만 하나님의 주권을 거의 이해하지 못하였고, 스스로 자신의 운명과 가족의 운명을 통제하고 있다고 여전히 확신하고 있었다.

우리와 같이, 야곱은 그의 인생에서 하나님이 하실 일의 결말을 아직 보지 못하였다. 어떤 면에서 이야기의 내용이 더 악화되지만 다른 면에서는 더 나아지고 있다. 하지만 이후의 장들에서 중요한 문제가 부상할 것이다. 이제 야곱의 초점이 자기 자신에게서 자신의 창조주에게로 이동하게 될 것이다.

## 기도

하나님 아버지, 우리 자신의 꾀로 살아가려 하고 우리 자신에게 초점을 맞추는 일이 없도록 해주십시오. 우리를 당신의 진리로 인도하시고, 우리의 삶을 주저하지 않고 당신께 헌신하도록 도와주십시오. 아멘.

## 심층 연구

### A. 혼인 입양 (30:3)

여종을 자신의 남편에게 주는 행위가 셈족 민족들의 문화에서 일반적이었음을 이미 지적한 바 있다. 혹자들은 라반이 딸들에게 이 여종들을 준 것은 혹시 있을 수 있는 딸의 불임에 대비한 것일 수도 있다고 주장해왔다.

윌리엄 라솔의 견해는 이 개념을 더 진전시키고 있다.

> 당시의 관습들을 근거로 판단해볼 때… 이것은 현재 혼인 입양이라고 알려져 있는 것과 같은 것이다. 이 시점에서 라반의 아들들은 전혀 언급되어 있지 않다. 그들은 나중에 언급된다. 당대의 관습에 따르면 노년에 자신을 돌봐주고, 장자의 권리를 상속받으며, 가문과 가문의 전통을 이어줄 아들을 전혀 낳지 못한 사람은 혼인 입양 계약을 통해 자신의 딸을 다른 남자와 결혼시킬 수 있었다. 그의 딸을 그 젊은이에게 주는 대신 그는 그 젊은이를 자신의 아들로 삼고 그에게 아들의 권리를 부여하였다. 그러한 결혼 문서에서는 후에 그 남자에게 친아들이 태어날 경우 그 아들이 장자의 지위를 갖게 되고 사위(양자로 채택된 아들)는 그 지위를 상실하게 된다는 내용이 추가로 언급되어 있다. 야곱과 라반의 경우에 일어난 일이 이러한 것이라고 나는 생각한다. 이는 후에 라반의 아들에 대한 언급이 나타나고, 라반이 권한이나 권리도 없이 야곱을 보내는 내용이 있기 때문이다(「Great Personalities of the Old Testament」, 34).

이 모든 것은 순전히 인간적인 관점에서만 의미가 있다. 그러나 하나님이 족장들의 삶에 각인시키고자 하시는 믿음의 관점에서는 그러한 행위가 슬픔만 줄 뿐이다.

### B. 신비한 합환채(30:14-16)

이와 같은 표현들이 성경에서 한 번씩 갑자기 등장하고 있다. 우리는 주일학교 때부터 성경 본문의 이야기와 기본적 줄거리에는 익숙하지만, 말하는 나귀나 왼손잡이 사사, 연못의 물을 동하게 해 사람들의 병을 낫게 하는 천사는 이례적인 성경 이야기이다. 합환채는 특별한 힘을 갖고 있지 않았다. 미신적 관습에도 불구하고 레아와 라헬에게서 태어난 모든 자녀들은 하나님이 주신 선물이었다. 그러나 합환채 자체에 대해 몇 가지만 언급하고자 한다. 고든 웬함(Gordon Wenham)은 다음과 같이 말한다.

> 합환채(Mandragora Autumnails)는 다년생 지중해산 식물로 겨울에는 남색 꽃을 피우고 여름에는 엄지손가락 크기의 노란색 열매를 맺는다. 고대에 합환채는 성욕을 자극하고(비교. Cant 7:13) (아가서) 불임 여성의 임신을 돕는 것으로 유명하였다. 여기서와 Cant 7:13에서 이러한 약리 작용들이 전제되고 있는 것이 확실하다. 실제로 '합환채(mandrakes)' 로 번역된 단어는… '사랑' 과 거의 유사하다(잠 7:18, Cant 1:2, 4:10, 5:1, Genesis 16-50, 246).

존 필립스는 합환채를 "사랑의 사과" 로 부르고 이렇게 말한다. "그 뿌리는 남자에게 힘을 줄 수 있다. 사람들은 그 식물이 욕정을 자극하고 불임 여성의 임신 능력을 강화시킬 수 있다고 생각했다. 라헬은 하나님이 자녀를 임신하게 하실 때까지 기다리는 데 지쳐 있었다. 어쩌면 사랑의 사과가 도움이 될 것이었다" (「Exploring Genesis」, 245).

### C. 스불론(30:20)

라헬이 사랑의 사과로도 전혀 효험이 없었던 반면, 레아는 여섯 번째 아들을 낳고 '명예' 혹은 '거주지' 라는 의미를 가진 스불론으로 이름을 지었다. 그나 그와 가장 가까운 형제인 잇사갈도 창세기에서는 전혀 두각을 나타내지 않는다. 우리는 야곱의 예언에서 다음과 같은 내용을 읽을 수 있다. "스불론은 해변에 거하리니 그곳은 배 매는 해변이라 그 지경이 시돈까지리로다 잇사갈은 양의 우리 사이에 꿇어앉은 건장한 나귀로다 그는 쉴 곳을 보고 좋게 여기며 토지를 보고 아름답게 여기고 어깨를 내려 짐을 메고 압제 아래서 섬기리로다" (49:13-15).

여호수아의 마지막 지파에 대한 땅 분배에서 스불론과 잇사갈은 남부 갈릴리 지역의 땅을 나란히 배정받았다. 그들의 영토는 갈멜 산에서 요단 강으로 이어지는 가운데 잇사갈은 남쪽에 자리하고, 스불론은 북쪽에 자리하였다. 스불론이 해양(지중해와 갈릴리)에 인접하였다는 것에 유의하라. 이스르엘 계곡을 가로지르는 이 지파의 영토는 고대의 중요한 무역 경로 중 하나인 비아 마리스(Via Maris)가 되었다. 이것은 시리아의 다마스커스에서 지중해로 연결되었다.

후대 역사에서 스불론 지파 북쪽에 위치한 아셀 지파는 그 지역에서 가나안인들을 결코 몰아내지 못했다. 스불론 사람들은 점점 북쪽으로 이동하여 오늘날 레바논으로 알려진 페니키아 해안 지대로 옮겨갔다. 구약 성경에서 가장 유명한 스불론 지파 출신은 사사 엘론으로 그는 10년 동안 이스라엘을 이끌었다(삿 5:14). 그러나 사사기의 초반에 드보라와 바락이 이끈 야빈과 시스라에 대한 대전투에서 스불론 지파 중 "대장군의 지팡이를 잡은" 사람들이, 이스라엘이 승리하는 데 중요한 역할을 한 것으로 언급되어 있다(삿 5:14). 뒷부분의 드보라의 노래에서 그녀는 "스불론은 죽음을 무릅쓰고 생명을 아끼지 아니한 백성" 이라고 노래하며 그들을 칭송하였다(삿 5:18).

그러나 스불론 지파와 관련해 성경에서 가장 중요한 구절은 역대상 12장의 그다지 알려지지 않은 문맥에서 등장한다. 여기서 형인 잇사갈 지파에 대해 "시세를 알고 이스라엘이 마땅히 행할 것을 아는" (32절)이라고 기록되어 있다. 이 구절은 최근의 리더십 연구에서 다소 주목을 받고 있다. 그리고 바로 이어서 "스불론 중에서 모든 군기를 가지고 항오를 정제히 하고 두 마음을 품지 아니하고 능히 진에 나아가서 싸움을 잘하는 자" (33절)라는 내용이 이어진다. 그러므로 레아의 이 아들들은 당면한 상황 속에서 최전선에 서서 단심으로 그들의 왕을 섬길 지파들을 배출하였으므로 우리가 생각하는 것처럼 두각을 나타내지 못한 것은 아니었던 것 같다. 우리는 오늘날의 교회 속에서 이러한 태도를 이용할 수 있을 것이다.

# 고안

## A. 들어가는 글

1. '눈에 보이지 않는 것들' 이야기로 시작하라.
2. 배경 설명: 이 장은 야곱 내러티브의 중간에 해당하며, 젊은 독신 시절부터 결혼해서 아버지가 되고 부유한 가축 떼의 주인이 되기까지 그의 모습을 소개하고 있다. 영적으로 우리는 자기 백성들을 계속해서 인도하시고, 아브라함에게 하신 약속을 성취하시는 하나님의 주권적 손길을 볼 수 있다.
3. 적용: 야곱은 28장에서 한 맹세 이후 라반에게 속임수를 쓰는 것으로 우리를 실망시키지만 이 관계는 여전히 이어지고 있다. 이 관계는 31장에서도 계속될 것이다.

## B. 본문 이해

1. 입맞춤하는 사촌들(29:1-14 상)
2. 이중 결혼(29:14 하-30)
3. 나의 모든 자녀들(29:31-35)
4. 대리모들(30:1-24)
5. 이상한 계약(30:25-43)

## C. 결론: '야곱 - 포스트모더니즘의 선구자' 를 읽어주라.

## 토의 질문

1. 이 두 장에서 하나님이 아브라함의 손자를 돌보고 계심을 암시하는 경험들은 무엇인가?

2. 현대 그리스도인들이 라반과 같이 처신하는 행동은 어떤 것들인가? 그들의 동기는 무엇이라고 볼 수 있는가? 그것을 치료할 수 있는 것은 무엇인가?

3. 하나님이 야곱의 부정직한 행위에도 불구하고 계속 그를 구원하시고 축복하시는 이유는 무엇인가?

# 창세기 31:1-55

## 또다시 길에서

*"기차가 터널을 통과할 때 어두워진다고 해서 당신이 표를 버리고 기차에서 뛰어내리지는 않는다. 당신은 기관사를 신뢰하며 그대로 앉아 있는다."*

*- 코리 텐 붐(Corrie ten Boom)*

**하나님이** 자기 자녀 중 한 사람을 축복하실 때 모든 사람이 다 그것을 기뻐하지는 않을 것이다. 아무리 좋은 가정이라 하더라도 시기심과 탐욕이 일어나서 관계를 단절시키고 파괴시킬 수 있다.

### 지리적 정보: 미스바

- '망루'를 의미한다.
- 아마 요단 강 동쪽의 마하나임 북쪽에 위치하였을 것이다.
- 사사 입다의 고향

## 들어가는 글

### 완벽한 신사

내가 이 부분의 주석을 쓰고 있을 때 인부들은 세계무역센터 빌딩의 잔해들을 청소하는 중이었고, 미 해군은 아프가니스탄에 기지를 세웠다. 미국인들은 몇 달 동안 2천 5백 명 이상의 사람들을 죽인 이 끔찍한 비극을 이해해보려고 시도했고, 현재로선 그 중요성이 그다지 크지 않은 전쟁을 시작하였다.

2001년 9월 27일 브라이언트 검블(Bryant Gumble)은 앤 그레이엄 로츠(Ann Graham Lotz)와의 인터뷰에서 "하나님이 왜 이 일을 중지시키시거나 이와 관련해 어떤 조치를 취하지 않으시는 걸까요?" 라고 질문하였다. 로츠 여사는 이렇게 대답하였다. "수년 동안 우리는 우리의 학교에서 그분을 원하지 않는다고 하나님께 말해왔습니다. 우리는 우리의 정부에서 그분을 필요로 하지 않으며, 우리의 재정에서도 그분을 필요로 하지 않습니다. 그리고 하나님은 완벽한 신사이셔서 우리가 그분께 요청하는 것만 하십니다. 우리는 우리가 하나님을 원하는지 혹은 원하지 않는지 결심할 필요가 있습니다. 재앙이 닥칠 때만 그분께 도움을 요청할 수는 없습니다."

야곱은 그의 인생의 이 시점까지 철저히 이런 미국인들처럼 살았다. 재난이 닥치면 하나님을 구하고 직접적인 계시에 귀를 기울였지만, 그의 인생의 대부분은 자기 자신의 꾀에 의지한 채 철저히 인간적인 수단에 의지해 살았다. 우리 역시 야곱이 그의 삼촌 라반처럼 속임수에 능한 유전적 기질을 지녔음을 보았다. 이 장에서 두 사람은 또다시 인류가 수천 년 동안 이해해온 어떤 것을 증명해 보이고 있다. 인척들이 항상 사이좋게 지내는 것은 아니라는 것을.

## 본문 이해

# 또다시 길에서

| Main Idea | 벧엘에서 올바른 길로 들어섰다 하지만 야곱은 21년 후 여전히 종속된 상태에서 씨름하고 있다. 앞부분에서 야곱은 자기 자신의 힘으로 살다가 위기 때 하나님을 부르는 모습을 보였다. 하지만 이제 하나님이 주도권을 쥐시고 전면으로 나서신다. 야곱은 이 장에서 여덟 번이나 하늘의 하나님을 부르고 있다. |
|---|---|

### A. 고향으로의 부르심(31:1-21)

| Supporting Idea | 하나님이 부르시면 우리는 그 부르심을 거부하지 말아야 한다. 하나님은 야곱을 부르셨듯이 우리를 부르시고, 우리가 야곱처럼 반응할 때 "내가 너희와 함께하리라"는 약속은 여전히 유효하다. |
|---|---|

**31:1-3.** 이 즈음에 라반은 늙었고, 그의 아들들은 자신들이 받을 유산에 대해 염려하기 시작했다. 오래전에 초대도 받지 않고 예고 없이 나타났던 처남이 그들의 아버지보다 더 많은 양 떼와 가축 떼와 사람들을 소유하였고, 그들 자신의 재산 중 일부를 빼돌리고 있었다. 야곱은 그들이 무슨 생각을 하는지 알았고, 또한 라반의 안색을 본즉 자기에게 대하여 전과 같지 아니한 것을 알아차렸다. 이것은 야곱이 머무르기만 한다면 그의 목장을 갖게 하겠다는 라반의 제안이 기록된 30장 31절과 관련된 표현일 것이다. 그럼에도 불구하고 라반과 야곱은 계약을 맺었다. 두 사람 다 자신의 계약을 먼저 어기는 사람이 되기를 원치 않았던 것 같다. 그래서 하나님이 개입하셨다.

주님은 종종 다른 사람들(이 경우는 라반과 그의 아들들)의 부정적인 태도를 이용하셔서 우리가 다른 곳으로 이동할 때인지 의문을 갖게 하신다. 목회자들은 회중들, 사업과 생업에 종사하는 사람들과 단순히 이동에 대해서 생각하기만 하는 많은 사람들을 통해 이러한 경험을 한다. 야곱은 또한 그의 아내들의 격려를 받았다(14-16절). 그래서 그는 밧단 아람을 떠나 남서쪽으로 이동해 유프라테스 강을 건너 가나안으로 돌아갈 준비를 했다.

**31:4-9.** 4절은 야곱 내러티브에서 라헬의 이름이 먼저 거론된 최초의 경우이기 때문에 그녀가 아내들 중 안주인의 지위를 행사하였음을 추측할 수 있다. 이것은 또한 야곱이 이제 그의 가정에 대한 권한을 행사했음을 의미할 수도 있다. 그가 항상 라헬을 가장 중요하게 생각했기 때문이다. 더욱이 야곱은 30장에서처럼 이 아내에서 저 아내로, 이 장막에서 저 장막으로 내둘리지 않고 마침내 결단을 내렸다. 그는 자신의 모든 성공을 하나님께 돌림으로써 떠날 이유를 기술하였다.

브루스 발트케는 다음과 같이 말한다.

> 20년에 걸친 야곱의 시련과 마지막 몇 년 동안 그를 번성케 하신 하나님의 명백한 존재하심이 그의 마음에 변화를 일으킨다. 이 장에서 처음으로 그는 공적인 믿음의 사람으로 등장하며 자신의 가정에서 리더십을 행사한다. 그는 약속의 땅으로 돌아가라는 하나님의 명령에 따라 즉각적으로 행동하고(31:3-4), 하나님의 임재와 공급하심을 그의 아내들에게 처음으로 증거하며, 마지막으로 라반의 전 가족들에게 증거한 후 하나님께 순종하여 위험하고 어려운 여행을 자발적으로 감당한다. 그의 아내들도 처음으로 그의 지도를 따른다(「Genesis」, 422-423).

라반이 그의 품삯을 열 번이나 변역하였다는 야곱의 말은 무슨 의미인가? 이 숫자를 영적으로 해석하고자 하는 모든 시도는 어리석은 것이다. 구체적인 이 숫자는 중요하지 않다. 야곱은 라반이 틈만 나면 그를 속였음을 아내들에게 단순히 지적하고 있을 뿐이며, 더 이상 그것을 참지 않겠다고 말하고 있을 뿐이다. 9절은 소유권 이전에 대한 전문 용어에서 소위 '최종 결산' 이라고 하는 것을 제시하고 있다. 간단히 말해, 야곱은 그 자신의 수완에도 불구하고(그 수완 때문이 아니라) 하나님이 그를 부자로 만들어주셨음을 인정하였다. 다음 단원에서 그는 그의 아내들에게 꿈 때문에 이 모든 것을 알게 되었다고 설명한다.

**31:10-13.** 여기서 시간의 순서가 명확하지 않다. 이 선택적인 번식 작업이 시작되기 전에 야곱이 꿈을 꾼 것인가? 야곱은 단순히 그 양떼가 새끼 밸 때에 내가 꿈에 눈을 들어 보니라고 말하고 있을 뿐이다. 이것은 그가 몇 개월 전을 의미한 것인지, 혹은 몇 년 전

을 의미한 것인지 의문의 여지를 남긴다. 야곱이 이 구절에서 말한 모든 것이 이전에 일어난 것이라면 31장 3절의 하나님의 명령은 이전에 야곱이 들었던 명령의 반복일 것이다. 하나님은 벧엘에서 "너를 이끌어 이 땅으로 돌아오게 할지라"(28:15)고 말씀하셨지만, 아마 야곱은 일종의 채근이나 그의 인생에 대한 하나님의 계획을 반복해 일러줄 필요가 있었을 것이다.

**31:14-21.** 라헬과 레아의 다소곳한 반응이 야곱에게 초점을 맞춘 것이라고 주장할 사람은 없을 것이다. 그들의 반응은 자신들이 잃은 것에 대한 섭섭함과 그들의 아버지가 그들에게 보여준 심한 태도 때문이었다. 셰릴 스티븐(Sherrill Stevens)에 의하면 "그들은 가족 내에서 이미 일종의 소외감을 느끼고 있었다. 라반은 그들의 지참금을 가로채고 그것을 그들의 유산으로 주려고 하기보다는 그것을 자신을 위해 이용했다. 그들의 미래는 남편과 자녀들에게 달려 있었다. 그들은 자신들의 일족을 떠나 남편의 집안의 일원이 될 준비가 되어 있었다. 그것은 그 당시 문화에서 일반적인 결혼 양식이었다"(Genesis, 103).

그래서 야곱 일행은 한 가지 사소한 잘못을 범한 채 그곳을 떠났다. 라헬이 그 아비의 드라빔을 도적질한 것이다. 라헬이 훔친 드라빔은 아마 작은 이동용 우상이었을 것이다. 그녀는 그것이 자신을 보호하고 복을 줄 것이라고 생각했다. 그녀는 긴 여행을 앞두고 손으로 만질 수 있는 숭배 대상이 필요했을 수도 있다. 어떤 경우든, 라헬은 자신의 이교적 배경에서 아직 해방되지 않았다(창 35:2, 수 24:2 참고).

이렇게 해서 리브가를 거쳐 야곱에게 전달된 라반의 유전자는 또한 라헬에게도 직접 유전되었고, 우리는 또 다른 속이는 자를 보고 있다. 확실히 그녀는 천상의 배필과 결혼을 한 셈이다. 바로 다음 절은 야곱은 그 거취를 아람 사람 라반에게 고하지 않고 가만히 떠났더라(떠남으로써 라반을 속였더라)고 기록하고 있다. 20절의 속이다라는 단어는 문자적으로 '마음을 훔치다'로 번역할 수 있다. 이것은 기만(deception)보다 더 강한 의미일 수 있다. "다른 곳에서 이것은 분별하고 적절하게 행동할 수 있는 개인의 능력을 빼앗아가는 것과 관련이 있기(삼하 15:6, 왕상 12:27) 때문이다. '기만하다'와 '속이다'의 번역(NASB, NIV, RSV)은 라헬의 절도 행위와 야곱의 행위에 대한 평행법을 놓쳐버린다. 둘 다 라반의 것을 훔쳤다. 라헬은 점치는 수단인 우상을 훔치고, 야곱은 합리적으로 행동할 수 있는 그의 능력을 훔쳤다"(브루스 발트케, 「Genesis」, 427).

21절의 장소는 다시 우리의 초점을 약속의 땅에 맞추게 하기 위해 본문에서 부각되고 있다. 유프라테스 강의 일부 지점들은 특정 시기가 되면 사람들이 걸어서 건널 수 있을 정도로 얕았다. 야곱은 길르앗으로 알려진 갈릴리 해의 남동쪽 요단 강 근처의 산악 지역을 향하였다. 헨리 모리스는 그것을 다음과 같이 기술한다.

> 그곳의 북단 지역은 하란으로부터 거의 480킬로미터 거리에 있다. 그러므로 그들 앞에 긴 여행이 기다리고 있었다. 물론 야곱은 떠날 준비가 되었을 때 앞선 출발의 유리함을 갖기 위해서 가축들을 가능한 한 남쪽으로 이미 출발시켰을 가능성도 있다… 일단 그들이 가축 떼들과 함께 움직이기 시작하자 하루에 24킬로미터 내지 32킬로미터밖에 갈 수 없었을 것이다. 그래서 가축 떼들을 몰기 시작하자 길르앗 산 지역에 도착하는 데 10여 일이 걸렸을 것이다(「The Genesis Record」, 483).

### B. 분실당한 신들(31:22-35)

| Supporting Idea | 한 가정이 기만과 거짓에 자신을 넘겨줄 때 그들은 결코 서로를 신뢰할 수 없고 항상 반목의 위기 가운데 살게 될 것이다. |
|---|---|

**31:22-24.** 3일이 지나서야 라반은 야곱이 떠난 것을 알게 되었다. 그는 남서쪽으로 급하게 쫓아갔고, 10일이 아니라 7일 만에 길르앗에 도착하였다. 가축 떼와 여자들을 태운 낙타들의 무리들은 엄두도 낼 수 없는 속도였을 것이다. 본문이 라반을 더 이상 라헬이나 레아의 아버지로 기술하지 않고 단순히 **아람(시리아) 사람 라반**이라고 지칭하고 있다.

라반과 그의 아버지가 리브가에 대한 엘리에셀의 요청에 "우리는 가부를 말할 수 없노라"고 대답했던 24장 50절을 기억하지 않으면 라반의 꿈에서 하신 하나님의 말씀은 이상하게 보인다. 꿈의 경고는 또한 아비멜렉에 대한 밤의 메시지에서 나타난 사라에 대한 하나님의 보호를 연상시킨다(20:3-7).

라반이 야곱을 추격하기 위해 데리고 간 이 **형제(친척들)**는 누구인가? 아마 그는 가족 중 자신이 소집할 수 있는 모든 남자들을 소집하였거나 심지어 전 일가를 소집하였을 것이다. 어떤 형태의 물리적 싸움이든 라반이 유리할 것은 조금도 의심할 여지가 없다. 아마 선악간이라는 하나님의 말씀도 법적인 효력을 지닐 수 있었을 것이다. 31장 29절의 "너를 해할 만한 능력이 내 손에 있으나"라는 라반의 위협은 야곱에게 여러 가지 방식으로 해석될 수 있고, 또한 실제적이고 위협적이었다.

**31:25-30.** 삼촌과 조카 관계는 사라졌다. 이제 우리는 포로, 전쟁, 해치다와 같은 호전적인 단어들을 접하게 된다. 물론 라반이 사건을 과장해서 표현했지만 이 두 사람의 싸움은 오랜 기간 동안 지속되어왔다. 라반의 표현을 빌리면, 그는 큰 축복과 함께 그 가족을 보내고 좋은 아버지와 할아버지가 되기를 원했다. 아마 라반은 자신의 딸들이 아버지에 대한 충성심을 버린 지 오래되었다는 것을 몰랐을 것이다. 그는 그들과 심지어 그의 손자들도 그의 편이 되어줄 것이라고 기대했을 수도 있다.

26절의 어찌 이같이 하였느냐는 질문은 운명적인 결혼식 밤에 야곱이 라반에게 했던 질문(29:25)과 동일하다. 라반은 물리력으로 보복하고 싶은 것을 억제하고 있었지만 마음까지 숨길 수는 없었다. 그는 꿈을 통해 주신 하나님의 경고 때문에 야곱을 건드릴 수 없었지만 그의 행위를 비난하고 그의 동기를 꾸짖을 수 있었다. 이제 네가 네 아비 집을 사모하여 돌아가려는 것은 가하거니와. 이 시점에서 라반은 야곱의 행동을 거의 다 용서한 것처럼 보이지만 도적질당한 신상에 관한 문제가 아직 남아 있었다.

**31:31-35.** 두려워하였음이니이다라는 야곱의 말은 진실이었다. 하지만 라반이 제기하는 절도 사건은 전혀 모르고 있었기 때문에 그는 라반에게 자신의 장막을 수색하고 신들을 훔친 사람이 나온다면 그를 죽이겠다고 제안한다. 사실상 야곱은 그의 행동이 너무나 정중하다고 생각했기 때문에 우리 형제들 앞에서 무엇이든지 외삼촌의 것이 발견되거든 외삼촌에게로 취하소서라고 말할 정도였다. 만약 이것이 소설 속의 한 장면이라면 라반의 거친 부하들이 잃어버린 신상을 찾아서 야곱의 온 장막을 헤집고 다니고 엉망으로 만드는 장면과 함께 이야기가 절정에 이를 것이다. 우리는 먼 훗날에 요셉이 베냐민의 자루에서 금잔을 찾아내는 것처럼 라헬에게서 그 우상을 찾아내는 장면을 기대할 수 있을 것이다.

하지만 그 가족 중에 속이는 자로 세 손가락 안에 드는 라헬은 그 드라빔을 가져 약대 안장 아래 넣고 그 위에 앉았다. 그것을 들키지 않기 위해 라헬은 자신이 약대에서 내리지 못하는 이유로 마침 경수가 나고 있다고 핑계를 대었다. 라헬이 우상을 중요시하는 것과 그 우상에 대한 라반의 광적인 집착은 야곱이 결혼한 집안의 영적 상태를 다시 한 번 생각해보게 한다. 그리피스 토마스는 다음과 같이 말한다.

> 라반의 종교에서 어떤 영적인 가치를 인정하기란 어렵다. 그것은 주로 진리와 오류가 혼합된 간접적이고 이차적인 성격을 지니며, 신적 존재에 대한 자각과 우상에 대한 신앙이 복합적으로 뒤섞인 것 같다. 가정 신에 대한 미신적 이용은 첫 계명보다는 둘째 계명의 위반인 것으로 보인다(「Genesis」, 286).

### C. 어려운 거래(31:36-44)

| Supporting Idea | 인생의 고난의 무게에 눌려 쓰러질 때가 얼마나 많은가. "하나님이 나의 고난과 내 손의 수고를 감찰하시고"(42절)라고 우리 스스로에게 상기시켜야 할 때가 얼마나 많은가. |
|---|---|

**31:36-37.** 도적질당한 신상에 대한 라반의 수색이 아무런 성과가 없자 마침내 야곱은 감정을 주체하지 못하고 터뜨린다. 굴욕감을 억누르며 그의 삼촌에게 복종할 수밖에 없었던 지난 세월들에 대한 분노가 터져 나왔고 그는 결판을 요구하였다. 라반이 야곱의 장막에서 자신의 소유를 하나라도 발견할 수 있다면 양 진영이 보는 앞에서 그것을 가지고 와 판결을 내리자고 한 것이다. 라반을 책망할새라는 구절은 다툼과 심지어 법적인 분쟁(13:7-8, 26:20-22)에 대해 말하는 히브리어 단어를 사용하고 있다. 이것은 목초지나 우물 혹은 여기서처럼 양 떼의 소유권과 관련해 사용될 수 있다. 브루스 발트케는 이렇게 말한다. "그는 추궁당하던 입장에서 추궁하는 입장으로 판세를 뒤집는다. 라반과 함께한 자신의 21년 세월을 요약한 야곱의 말은 포괄적이고 시적이다… 균형감과 평행법은 고양된 수사학적 산문의 효과를 만들어낸다"(「Genesis」, 431).

**31:38-42.** 자신의 감정을 표출하게 되자 야곱은 억제하지 못하고 지난 20년간의 괴로움을 계속 토로하였다. 라반의 됨됨이에 대해 알고 있는 모든 지식들을 동원할 때, 야곱의 말이 부정확함을 입증할 수 있다면 그는 조용히 앉아 이 비난을 그대로 듣고 있지 않았을 것이다. 야곱은 전날 라반에게 꿈으로 주신 하나님의 메시지에 대한 그 자신의 해석으로 마무리한다. 어제밤에 외삼촌을 책망하셨나이다. 그러므로 이 새로운 해석에

따르면, 지난 20년 동안 라반이 야곱에게 대적한 것이 아니라 야곱의 하나님께 대적한 것이다.

데렉 키드너는 이 구절에서 목자의 메타포를 포착하고 있다. "고난의 이야기는 성경적인 목자에 대한 낭만적인 생각을 고쳐주는 엄격한 교정자 역할을 한다. 전혀 목가적이지 않은 이것은 고린도후서 11장 26절에 나오는 바울의 고난이나 실제로 다윗, 아모스 혹은 예수님의 고난을 상기시키는 목자의 소명이다"(시 23:4-5, 암 3:12, 요 10:11 하, 「Genesis」, 166).

42절의 나의 고난과 내 손의 수고를 감찰하시고라는 표현은 구약에서 이 구절 외에 두 곳에서만 사용되고 있다. 두 곳 모두 유대인들에 대한 애굽인의 압제를 서술하기 위해 사용하고 있다(출 3:7, 신 26:7).

**31:43-44.** 라반은 조금도 양보하지 않았다. 그는 이 짧은 응수에서 나의 혹은 나의 것이라는 단어를 다섯 번이나 사용한다. 그는 야곱의 말을 전혀 인정하지 않았고, 대답하지 않았으며, 야곱의 비난을 전혀 수용하지 않았다. 그럼에도 불구하고 그는 자신이 야곱과의 싸움에서 졌다고 인정하고 아브라함과 블레셋인들과 맺은 조약(15:8-21)과 유사한 평화 조약, 혹은 불가침 조약인 언약을 요청하는 것으로 무분쟁을 호소하고 있다.

## D. 증거의 무더기(31:45-55)

| Supporting Idea | 때로 그리스도인들은 불신자들과 단순한 불가침 조약을 통해 평화롭게 살아야 한다. |
|---|---|

**31:45-47.** 여러 가지 목적으로 돌을 사용하길 좋아하는 야곱은 기둥을 세우고 자기 식솔들에게 추가적으로 돌을 쌓으라고 요청하였다. 라반은 그것을 아람어로 여갈사하두다라고 이름하였고, 야곱은 히브리인의 언어를 사용해 그 이름을 갈르엣이라고 칭하였다. 이 상징성은 이 사람들이 두 개의 다른 민족, 다른 종교 그리고 다른 문화권 출신임을 일깨워준다.

**31:48-50.** 갈르엣을 쌓고 언약 식사를 한 후 라반은 그 증거의 무더기에 다른 이름을 부여하며 지금의 유명한 이름인 미스바(파수대) 경고를 선언한다. 그 증거의 무더기는 두 가문의 경계선이 되었고, 라반은 야곱에게 사람은 우리와 함께할 자가 없어도 하나님

이 감찰하시기 때문에 내 딸을 박대하지 말라고 경고한다. 이것은 실제로 위협이며 부정적인 저주였다.

라반의 위선은 야곱이 그의 딸들 외에 다른 아내를 취해서는 안 된다는 경고에서 표면화된다. 이것은 실바와 빌하로 인해 깨어진 지침인 것이다. 야곱이 이 언약을 어길 가능성이 더 많다는 전제하에 라반이 야곱의 하나님을 부르고 있다는 사실을 간과하지 말라. 존 필립스의 표현대로 "그렇다면 라반에게 그 기둥은 경계선이었고, 미래에 대한 보장이었으며, 과거의 모든 책임과 낙인을 야곱에게 다 돌리는 보장이었던 것이다"(「Exploring Genesis」, 256).

**31:51-53 상.** 경계선이 그어졌다. 라반은 그 경계선의 북동쪽인 밧단 아람에 거할 것이고, 야곱은 가나안에 거할 것이다. 라반은 자신들의 영역을 구분하는 이러한 물리적 상기물을 갖지 않으면 그들이 서로를 해할 것이라고 생각하고 야곱의 하나님께 자신의 주문을 반복하고 있다. 이번에는 도무지 오해의 가능성이 없는 언어를 사용한다. 아브라함의 하나님, 나홀의 하나님, 그들의 조상의 하나님은 우리 사이에 판단하옵소서. 그러나 신에 대해 복수형을 사용한 데서 라반의 다신론적 신앙이 드러난다. 그는 실제로 '아브라함의 신과 나홀의 신' 이라고 말한 셈이다. 이는 판단하다라는 단어가 복수형으로 사용되어 아브라함과 나홀과 그들의 조상이 각기 다른 신들을 섬겼음을 암시하고 있기 때문이다.

**31:53 하-55.** 야곱은 라반의 다신론적 표현을 무시하고 42절에서 사용하였던 이름인 그 아비 이삭의 경외하는 이를 가리켜(이름으로) 맹세하였다. 하나님의 이 이름이 이상하게 보이지 않는가? 이것은 이 두 절(42, 53절)에서만 사용되고 있고, 많은 학자들은 이 히브리어 단어가 실제로 경외를 의미하는 것인지 의문을 가졌다. 고든 웬함은 "전체적으로, 전통적인 번역인 '이삭의 두려움, 공포' 는 여기서 어울리지 않는다. 이는 라반을 두렵게 하고 야곱에게 복수하고자 하는 마음을 위축시킨 것이 바로 이 하나님에 대한 그의 경험이기 때문이다" 라고 주장한다(「Genesis 16-50」, 278).

브루스 발트케는 "이삭의 경외하는 이" 라는 번역을 선호하고 야곱이 아브라함의 하나님과 나홀의 하나님을 구분하기 위한 의도적인 시도를 한 것이라고 주장한다(「Genesis」, 434).

조약이 체결되고 증거의 무더기를 쌓게 되자 호전적이던 양 진영은 다시 한 번 형제가 되었고, 동일한 야영지에서 함께 먹고 잠을 잤다. 아침에 라반은 손자들에게 입맞춤하고(28절) 떠나 고향으로 돌아갔다.

| Main Idea 복 습 | 벧엘에서 올바른 길로 들어섰다 하지만 야곱은 21년 후 여전히 종속된 상태에서 씨름하고 있다. 앞부분에서 야곱은 자기 자신의 힘으로 살다가 위기 때 하나님을 부르는 모습을 보였다. 하지만 이제 하나님께서 주도권을 쥐시고 전면으로 나서신다. 야곱은 이 장에서 여덟 번이나 하늘의 하나님을 부르고 있다. |
|---|---|

## 결론

### "신뢰하고 순종하라"

다니엘 타우너(Daniel B. Towner)는 매사추세츠 브록톤의 무디의 십자군에서 노래를 부르고 있었다. 간증 예배가 드려지는 동안 그는 한 젊은이가 "저는 완전히 확신이 서지 않지만 신뢰할 것입니다. 그리고 순종할 것입니다"라고 말하는 소리를 들었다. 타우너가 그 말을 적어서 친구인 존 새미스(John Sammis)에게 보냈고, 그는 그것으로 먼저 합창곡을 작사한 후 다섯 절을 추가하였다. 타우너가 그 가사에 곡을 붙임으로 1887년 '믿고 순종하라' 는 찬송이 출판되었다.

> 어떤 짐도 우리는 지지 못하고 어떤 슬픔도 나눌 수 없네
> 그러나 우리의 수고를 그가 풍성히 갚아주시리라
> 슬픔도 손해도, 불쾌함도 십자가도 아닌,
> 그러나 우리가 믿고 순종하면 복 주시리라.

그 젊은이의 간증은 이 장 전체에서 보인 야곱의 상태를 묘사하고 있다. "나는 완전

히 확신이 서지 않지만 신뢰할 것이고 순종할 것입니다." 하나님은 인생의 모든 어려움 속에서 평온을 유지하고 승리하라고 요구하지 않으신다. 그분은 단지 자신을 신뢰하라고 우리에게 요청하실 뿐이다. 그리고 야곱처럼 우리 중 많은 이들이 이 중요한 교훈을 깨닫는 데 아둔하다.

때로 환경적 어려움, 개인적 질병, 정서적 어려움이나 사회적 어려움, 혹은 다른 사람들과의 관계를 통해 하나님에 대한 신뢰에 이르게 된다. 확실히 야곱의 경우는 21년에 걸친 라반과의 갈등 때문에 하나님의 품안으로 가지 않을 수 없었다.

■ 진리 알기

- 하나님은 때로 변화가 필요함을 알리시려고 환경과 다른 사람들의 태도를 이용하신다.
- 하나님은 지도자를 빚어내시기 위해 종종 어려운 환경을 이용하신다.
- 성공이 가능한 것은 오직 하나님이 하신 일 때문이다.
- 가족들 간의 속임수는 개인과 전체 집안에 해롭다.

■ 적용하기

- 하나님이 다른 곳으로 가도록 부르신다면 즉각적으로 순종하라.
- 자신의 노력이 충분한 보상을 받는다면 하나님께 그 영광을 돌리라.
- 친척들과 불가피하게 싸우는 일이 일어난다면 화해하는 것으로 마무리하라.

## 삶의 적용

### 항상 우리가 원하는 대로 일이 해결되지는 않는다

라반과 야곱은 20년 동안 서로를 속여왔다. 그동안 라반은 여러 가지 이유로 계속 거짓말을 하였다. 하지만 고의적인 거짓말로만 오해가 생기는 것은 아니다. 때로 우리는 우리가 이해하지 못하는 것을 말하거나, 심지어 우리가 의도한 것과는 반대되는 의미의 말을 하기도 한다.

우리가 어떤 사람에 대해 "그는 돼지처럼 먹는다"고 말했다고 해서 우리가 그를 반드시 모욕하는 것은 아니다. 돼지는 가축 중 가장 깨끗한 짐승 중 하나이며, 가장 날씬한 동물 중 하나로 일반적으로 하루에 평균 1.5킬로그램의 먹이를 먹는다.

우리가 어떤 사람을 "박쥐처럼 눈이 먼"이라고 표현할 경우가 있다. 하지만 실제로 박쥐는 장님이 아니다. 박쥐는 뛰어난 야간 사냥꾼으로 시간당 12,000개의 모기와 곤충을 사냥하고 먹을 수 있다. 대부분의 박쥐들은 밤마다 나방과 모기와 그외 다른 곤충들을 그들의 무게의 절반 이상(약 9그램)이나 소비한다.

때로 우리는 "말처럼 배가 고프다"라는 표현을 사용하기도 한다. 이것은 우리가 한 자리에서 엄청난 양의 식사를 할 것임을 내포하는 표현이지만, 실제로 말은 그렇지 않다. 말은 대식가가 아니다. 말은 풀을 뜯어먹고 산다. 일반적인 오락용 말이나 가벼운 노동을 하는 말은 체중의 불과 2퍼센트에 지나지 않는 양질의 먹이를 매일 먹을 뿐이다 (Readers Digest」, 2001년 5월).

야곱과 라반은 이와 같이 서로에게 과거에 대해 이야기했다. 라반은 여러 신들에 대해 이야기하고, 야곱은 자신의 유일신론에 충실한 가운데 마지막 순간에도 실제적인 이해를 전혀 이루어내지 못했다. 우리는 유일신론과 같은 중요한 문제에 대해 교회 구성원들의 의견이 다르기를 원하지 않을 것이다. 하지만 재산 소유권이나 어떤 사람이 다른 이에게 해를 끼친 것과 같은 문제를 두고는 상당한 다툼이 실재한다. 많은 교회의 불화는 친척들 간의 갈등으로 시작한다고 해도 과언이 아니다. 그러므로 여기에 우리를 위한 중요한 교훈이 있다. 야곱과 라반이 서로를 이해하고, 자신들이 필요로 하고, 기대하고, 베풀 준비가 되어 있는 것들에 대해 명확히 의사소통하는 데 시간을 투자했다면 가족의 혼란과 고통을 최대한 줄이고, 자신들의 모든 차이를 해결할 수 있었을 것이다.

그리피스 토마스는 이 장의 영적 교훈에 초점을 맞추고 있다.

> 우리는 종종 죄와 자유 의지의 문제들로 혼란스러움을 느끼고, 왜곡된 인간 본성에도 불구하고 하나님의 뜻이 이루어지는 것이 어떻게 가능한지 이해하려고 하다가 좌절감을 느낀다. 그러나 우리는 각 배우들이 완전히 자유로운 행위자이지

만 모든 것이 거룩한 뜻을 이루는 데 사용되고 궁극적인 결말을 추구하게 되는 것을 볼 때 이와 같은 이야기를 통해 많은 교훈을 얻을 수 있다. 우리는 하나님의 섭리(pro-vidence, 그가 '미리 보시고' 그에 따라 공급하심)에 대해 이야기할 타당한 이유가 있다. 혼란 속에서 평온함을 주고, 모든 것이 명확해질 때까지 믿음 안에 영혼의 안식을 가능하게 하는 것이 바로 이것인 것이다. 하나님의 섭리는 실제로 성도의 유업이다(「Genesis」, 289).

## 기도

하나님 아버지, 라반과 야곱처럼 가족 사이에 다투는 일이 없도록 해주십시오. 신약에서 훈계하듯이 우리가 우리 자신보다 다른 이들을 더 낫게 여기고 "화평케 하는 자는 복이 있도다"라는 예수님의 축복을 받는 자가 되도록 섬기는 자가 되게 도와주십시오. 아멘.

## 심층 연구

### A. 섭리

성경에서 '섭리' 라는 단어가 사용된 것은 아니지만 이것은 순수한 성경적 교리이다. 섭리로 번역될 수 있는 히브리어 단어가 독립적으로 존재하지는 않는다. 헬라어의 '프로노이아(pronoia)' 는 인간의 선견지명을 가리키는 단어다(행 24:2, 롬 13:14). 섭리의 교리는 창세기의 드라마가 상연되는 무대가 된다. 이것은 자기 백성들의 삶과 궁극적으로는 그리스도와 십자가의 구원 이야기를 통해 자신의 계획을 성취해가시는 하나님의 은혜를 다루고 있다.

창세기가 31장이 없이 30장까지만 있다면, 우리는 야곱이 가축 떼를 늘리기 위해 일종의 신비한 마술적 방식을 알고 있으리라고 상상할 것이다. 하지만 31장은 야곱의 실험적 시도의 성공이 하나님께 달려 있음을 보여준다.

하나님의 섭리는 심지어 부정적인 인간의 감정과 행동도 훌륭하게 조합하여 하나님의 뜻을 이루는 데 사용한다. 야곱의 아내들의 시기심을 이스라엘 지파의 탄생으로 이끌었듯이, 라반과 그의 아들들의 시기심은 야곱이 자기 조상들의 땅으로 돌아가도록 이끈다. 드라빔을 훔친 라헬의 어리석은 행동 덕분에 야곱은 라반과의 소송에서 이기게 된다.

하나님의 섭리에 대한 믿음은 전 세상과 우리의 개별적인 삶이 우연이나 운명에 의해 결정되는 것이 아니라 종종 배후에서 역사하시는 하나님과 하나님의 뜻에 의해 결정된다는 것을 일깨워준다.

### B. 가정의 수호신(31:19)

누지(Nuzi) 서판에 의하면, 가정 수호신을 소유하면 유산 상속권을 강력히 주장할 수 있었다고 한다. 그러므로 드라빔을 훔쳐 자신의 안장에 숨긴 라헬에게는 종교적인 동기뿐 아니라 물질적인 동기도 있었을 것이다. 여기서 '신들' 에 해당하는 단어는 '테라핌(teraphim)' 으로 구약에서 15번 사용되고 있다. 이 우상들이 가족을 보호해준다고 생각했다. 이 우상들은 또한 조상들의 형상으로 만들어졌을 가능성이 있다.

때로 구약에서 우상은 점이나 미래에 대한 예언과 관련되어 있다. 고든 웬함은 다음과 같이 주장한다.

> 일반적으로 아버지가 동일한 가정 수호신을 만들어 딸들에게 주었으리라고 추측할 수 있다. 창세기 35장 2-4절에 의하면, 야곱 집안의 사람들이 각자의 신들을 갖고 있었다. 하지만 이 경우 급하게 서둘러 떠났기 때문에 라헬은 라반의 드라빔을 가져갔다. 하지만 라헬이 그것들을 가져간 목적이 무엇이었을까? 그린버그(Greenberg)는 그것이 다산을 보장해주었을 것이라고 주장한다… 그녀가 입으로 장담한 것(14-16절)에 비해 집을 떠나는 것에 불안감을 느꼈을 가능성도 있다. 그러므로 드라빔이 그녀에게는 일종의 성 크리스토퍼였던 셈이다(「Genesis 16-50」, 274).

## 교안

### A. 들어가는 글

1. '완벽한 신사' 이야기로 시작하라.
2. 배경 설명: 창세기 31장은 28장에서 시작되어 37장의 요셉의 등장으로 마무리되는 야곱 내러티브의 중간에 해당한다. 우리의 이야기는 이제 거부가 된 양치기 야곱과 그의 가족들이 밧단 아람을 떠나 가나안으로 돌아가는 여행을 시작한 내용을 전해주고 있다.
3. 적용: 야곱은 메소포타미아에서 나와 아버지의 땅으로 향하기는 했지만 아직 요단

강 동쪽에 있다. 31장은 라반에게서 도망하는 야곱의 모습을 보여주지만, 32장에서는 에서로부터 도망가는 그의 모습을 보게 될 것이다. 자신이 속인 사람들과의 갈등이 야곱의 평생을 따라다닐 것이다.

### B. 본문 이해

1. 고향으로의 부르심(31:1-21)
2. 분실당한 신들(31:22-35)
3. 어려운 거래(31:36-44)
4. 증거의 무더기(31:45-55)

**C. 결론**: '항상 우리가 원하는 대로 일이 해결되지는 않는다' 를 읽어주라.

## 토의 질문

1. 야곱이 밧단 아람을 떠나기까지 그의 꿈이 어떤 역할을 했다고 생각하는가? 꿈을 꾼 때는 언제이며, 그는 그 꿈을 꾼 후 얼마나 신속히 행동으로 옮겼는가?

2. 라반의 종교에 대해 기술해보라. 그의 사위인 야곱의 신앙과 어떤 차이가 있는가?

3. 창세기 31장을 통해 하나님을 신뢰하는 데 있어 어떤 교훈을 얻을 수 있는가?

# 창세기 32:1-33:20

## 하나님과의 연합

*"우리는 탐험을 그만두지 않을 것이다. 우리의 탐험의 목적은 우리가 출발한 곳에 도달하여 최초로 그 장소와 친숙해지는 것이다."*

*- T. S. 엘리엇(T. S. Eliott)*

**야곱이** 영적으로, 정서적으로 성숙하게 되자 자기 자신의 지혜보다는 하나님을 더 의지하는 법을 배운다.

### 지리적 정보: 세일

- 세일 땅과 세일 산은 둘 다 에서와 그의 자손들이 거주하는 영토에 대한 다른 이름이다.
- 에돔으로 불리기도 한다(수 15:1, 삿 11:17).
- 이 산지 지역은 아라바 양쪽으로 약 160킬로미터 정도 이어지고 있고, 아라바는 사해 남부와 아카바 만을 연결하고 있다.

# 들어가는 글

## 매달린 난로

이 이야기가 「The Joyful Noise Letter」에 실린 내용대로, 심리학자와 엔지니어와 신학자가 사냥을 하던 중 우연히 오두막집을 발견했다. 그 집에는 아랫배가 불룩하게 나온 난로가 천장에 고정된 철사 줄로 공중에 매달려 있었다. 심리학자는 "외로운 사냥꾼이 아래서 웅크린 채 자궁으로 돌아간 것처럼 온기를 느낄 수 있도록 하기 위해 난로를 공중에 매달아놓은 것이다"라고 의견을 제시하였다.

엔지니어는 "아니오, 난로를 높은 곳에 둠으로써 열을 실내에 고루 전달하기 위해서요"라고 말했다.

"사실, 불을 높이 드는 것이 오랫동안 종교적 상징이었소"라고 신학자가 설명했다.

그때 사냥꾼이 돌아왔고, 세 사람은 그에게 난로를 공중에 매단 이유가 무엇인지 설명해달라고 요청했다.

"내게는 철사 줄은 많지만 난로의 연통이 시원찮기 때문이오."

때로 단순함이 최선이다. 야곱은 20년 동안 속이고 배신하는 생활을 하였다. 그의 난로는 종종 공중에 매달려 있었다. 그의 계획들은 한 번 이상 반원형 손잡이 철사에 묶여 있었다. 그러나 이제 그는 하나님의 부르심을 따라 남서쪽으로 여행하면서 성숙하기 시작했다. 야곱의 할아버지 아브라함에게서처럼 그 안에서 기도의 사람을 발견한다.

## 본문 이해

### 하나님과의 연합

| Main Idea | 이 장들에는 부흥과 화해라는 두 개의 영적인 주제가 지배하고 있다. 개인(야곱과 에서와 같이)의 경우 전자가 후자를 앞서야 하지만, 교회 공동체에서는 화해가 종종 부흥을 이끌어내기도 한다. |
|---|---|

### A. 겸손의 기도(32:1-12)

| Supporting Idea | 이 절들은 7절의 "심히 두렵고 답답하여"의 구절로 가장 잘 특징지어질 수 있다. 그러한 상황에서 모든 참된 신자들은 하나님께 자신을 맡긴다. 그분만이 인생에서 혼란과 기쁨을 앗아가는 것들을 해결하실 수 있다. |
|---|---|

**32:1-2.** 창세기 32장은 의인의 간절한 기도가 하나님 앞에서 실제적으로 효력이 있는지에 대한 기록을 보여주고 있다. 이 장에서 야곱은 성경에서 가장 경건하고 중요한 기도 중 하나를 드렸다. 그는 라반에게서 막 벗어났고, 곧 에서와 대면하게 될 것이다. 하나님은 자신의 비가시적 세계를 야곱의 가시적 세계에 열어 보이시며 천사들에 대한 환상을 보여주시는 것으로 그를 준비시키셨다. 야곱은 이는 하나님의 군대라고 반응하였다. 그는 그 장소를 마하나임이라고 지었다. 그것은 '두 군대' 혹은 '두 진영'이라는 의미가 있다. 아마 그는 천사들의 진영과 자신의 진영을 가리키기 위해 이러한 표현을 썼을 것이며, 혹은 그 자신의 진영과, 곧 대면하게 될 에서의 진영을 가리켜 사용한 것일 수도 있다.

야곱이 마하나임이라고 부른 이 장소는 후에 갓 지파 지경 내의 레위인의 성으로 할당되었고(수 13:26), 이스보셋이 자기 왕국의 수도로 삼았던 곳이다(삼하 2:8-9). 압살롬의 반역이 일어났을 때 다윗은 여기서 몸을 숨기기도 했다(삼하 17:24). 대부분의 학자들은 이 두 번째 진영이 여행 중인 야곱을 보호하기 위한 하나님의 군대라고 추정한다.

그러나 브루스 발트케는 본문에 대해 특별히 마하나임이라는 이름에 대해 정직한 질문을 제기한다.

> 이 이름은 '두 진영'을 의미하거나 단순히 '진영'을 의미하지만 두 진영에 대한 뒷부분의 언급(32:7-8, 10)은 둘이라는 숫자 나눔(32:8, 10)인가? 아마 동음이의의 익살(pun)을 즐기는 내레이터가 이러한 함축적 의미 중 몇 가지를 의도적으로 환기시키려고 했을 수도 있다. 어떤 경우든, 내레이터는 전체 장면에서 2라는 숫자를 사용하고 있다. 두 진영, 두 가정, 두 번의 만남(하나님과의 만남과 에서와의 만남), 두 형제. 우리는 라반과 야곱의 불가침 조약에서 유사한 결합을 살펴보았다(「Genesis」, 441).

**32:3-8.** 천사의 만남은 확실히 에서의 영토로 들어선 야곱에게 경각심을 일깨운 경고 역할을 하였다. 지난 20년 동안 그가 그의 형을 생각했을까? 우리는 전혀 알 수 없다. 하지만 이제 에서가 그의 관심의 핵심이 되었다. 그는 에돔 북쪽 불과 160킬로미터 지점에 와 있었다. 이제 인내심과 용서를 모르는 거친 형에게 우호적인 메시지를 보낼 시간이 된 것이다. 그는 하란에서 보낸 지난 20년간의 사연을 전하고 에서에게 은혜받기를 원한다는 전갈을 보냈다. 그는 자신을 주의(에서의) 종으로 소개함으로써 좋은 출발을 보인다. 그는 온갖 말로 그에게 백기를 흔들었다.

사자들이 돌아왔지만(좋은 신호였다) 그들은 에서가 북쪽으로 오고 있다는 것과 사백 인을 거느리고 온다는 내용만 야곱에게 전할 수 있었다. 사무엘상 22장 2절과 30장 10, 17절에 의하면, 이것은 군대를 가리키는 표준적인 숫자였다. 에서의 반응에는 야곱의 마음을 안심시킬 만한 것이 전혀 없었다.

이 장의 초두에서 야곱이 본 영적 환상도 야곱이 인간적인 수단을 의지하는 것을 막지 못했다. 아직 두 떼로 분리한다는 계획을 염두에 두고 있는 그는 적어도 절반은 보존되기를 바라며 가족과 소유를 두 떼로 분리하였다. 야곱은 천사의 진영에 계신 하나님의 구원하심을 의지하는 대신 적어도 그의 소유 중 절반이라도 건사하며 이 상황에서 벗어나는 데 만족하는 것 같았다. 감사하게도 하나님은 더 긍정적인 게임을 계획하고 계셨다.

**32:9-12.** 이 절들은 야곱의 기도 중 기록된 최초의 것이며, 창세기에서 유일하게 긴 기도를 기록하고 있다. 그는 그의 아버지의 하나님, 그의 가족과 언약을 맺으신 하나님께 나아간다. 야곱은 자신이 하나님의 언약을 익히 알고 있음을 주님이 아시도록 했다. 그는 더 이상 아브라함과 이삭의 하나님만이 아니라 전에 내게 명하신 주로, 개인적인 기도를 드릴 수 있는 분이었다.

야곱은 기도에 대한 올바른 태도(하나님에 대한 전적 의존)를 보여주었다. 그는 하나님의 도움을 받을 자격이 없었다. 그리고 그는 그 사실을 알고 있었다. 이 위기의 순간에 과거에 지은 그의 죄악들(아버지를 기만한 죄, 형을 속인 죄, 삼촌과의 다툼)이 그 앞에서 드러났다. 그는 마침내 하나님의 은혜와 호의를 받을 자격이 없는 속이는 자 야곱으로 자신을 보게 되었다.

이 기도는 개인적인 관계, 가족 관계 그리고 언약 관계에 근거해 드려졌다. 야곱은 하나님을 간구할 정도로 굳건한 신학적 토대 위에 서 있었다. 그는 신자로서 기도했고, 하나님이 능력 가운데 자신을 계시하실 것을 구하였다. 마침내 야곱은 하나님 앞에서 자신을 주의 종으로 확인하고 있다.

야곱의 기도는 또한 도움을 구하는 기도였다. 내 형의 손에서 에서의 손에서 나를 건져내시옵소서라는 간구보다 더 직접적이고 시의적절한 기도가 어디 있겠는가? 하나님은 우리가 바라는 것을 아신다. 우리는 그분께 말씀드려야 한다. 때로 우리는 우리 자신의 죄악된 본성과 우리 행동의 어리석음을 드러내는 말을 적극적으로 표현하기를 꺼린다. 하지만 하나님은 그것을 확실히 알고 계시며, 우리가 그것을 입으로 인정하는 것을 듣기 원하신다. 간단히 말해, 그는 자신이 이미 아신다 하더라도 우리가 그분을 얼마나 필요로 하는지 우리로 하여금 알게 하기를 원하신다.

야곱의 기도는 또한 하나님의 약속에 근거한 것이었다. 성경 기자들은 종종 하나님의 역사상의 축복을 기도로 열거하듯이, 또한 그분의 약속들을 그분께 반복해 상기시켜 드리기도 했다. 야곱은 네 씨로 바다의 셀 수 없는 모래와 같이 많게 하리라는 약속들을 하나님께 상기시켰다. 그러나 그 모든 것이 시시각각 다가오는 에서의 4백 명의 군사들로 인해 절대 절명의 위기에 처한 것 같았다. 이것으로 모든 것이 끝장인가? 하나님의 약속은 허무한 꿈에 불과했는가? 우리는 하나님의 약속에 대한 이러한 진술이 확신을 굳게 할 것이라고 생각할 것이다. 하지만 죄책감과 두려움이 야곱을 지배했기 때문에 하나님의 약속과 같은 놀라운 배경 속에서도 평안을 가질 수 없었다. 그럼에도 불구하고 그는 그것들을 기억하고, 자신에게 상기시킨다.

그리피스 토마스는 이 기도에 대해 이렇게 말한다. "오랜 거리를 지하에서 흐르다가 땅 위로 모습을 드러낸 개울처럼, 하란에서 긴 시간이 흐른 후 이제 야곱의 영적 생활이 표면화되고 있다. 그리고 구할 것이 많지만 그의 영혼을 인도하시고, 깊이 있게 하시며, 순결케 하시는 하나님의 역사의 명확한 흔적을 볼 수 있다(「Genesis」, 296).

### B. 화해를 위한 계획(32:13-21)

| Supporting Idea | 선물이 때로 위협적이고 두려운 적을 진정시킬 수 있지만 구원에 대한 우리의 기대를 그 선물에 두어서는 안 된다. 오직 하나님께만 우리의 구원을 기대해야 한다. |
|---|---|

**32:13-16.** 여기서 산술적인 계산을 해본다면 야곱이 에서의 예물로 준비한 짐승의 수가 총 580마리이다. 이것은 야곱이 얼마나 거부인지를 상기시키며 에서와의 문제를 해결하기 위해서 자신의 소유를 얼마든지 줄 용의가 있음을 보여준다. 그는 그 짐승들을 다섯 떼로 나누고 각기 종들이 앞장서게 하여 에서가 다섯 차례에 걸쳐 연이어 들어오는 가축의 예물을 받게 했다.

**32:17-18.** 야곱은 에서가 자기를 향해 오는 이 가축들을 보고 놀라기를 기대했기 때문에 종들에게 그 짐승들에 대해 자기 주 에서에게로 보내는 예물이라고 말하도록 지시했다. 전날 밤의 기도에도 불구하고 이 계획은 순전히 야곱의 일방적인 계획이었다. 존 필립스가 지적하듯이 "야곱이 차용한 원리는 후에 이스라엘의 제사 제도의 일부가 된 속건제의 이면에 있는 것과 동일한 원리였다. 속건제는 한 인간이 하나님과 관계를 회복하기를 원하면 반드시 자신이 잘못을 범한 사람과 화해해야 한다고 가르쳤다. 그는 손해 배상을 하고 자신이 도적질한 것보다 더 많이 배상해야 했다"(「Exploring Genesis」, 260-261).

**32:19-21.** 감정을 푼 후에라는 단어는 문자적으로 '얼굴을 가리다' 란 의미의 히브리어에서 파생한 것이다. 이 상징적 행위는 얼굴에서 분노를 씻어낸다는 의미가 있다. 야곱이 기대한 것이 바로 이것이었다. 야곱이 에서가 나를 받으리라, 문자적으로 표현해

'그가 나의 얼굴을 들게 하리라' 고 기대하는 20절에서 언어 유희(word play)가 고조되고 있다. 데렉 키드너는 여기서 좋은 지적을 하고 있다.

> 희생 제사에 관련된 야곱의 용어 사용은 인간의 사고와 하나님의 생각 사이의 메우기 어려운 차이를 무의식적으로 예증하고 있다. 야곱이 에서에게 접근하듯이 이방인들은 "선물은 그 사람의 길을 너그럽게 하며"(잠 18:16)라고 생각하며 자신들의 신에게 나아간다. 하지만 구약에서 인간의 예물은 인간이 하나님께 드린 것이기에 앞서, 하나님이 인간에게 주신 선물이다(레 17:11). 야곱이 곧 알게 되겠지만 죄책감의 유일한 해결책은 협상이 아니라 은혜이다(「Genesis」, 168).

## C. 브니엘의 씨름(32:22-32)

| Supporting Idea | 때로는 기도를 통해 축복을 받는다. 하지만 때로는 기도가 육체적인 부작용과의 강렬한 영적 싸움을 요구한다. |
|---|---|

**32:22-28.** 얍복강은 갈릴리 해와 사해의 중간에서 요단 강으로 흘러든다. 야곱의 가족들은 요단 강의 동쪽 지류인 얍복 강을 건넜다. 그의 모든 소유와 가족들이 가고 야곱은 홀로 남았다. 히브리어 본문은 의미 있는 언어 유희를 보여준다. '야곱' 과 '얍복' 이라는 이름과 '씨름하다' 에 해당하는 단어가 모두 유사하기 때문이다. 여기서 기도 중에 겪은 야곱의 고통이 그의 삶에 전환점이 되었다. 그는 하나님의 천사와 씨름하며 밤을 새웠다. 이것은 이 장의 앞에서 본 그의 간절한 기도 후에 일어난 사건이다. 이 씨름을 통해 하나님은 야곱의 마음을 변화시키셨고, 그가 가나안 땅의 족장인 이스라엘이 되도록 준비시키셨다.

야곱은 그 씨름이 시작되었을 때 무슨 영문인지 전혀 몰랐고, 본문도 인간적인 시합이 아니라는 것 외에 독자들에게 아무것도 알려주지 않는다. 하지만 야곱의 상대가 하나님 자신이라는 것을 우리가 알고 있기 때문에 그 사람이 자기가 야곱을 이기지 못함을 보고라는 본문의 구절을 어떤 의미로 해석해야 하는가? 대부분의 주석가들은 이 난해한 구절을 회피한다. 브루스 발트케는 단순히 "하나님이 스스로 자신을 낮추시고 일종의 동일한 조건으로 야곱에게 다가오셨다"라고 말할 뿐이다(「Genesis」, 446). 해가 떠오를 무렵까지 야곱의 상대편은 그를 이기지 못했다. 앨런 로스는 "이 타격의 결과는 분명하다. 공격자가 야곱에게는 단순히 시합의 호적수 이상의 존재였기 때문에 그는 야곱에 비해 유리한 입장이었고, 야곱에게는 공평치 못한 싸움이었다. 상대방을 이용하겠다고 기대한 이는 그의 공격자로부터 초자연적 일격을 당하고 고꾸라졌다" (「Genesis」, 553).

그러나 야곱은 축복을 받을 때까지 그를 붙들고 놓아주지 않았다. 아마 그의 적수가 평범한 존재가 아님을 깨달은 후였을 것이다. 야곱이 자신의 이름에 대해 대답했을 때 '속이는 자' 라고 대답하지 않을 수 없었음을 기억하라. 그러고나서 야곱이 문자적으로 '그가 하나님과 싸우다' 라는 의미가 있는 새 이름, 즉 이스라엘이라는 이름을 받는 참으로 예상치 못한 일이 일어났다.

변화는 야곱이 이긴 방식과 관련이 있었다. 이전에는 그가 항상 속임수를 통해 사람들을 이겼다. 이제 그는 하나님과 겨루어 이겼고, 사람들과의 싸움에서도 이겼다. 천부적으로 부여되었거나 인간적인 노력을 통해 얻은 신체적인 능력이 아니라 자신의 말로 이루어진 것이었다. 이기고자 하는 그의 야망은 변하지 않았지만 올바른 방향으로 방향 전환이 이루어졌다.

**32:29-32.** 그들이 명함을 교환하는 한 야곱 역시 상대방의 이름을 알기를 원했다. 하지만 그가 들은 것은 어찌 내 이름을 묻느냐는 질문뿐이었다. 이것이 온건한 책망인지 ('지금까지 나를 모른다는 말이냐?' ) 혹은 단순한 거절의 의사인지( '이름에 대해서는 관심을 갖지 말고 축복에 집중하라' )는 확인하기 어렵다. 어떤 경우든, 야곱은 이스라엘 민족, 하나님과 인류와 더불어 싸우는 민족의 조상이 되었다. 야곱은 그곳을 브니엘 ( '하나님의 얼굴' )이라고 이름지었고, 그곳은 숙곳 동쪽 6.5킬로미터 지점의 얍복 강 북쪽 강둑에 위치한 성읍이 되었다.

실제적이고 중요한 열쇠는 영적 전쟁이기 때문에 우리는 이 싸움의 물리적 차원에 관심을 쏟을 필요가 없다. 우리의 필요와, 우리가 자신을 부르기를 하나님이 얼마나 기다리고 계신지 생각하는 데 우리의 관심을 쏟아야 할 것이다. 이 본문은 우리의 기도의 근거를 하나님의 말씀과, 우리 자신의 자격 없음과, 구체적이고 명확한 도움의 필요성 그리고 그분의 약속에 두어야 함을 가르쳐준다.

벧엘과 마하나임에 이어 브니엘은 야곱에게 중요한 세 번째 영적 지표가 되었다. 그리피스 토마스에 의하면, 첫 장소에서 그는 하나님의 임재에 대해 배웠고, 두 번째 장소에서는 하나님의 힘을 배웠으며, 세 번째 장소에서는 하나님의 은혜를 배웠다. "하나님은 야곱을 이 축복과 능력의 위치로 인도하기를 원하시고 계획하셨다. 벧엘 이후로 하나님의 모든 간섭은 이곳으로 인도하기 위한 것이었다. 그것은 지금도 마찬가지다. 하나님이 우리를 위해 하시는 모든 것이 신약에서 시종일관 강조하는 하나 됨과 영적 교제의 관점에서 표현되고 있다"(「Genesis」, 306).

### D. 사막에서의 재회(33:1-11)

| Supporting Idea | 27장에서 우리는 야곱과 에서에 대한 이삭의 이중적 축복과 어떻게 그것이 가능한지에 대해 의문을 가졌다. 이제 하나님이 인간의 실수를 통해 어떻게 두 형제가 축복을 받게 하시는지 보게 된다. |
|---|---|

**33:1-3.** 드디어 운명적인 만남이 이루어졌다. 야곱은 계획적인 것은 아니지만 에서가 공격할 경우에 대비해 정확히 자신이 사랑하는 사람들을 반대 순서로 배열하였다. 헨리 모리스는 "적어도 이차적인 목적은 자신에게 중요한 순서대로 그들이 에서를 만나게 하는 것이었다"고 주장한다(「The Genesis Record」, 503). 그 당시의 의전에 의하면, 왕에게 나아가는 사람은 일곱 번 절을 해야 했다. 그리고 야곱은 신하가 주군에게 하는 것처럼은 아니지만 에서가 모든 실제적인 이유로 에돔의 왕이라는 것을 인정하고 존중하는 태도로 그 방식을 따랐다. 이번에 야곱은 리더십 정신을 가지고 에서의 첫 공격을 받아낼 준비를 하고 가족들의 맨 앞에 섰다. 그러나 그는 그 다음에 일어날 일에 대해서는 준비되어 있지 않았다.

**33:4-7.** 하나님은 에서의 마음속에 역사하셨다. 20년 만의 재회를 통해 형제들은 서로를 껴안고 눈물을 흘렸다. 브루스 발트케는 25장 34절과 33장 4절의 흥미로운 대조점을 지적한다. "내레이터는 다섯 개의 간결한 동사로 에서가 그의 장자권을 업신여긴 것을 표현하였다… 이제 그는 또 다른 다섯 개의 동사로 그들의 화해를 그리고 있다"(「Genesis」, 454).

에서는 야곱과 함께한 큰 무리들을 보고 당황한 것 같다. 그는 너와 함께한 이들은 누구냐고 물었다. 야곱의 모든 가족들이 에돔 왕에게 나아와 복종의 예를 갖추었다. 데렉 키드너는 다음과 같이 지적한다.

> 그들의 만남은 고전적인 화해의 모습을 보인다. 계속 이어지는 예물의 행렬과 우스꽝스러울 정도로 과도한 규모(결과적으로 그렇게 보였다)로, 예의를 갖춘 가족의 행렬은 야곱의 양심의 부담과 확실한 은혜를 베풀 에서의 반응을 암시한다. 서로에게 다가가는 모든 동작에서 죄책감과 용서의 모습이 매우 감동적으로 드러나기 때문에 우리의 주님은 탕자의 아버지로서 에서보다 더 적절한 모델을 찾기 어려울 것이다(「Genesis」, 171).

**33:8-11.** 이어서 에서는 야곱의 가족들 앞서 보내진 이 모든 떼에 대한 두 번째 질문을 한다. 야곱은 내 주께 은혜를 입으려 함이니이다라고 대답한다. 에서는 야곱을 내 동생이라고 호칭하고, 예물이 전혀 필요치 않다고 말함으로써 그를 내 주로 대하는 야곱의 태도를 누그러뜨리게 한다. 그러나 야곱은 에서의 반응에 감격하여 그의 형을 위해 가져온 짐승들을 즐거이 바치고자 한다. 그는 내가 형님의 얼굴을 뵈온즉 하나님의 얼굴을 본 것 같사오며라고 말한다. 아마 야곱은 하나님의 얼굴을 보고 살아 남았던 브니엘(32:30) 사건을 기억했을 것이다.

예물(gift)이 11절에서는 선물(present)로 바뀌고 있고, 이제는 27장 35-36절에서 축복을 표현하기 위해 썼던 것과 동일한 히브리어 단어를 사용하고 있는 것에 유의하라. 아마 야곱은 오래전에 그의 형에게서 자신이 훔친 축복에 대한 대가로 에서에게 축복을 제시하였을 것이다.

## E. 세겜으로의 마지막 여정(33:12-20)

| Supporting Idea | 우리는 모두가 마음을 두는 곳이 고향이라는 것을 알고 있다. 야곱은 마침내 그의 아버지와 할아버지가 하나님과 개인적으로 교제하던 장소로 돌아왔다. |
|---|---|

**33:12-15.** 에서의 제안은 진지했다. 4백 명의 전사들은 야곱이 세겜에 안전하게 도착하도록 지켜줄 수 있었다. 아마 에서는 야곱이 자신을 방문하기 위해 왔다고 생각했

겠지만 야곱은 다른 의도가 있었다. 그는 이동 중인 농사짓는 가족들은 4백 명의 전사들의 행군을 따라갈 수 없음을 알았다. 얼핏 보면 짐승들과 아이들에 대한 언급이 둘러대기 편한 구실을 제공했다고 생각하겠지만, 그것은 이 사람들과 그들의 모든 자손들이 채택한 서로 다른 생활 방식의 실제를 반영했을 가능성이 매우 크다.

헨리 모리스는 이렇게 말한다. "야곱이 표현하지는 않았지만 자기 자손들을 통해 하나님이 미래에 이루실 일에 관한 한, 그가 에서로부터 분리되고 독립되어야 한다는 것을 확실히 알고 있었다. 그러므로 처음부터 그러한 분리를 확고히 유지하는 것이 더 좋을 것이다"(「The Genesis Record」, 506).

에서는 적어도 그의 동생을 위해 호위해주고 싶었지만 야곱은 그것이 더 이상 필요치 않다는 것을 알았다. 그가 라반에게서 독립하자 밧단 아람과 세겜 사이에 단 하나의 두려운 대상, 곧 에서가 버티고 있었다. 이제 그 문제가 해결되었고, 그는 특별한 호위가 없더라도 평온한 마음으로 계속 이동할 수 있다고 생각했다.

**33:16-20.** 그래서 에서는 세일로 되돌아가고, 그후 35장 29절에서 이삭의 장례식 때 잠시 언급된 것을 제외하면 창세기에서 모습을 감춘다. 그러나 야곱은 이상한 일을 했다. 그는 요단 강변의 브니엘 서쪽에 위치한 숙곳에 잠시 정착하였다. 우리는 숙곳을 에서와의 벅찬 만남 이후 잠시 쉬기 위한 일시적인 휴식 장소로 생각할 수도 있다. 그러나 일부 주석가들은 그것을 하나님이 명령하신 대로 가나안으로 직접 가지 않은, 야곱의 불순종으로 해석한다.

그리피스 토마스는 이렇게 말한다. "야곱은 벧엘에서 한 맹세를 망각해 버렸다… 그리고 너무나 분명하게 숙곳을 자신의 고향으로 삼음으로써 그는 자신에 대한 하나님의 뜻을 망각하고 스스로 매우 천박한 영적 수준에 있음을 보이고 있다… 그렇게 해서 그는 하나님의 목적에 온전히 부응하는 데 실패한다. 그는 이 모든 것을 간과하였고, 어쨌든 잠시 동안 세상적 편리함과 성공에 안주하였다"(「Genesis」, 313). 그가 얼마 동안 숙곳에 머물렀는지는 우리가 알 수 없다. 또 그의 동기가 전적으로 부정적이라는 토마스의 주장에도 동의할 수 없다.

얼마 후에 야곱은 요단 강을 건너 아브라함이 오래 전에 들렀던 세겜(창 12:6)에 도착하였다. 야곱은 마침내 돌아오게 해 달라고 기도했던 땅(28:21)에 정착하였다. 그는 그 성 밖에 장막을 치고 약간의 땅을 구입한 후 훌륭한 족장의 모범을 따라 단을 쌓았다

(‘심층 연구’ 참고). 여기서 우리는 하나님이 자신의 모든 약속을 이루시고, 야곱이 성공하여 그 땅으로 안전하게 돌아오게 하셨다는 것을 볼 수 있다. 이 구절에서 글이 마무리되는 어조를 엿볼 수 있다. 이국에서 천대받고 방황하던 유대인이 마침내 자기 고향으로 돌아온 것이다.

세일해머는 민족적 역사 속에 이 내러티브를 말한다.

> 이 내러티브들에서 야곱과 에서에 대한 그림은 이상할 정도로 다윗 왕조의 역사적 이스라엘과 에서 자신의 후손인 에돔과의 관계를 예고하고 있다. 이러한 관계는 후기 예언서들에 묘사되어 있다. 두 민족 간에 종종 쓰라린 적대감이 존재하지만(하나님은 그분의 불순종하는 백성들을 징계하시기 위해 자주 이 적대감을 이용하셨다. 예를 들면, 왕상 11:14, 옵 1-18), 결국 하나님의 나라는 에돔의 땅에까지 확대될 것이다(「Genesis」, 212).

| Main Idea 복습 | 이 장들에는 부흥과 화해라는 두 개의 영적인 주제가 지배하고 있다. 개인(야곱과 에서와 같이)의 경우 전자가 후자를 앞서야 하지만 교회 공동체에서는 화해가 종종 부흥을 이끌어내기도 한다. |
|---|---|

## 결론

### ‘만세 반석’

1776년 신생 국가인 미합중국이 독립을 선언하였다. 영국에서는 아우구스투스 몽테규 탑레이디(Augustus Montague Toplady)가 찬송가를 작사하고 있었다. 우리에게 익숙한 ‘만세 반석’ 은 탑레이디가 출간한 「복음 잡지(Gospel Magazine)」에 일 년 앞서 실렸다. 1775년에는 첫 절만 실렸다. ‘세상에서 가장 거룩한 신자를 위한 삶과 죽음의 기도' 라는 가제로 1776년 3월에 전 곡이 소개되었다. 탑레이디는 38회 생일을 맞기 3개월 전에 임종하였다. 1866년 증기선 런던 호가 비스케인 만에 침몰했을 때 죽음 앞에 처한 승객들에게서 마지막으로 들려온 소리가 바로 '만세 반석 열리니' 의 가사였다.

이 찬송은 돌을 좋아한 야곱을 상기시킨다. 그는 돌을 베개로, 기둥으로, 혹은 기념비로 사용하였다. 그리고 이 방랑하던 유대인은 마침내 이스라엘의 반석에 대해 중요한 것을 배웠다. 그는 "너희는 여호와를 영원히 의뢰하라 주 여호와는 영원한 반석이심이로다" 라는 이사야의 노래(사 26:4)에 박수 갈채를 보낼 수 있었을 것이며, "여호와는 나의 반석이시요 나의 요새시요 나를 건지시는 자시요 나의 하나님이시요 나의 피할 바위시요" 라는 시편 18편 2절의 가사에 큰 소리로 아멘을 외칠 수 있었을 것이다.

### ▣ 진리 알기

- 야곱의 행동을 통해 우리는 하나님이 결코 약속을 포기하시지 않는다는 사실을 깨달아야 한다.
- 성경의 기도들은 하나님의 성도들이 필요한 것을 구하기 위한 근거로 하나님이 그들을 위해 하신 일을 언어적으로 상술했음을 보여준다.
- 우리의 자격 없음은 하나님이 우리의 간구에 응답하시기 전에 야곱에게 하셨던 것처럼 우리를 다루셔야만 한다는 것을 일깨워준다.
- 우리의 필요가 무엇이든 하나님은 우리가 구하기 전에 알고 계시며, 그 필요들을 채우실 계획을 갖고 계신다.

### ▣ 적용하기

- 하나님은 야곱에게 하신 것처럼 우리의 인생을 변화시키실 수 있다.
- 하나님이 우리 자신의 꾀와 속임수에서 우리를 지켜주시도록 기도하라.
- 우리 자신의 계획으로 해결하려고 하기보다 다루기 어려운 장난감을 갖고 씨름하다가 "아빠, 저 좀 도와주세요" 라고 말하는 어린아이처럼 되어야 한다.

## 삶의 적용

### 벌새에게 배우는 교훈

조지아의 고향 집 뒤에 있는 베란다에는 작은 벌새들이 자유로이 우리 집을 방문하도록 부르는 빨간 액체를 담은 두 개의 벌새 먹이통이 있다. 봄, 여름, 가을 내내 벌새들은 공격적인 행동과 끊임없는 경계심을 드러내며 찾아온다. 벌새들은 세상의 온혈 동물 중 가장 작고 (많은 이들이 인정하려고 하지 않겠지만) 가장 비사회적인 동물에 속한다. 그들은 실제로 전혀 사회적 행위를 하지 않으며 오직 개인적 생존만이 그들의 관심사인 것처럼 보인다.

우리의 작은 먹이통으로 그들의 생존이 가능하다고 생각하지만 그들은 꽃에서 꿀을 빨아먹음으로써 에너지의 대부분인 7 내지 12칼로리를 하루에 섭취한다. 1 킬로칼로리는 1천 칼로리와 같으므로 인간적인 용어로 표현하면 하루에 성인이 204,300 칼로리 - 대략 770킬로그램의 햄버거 - 를 먹는다는 의미이다! 벌새는 단순히 생존하기 위해서 과즙으로 무게를 유지하려고 하루에 1천 개나 되는 꽃을 찾아다닌다. 번식기가 되면 수컷 넓적 꼬리 벌새는 일반적으로 경쟁자를 쫓아내기 위해서 시간당 40회 이상 먹이통을 날아다닌다. 계절이 바뀌면 벌새들은 3천2백킬로미터의 먼 거리를 비행한다.

벌새는 경이로울 정도의 탄성과 에너지와 힘을 보여주지만 실제로 신뢰나 평온함은 전혀 보여주지 않는다. 우리가 벌새의 물리적인 장점들을 칭송할 수는 있지만, 우리의 영적 삶이나 실제 생활을 그런 식으로 산다면 금방 녹초가 되어 모든 것이 고갈되고 말 것이다. 불안하고, 공격적이고, 잠시도 쉬지 않는 벌새는 그리스도인의 삶의 모델로 전혀 적합하지 않다.

브루스 발트케는 33장의 신학적 교훈 중 하나가 복종이라고 주장한다. "야곱은 오직 자신의 권리를 포기하는 것으로 한 가정의 확실한 지도자가 되었다. 이스라엘의 역할은 그리스도의 역할을 예표한다(빌 2:9-11). 그래서 하나님은 세상과 자신을 화목하게 하시기 위해 하나님과 동등할 수 있는 권리를 겸손히 포기한 자기 아들을 포기하신다(고후 5:16-21, 빌 2:6-8 참고). 스스로 자신을 낮추신 그들의 모델은 교회의 모델이 되고 있다(마 5:24, 빌 2:5, 「Genesis」, 457).

## 기도

하나님 아버지, 우리 자신을 지키기 위해 부단히 애쓰는 우리의 어리석음을 용서해주십시오. 그리고 예수님의 모델을 본받도록 도와주십시오. 아멘.

## 심층 연구

### A. 천사와의 만남

지금까지의 야곱 내러티브에서 우리는 세 번에 걸친 천사들과의 만남과 그 장소들을 기념하기 위한 세 번의 구체적인 이름 - 벧엘(28:19), 마하나임(32:2), 브니엘(32:30)이 지어지는 것을 보았다. 벧엘에서 야곱은 많은 천사들이 계단을 오르내리는 것을 보았고(28:12 참고), 마하나임에서는 "하나님의 사자들이 그를 만난지라"(32:1)고 말하고 있다. 하지만 브니엘에서는 '천사'라는 단어가 전혀 등장하지 않는다. 그럼에도 불구하고 야곱과 싸운 자는 "네가 하나님과 사람으로 더불어 겨루어 이기었음이니라"(32:28)고 말하였다.

그러므로 핵심 구절은 호세아가 야곱을 가리켜 다음과 같이 말한 소선지서에서 볼 수 있다. "야곱은 태에서 그 형의 발뒤꿈치를 잡았고 또 장년에 하나님과 힘을 겨루되 천사와 힘을 겨루어 이기고 울며 그에게 간구하였으며 하나님은 벧엘에서 저를 만나셨고 거기서 우리에게 말씀하셨나니 저는 만군의 하나님 여호와시라 여호와는 그의 기념 칭호니라"(호 12:3-5).

어떤 해석가들은 이것이 성육신 이전의 하나님의 아들과의 씨름, 즉 그리스도 현현(Christophany)이라고 주장한다. 그러나 그 주장은 창세기 본문이 아니라 호세아를 근거로만 제기될 수 있는 것이다. 천사들은 우리 시대에도 매우 인기가 있기 때문에 그리피스 토마스의 경고를 기억할 필요가 있다.

> 성경에서 소개되는 천사들은 예외없이 성도의 종으로 묘사되어 있다. 성도들보다 높은 자들이 아니라 낮은 존재로 묘사되어 있는 것이다. 천사들을 인간과 하나님 사이의 중간계에 살고 있는 존재, 전자보다는 뛰어나고 후자보다는 열등한 자

들로 생각하는 것은 잘못된 것으로 보인다. 천사 숭배와, 부도덕한 인간과 거룩한 하나님 사이의 중재자라는 사상을 낳은 것은 바로 이러한 잘못된 생각 때문이었을 것이다. 성경은 이와 반대로 항상 그들을, 영적인 지위와 특권에서 그들보다 더 높은 자들, '구원의 후사들' 을 수종드는 자, 즉 종으로 밝힌다(히 1:14, 벧전 1:12, 「Genesis」, 292).

### B. "내가 하나님과 대면하여 보았으나"(32:30)

창세기 16장 13절에서 하갈은 하나님의 말씀을 듣고 "내가 어떻게 여기서 나를 감찰하시는 하나님을 뵈었는고" 라고 말하였다. 이제는 야곱이 하나님의 얼굴을 보았다고 주장한다. 하지만 출애굽기 33장 23절은 "손을 거두리니 네가 내 등을 볼 것이요 얼굴은 보지 못하리라" 고 말하였다. 아마 우리는 이것을 상징적 표현으로 이해하는 것이 가장 좋을 것이다. 천사와의 직접적인 대면은 하나님을 만나는 것이었다. 브루스 발트케는 "이 특별한 표현은 반드시 문자적인 시각적 인식이라기보다는 오직 신과 인간의 직접적인 만남에 대해서만 사용된다" 고 말한다(「Genesis」, 447).

구약에 기록된 하나님과 인간의 모든 접촉에도 불구하고 요한은 성육신에 대해 이렇게 말할 수 있었다. "본래 하나님을 본 사람이 없으되 아버지 품속에 있는 독생하신 하나님이 나타내셨느니라" (요 1:18).

### C. 엘 엘로헤 이스라엘(33:20)

야곱이 세겜에서 쌓은 제단에 대한 이 이름은 '하나님, 이스라엘의 하나님' 이나 '이스라엘의 하나님은 전능하시도다' 라는 의미를 가질 수 있다. 존 필립스는 이것을 위선적이라고 보고 이 제단에 대해 야곱을 비판한다.

> 너무나 많은 사람들이 타락에 종교적 경외감의 분위기를 부여하고자 시도하듯이, 야곱은 제단을 세우고 그것을 엘 엘로헤 이스라엘( '하나님, 이스라엘의 하나님' )이라고 불렀다. 이것은 매우 그럴듯하게 들리지만 중요한 것은 이스라엘이 아니라 야곱이었고 하나님이 아니라 야곱이었다… 야곱이 그의 제단이 주변 이방인들에게 증거로 사용되기를 의도했던 것은 분명하다. 그렇다면 그의 의도는 그의

세 자녀들의 행동으로 곧 허사가 되고 말 것이다(「Exploring Genesis」, 268).

존 필립스는 분리를 강조하고자 하는 좋은 의도를 갖고 있다(그는 또한 숙곳의 체류가 끔찍한 실수였다는 입장을 취한다). 하지만 본문은 이 부분에서 부정적인 것 같지 않다. 야곱은 자신의 새 이름을 떠올리고 그것을 그의 조상들의 하나님과 결합시켰으며, 순수한 의의 깃발을 들어올리는 것 같았다. 나는 야곱에 대해 다음과 같이 말하는 랄프 엘리엇(Ralph Elliott)의 주장에 동의한다. "그가 새롭고 확고한 목적을 가졌다는 것이 그가 지은 제단의 이름인 '엘 엘로헤 이스라엘 (하나님, 이스라엘의 하나님)' 에서 암시되어 있다. 그는 그것에 대해 추호의 의심도 없었다. 그분은 그가 모든 어려움을 이기도록 해주신 그 개인의 하나님이셨다" (「The Message of Genesis」, 173).

## 교안

### A. 들어가는 글

1. '매달린 난로' 이야기로 시작하라.
2. 배경 설명: 야곱의 이야기가 서서히 마무리되고 있다. 그는 벧엘로 돌아가는 또 한 번의 여행을 하게 될 것이고, 창세기 내레이터는 곧 요셉에게 초점을 맞추게 될 것이다. 그러나 야곱은 현재 하나님이 원하시는 곳에 있다. 참되신 하나님께 관심을 집중한 채 그분을 의지하며.
3. 적용: 야곱이 밧단 아람에서 남쪽으로 여행을 계속함에 따라 31장과 32장 사이의 변화가 자연스럽게 일어난다. 하지만 거의 알려져 있지 않던 인물, 즉 야곱의 딸 디나에 관심을 집중하는 34장의 내용은 매우 뜻밖이다.

### B. 본문 이해

1. 겸손의 기도(32:1-12)

2. 화해를 위한 계획(32:13-21)
3. 브니엘의 씨름(32:22-32)
4. 사막에서의 재회(33:1-11)
5. 세겜으로의 마지막 여정(33:12-20)

**C. 결론**: '벌새에게 배우는 교훈' 을 읽어주라.

## 토의 질문

1. 당신의 생활과 가족 사이에 부흥과 화해가 필요한 영역은 어디인가?

2. 당신과 친척 간에 갈등이 있다면 관계의 회복을 위해 하나님의 축복을 가지고 그에게 다가갈 수 있는 방법은 어떤 것이 있는가?

3. 32장의 야곱의 기도에서 당신 자신의 기도 생활에 도움이 되는 몇 가지 교훈을 확인해보라.

# 창세기 34:1-36:43

## 내가 겪은 고통은 아무도 모른다

*"고통 중에 있는 그리스도인은 고통당하는 이유를 알 필요가 없다. 그는 그 고통 가운데서 하나님이 행하시는 일을 발견하고 싶어한다."*

*- 오스틴 패러(Austin Farrer)*

**우리는** 야곱의 슬픔 때와 기쁠 때를 보아왔다. 하지만 이 세 장은 야곱의 생애에서 가장 기쁠 때와 가장 슬플 때를 보여준다. 그는 강간과 살인을 지켜볼 수밖에 없으며, 온 진을 정결하게 하는 일과 기도를 즉각적으로 실행한다. 이 세 족장의 생애를 통해 우리가 배우는 한 가지 교훈은 하나님을 제외하면 성경에서 영웅은 존재하지 않는다는 것이다.

### 지리적 정보: 에돔

- 에서와 그 자손들이 세운 나라로 세일이라고 불리기도 한다.
- 원래 호리족들이 거주하였다(창 14:6).
- 다윗에 의해 정복되었다(삼하 8:14).

### 지리적 정보: 에브라다

- 라헬이 묻힌 곳
- 베들레헴 혹은 적어도 베들레헴 주변 지역의 고대 지명
- 미가 5장 2절의 메시아적 예언에서 언급된다.

### 인물 정보: 하몰

- 문자적으로 '나귀'라는 의미가 있다.
- 세겜의 히위 족속 통치자
- 디나를 강간한 남자인 세겜의 아버지

## 들어가는 글

# 죄책감 혹은 수치심

아이오와 주에 사는 한 농부가 새벽 3시에 옥수수 밭을 자동차로 가로질러가고 있다고 상상해보라. 그는 1킬로미터 앞의 정지 표지가 있는 장소를 정확히 알고 있지만, 야밤의 이 시각에는 길에 있을 사람이 한 사람도 없을 것이라는 생각에 속도를 줄인 후 양쪽을 살핀 후 정지 표지를 그대로 통과한다. 그는 한 사람도 위험에 빠뜨리지 않았지만 법규를 어겼기 때문에 약간의 죄책감을 느낀다.

남부 프랑스에서 동일한 상황을 상상해보라. 운전자는 일단 정지 표지를 보고 시골의 수 킬로미터까지 선명한 시야를 확보하지만 정지 신호를 무시하고 그대로 지나간다. 그러나 마침 경찰이 나무 뒤에서 기다리다가 그 프랑스 운전자를 불러 세운다면 그는 억울함과 동시에 경찰에게 들킨 것에 수치심을 느낄 것이다. 하지만 정지 신호를 무시한 것에 대해 잘못이 있다고 생각하지는 않을 것이다.

폴 킹(Paul L. King)은 이 현상에 대해 아주 재미있는 연구를 했다.

> 세계적으로 사람들의 집단은 '죄책감을 느끼는' 사회와 '수치심을 느끼는' 사회로 유용하게 구분될 수 있다. '죄책감' 의 사회는 구성원들이 규칙을 어길 때 다른 사람들이 전혀 그들의 위반 사실을 알 수 있는 기회가 없는 상태에서도 양심의 가책을 느낀다. '수치심' 의 사회는 한 개인의 경험에서 자신의 잘못이 드러날 때 양심의 문제가 수치심에 비해 중요한 요인이 되지 않는다. 이러한 구분의 유용성은 인간의 사회적 행위에 대한 이 구분이 매우 많은 것을 설명해준다는 것이다.

「죄책감과 수치심(Guilt and Shame)」이라는 제목의 미출간된 논문에서 킹은 이어서 교통 법규에 대한 자신의 원리를 표절, 특히 성인기의 상당 기간 동안 살았던 중국의 표절 행위에 적용시킨다. 그는 이렇게 결론을 맺는다. "우리는 모두 때로 요령을 피우려고 한다. 지름길을 찾는다. 규칙을 슬쩍 어기거나 위반한다. 하지만 어떤 사회에 속한 사람들이 개별적인 잘못에 대해 느끼는 방식은 그 사회의 총체적인 태도 형성에 영향을 미친다."

내가 세계 곳곳에서 본 사례들을 볼 때 매우 정확하고 놀라운 이 사회학적 분석은 확실히 야곱의 가족에게도 적용된다. 자신의 부정직한 행동에도 불구하고 야곱은 하나님과 직접적으로 대면했을 경우를 제외하면 전혀 죄책감을 느끼지 않았던 것 같다. 라반의 추악한 행동에서 자신의 모습을 발견할 때조차 그가 자신의 도덕적 기준을 설정하는 방식에는 거의 변화가 없었다.

하나님이 계속해서 그의 큰 실수들을 수습하시고 그의 길을 정상적으로 회복해주셨지만, 야곱은 이 결함에 대해 크게 고민하지도 않았다. 하지만 아비들이 신 포도주를 먹으면 자녀들의 이가 시리지 않을 것이다(렘 31:29). 야곱은 곧 그의 아비들에게서 그의 부정한 생활 방식의 열매를 경험하게 될 것이다.

## 본문 이해

### 내가 겪은 고통은 아무도 모른다

| Main Idea | 하나님은 완전한 사람들에게 사랑과 축복을 주시는 것이 아니라, 다른 이들에게 자신의 실수가 명확히 보인다 하더라도 포기하지 않고 몸부림치는 종에게 관심과 축복을 내리신다. |
|---|---|

#### A. 세겜의 살육(34:1-31)

| Supporting Idea | 이스라엘과 가나안인들의 통혼은 구약 전반에서 지적되는 문제이며, 세속성과 육욕에 대한 신약적 정죄의 무대를 마련해준다. |
|---|---|

**34:1-12.** 이와 같은 장이 왜 성경에 기록되었는지에 대해 의문을 가진 회의론자가 될

필요는 없다. 우리는 창세기 34장의 피비린내 나는 살육의 현장에 놀라 얼굴을 찡그린다. 일부 주석가들은 이 구절이 이 시점에서 일어나기 어려운 매우 부적절한 기사라고 생각하고 이 사건이 이스라엘 역사의 훨씬 후대에, 적어도 야곱의 가족사의 후기에 일어났음이 분명하다고 주장한다.

앨런 로스는 여러 가능한 상황들을 제시한다.

> 이 사건이 야곱의 귀향 직후 그리고 요셉이 애굽에 팔리기 전에 일어났다면 이 사건의 가담자들은 다소 어린 나이일 것이다. 야곱이 라반과 함께한 20년 중 8년째 되던 해에 르우벤이 레아에게서 태어났다면 가나안으로 돌아올 당시 그는 약 열네 살이 되었을 것이고, 시므온과 레위는 그보다 두 살 더 어리고 야곱은 아마 일곱 살이 되었을 것이다. 창세기 37장 2절에 따르면, 요셉과 그의 형제들의 갈등이 처음으로 표면화되었을 때 요셉의 나이는 열일곱 살이었다. 41장 46절에 의하면, 그가 바로 앞에 섰을 때 그의 나이는 서른 살이었다(그러므로 칠 년의 풍년이 끝난 후 그의 형제들이 식량을 구해 애굽으로 갔을 때 그는 37세였다). 디나의 강간 사건이 요셉이 팔리기 전에 일어났다면, 형제들은 20대 초반이었을 것이다. 그러나 요셉이 팔린 후에 그 사건이 일어났다면 그들은 40대 초반까지로 다양했을 것이다(「Genesis」, 569).

이것은 국가적인 가나안 전쟁이 아니라 구체적인 사건으로 인해 일어난 부족들 간의 대항이었다. 이 장의 문제는 디나의 강간 사건보다는 세겜 사람들의 죽음인 것 같다. 살인 사건이 일어날 때마다 원리는 동일하다. 죄악된 인간의 행위는 쉽게 통제 불능 상태로 빠져든다는 것이다. 우리는 33장 끝에서 야곱의 제단을 통해 하나님을 보고, 35장 초두에서 그분이 다시 야곱에게 말씀하시지만, 34장에서는 그분이 전혀 모습을 드러내시지 않는다.

십대를 둔 부모라면 누구든지 불량배들과 어울리려고 하는 딸로 인한 어려움을 공감할 수 있다. 여기서의 문제도 그것인 것 같다. 디나는 남자 친구를 찾거나 부도덕한 행위에 합세하고자 한 것이 아니었다. 그녀는 단순히 그 땅 여자를 보러 나갔을 뿐이었다. 그것은 경솔한 행동이었지만 본문은 그녀의 행동이 야곱에게 책임이 있음을 암시하며 야곱의 딸로서 그녀의 역할을 반복적으로 강조한다.

강간이 먼저 일어난 후 본문에서 세겜이 그 소녀를 사랑하여 그의 마음을 말로 위로하고라고 말하고 있는 것에 유의하라. 세겜의 행동을 유혹의 행위로 묘사하는 번역은 그 동사의 강도를 놓치고 있다. 창세기 6장 2절에서 성적인 포학 행위에 대해 동일한 동사가 사용되고 있다. 무엇보다도 그는 원하는 여자는 누구든지 가질 수 있고, 그후 그의 아버지에게 이 소녀를 내 아내로 얻게 하여 주소서라고 명령할 수 있는 그 성의 왕이었던 것이다.

야곱은 무슨 일이 일어났는지 알았지만 그의 아들들이 집에 돌아올 때까지 아무 반응도 보이지 않았다. 하몰은 혼례를 성사시키기 원했지만 디나의 오빠들은 근심하고 심히 노하였다. 내레이터는 강간이 이스라엘에게 일어난 일이라고 말한다. 이러한 표현은 태동기에 있는 이스라엘 민족을 가리키는 일종의 시대착오적 표현이다.

하몰은 디나를 위해서뿐 아니라 야곱의 가족과 가나안 주민들 간의 모든 차별성을 무너뜨릴 일반적인 통혼을 위해 대화를 시도하였다. 우리는 여기서 두 가지를 기억해야 한다. 첫째, 아브라함과 리브가 두 사람 모두 바로 이런 일을 막기 위해서 자기 아들을 가나안에서 내보내어 아내감을 구하게 하였다. 둘째, 디나가 아직 세겜의 집에, 아마 포로로 있을 때 이 모든 논의가 오고 갔다.

세겜(이 야곱의 진중 방문에 하몰과 분명히 동행했을 것이다)은 디나의 결혼 지참금으로 얼마를 지불하기를 원하는지 알고 싶었다. 그는 너희가 내게 청구하는 것은 내가 수응하리니라고 말했다. 그는 심지어 지참금에 예물까지 기꺼이 주겠다며 보너스에 대해서 말하기까지 했다. 헨리 모리스는 이렇게 주장한다. "확실히 야곱의 아들들을 심히 분노하게 한 것은 하몰과 세겜의 이 사무적이고 거래하는 듯한 태도였을 것이다. 여기서 이 사람들은 그들의 사랑하는 누이에 대해 마치 돈으로 육체를 살 수 있는 창녀에 불과한 것처럼 금전적 제안을 하고 있었던 것이다!" (「The Genesis Record」, 512).

**34:13-23.** 야곱은 대화에서 빠지고 그의 아들들이 그 대화를 이어받는다. 이 시점에서 야곱의 가족에 대한 분석 중 야곱의 아들들이 속여 대답하였다는 글을 읽는다고 해서 놀랄 필요가 없을 것이다. 그들은 이스라엘 사람들과 가나안 사람들의 통혼에 대한 유일한 걸림돌이 할례인 것처럼 행동한다. 그들은 너희 중 남자가 다 할례를 받고 우리같이 되면 디나가 세겜 사람과 결혼할 수 있다고 제안하였다.

세겜은 그 제안을 좋은 계획이라고 생각했고, 그와 그의 부친은 집으로 돌아가 그들의 생축과 재산과 그 모든 짐승이 우리의 소유가 되지 않겠느냐는 수사학적 질문을 덧붙임으로써 그 성의 나머지 사람들에게 그들의 제안을 설득했다.

야곱이 이 가공할 계획에 동의했다는 것을 믿기 어렵다. 하지만 확실히, 잠시 동안 가족에게 지도력을 행사했던 그는 아들들의 악한 계획을 막지 못하고 다시 한 번 뒤의 배경으로 물러선다. 우리는 세겜 사람들이 생각 없이 추장의 소원에 굴복했다는 것 외에는 잘못을 돌릴 수 없다. 실제적인 죄는 야곱의 아들들이 저질렀다. 그들은 하나님과의 영적인 언약의 표징을, 복수를 하기 위한 배신의 방편으로 이용했다.

그리피스 토마스는 다음과 같이 지적한다.

> 언약의 하나님에 대한 믿음이 없는 할례는 오직 육적이고 세속적인 것에 불과하다. 설상가상으로 그들은 거룩한 언약의 엄숙한 표식을 아무런 의심도 하지 않는 이 사람들에게 복수하기 위한 목적으로 사용하려고 했다. 그러므로 그들의 제안은 배신을 은폐하려는 구실에 불과했다. 고의적 살인이라는 실체를 지닌 경건의 모양이었다. 이보다 더 끔찍한 일이 있을 수 있겠는가? 야곱의 가정 생활이 어떤 상태였는지가 얼마나 적나라하게 드러나고 있는가!(「Genesis」, 323).

야곱에게는 다른 딸들이 있었지만 성경에서 그들의 이름은 한 번도 거론되지 않았다(창 37:35, 46:7, 15 참고). 어떤 주석가들은 11절의 "남형들"이라는 언급이 디나의 친 오빠였을 시므온과 르우벤만을 가리키는 것이며, 이 거래에서 나머지 9명의 형제들은 배제되었다고 믿는다. 이러한 주장은 순전히 추측에 불과하지만 고려해볼 가치가 있다.

**34:24-31.** 그 성의 지도자들(성문으로 출입하는 모든 자)이 그 계획에 동조하였고, 그렇게 해서 성문으로 출입하는(성 안의) 모든 남자가 할례를 받았다. 그 성의 모든 남자들이 아직 무력한 상태에 있던 삼 일째 되던 날 시므온과 레위가 살육을 시작하여 그 모든 남자를 죽였다. 그들은 성으로 가서 노략하고 훔칠 가치가 있는 모든 것을 취하고 그 모든 재물을 빼앗으며 그 자녀와 아내들을 사로잡고 집 속의 물건을 다 노략하였다. 존 필립스가 지적하듯이 "성령은 야비한 모든 행위를 자세히 거론하시고(34:27-28), 각 단어가 성령의 저울 위로 운명의 납덩이처럼 떨어진다. 시므온과 레위는 앗시리아의 충격과 공

포의 군대보다 더 잔혹하게 행동하였다. 그 공포감을 있는 그대로 전달하며 이야기를 들려주는 모세는 4백여 년이 지난 후에도 그들의 행동에 대해 분노감과 수치심을 느끼고 있다"(「Exploring Genesis」, 271-272).

드디어 야곱은 이 참상의 충격을 실감했다. 하지만 그는 거룩한 하나님에 대해 지은 죄에 대해서는 한 마디도 언급하지 않는다. 그의 관심은 본인과 가나안인들이 이제 **모여 나를 치고 나를 죽일** 가능성에 있었다. 시므온과 레위는 **그가 우리 누이를 창녀같이 대우함이 가하니이까**라고 서투른 항변을 해본다. 그러고나서 이 끔찍한 장이 끝난다.

존 세일해머는 시므온과 레위가 이 일과 관련해 용서받을 수 있다고 주장한다. 이는 "그들의 동기가 단순한 약탈이 아니라 누이의 명예에 대한 것이었기" 때문이다(「Genesis」, 216). 나는 그렇게 생각하지 않는다. 이 장 전체에서 어느 누가 결백할 수 있는지 매우 의심스럽다. 심지어 디나까지도. 기만과 속임수가 각 절을 지배하고 있고, 시므온과 레위에게 대답하지는 않았지만 야곱은 그들의 행동을 절대 잊거나 용서하지 않았다(창 49:6-7).

### B. 벧엘로 돌아감(35:1-15)

| Supporting Idea | 신자들이 죄와 타락의 늪에 빠질 때 개인적인 부흥과 정결이 필수적이다. 야곱에게 이것은 벧엘로 돌아가는 것을 의미한다. |
|---|---|

**35:1-5.** 하나님은 충분히 참으셨다. 이제 그분이 개입하셔서 야곱을 벧엘로 돌려보내시며 **거기 거하며 하나님께 거기서 단을 쌓으라**고 명령하신다. 세겜의 악취와 그들의 수치를 가족에게서 제거할 때가 되었다. 하지만 벧엘 여행을 시작하기에 앞서 먼저 세 가지 조건이 충족되어야 했다. **너희 중의 이방 신상을 버리고 자신을 정결케 하고 의복을 바꾸라.**

이 시점까지 우리가 알고 있는 유일한 이방 신은 라헬이 라반에게서 훔친 가정 수호신이었다. 자기 귀에 있는 고리와 더불어 이제 갑자기 더 많은 우상들이 나타난다. 이것은 야곱의 가족 중 상당수가 여전히 밧단 아람에서 배운 이교주의 형식에 집착하고 있음을 보여준다. 정결 의식은 그들의 죄에 대한 문자적이고 상징적인 정결례로서 몸을 철저하게 씻는 것과 관련이 있다. 의복을 바꿔 입는 것은 벧엘로 돌아가기 위한 새로운 삶을 묘사한다(창 41:14, 레 15:18, 16:23-24).

지금까지 평화적인 목자들이고 상당히 좋은 이웃이었던 야곱의 가족들은 이제 남의 영토를 통과해 지날 수밖에 없는 약탈자들의 무리로 낙인 찍히게 되었다. 그러나 적어도 그들은 아브라함의 믿음과 관련이 있는 세겜의 큰 상수리나무(12:6) 아래서 우상 숭배의 상징들(시므온과 레위가 세겜에서 약탈해온 상징들도 포함되었을 것이다)을 버렸다.

하나님의 은혜가 여전히 야곱의 가족들을 지배하였다. 우리는 하나님이 그 사면 고을들로 크게 두려워하게 하신 고로 야곱의 아들들을 추격하는 자가 없었더라는 내용을 읽게 된다.

**35:6-8.** 마침내 그들은 벧엘에 도착하였다. 야곱은 또다시 제단을 쌓고 오래전에 그에게 주신 하나님의 계시를 기념해 그곳을 '하나님의 집의 하나님(엘 벧엘)' 이라고 불렀다.

드보라가 야곱 내러티브에서 중요하게 부각된 인물이 아니었기 때문에 다음 절의 내용은 매우 뜻밖이다. 그녀는 리브가와 함께 메소포타미아에서 왔고(24:59), 야곱이 태어났을 때부터 그를 돌봤을 가능성이 매우 높다. 헨리 모리스는 성경이 리브가의 죽음과 매장에 대해 전혀 언급하지 않지만 이 드보라의 등장이 "이때에 리브가가 죽었다는 증거" 라고 여긴다(「The Genesis Record」, 520). 일부 주석가들은 리브가가 남편 이삭을 속였기 때문에 그러한 정보가 생략된 것이라고 추측한다. 사랑하는 드보라를 기려 그녀가 묻힌 나무는 '통곡의 나무' 라는 알론 바굿으로 불렸다.

**35:9-15.** 일견으로는 이전에 야곱에게 일어난 일을 단순히 반복하고 있는 것처럼 보인다. 하지만 9절 초두의 표현은 그러한 견해를 일축한다. 우리는 야곱의 벧엘에서의 처음 경험이 반복되고 있음을 알 수 있고, 이 경험이 훨씬 더 심오한 경험임을 의미하는 몇 가지 작은 경험들이 추가된다. 하나님은 왕들이 네 허리에서 나오리라고 덧붙이시며 번식의 축복을 다시 강조하시고, 그의 이름의 변화를 재확인하시고, 땅에 대한 약속을 반복하신다.

야곱은 돌기둥을 세웠다. 하지만 이번에는 전제물과 기름을 부었다는 내용이 최초로 언급되어 있다. 야곱은 벧엘이라는 그 장소의 이름을 재강조하고 그곳에 대한 이전의 호칭을 확인한다.

창세기 35장의 신현(theophany, 하나님의 나타나심)은 야곱에 대한 아브라함 언약의 계시를 완성한다. 첫 번째 신현은 15장의 아브라함과 하나님의 언약과 관련이 있었다. 두 번째 신현은 17장의 그 언약을 확장한다.

### C. 베들레헴에서의 출생(35:16-29)

| Supporting Idea | 창세기는 출생과 죽음에 대한 언급이 많다. 이것은 하나님의 종들이 죽은 후에도 세상에서 그의 사역이 계속되고 있다는 메시지이다. |
|---|---|

**35:16-22.** 이 단락은 라헬이 임신하여 심히 신고하더니… 죽으매 에브랏 곧 베들레헴 길에 장사된다는 내용의, 이 장의 두 번째 전환기적 죽음으로 시작한다. 우리는 또 다른 아들을 구하는 라헬의 기도를 기억하지만(30:24), 베노니('나의 고통의 아들')로 인해 그녀의 목숨을 잃게 될 것이라고는 예견하지 못했다. 야곱은 그 소년의 이름을 즉시 베냐민('내 오른손의 아들')으로 고쳐 지었다.

앨런 로스는 다음과 같이 지적한다.

> 이 당시 이름짓는 일은 중요한 것이었다. 라헬이 고통 중에 지은 애곡의 이름과 반대로 야곱이 지은 이름은 라반으로부터의 해방과, 지파의 완성을 위해 벧엘(가나안의 남부 지역)의 하나님께로 안전하게 복귀한 데 대한 그의 자각을 의미했을 것이다. 나아가 이스라엘이 그 땅에 정착한 후에도 자녀에 대한 약속이 계속될 것이라는 교훈을 이스라엘에게 주었을 것이다(「Genesis」, 582).

처음으로 에브랏(베들레헴)이 성경에서 등장한다. 그곳은 라헬의 실제 매장지에서 약 19킬로미터 거리에 있었다. 베냐민의 출생은 수백 년 후에 에브랏, 혹은 베들레헴에서 있을 또 다른 출생을 상기시킨다. 야곱은 돌기둥을 세울 필요성을 느꼈다. 이 장이 기록될 당시 그 기둥은 여전히 있었다. 20절과 21절에서 이름(야곱 - 이스라엘로)이 즉각적으로 바뀌고 있음을 유의하라. 우리는 이스라엘이 다시 발행하여라는 내용을 접한다. 이번에는 에델 망대를 지나 장막을 쳤다. 그리고 그곳에 있을 때 르우벤이 가서 그 서모 빌하와 통간하였다.

우리는 야곱의 아들들이 어떤 긍정적인 행동을 하게 될지 아직 더 살펴보아야 할 것이다. 후에 야곱은 그의 맏아들에 대해 "물의 끓음 같았은즉 너는 탁월치 못하리니"(49:4)라고 말하게 될 것이다. 여기서 과거를 추적해보자. 시므온과 레위는 이미 지도자로서의 역할을 상실했고, 이제 르우벤이 그것을 포기하고 있으며, 결국 유다에게로 전달될 것이다. 야곱이 디나의 강간에 대해 아무 말도 하지 않았듯이 빌하에 대한 르우벤의 행동에 대해서도 침묵하고 있다.

**35:23-26.** 우리는 야곱의 열두 아들에 대해 이미 알고 있다. 하지만 베냐민이 막 태어남으로써 지파의 구조가 완성되었기 때문에 내레이터는 그 명단을 다시 한 번 반복하는 것이 필요하다고 생각한다. 그들의 명단은 야곱의 아내들의 사회적 서열대로 기록되어 있고 이어서 두 번째로는 연장자의 순서를 따라 나열되어 있다. 우리는 출애굽기 1장 1-4절에서 이와 동일한 순서의 명단을 보게 된다.

여기서 일치하지 않는 것은 본문에서 야곱의 이 모든 아들들이 밧단 아람에서 그에게 낳은 자라고 말하는 부분이다. 그러나 우리는 베냐민이 밧단 아람에서 태어나지 않았음을 알고 있다. 브루스 발트케는 "아들들의 목록은 밧단 아람의 유배 생활에서 가나안 땅으로의 탈출에 동참한 자들로서 그의 모든 아들들을 이상화시키기 위한 것일 수 있다… 그럴 경우, 신학적 관심이 사실적인 관심사를 압도해버린다"고 말한다(「Genesis」, 478). 확실히 이 목록은 야곱이 정식으로 그의 아버지 이삭에게 소개할 손자들을 독자들에게 보여줌으로써 다음 단락에 우리가 대비하도록 하는 것 같다. 아마 야곱은 자신이 얼마나 잔인하고 호전적인 자식들을 키웠는지 아버지 이삭에게 말해줄 의도가 전혀 없었던 것 같다.

**35:27-29.** 마침내 야곱은 예루살렘 남쪽 약 32킬로미터 지점의 헤브론 고향, 아브라함이 오래전에 살았던 마므레의 그 유명한 상수리나무까지의 여행을 무사히 마쳤다. 일부 사람들은 야곱이 고향을 떠나 밧단 아람으로 간 후로 65년이 흘렀다고 주장한다. 그리고 우리는 여기서 일백 팔십 세의 나이에 이삭이 사망했다는 기록을 보고 있다.

헨리 모리스는 다음의 내용을 상기시킨다.

> 요셉이 애굽으로 팔려갈 당시 이삭이 여전히 생존해 있었음이 확실하다. 하지만 저자는 이 시점에서 이삭의 죽음을 언급하는 것이 적절하다고 생각했다… 이삭

의 영혼은 분명히 아브라함과 셈, 노아 그리고 믿음 안에서 죽은 사람들의 영들이 미래의 구속과 부활을 기다리고 있는 스올로 옮겨졌다(「The Genesis Record」, 524).

35장의 후기로 에서가 야곱과 함께 이삭의 장례식을 치렀다는 내용이 기록되어 있다. 이것은 다음 장의 에서의 후손들에 대한 기록의 도입부처럼 사용된다.

### D. 에돔의 동쪽(36:1-43)

| Supporting Idea | 우리는 이스라엘 백성들과 에돔 사람들이 동일한 지역에서 살고자 시도하지만 평화로운 공존을 유지하고자 노력하는 것을 본다. 이 장은 야곱의 자손들과 평행을 이루는 에서의 자손들의 확장에 대해 설명한다. |
| --- | --- |

**36:1-9.** 조심스러운 독자라면 에서의 아내들의 이름과 26장과 28장에 기록된 내용 사이의 모순점을 즉각 알아차릴 것이다. 여기서 우리는 에서의 모든 후손들이 세 사람의 아내들, 즉 엘론의 딸 아다와 아나의 소생 오홀리바마, 이스마엘의 딸 바스맛의 후손들임을 알 수 있다. 그들의 이름은 가나안 여인이라는 구절과 마찬가지로 중요하지 않다. 하지만 대부분의 주석가들은 그들의 이름의 차이를 설명하는 데 지나치게 몰두한 나머지 이방인 아내들을 택한 에서의 큰 죄를 간과한다.

필립스는 다음과 같이 상기시킨다. "두 가지, 즉 에서의 성공적이지 못한 타협과 그의 끝없는 세속성을 명심해야 한다. 에서의 부모들은 경건한 사람들이었고, 그가 이방 여자들과 결혼한 것은 그들에게 큰 근심거리였다"(「Exploring Genesis」, 283).

에돔의 역사는 계속해서 이스라엘의 역사와 교차하였다. 이것은 적어도 이 장에서 그들에 대해 상세히 기록한 이유를 설명해준다. 더욱이 에돔은 자기의 가축과 자기 모든 짐승과 자기가 가나안 땅에서 얻은 모든 재물뿐 아니라 자기의 모든 식구들을 자발적으로 이동시켰기 때문에 이스라엘과 가장 가까운 이웃이 되었다. 후대의 구약 역사를 이해하기 위해서는 세일의 위치를 정확히 알고 있어야 한다. 세일은 사해의 남동쪽, 모압의 남쪽에 위치하며 오늘날 요단 왕국의 남부 지역을 가리킨다. 롯과 이스마엘처럼 에서는 약속의 땅에서 멀어져갔다.

**36:10-19.** 에서의 후손들의 목록은 아들들로 시작하며, 역대상 1장 35-37절에 다시 나타난다. 아들들은 또한 에서의 아들 중 족장으로서 이 단락의 두 번째 목록에 나타난다. 브루스 발트케는 다음과 같이 말한다.

> 아마 내레이터는 첩의 아들인 아멜렉을 배제하고 오홀리바마의 아들들을 포함시키는 방법으로 열두 명의 '손자들' 의 수를 채우기 위해 이 목록을 고안했을 것이다. 오홀리바마(에서의 아내)의 경우만 독특하게 (시므온의) 손녀임이 밝혀져 있고, 마지막 순서에 등장하며 그녀의 손자들이 소개되지 않음으로써 그녀의 아들들이 아다와 바스맛의 손자들과 동일 선상에 놓이고 있다. 따라서 에서의 아내들은 그들의 각 후손의 자녀 수인 다섯, 넷, 셋의 순서로 소개되고 있다. 이 목록은 하나의 가족에서 부족 형태로 발전하고 있음을 보여준다(「Genesis」, 484-485).

**36:20-30.** 먼저 아들들에 대한 목록이 소개되고 이어서 족장들의 목록이 소개된 후 이제 호리 족속 세일의 자손에 대한 목록이 소개되고 있다. 얼핏 보면 이 절들이 포함된 논리적 이유를 전혀 발견할 수 없다. 그러나 호리 족속들은 에돔 족속으로 알려진 부족에 흡수되었다. 앨런 로스는 이렇게 지적한다. "일곱 명의 아들이 족장이 되었고, 이 일곱 족장에게서 21명의 아들과 딸들(혹은 부족들)이 나왔다. 그렇게 해서 강력한 권력자로서의 에서의 그림이 그려지고 있다. 그의 아들들이 씨족의 족장들이 되었을 뿐 아니라 그 땅의 씨족들도 그에게 복속되었다" (「Genesis」, 586).

이 전체 장에서는 24절에서 오직 단 하나의 일화만 기록되어 있다. 이 아나는 그 아비 시브온의 나귀를 칠 때에 광야에서 온천을 발견하였고, 이 간단한 이야기를 통해 이 아나와 그의 삼촌 아나를 구별해준다. 이것은 두 라멕(창 4:17-24)과 두 에녹(창 5:21-24)과 관련해서도 발견되는 방식이다.

**36:31-43.** 사울이 이스라엘의 왕좌에 오르기 훨씬 전에 에돔 족속들은 왕을 두었다. 창세기 저자는 그 왕정의 규모와 힘을 우리에게 알려주기를 원한다. 브루스 발트케는 이렇게 지적한다. "이것은 고대 근동의 민족 국가들 중 왕조를 이루지 않은, 알려진 유일한 왕의 목록으로, 에돔이 이 당시 한 국가로 인식될 수 있는지에 대한 의문을 일으켜

준다. 이 왕 목록은 부족 체계에서 선출을 통한 왕정으로 체제의 이양이 이루어졌음을 보여준다"(「Genesis」, 486). 이 사실은 이스라엘 최초의 왕인 사울이 에돔 족속을 물리친 후대에 중요한 의미를 갖게 되었다(삼상 14:47).

| Main Idea 복 습 | 하나님은 완전한 사람들에게 사랑과 축복을 주시는 것이 아니라, 다른 이들에게 자신의 실수가 명확히 보인다 하더라도 포기하지 않고 몸부림치는 종에게 관심과 축복을 내리신다. |
|---|---|

# ! 결론

## 성경적 무오성

미국 성서협회(American Bible Society)에 의하면, 거의 모든 미국인 가정이 적어도 하나의 성경책을 갖고 있다고 한다. 하지만 그것이 그들이 성경과 얼마나 친숙한지를 보장하지는 않는다. 많은 미국인들에게 산상 설교는 빌리 그레이엄(Billy Graham)을 통해 전해졌고, 잔다르크(Joan of Arc: 방주의 조안)는 노아의 아내이며, 소위 중생했다고 하는 그리스도인 중 80퍼센트는 "하나님은 스스로 돕는 자를 도우신다"는 격언이 성경의 구절이라고 믿는다.

갤럽 기관인 ABS와 바르나 리서치(Barna Research)가 실시한 조사는 미국인들이 성경의 내용에 대해 매우 무지하다는 견해를 뒷받침해준다.

- 매주 성경을 읽는 미국인들은 절반 이하이다.
- 미국인의 약 3분의 1은 이사야서가 구약의 일부임을 모른다.
- 약 40퍼센트의 미국인이 성경 전체가 예수 탄생 이후에 기록되었다고 잘못 믿고 있다.
- 성경을 읽는 사람들의 수는 1990년 인구의 73퍼센트에서 20세기 말 단 59퍼센트로

감소하였다. 미국 국기가 애국심을 상징하듯이, 성경은 믿음, 매우 광범위하지만 또한 매우 얕은 믿음의 상징이다.

우리는 야곱과 에서의 삶을 통해 하나님이 자주 야곱에게 말씀으로 지적하셨지만, 야곱이 영적인 리더십에 대한 자신의 의무를 반복적으로 무시했음을 보았다. 자신의 삶에서 하나님의 통치를 인정한 몇 번의 감동적인 순간들을 제외하면 야곱은 자신을 위한 삶을 살았고, 자녀들을 부모나 조부모, 증조부에 비해 하나님의 진리에 관심을 덜 가진 자녀들로 키웠다. 에서는 하나님의 약속이나 하나님의 언약에 대해 전혀 무관심하였다. 그는 세속적 인간의 초상이다.

리서치 기관에서 미국인들에게 성경에서 좋아하는 책에 대해 질문하면 시편이 가장 선두이고, 창세기가 두 번째로 손꼽힌다. 하지만 믿음, 언약, 주권, 순종 - 족장들의 삶에서 너무나 중요했던 - 에 대한 교훈들은 포스트 모던 세계에서 설 자리를 상실한 것 같다.

### ▣ 진리 알기

- 악과 세상과의 분리가 항상 자기 백성들을 향한 하나님의 계획이었다.
- 악한 목적으로 거룩한 상징과 의식들을 사용하면 하나님의 심판을 받을 것이다.
- 하나님과의 친밀한 경험 때문에 항상 하나님께 충실할 것이라고 보장할 수는 없다.

### ▣ 적용하기

- 당신의 삶에서 모든 우상들을 제거하라.
- 하나님의 약속을 자주 그리고 매우 진지하게 돌이켜보라.
- 어느 날 모든 열방에서 온 사람들이 천국에 있을 것임을 인정하라. 이것을 약속하신 예수님의 지상 명령을 성취하기 위해 힘쓰라.

## 삶의 적용

### 나치가 심은 나무

2000년 12월 4일, 독일의 산림청 공무원들은 필수적이지만 이례적인 임무를 수행했다. 그들은 약 60년 전에 나치스 독일의 문양 모양으로 심긴 나무들을 베었다. 공중에서 보면 그 나무들은 주변 숲보다 색깔이 더 옅어서 제3제국(히틀러 치하의 독일)이 세계를 정복하고자 시도한 지 반세기 이상이 지난 시점에까지 선명한 나치 독일의 상징을 드러낸다.

악의 지속적인 영향은 세계에서 죄악의 무서운 실체 중 하나를 드러낸다. 우리는 기만의 습성이 야곱의 가족들에게 어떻게 유전되었는지 지적하였다. 또한 아버지 이삭의 약점이 족장 가문에서 기만, 살인, 간음이 횡행하는 모습으로 야곱 속에 반영되었음을 보았다. 범죄를 저지를 당시 처벌받지 않았던 시므온, 레위, 르우벤의 죄악이 지파에 대한 야곱의 마지막 축복에서 다시 그들을 따라잡고 있는 것을 지적하였다.

60년이 지나서야 사람들이 그 나치의 나무들을 다루었다는 것은 쉽게 믿어지지 않는다. 아마 관리들이 그 문제를 해결하길 거부했을 것이다. 그러나 야곱의 가족이 이방 신상과 악의 장신구들을 제거해야 했듯이, 우리는 과거의 죄악이 현재까지 이어지지 않도록 우리의 삶에서 나치의 나무를 베어버려야 한다.

## 기도

하나님 아버지, 야곱과 에서에게 그리고 오늘 우리에게 보여주신 은혜에 감사드립니다. 우리가 당신의 말씀을 사랑하고, 하나님을 공경하도록 우리의 자녀들을 양육하는 언약의 백성이 되게 도와주십시오. 아멘.

## 심층 연구

### A. 히위 족속 하몰(34:2)

본문은 히위 족속 하몰이 '그 지역의 추장' 이었다고 말한다. 이것은 세겜이 그 당시 세계의 문명화되지 않은 지역에서 중요한 곳이었음을 암시하는 것일 수 있다. 야곱이 주전 1800년과 1750년경 사이의 인물이라면 그가 세겜에 있을 때는 도시가 형성되던 시기임을 알 수 있다. 브루스 발트케는 다음과 같이 말한다.

> 1750년경 그 성은 독립된 채 서 있는 폭 2.5미터의 진흙 벽돌 성벽에 둘러싸여 있었고 돌로 된 토대 위에 세워져 있었다. 성 안의 건물들 역시 돌로 된 기초 위에 세워진 튼튼한 구조물이었다. 하지만 야곱 당시 성은 이제 막 건설되기 시작했을 것이다. 그래서 '땅' 이라는 용어가 사용되고 있을 것이다(「Genesis」, 462).

하몰은 창세기 33장과 34장에서 처음으로 등장하지만 요셉의 매장지와 관련해 여호수아 24장 32절에 다시 언급되어 있다. 아비멜렉이 '세겜의 아버지 하몰의 후손' 과 관련해서 조롱을 받는 사사기 9장 28절에 이 이름이 또 한 번 등장한다.

### B. 르우벤(35:22)

37장에서 르우벤이 요셉의 목숨을 구하려고 애썼음에도 불구하고 그는 우리가 여기서 읽은 죄를 결코 극복하지 못했다. 야곱의 마지막 축복을 위해 아들들이 소집되었을 때 족장 야곱은 르우벤에게 이렇게 말했다. "물의 끓음 같았은즉 너는 탁월치 못하리니 네가 아비의 침상에 올라 더럽혔음이로다 그가 내 침상에 올랐었도다"(49:4). 맏아들이 형제들 중 당연히 지도자가 되어야 하지만 르우벤은 결코 그 지위를 얻지 못했다.

역대상 5장 1-2절은 르우벤이 빌하와 간통함으로 장자권이 요셉의 아들들에게 넘어갔다고 말한다.

창세기 35장과 49장 사이의 그 사건에 대해 그들이 전혀 언급하지 않은 것을 감안하면 르우벤은 약 25년 후 야곱의 말에 큰 충격을 받았을 것이다. 아마 그의 형제들조차 그가 저지른 일을 몰랐을 것이다. 르우벤 지파의 행적을 추적해보면, 민수기 16장에서 다단과 아비람이 고라의 반역에 동참하는 것에서 그 불안정성이 그대로 지속되고 있음을 본다.

전쟁에서 감당한 역할로 인해 스불론과 납달리가 칭송을 받는 드보라의 유명한 노래(삿 5장)에서 르우벤은 양 떼 중에 숨었다는 비난을 받고 있다. 르우벤 지파는 구약의 전 역사에서 단 한 명의 선지자나 군사 지도자, 사사, 혹은 중요한 인물을 배출하지 못했다. 장기적으로 지속되는 비극은 순간적인 죄악이 원인일 수 있다. 그것은 우리 자신의 삶의 경계를 넘어 전달되는 비극이다.

### C. 유다(35:23)

열두 지파 중에서 유다는 가장 중요한 지파라고 할 수 있다. 이 지파를 통해 메시아 탄생의 계보가 형성되기 때문이다. 그러나 유다라는 이름은 야곱 당시 흔한 이름이었고, 네 번째 아들에 대한 레아의 이름 작명은 전혀 부각되지 않은 사건이었다. 우리는 37장에서 요셉을 팔 때 그가 한 역할과 38장에서 다말과 저지른 수치스러운 행위를 알고 있다. 그의 아내가 죽은 후 그는 창녀로 변장한 며느리와 근친 상간을 저질렀다. 그 결합을 통해 유다에게서 베레스와 세라라고 이름지은 쌍둥이가 태어났다. 베레스의 가계를 통해 궁극적으로 세상에 주신 하나님의 선물인 나사렛 예수가 태어나셨다. 이것은 하나님의 은혜가 인간의 약점을 극복할 수 있음을 보여준다.

창세기 49장의 축복에서 유다에 대한 언급은 르우벤, 시므온, 레위에 대한 것과 상당히 다르다.

> "유다야 너는 네 형제의 찬송이 될지라 네 손이 네 원수의 목을 잡을 것이요 네 아비의 아들들이 네 앞에 절하리로다 유다는 사자 새끼로다 내 아들아 너는 움킨 것을 찢고 올라갔도다 그의 엎드리고 웅크림이 수사자 같고 암사자 같으니 누가

그를 범할 수 있으랴 홀이 유다를 떠나지 아니하며 치리자의 지팡이가 그 발 사이에서 떠나지 아니하시기를 실로가 오시기까지 미치리니 그에게 모든 백성이 복종하리로다"(49:8-10).

유다 지파로부터 모든 제사장의 아들(최초의 사사인 옷니엘, 성막 건축자인 브살리엘 그리고 이후로 다윗에게서 나온 모든 경건한 왕들)의 어머니인 엘리사벳이 나왔다. 유다 지파는 가나안 입성을 이끌었다. 다윗에 대한 반역이 일어나자 유다만 홀로 그들의 왕을 지지했다.

## 고안

### A. 들어가는 글

1. '죄책감 혹은 수치심' 이야기로 시작하라.
2. 배경 설명: 야곱이 벧엘로 돌아가 그곳에서 놀라운 영적 경험을 했지만 앞뒤의 내러티브들은 요셉이 그를 애굽으로 데려옴으로써 가나안의 기근에서 구출할 때까지 전혀 사그라들지 않는 야곱의 인생 역정을 반영하고 있다. 나는 항상 이동하며, 메마른 광야의 길을 방황하면서 "내가 겪은 고통은 아무도 모른다"고 나직히 읊조리는 야곱의 모습을 상상할 수 있다.
3. 적용: 33장과 34장의 단절은 세겜의 끔찍한 이야기가 야곱 내러티브를 방해하며 소개되고 있다. 야곱이 앞으로 12장에 걸쳐 더 나타나지만 그의 생애에 대한 실제적인 내러티브는 37장 1절에서 끝나고 요셉 이야기가 시작됨으로써 야곱은 비중이 약해진 채 배경으로 물러난다.

### B. 본문 이해

1. 세겜의 살육(34:1-31)

2. 벧엘로 돌아감(35:1-15)

3. 베들레헴에서의 출생(35:16-29)

4. 에돔의 동족(36:1-43)

**C. 결론**: '나치가 심은 나무' 를 읽어주라.

## 토의 질문

1. 야곱이 어떤 조치를 취했다면 세겜의 학살을 막을 수 있었겠는가?

2. 간헐적인 부흥의 순간에도 불구하고 야곱이 가정의 영적 지도자로서 계속해서 약한 모습을 보여준 것에 대해 어떻게 설명할 수 있는가?

3. 창세기 36장이 성경에 포함된 이유를 아이에게 설명해야 한다면 무엇이라고 할 것인가?

# 창세기 37:1-38:30

## 요셉과 그의 형제들

*"연약함을 느끼면 하루를 사는 데 필요한 힘을 얻기 위해 그리스도를 더 깊이 의지하게 된다. 우리의 연약함을 깨달을수록 우리는 더 열심히 의지하게 된다. 그리고 더 열심히 의지하면 우리의 육체가 쇠약해질지라도 영적으로 더 강하게 된다."*

*- J. I. 패커(J. I. Packer)*

**이 두 장은** 요셉을 소개하고, 하나님이 자신이 선택한 백성들을 애굽 땅으로 인도하실 방법과 이유를 보여준다.

## 들어가는 글

### 가족 내의 편애

수년 전에 신장 이식 수술을 받아야 했을 때 유대인인 신장 내과 전문의가 폐부를 찌르는 질문을 내게 했다. "당신에게 신장을 기증할 사람을 알고 있나요?" 나는 양친과, 세 명의 형제와, 세 명의 누이와 함께 훌륭한 기독교 가정에서 성장했다. 나는 그들이 나를 사랑한다는 것을 알고 있지만, 그 질문을 들었을 때 온갖 종류의 이상한 생각이 뇌리를 스쳐지나갔음을 인정하지 않을 수 없다. 그 중 많은 생각은 어릴 때 내 형제들과 누이들에 대한 내 행동이나 태도와 관련이 있었다. 부모님은 나를 망치는 일을 하지 않으셨지만 나는 망나니처럼 행동했던 때가 많았다. 이제 그 일들이 내 생각 속의 추한 기억들을 들추어내었다.

나는 지금, 온 가족이 필요한 신장을 기꺼이 나누어주겠다고 했던 사실을 쓰자니 숙연한 마음이 든다. 어머니와 아버지뿐 아니라 형제와 누이들까지 한 가족으로서 주님을 공경하고 나에 대한 큰 사랑을 실천하는 모습을 보여주었다. 모든 가족이 다 그러한 사랑의 태도나 용납의 모습을 보여주는 것은 아니다. 그리스도인들이 모두 그러한 모습을 보여주는 것도 아니다. 한 가족이 가족처럼 행동하지 않을 때 심각한 결과가 초래된다. 때로 그러한 결과들은 큰 파급 효과를 낳는다.

매우 유감스러운 일이 마하트마 간디(Mhatma Gandhi)의 생애에서 일어났다. 그는 자신의 자서전을 통해 학생 시절 성경에 관심을 가졌던 적이 있다고 말한다. 복음서를 읽고 깊은 감동을 받은 그는 기독교에 귀의할 것을 진지하게 생각했다. 기독교는 인도 국민들을 분열시키고 있는 카스트 제도에 대해 실제적인 해결책을 제시하는 것 같았다. 어느 주일 그는 목사님을 만나서 구원의 길과, 다른 기독교 교리에 대한 교훈을 얻기 위해 교회를 찾아갔다. 그러나 그가 교회당에 들어가자 안내자가 그에게 자리를 거부하고 인도 사람들과 같이 예배드릴 것을 주장했다. 그는 교회를 떠나 결코 다시 돌아오지 않았다. 그는 "그리스도인들 역시 계급적 차별을 둔다면 차라리 힌두교도로 계속 살겠다"고 말했다.

자신과 다른 사람들, 다른 사람들로 인해 이상한 입장에 놓이게 된 사람들, 독특한 방식으로 하나님의 축복을 받아 그 지도력에 복종하도록 요구되는 사람들을 당신은 어떤 태도로 대하고 있는가?

## 본문 이해

### 요셉과 그의 형제들

| Main Idea | 편애, 질투, 증오 그리고 이기심으로 가득한 환경 속에서 하나님은 자신이 선택한 가정을 보호하시고 필요한 것을 공급하시기 위해 주권적으로 역사하신다. |
|---|---|

### A. 야곱이 편애하는 아들(37:1-4)

| Supporting Idea | 편애는 항상 나쁘며, 가정 내의 편애는 특히 해롭다. |
|---|---|

**37:1-2 상.** 야곱이 가나안 땅 곧 그 아비의 우거하던 땅에 거하였으니라는 언급은 야곱이 그의 아버지 이삭이 머물렀고, 그의 할아버지 아브라함이 살기 위해 왔던 이 땅에 항상 살 것은 아니라는 사실을 독자들이 대비하도록 한다. 이것은 또한 요셉 이야기의 출발에 대한 역사적 배경을 독자들에게 제공한다. 요셉은 아브라함에게 주어진 예언, "너는 정녕히 알라 네 자손이 이방에서 객이 되어 그들을 섬기겠고 그들은 사백 년 동안 네 자손을 괴롭게 하리니" (창 15:13)를 성취하도록 돕는 하나님의 도구로 사용될 것이다.

2절에서는 창세기를 분할하기 위해 반복적으로 사용된 표현인 야곱의 약전이 이러하니라(히, 톨레도트)가 또다시 나타나고 있다. 이것은 열 번째 사용된 것으로 저자가 구분한 창세기의 마지막 큰 단원이다. 이어서 기록된 내용은 야곱에게 일어난 이야기로서 그의 아들 요셉에게 집중되기는 하지만 그의 아들들의 생활과 관련되어 전개되고 있다.

**37:2 하.** 요셉은 야곱이 가장 사랑하는 아내(창 29:30)인 라헬에게서 태어났으며(창 30:24), 야곱에게 두 번째로 어린 아들이었다. 그는 17세가 되었고, 형들과 같이 양을 치는 목동으로 일한다고 소개되고 있다. 후에 우리는 요셉이 그의 형들과 다르게 대우받고 있음을 알게 될 것이다. 그는 그들처럼 항상 목동으로 일하지 않아도 되었는지 모른다(창 37:12). 그의 형들은 라헬과 레아의 두 여종으로 각기 야곱의 첩이 된 빌하와 실바의 아들이라고 구체적으로 명시되어 있다. 그의 첫 아내인 레아의 아들이나 라헬이 출산 중에 낳고 사망한 친형제인 베냐민(창 35:16-18)에 대해서는 전혀 언급되어 있지 않다.

베냐민은 요셉보다 어렸고 아마 그의 부친과 집에 머물렀을 것이기 때문에 그에 대한 언급이 생략된 것은 이해할 수 있다. 빌하와 실바만 언급된 것은 그들의 아들들이 가족 가운데서 아들로서 온전한 지위를 행사했음을 강조하기 위해서이거나 이 형제들이 특히 행실이 나빠서이기 때문일 것이다. 하지만 레아의 아들들이 그의 형제들과 함께 있는 것이 명백하기 때문에 그들이 언급되지 않은 것은 여전히 이해가 가지 않지만 본문은 이에 대해 설명하지 않는다.

요셉은 그의 형들과 양을 치는 동안 비윤리적이거나 부정한 행동을 관찰해서 아버지에게 돌아가자마자 이것을 고자질했음이 분명하다. 이것이 지혜로운 행동인지 혹은 필요한 행동인지 성경은 말하지 않는다. 하지만 이 행동이 양 떼를 위험으로 몰아넣거나, 친구나 토지 소유권도 없이 이방 사람들 속에 살고 있는 야곱의 명성을 위협하는 심각한 행동이었을 가능성도 있다. 지적해야 할 중요한 사실은, 요셉이 자신의 이 행동으로 상당한 대가를 치를 수 있음을 알았음이 분명한데도 형들에 대한 불리한 내용을 기꺼이 지적했다는 것이다.

**37:3.** 성경은 이스라엘(야곱에게 하나님이 주신 이름, 창 32:28)이 여러 아들보다 그를 깊이 사랑하였다고 말한다. 이것은 사별한 아내 라헬에 대한 야곱의 태도를 상기시킨다(창 29:30). 또한 야곱의 모친 리브가가 그를 대하던 태도도 상기시킨다(창 25:28). 야곱이 요셉을 편애한 이유는 요셉이 노년에 얻은 아들이기 때문이었다. 이것은 아마 야곱이 언급한 이유겠지만 여러 사실들은 요셉이 태어났기 때문에 베냐민이 태어나서일 것임

을 증명한다. 사실 야곱은 앞으로 여러 해를 더 살게 될 것이고, 그동안 요셉이 애굽에 끌려가고 그후 야곱 자신도 애굽에서 살게 될 것이다.

야곱이 요셉을 편애했다는 증거는 요셉에게 특별한 옷을 입힌 데서 드러난다. 이 의복이 다른 옷보다 특별한 옷이 된 요인이 무엇인지를 두고 많은 논의가 있었다. NIV 성경은 **장식이 많은 옷**이라고 번역한다. 전통적으로 이 의복은 밝은 색깔의 줄 무늬가 있는 옷으로 여겨져왔다. 이 해석은 히브리어 구약에 대한 헬라어 번역에 근거한 것으로, 그 번역자들은 그것의 정확한 의미를 몰랐을 것이다. 그것은 사무엘하 13장 18절의 "출가하지 아니한 공주는 이런 옷으로 단장하는 법이라" 에서 다시 사용되고 있지만, 이것 또한 정확히 어떤 옷인지를 서술하는 데는 도움이 되지 않는다.

여기서 사용된 히브리어 단어를 같은 종류의 셈족 단어와 비교해보면, 번역본들은 긴 소매 달린 겉옷(NRSV 성경)이나 NIV 성경처럼 수가 많이 놓인 겉옷으로 번역하고 있다. 어느 쪽이든, 그 옷은 요셉이 야곱의 사랑을 받는 아들임을 알게 해주었다.

**37:4.** 요셉이 형들에 대해 아버지에게 고자질한 것과 더불어 그들의 아버지가 그를 특별히 사랑하는 것 때문에 형들은 그를 무시했다. 실제로 그들은 **그에게 언사가 불평하였다**. 이 표현은 요셉이 그들에 대해 말한 '과실' 과 대조를 이룬다.

### B. 요셉의 꿈(37:5-11)

| Supporting Idea | 요셉이 가족에게 하나님이 주신 꿈을 이야기했을 때 그의 아버지와 형제들은 그것을 신적 예언으로 인정하지 않았을 뿐 아니라 열광적인 반응도 보이지 않았다. |
|---|---|

**37:5-8.** 첫 번째 꿈에서 요셉은 그의 형제들이 들판에서 곡식 단을 묶고 있는 것을 보았다. 갑자기 요셉의 단이 일어나 똑바로 섰고, 나머지 형제들의 곡식단이 요셉의 곡식단 주위로 모여들어 절을 했다. 이 꿈 내용을 그의 형제들에게 밝혔을 때 그 결과는 두 번 반복된 표현인 **그들이 그를 더욱 미워하였다**는 것이다. 그들은 확실히 그 꿈을 신적 예언이라고 믿지 않았고, 오히려 버릇없는 동생의 욕심에서 비롯된 공상이라고 생각했다. 성경은 요셉이 꿈 내용을 밝힌 데 대해 결코 그가 지혜롭게 행동한 것이라고 평가하지 않는다. 물론 창세기 42장 6절, 43장 26절, 44장 14절, 50장 18절에서 볼 수 있듯이 그

꿈은 실현되었다. 아마 이 꿈은 요셉의 유익만을 위한 것이었겠지만 그는 자신을 미워하는 형들에 대한 반발심이나, 그들을 약올리기 위해 꿈의 내용을 밝히는 것을 택했다. 이때 요셉은 하나님의 종으로서 행동하지 않았는지도 모른다. 그는 많은 시련과 고난을 통해 하나님의 종이 될 것이다.

**37:9-11.** 요셉의 두 번째 꿈에서 그는 해와 달과 열한 개의 별들이 그에게 절하는 것을 보았다. 해와 달과 열한 개의 별에 대한 해석은 나와 네 모와 네 형제들이 참으로 가서 땅에 엎드려 네게 절하겠느냐라고 묻는 야곱의 말에 기록되어 있다. 아버지와 형제들의 반응은 그 형들은 시기하되 그 아비는 그 말을 마음에 두었더라는 점에서 구별된다. 이렇게 반응이 다른 것은 하나님이 꿈을 통해 말씀하실 수 있음을 야곱이 알았고(창 28:12-16), 꿈을 통해 하신 하나님의 말씀이 실현되었음(창 35:7)을 또한 알았기 때문일 것이다.

요셉의 생모인 라헬이 이미 사망했기 때문에(창 35:19) 그의 모친에 대한 언급은 열두 아들 중 여섯 명을 낳은 레아(창 35:23)를 가리킨 것으로 해석해야 한다. 야곱은 그의 아들들의 시기심을 결코 해결하지 않았다. 다음 이야기는 그 시기심이 어떤 열매를 맺는지 보여줄 것이다.

### C. 애굽의 노예로 팔려간 요셉(37:12-36)

| Supporting Idea | 요셉의 형제들의 시기심과 증오심을 통해 하나님은 요셉을 애굽으로 인도하신다. |
|---|---|

**37:12-17.** 창세기 35장 27절은 야곱이 그 당시 헤브론에 살고 있었음을 암시한다. 그는 아들들과 양 떼들에 대한 상황을 알아보기 위해 세겜 근처의 들판으로 요셉을 보내기로 결정한다. 세겜은 헤브론 북쪽 약 9킬로미터 지점에 위치하였다. 이곳은 오래전에 시므온과 레위가 세겜 사람들을 살육한 장소였다(창 34:25-26). 그 당시 야곱은 그 지역에 머무르기를 두려워했지만(창 34:30), 그곳에서 여전히 작은 땅을 소유하고 있었다(33:19). 요셉이 세겜에 도착했을 때 그는 형들이 세겜 북쪽 약 25킬로미터 지점과 헤브론에서 120킬로미터 지점에 있는 도단으로 이동했음을 알게 되었다. 요셉은 포기하지 않고 그의 아버지의 지시를 충실히 이행하기 위해 형들을 찾으러 다녔다.

**37:18-22.** 요셉의 열 형제(베냐민은 그 속에 포함되지 않았다)는 그를 먼 거리에서 보았다. 그를 꿈꾸는 자로 지칭한 그들은 그를 죽이기로 결심했다. 꿈꾸는 자라는 이 언급은 그들이 그의 꿈에 우려를 갖고 있었으며, 그 꿈의 성취를 막을 수 있는 방식으로 행동하고자 결심했음을 암시하는 것일 수도 있다. 그럴 경우, 그들은 예언적 지식이라고 우려했을 수도 있는 것에 역행해 의식적인 반역을 모의하고 있는 것이다.

야곱의 맏아들인 르우벤(창 29:32)은 분명히 이 계획에 대해 이차적인 계획을 염두에 두고 있었다. 그는 요셉을 죽이는 적극적인 역할을 하는 대신 그를 우물에 던져 넣자고 제안한다. 나머지 형제들은 그러면 요셉이 '자연적인 이유로' 죽게 될 것이고, 그를 죽이는 것보다 그들의 죄책감도 덜할 것이라고 생각했다.

후에 르우벤은 요셉을 죽이는 데 대한 자신의 경고를 형제들에게 상기시킬 것이다(창 42:22). 르우벤은 요셉을 몰래 구해 아버지에게 무사히 데려다줄 계획을 갖고 있었다(창 37:22). 이것은 아마 사랑보다는 아버지의 첩인 빌하와 동침한 자신의 행동(창 35:22)을 아버지에게 사죄하고자 하는 욕구가 동기로 작용했을 것이다.

**37:23-27.** 요셉은 아버지와의 특별한 관계를 상징하는 옷이 벗겨진 채 마르고 비어 있는 우물 속에 던져졌다. 형제들이 음식을 먹고 있을 때, 이스마엘 족속이 길르앗에서 오고 있었다. 곧 남북 교역로와 합쳐질 동서 교역로를 여행하던 이 상인들은 향품과 유향과 몰약을 운반하기 위해 낙타를 이용했다. 맏아들 르우벤이 자리에 없었기 때문에 유다가 형제들을 주도하여 요셉을 무역상들에게 팔자고 제안했다. 이것은 그를 살해했다는 죄책감에서 해방시킬 뿐 아니라 금전상의 이익도 가져다줄 것이다.

**37:28.** 요셉은 은 20세겔에 팔렸다. 후에 이스라엘에서 이것은 주님께 봉헌되어 구속받는 어린 남자의 값이 되었다(레 27:5).

**37:29-33.** 르우벤이 돌아와서 그가 없는 것을 보고 당황했다. 하지만 대상들이 이미 사라진 후였기 때문에 그는 아무것도 할 수 없었다. 형제들은 자신들의 범죄를 숨기기 위해 요셉의 옷을 가져다가 염소의 피에 적신 후 아버지에게 가져가 그의 사랑하는 아들이 야생 짐승에게 죽임을 당하고 먹혔다고 믿게 했다.

**37:34-35.** 야곱 가족의 기만적이고 위선적인 행동은 염소 가죽을 사용해 아버지 이삭을 속인 야곱의 행동을 떠올린다(창 27:16). 어떤 면에서 그는 이제 자신이 행한 대로 돌려받고 있는 것이다. 하나님은 야곱에게도 꿈을 통해 말씀하신 적이 있지만, 그는 요

셉의 꿈의 계시를 믿기보다는 그의 죽음에 대한 증거를 더 믿고자 했다.

**37:36.** 애굽에서 요셉은 미디안 상인들에 의해 바로의 신하 시위 대장 보디발에게 팔렸다. 요셉의 이야기는 39장에서 계속될 것이다. 하지만 창세기 저자는 먼저 유다와 다말의 추한 이야기를 전개시키고 있다.

## D. 유다와 다말(38:1-30)

| Supporting Idea | 유다와 다말의 이야기는 가나안 땅의 불경건한 문화를 예증해주며, 야곱의 가족이 이 사회에 동화되지 않도록 보호받아야 할 필요성을 보여준다. |
|---|---|

**38:1-5.** 이 이야기는 유다를 중심으로 전개되고 있다. 이 장에서 야곱의 이름은 아예 언급되지 않는다. 야곱이 후에 유다를 축복할 것이고, 유다 지파가 이스라엘을 통치할 권한을 가질 것(창 49:8-12)이기 때문에 이것은 후에 중요한 의미를 지닐 것이다. 유다는 레아의 넷째 아들이었다. 그는 아둘람(예루살렘 남서쪽의 성읍, 대하 11:5, 7) 출신의 히라와 우호적인 관계를 발전시켰다. 강제로 집을 떠난 요셉과 반대로 유다는 자발적으로 형제들을 떠났다. 유다는 수아라고 하는 가나안 여인과 결혼해 엘, 오난, 셀라라고 하는 세 명의 아들을 낳았다. 마지막 아들은 그십에서 태어났다. 아마 이곳은 아둘람 서쪽 5킬로미터 지점의 악십이라고도 알려진 성읍일 것이다(수 15:44).

**38:6-11.** 이 이야기에서 유다의 핵심적인 역할이 계속되고 있다. 그는 장자 엘을 위하여 아내를 취했다. 족장 시대의 부모들은 종종 자녀들을 위해 아내를 구해주었다(창 21:21, 24:3-4 참고). 그러나 구체적인 기록은 남아 있지 않지만 엘은 악한 행동으로 하나님의 징계를 받고 죽임을 당했다. 다말이 남편과 육체적 접촉이 없는 상태로 과부가 되었기 때문에 이 행동이 그녀와 관련이 없음은 확실하다. 그러자 유다는 네 형수에게로 들어가서 남편의 아우의 본분을 행하여 네 형을 위하여 씨가 있게 하기 위해 둘째 아들 오난에게 다말과 결혼하도록 명령했다. 이 관습은 신명기 25장 5-6절에서 발견되고, 룻기 4장 10절에서 실제로 이행되고 있는 '계대 결혼' 이라는 후대의 성경적 법을 연상시킨다. 이 법의 목적은 죽은 형제의 아들을 낳아 그의 이름이 사라지지 않게 하고, 그의 아들이 아버지의 모든 재산을 물려받도록 하기 위한 것이었다('심층 연구' 참고).

자기의 아들이 되지 않을 아들에게 아무것도 주고 싶지 않았던 오난은 '오나니즘' 이라고 불리기도 하는 일종의 산아 제한을 실행했다. 이 산아 제한법은 난자의 수정을 막기 위해 사정하기 전에 여자의 몸에서 남성의 생식기를 빼내는 것이었다. 오난은 죽은 형에 대해, 다말에 대해 그리고 궁극적으로는 하나님께 대해 이기적인 마음을 드러냈다. 아브라함의 자손들의 번식과 사단에게서 구원할 후손을 낳을 씨의 탄생은 하나님의 계획의 일부였다.

오난의 이 행동은 'whenever(~할 때마다)' 라는 영어 단어에서 드러나듯이 지속적으로 이루어진 행동이었다. 하나님은 이것을 악하다고 판단하시고 그의 형 엘처럼 오난을 죽이셨다. 어떤 사람들은 모든 형태의 산아 제한이 잘못된 것이라고 믿지만, 이 주제가 계대 결혼의 문맥이라는 점을 제외하면 이 구절에 구체적으로 언급되어 있지 않다.

그러고나서 유다는 자신의 며느리에게 그의 셋째 아들이 성장할 때까지 친정 집에서 과부로 살라고 지시했다. 다말에게 친정으로 돌아가라는 이 요구는 유다의 이기적인 처사였고, 그의 아들 오난이 그렇게 이기적인 사람이 된 이유를 어느 정도 설명해준다. 그러나 성경은 다말에게 친정으로 돌아가도록 지시한 그의 실제적 동기가 마지막 남은 아들의 죽음을 피하기 위해서임을 밝히고 있다. 확실히 유다는 아들들의 악행에 대해 몰랐거나, 혹은 셀라도 그 형들같이 죽을까 염려한 것으로 보아 다말이 그들의 죽음에 책임이 있다고 생각했을 것이다. 야곱이 며느리의 장래에 대해 책임지기를 거부한 모습은 결혼을 통해 자신의 가족이 된 사람에 대한 무정하고 무책임한 태도를 보여준다.

**38:12-26.** 유다의 아내가 죽고 셀라가 성숙한 지 오랜 시간이 흐르자 다말은 자신에게 셀라를 남편으로 줄 의사가 유다에게 전혀 없음을 깨달았다. 유다가 딤나로 갈 것이라는 소식을 들은 다말은 유다의 가족을 통해 아들을 얻기 위해 행동하기로 결심했다. 그녀는 이것을 자신의 권리라고 확신하였다(창 38:14).

다말은 공창(사원의 창녀)으로 위장했다(창 38:21). 이것은 큰 위험을 무릅써야 하는 것이었다. 그러한 행위에 연루된 것이 발각된다면 유다는 쉽게 그녀를 죽일 수 있었을 것이다. 그녀에게 공식적으로 접근한 이는 유다였지만(창 38:15-16), 복장을 통해 유다를 유혹한 다말은 화대로서 지불되는 염소에 대한 약조물을 요구했다. 그녀는 유다의 도장과 끈과 지팡이를 약조물로 받았다.

다말은 유다와의 동침으로 임신한 것을 알았다. 반면 유다의 친구 히라는 화대인 염소를 받을 공창을 어디서도 찾을 수 없었고, 유다는 자신의 체면을 구기지 않기 위해 그녀를 찾는 노력을 포기했다.

3개월 후 다말은 자신이 임신했음을 밝혔다. 유다는 분노의 위선적 반응을 보이며 그녀의 죄악을 벌하기 위해 그녀를 화형시키라고 명했다. 후대 이스라엘에서는 제사장의 딸이 행음하면 화형을 당했다(레 21:9). 다말은 뱃속에 있는 아이의 아버지가 바로 유다임을 밝히기 위해 약조물로 받은 물건들을 공개했다. 큰 가책을 느낀 유다는 그는 나보다 옳도다 내가 그를 내 아들 셀라에게 주지 아니하였음이로다고 선언했다.

다시는 그를 가까이하지 아니하였더라는 표현은 이 행동이 두 사람의 결혼으로 이어지지 않았음을 보여주며 또한 그렇게 되어서도 안 되었다. 아마 동생을 애굽에 판 사람에서 자신의 잘못을 인정하고 더 이상 죄를 짓지 않겠다고 결심한 사람으로, 유다의 내면에서 어떤 변화가 일어났을 수 있다. 이 회개 때문에 야곱이 유다의 세 형들, 르우벤, 레위, 시므온과 달리 특별한 축복에서 그를 배제하지 않았을 가능성이 있다(창 49:3-7).

**38:27-30.** 다말은 쌍둥이를 낳아 그들의 이름을 베레스와 세라로 지었다. 산파는 세라가 먼저 태어날 것이라고 생각했지만 결과적으로 베레스가 '깨뜨리고' 먼저 나왔다. 베레스란 이름은 '깨뜨리다'의 의미를 갖는다. 세라는 '밝음' 혹은 '진홍색'이라는 의미를 갖는다. 그가 장자가 될 것으로 보였을 때 산파가 그의 손목에 매어준 주홍색 실을 본따서 그렇게 작명했을 것이다. 베레스는 다윗으로 이어지고(룻 4:18-22), 궁극적으로 그리스도께로 이어지는(마 1:1-16) 선택된 가계를 이어갈 사람이 되었다.

유다와 다말의 이야기는 요셉 이야기의 근본적 이유로 작용한다. 그것은 야곱의 가족이 부패하고 미혹케 하는 가나안 문화를 떠나 주변 사람들의 심각한 압력 없이 그들의 독자적 문화를 발전시킬 수 있는 곳으로 가야 할 필요성을 보여준다. 쾌락을 추구하는 유다의 도덕성은 요셉의 자기 절제와 대조될 것이다. 이것은 창세기의 다음 장에서 예시될 것이다.

| Main Idea 복습 | 편애, 질투, 증오 그리고 이기심으로 가득한 환경 속에서 하나님은 자신이 선택한 가정을 보호하시고 필요한 것을 공급하시기 위해 주권적으로 역사하신다. |
| --- | --- |

## 결론

### '삼사 대까지'

맥스 주크(Max Jukes)는 그리스도나 기독교적 훈련을 신뢰하지 않았다. 그는 자녀들을 교회로 데려가기를 거부했고, 심지어 그들이 요청해도 들어주지 않았다. 그는 1,026명의 후손을 두었다. 그 중 300명은 평균 13년을 교도소에서 복역했고, 190명은 윤락녀였으며, 680명은 알코올 중독자였다. 지금까지 정부에서 그의 가족들로 인해 지불한 돈은 420,000달러가 넘는다. 그들은 사회에 아무런 공헌도 하지 않았다.

조나단 에드워즈(Jonathan Edwards)는 주크와 동일한 시대를 살았다. 그는 하나님을 사랑했고, 자신이 최선을 다해 주님을 섬겼듯이 자녀들이 매주 교회에서 예배드리는 것을 보았다. 그는 929명의 후손을 두었다. 그 중 430명은 목사이고, 86명은 대학 교수가 되었으며, 13명은 대학 총장이 되었다. 75명은 책을 저술했으며, 7명은 미국 의회의 의원으로 선출되었다. 1명은 미국의 부통령이 되었다. 그의 가족은 정부로 하여금 단 한 푼도 낭비하지 않게 했으며, 이 땅의 풍요로운 삶을 위해 엄청난 기여를 했다.

야곱의 가족들은 3, 4대에 이르자 선택된 가계가 가나안인들의 불경건한 도덕적, 영적 문화에 동화되고 흡수될 위협에 직면했다. 하나님은 요셉을 먼저 애굽으로 보내심으로 이 문화에서 그들을 구원할 준비를 하셨다. 반면, 유다는 하나님이 개입하시지 않으면 닥칠 비극에 대한 생생한 그림을 제공한다. 우리는 경건한 결정을 내린 사람들에게 감사해야 한다. 그리고 자기 백성들에게 은혜와 사랑의 손길을 내미시는 주권자이신 하나님께 감사해야 한다.

■ 진리 알기

- 편애는 무조건 나쁘다. 그것이 당신의 생활이나 당신 가족의 생활에 자리잡지 못하도록 하라.
- 마음속에 시기심이 자리잡으면 증오로 이어지고 결국 폭력과 살인으로 연결될 수도 있다.
- 하나님의 예언적 말씀은 하나님의 주권적 계획에 따라 하나님이 정하신 때에 실현될 것

이다.

- 하나님은 자기 뜻과 계획을 성취하시기 위해 심지어 우리의 죄악까지도 사용하실 수 있다 (시 76:10, 롬 8:28).
- 죄를 죄로 은폐하고자 하는 것은 절대로 지혜롭지 않다.
- 눈에 보이는 것이 아니라 믿음으로 사는 것이 위기 시에 하나님이 사용하시는 확실한 수단이다.

■ 적용하기

- 요셉을 본받아 하나님이 자신이 선택하신 모든 방법으로 당신에게 말씀하시도록 하라.
- 일상적인 꿈을 통해 하나님의 계시를 받으려고 하지 말라. 하나님의 말씀을 의지하라.
- 다른 사람들의 시기심과 잔인한 행동에도 불구하고 하나님을 신뢰하는 법을 배우라.
- 사람들을 속이는 야곱을 본받지 말라. 그는 결국 자기 가족에게 속임을 당했다.
- 시기하지 말라. 시기심은 끔찍한 행동을 낳는 죄악이다.

## 삶의 적용

### 하나님의 지도자를 인정하라

하나님은 자기 백성을 인도할 사람을 선택하실 권리가 있다. 이것은 신자들이, 지도자가 될 수 있는 사람이 갖추어야 할 자격 요건을 설정하는 데 주의를 기울여야 함을 의미한다. 나이, 가족 내의 위치 그리고 다른 사람들에 의한 대우는 한 개인의 통제 밖에 있는 것이므로 어떤 사람들에게도 불리한 잣대로 사용되어서는 안 된다. 물론 윤리적이고 도덕적인 자격 요건은 타협의 대상이 될 수 없다.

가상의 목회자 청빙 위원회가 다음의 편지를 보내왔다.

친애하는 교우 여러분께

적절한 목회자를 물색하던 중 여러분이 정식으로 검토할 수 있도록 아래의 인물 프로필을 작성했습니다. 위원회가 조사한 후보들 중에서 오직 한 사람만 필요한 자격 요건을 갖춘 것으로 드러났습니다. 여러분이 앞으로의 진행을 위해 그들을 조사하시고자 한다면 명단에 후보들의 이름과 각 후보에 대한 평가가 기록되어 있습니다.

• 노아: 전직 목회자로 120년 동안 목회 생활을 했지만 단 한 명의 회심자도 없었음. 비현실적인 건축 프로젝트에 매달리는 성향이 있다.

• 요셉: 생각이 많지만 허풍이 심하며, 꿈을 믿고, 전과 기록이 있다.

• 모세: 온유하고 온화한 사람이지만 의사 전달에 서투르며, 심지어 말을 더듬기도 한다. 때로 화를 발끈 내며 성급하게 행동한다. 혹자는 그가 살인 혐의로 이전의 교회를 떠났다고 말한다.

• 아브라함: 그는 어려운 일이 생기면 이집트로 갔다. 그는 정부 당국과 마찰을 빚었으며 거짓말로 위기를 모면하고자 했다는 소문이 있다.

• 다윗: 이웃의 아내와 불륜을 저지르기 전까지는 가장 전도 유망한 지도자였다.

• 솔로몬: 지혜로 명성을 날리고 있지만 자신이 설교한 내용을 실천하지는 못한다.

• 엘리야: 그는 일관성이 없는 사람임이 밝혀졌고, 압력이 들어와서 뜻을 굽힌 것으로 알려져 있다.

• 호세아: 따스하고 사랑이 많은 목회자이지만 우리는 그의 아내의 직업을 결코 용납할 수 없다. 그의 가정 생활은 위태로운 상태에 있다. 창녀와 이혼했다가 재결합했다.

• 요나: 사역에 대한 하나님의 부르심을 거부했지만 큰 물고기에 삼키움으로써 억지로 순종한 사람이다. 그는 물고기가 이 근방의 해변에 자신을 토해 놓았다고 말했다. 우리는 그를 두고 고심했었다.

• 예레미야: 그는 너무 감정적이고 민심을 소란하게 한다. 일부 사람들은 그가 정말 '골칫거리'라고 말한다.

• 아모스: 농촌 출신이며 무화과를 따는 것이 더 어울린다.

• 요한: 그는 침례교도라고 하지만 침례교도처럼 복장을 갖추지 않는다. 그의 괴

상한 식성 때문에 교회 저녁 식사 모임이 불편할 것이다. 종종 교파 지도자들의 심기를 건드린다.

- 베드로: 성질이 급하고 심지어 저주의 말을 입에 담은 것으로 알려졌다. 안디옥에서 바울과 크게 부딪힌 적이 있다. 공격적이지만 장치 풀린 대포처럼 불안한 사람이다.
- 바울: 요령이 부족하다는 것을 발견했다. 그는 지나치게 가혹하고 외모는 볼품이 없다. 그리고 너무 오랫동안 설교한다.
- 디모데: 잠재력이 있지만 목회자가 되기에는 너무 연소하다.
- 예수: 그는 설교를 통해 교인들, 특히 성경 학자들의 감정을 상하게 하는 경향이 있다. 그는 또한 너무 많이 물의를 일으킨다. 대중적으로 호소력 있는 설교를 하지만, 일단 교인들이 5천 명 정도로 불어나면 그들 모두를 불쾌하게 하여 12사람만 남게 만든다. 그는 심지어 예민한 질문으로 청빙 위원회의 심기를 건드리기도 했다. 한 장소에 결코 오랫동안 머무르지 않는다. 그는 물론 미혼이다.
- 유다: 그는 매우 실제적이고, 협력적이며, 돈을 잘 다루고, 가난한 자들에게 관심을 가지며, 옷을 잘 차려입는다. 우리는 모두 그가 담임 목사로서 공백을 메워줄 수 있는, 우리가 찾고 있는 적임자라는 데 의견의 일치를 보았다.

목회자를 물색하는 작업에 협조해주신 여러분 모두에게 감사 드립니다.

목회자 청빙 위원회 드림

사람들은 하나님의 선택을 오해하고 잘못 해석할 수 있다. 요셉은 어렸고, 야곱의 둘째 부인의 아들이었으며, 아버지의 편애를 받아 형제들의 미움을 받았고, 다른 형제들처럼 항상 양 떼들을 돌보지 않았다. 하지만 하나님은 그를 선택하셨다. 요셉은 정직하고, 진실하며, 일관성이 있었고, 믿음을 가진 신자였다. 요셉의 경우, 나이와 성공 여부, 재정 상태, 사회적 지위보다 인품이 훨씬 더 중요하였다.

당신이 교회와 도시와 국가를 위해 일할 하나님의 지도자를 선택해야 한다면 어떤 자격 요건을 고려할 것인가?

## 기도

하나님 아버지, 우리의 통제권 밖에 있는 자격 요건에 대해서는 집착하지 않고, 그들의 삶에 나타난 당신의 역사를 보게 도와주십시오. 당신의 선택된 지도자들을 인정하고 격려하는 사람이 되게 해주십시오. 아멘.

## 심층 연구

### A. 세겜(37:12)

세겜은 중부 가나안에서 중요한 도시였다. 아브라함이 이곳을 방문하였다(창 12:6). 야곱은 이 지역에 살면서 이곳에 우물을 팠다(요 4:5-6). 디나가 겁탈당하고, 시므온과 레위가 남자 주민들을 살육한 곳이 바로 이곳이었다(창 34:1-29).

### B. 도단(37:17)

도단은 예루살렘 북쪽 96킬로미터 지점과 사마리아 성 북쪽 21킬로미터 지점에 있었다. 그곳은 다메섹에서 애굽으로 연결되는 남북 교역로 중 하나였다. 이곳은 갈멜 산 줄기를 통과하는 세 개의 통행로 중 하나를 에워싼 성인 이블르암의 남서쪽에 있었다. 후에 선지자 엘리야가 도단에서 살았다(왕하 6:13).

### C. 구덩이(37:24)

우물은 지하에 물의 원천이 있지만, 구덩이는 수원으로 직접 연결된 물 저장용 탱크이다. 구덩이는 배 모양일 경우가 종종 있었다. 그래서 표면의 좁은 입구를 덮어놓을 수 있었다. 그러한 모양 때문에 사람을 가두거나 물건을 보관하는 용도로 이용되는 것이 가능했다(창 37:22, 28, 렘 38:6-13, 슥 9:11). 어떤 구덩이들은 틈이나 입자가 성긴 구덩이의 벽으로 물이 새지 않도록 하기 위해 방수용 회반죽을 바른 것도 있었다. 예레미야 선지자는 하나님을 대신해 이렇게 경고했다. "내 백성이 두 가지 악을 행하였나니 곧 생수의 근원되는 나를 버린 것과 스스로 웅덩이를 판 것인데 그것은 물을 저축지 못할 터진 웅덩이니라"(렘 2:13).

### D. 길르앗(37:25)

길르앗은 요단 동쪽과 갈릴리 해 남동쪽에 위치한 비옥한 지역이었다. 그곳은 여호수아 시대에 이스라엘이 가나안 땅을 정복하기 위해 요단 강을 건너가기 전 이스라엘, 특히 므낫세 지파가 갖고자 한 땅의 일부였다.

### E. 계대 결혼(38:9)

계대 결혼은 모세 법의 일부(신 25:5-6)로, 형제가 후계자인 아들을 남기지 않고 죽으면 생존한 형제들 중 한 명이 죽은 형제의 미망인과 결혼해야 한다고 명시했다. 계대 결혼을 통해 얻은 첫아들은 죽은 형제의 이름과 유산을 물려받았다. 이 법의 목적은 죽은 형제를 위한 아들을 낳아 그의 이름이 사라지지 않게 하고 그의 아들이 그 아버지의 재산을 상속할 수 있도록 하기 위한 것이었다. 창세기 38장의 유다와 다말 사건은 모세 율법이 시행되기 전에 일어난 것이다. 그러나 후대에 생긴 율법의 필수 조항들은 초기 족장들의 관습의 일부가 수용된 것으로 보인다.

룻기 4장 10절은 이 법에 대한 후대의 역사적 실행의 실제적 예를 보여준다. 그것은 '형제'가 가장 가까운 친척이 될 수도 있음을 보여주고 있다(룻 3:12). 아마 룻이 모압 여자였기 때문에 성문에서 가장 가까운 친척을 보아스가 불러 세웠던 것 같다(신 4:1, 신 25:7과 비교).

마태복음 22장 23-32절에서 부활이 없음을 인정하게 하여 예수님께 모욕을 주기 위해 사두개인들이 이용한 것이 바로 이 법이었다.

### F. 사원에서 이루어진 매춘(38:21)

가나안 사람들은 땅의 비옥함과 짐승의 번식을 위해 제의적 매춘을 이용했다. 이쉬타르(Ishtar)와 아나트(Anat)라는 이름의 어머니인 여신은 바알 혹은 엘의 상징적 신부로서 베일로 몸을 가린 헌신적인 젊은 여인들로 대표되었다. 사원 근처에 자리를 잡은 이 젊은 여인들은 들에 씨를 뿌리기 전이나 양들의 번식기에 지역 남성들에게 봉사하곤 했다. 이것은 신들의 결혼을 재현하고, 들과 가축의 다산과 번식을 보장해준다는 믿음 아래서 죄악된 남자들이 간음을 저지르게 하는 경건치 못한 관습이었다.

## 교안

### A. 들어가는 글

1. '가족 내의 편애' 이야기로 시작하라.
2. 배경 설명: 창세기 36장의 에서의 족보에 이어 야곱과 그의 아들 요셉의 이야기가 창세기 35장에서 마지막으로 기록된 이야기를 이어간다. 이제 우리는 가나안 땅에서 야곱의 아들들에게 생길 일을 보게 될 것이다.
3. 적용: 창세기 37장 36절은 요셉이 애굽의 보디발의 집에 팔린 것을 그의 마지막 모습으로 기록하였다. 창세기 39장과 이후의 장에서는 애굽에서의 요셉의 삶의 이야기를 들려줄 것이다.

### B. 본문 이해

1. 야곱이 편애하는 아들(37:1-4)
2. 요셉의 꿈(37:5-11)
3. 애굽의 노예로 팔려간 요셉(37:12-36)
4. 유다와 다말(38:1-30)

**C. 결론**: '하나님의 지도자를 인정하라' 를 읽어주라.

## 토의 질문

1. 한 개인이 부모로부터 받은 양육 방법이 자신의 가정을 꾸리는 방법에 얼마나 영향을 미치는가?

2. 신자는 배상법의 효력이 어느 정도까지 적용될 수 있다고 기대할 수 있는가?(갈 6:7 참고)

3. 하나님이 지도자의 요건으로 다른 어떤 것보다 인품을 강조하시는 이유는 무엇인가?

# 창세기 39:1-40:23

## 공정하지 않다!

*"다른 이들이 악을 행하기 때문에 선을 행한 것에 대해 미안해하는 사람이 한 사람도 없게 하라. 어떤 사람이 올바로 행동했다면 비록 혼자뿐일지라도 훌륭한 행동을 한 것이다. 잘못을 저질렀다면, 모든 인류의 제재로 인해 그가 정당하지 않음을 보여줄 것이다."*

*- 헨리 필딩(Henry Fielding)*

**하나님께** 신실하다고 해서 사람들에게 언제나 공정한 대우를 받지는 않는다.

## 들어가는 글

# 엉망인 날

하루가 엉망인 날이 될 수 있는 열 가지 방법이 있다.

1. 근육 이완 크림으로 이를 닦기 시작한다.
2. 사무실에서 60분 뉴스 팀(60 Minutes news team)을 본다.
3. 막 사용한 헤어 스프레이가 새로 산 체모 제거용 스프레이였음을 깨닫는다.
4. 뉴스 방송을 켰을 때 도시에서 탈출하는 비상 루트를 보여주고 있다.
5. 밖에 나갔을 때 차가 원래 주차한 그 자리에 있는 것을 발견하지만 타이어가 다 빠져 있다.
6. 고속도로에서 오토바이 폭주족의 뒤를 따라가는데 자동차 경적이 마침 고장나서 울리지 않는다.
7. 상사가 상의를 벗을 필요가 없다고 말한다.
8. 소득세 상환을 위해 발행한 수표가 부도처리되어 돌아온다.
9. 아침 조깅 때 지팡이를 짚은 나이 든 숙녀가 앞질러간다.
10. 아래를 내려다 보았을 때 한쪽은 검정색 신발을 신고, 다른 한쪽은 갈색 신발을 신은 것을 발견하고 집을 떠나기 전 신발장에서 정반대의 짝을 보았던 것이 기억난다.

요셉은 하루가 엉망으로 망가질 수 있는 날과 관련해 한두 가지 조언을 해줄 수 있을 것이다. 그는 불공평함, 불평등, 박탈, 외로움에 대해 우리에게 해줄 말이 많을 것이다. 하지만 그는 환경을 뛰어넘어 살 수 있는 가능성에 대해서도 말해줄 수 있다. '운수 나쁜 날' 에도 하나님께 신실함을 지키는 것이 가능하다.

## 본문 이해

### 공정하지 않다!

| Main Idea | 요셉은 억울하게 정죄를 당하고 감옥에 갇혔지만 경건한 인품과 자제력을 보여준다. |
|---|---|

### A. 충실한 고용인(39:1-12)

| Supporting Idea | 요셉은 신실하고 하나님을 공경하는 종의 모습을 보여준다. |
|---|---|

**39:1.** 애굽으로 끌려간 요셉은 애굽의 바로를 위해 일하는 보디발이라는 사람에게 팔렸다. 보디발은 시위 대장이라는 막강한 지위에 있었다.

**39:2-6 상.** 요셉은 보디발의 종으로서 다양한 지위를 거쳐 보디발의 집을 관리하는 수석 집사가 되었다. 그의 승진은 하나님과 관련이 있었다. 여호와께서 요셉과 함께하시므로라는 표현이 두 번 언급되고 나아가 여호와께서 그의 범사에 형통케 하심을 보았더라라는 표현이 언급되어 있다. 요셉이 그 주인 애굽 사람의 집에 있으니라는 사실은 유혹을 받게 되는 중요한 요인으로 작용할 것이다.

보디발은 요셉 때문에 축복을 받았다. 이것은 "너를 축복하는 자에게는 내가 복을 내리고", "땅의 모든 족속이 너를 인하여 복을 얻을 것이니라"(창 12:3)는 아브라함에 대한 약속과 일치하는 것이다. 보디발에 대한 하나님의 축복은 요셉이 직접적으로 관리하는 범위를 넘어 그의 집과 밭에 있는 모든 소유로 확대되었다. 요셉이 모든 것을 관리하는 책임자였기 때문이다. 보디발은 집에서 자기 식료 외에는 간섭하지 아니하였다.

**39:6 하-12.** 이 절들은 요셉의 실제적인 성품을 드러내고 있다. 20대 중반이 된 그는 성공을 거두었고, 큰 권위를 행사하였으며, 미혼으로 용모가 준수하고 아담하였다. 요셉이 직면한 노골적인 성적 유혹 외에 존경과 헌신에 대한 여성의 욕구에 반응하고자 하는 정상적인 욕망이 존재했을 수도 있다. 많은 남자들의 관심을 받고자 하는 여성, 남편

의 관심이 완전히 다른 데 가 있거나 남편의 외면을 받는 여성에게 신사적인 태도로 응하였다.

눈짓하다가라는 표현은 '욕망에 찬 눈으로 바라보다' 로 번역될 수 있다. 이 시선의 성적인 측면은 동침하자는 노골적인 강요에서 확인된다. 잠언 6장 20-35절과 7장 10-20절은 젊은이에게 요셉이 직면한 유혹에 대해 경고하고 있다. 그러나 요셉은 그녀의 유혹을 거부하고 책임과 결혼과 죄에 대한 자신의 올바른 관점을 가지고 대응했다. 책임과 관련된 그의 관점은 나의 주인(보디발)이 가중 제반 소유를 간섭지 아니하고 다 내 손에 위임하였으니라는 구절에서 드러난다. 결혼에 대한 그의 올바른 사고는 자신을 유혹하는 여인이 누군가의(보디발의) 아내라는 사실과 관련해 표현된다. 죄에 대한 그의 올바른 사고는, 그 행동이 하나님께 득죄하는 것이라는 그의 인식을 통해 드러나고 있다.

결국, 보디발의 아내는 요셉을 강제로 성적 불륜에 동참시키고자 했다. 그녀가 이러한 시도를 한 때는 주위에 두 사람 외에 아무도 없고 요셉이 홀로 집 안으로 들어왔을 때였다. 요셉은 그녀의 손에 겉옷을 그대로 둔 채 그 집에서 도망하였다. 다른 때는 사람들이 근처에 있었기 때문에 이렇게 할 필요가 없었지만 이번에는 요셉이 그곳을 떠나는 것이 가장 현명한 방법이었다(비교. 잠 5:8, 고전 6:18). 대체로 신자가 유혹에서 도망가는 것이 가장 현명한 방법이다. 피할 방법이 있다면 그 자리에 그대로 머물러 유혹에 도전하는 시도를 해서는 안 될 것이다.

### B. 불공정한 고소와 투옥(39:13-20 상)

| Supporting Idea | 요셉의 투옥을 초래한 거짓된 고발 역시 하나님의 주권적 권위 아래 있다. |
|---|---|

**39:13-18.** 성적 희롱 혹은 강간 시도라는 무고한 혐의는 하나님의 이 충성스러운 종이 감당해야 할 운명이었다. 자신의 과감한 시도를 요셉이 거부한 데 대해 상처를 입은 보디발의 아내는 도리어 요셉을 공격했다. 불신 세계가 거룩과 신실함에 대한 열망을 항상 존중해주는 것은 아니다. 그녀는 요셉이 남기고 간 옷을 자신의 고발에 대한 '증거물' 로 이용하는 허구의 각본을 만들었다. 요셉 내러티브에서 옷 때문에 그가 어려움에 빠지는 경우는 이것으로 두 번째이다. 옷은 지위, 신분, 직책을 나타내는 것이었기

때문에 그 옷의 주인이 요셉임을 밝히는 데 이용될 수 있었다.

그녀가 요셉을 히브리인이라고 지칭한 사실은 반셈족주의는 아니더라도 히브리인들에 대한 편견적 태도가 존재했음을 암시하고 있다. 그녀는 이 표현을 집안의 종들과 뒤에서는 그녀의 남편에게 반복해서 사용했다.

**39:19-20 상.** 보디발이 심히 노한지라라고 기록되어 있지만 그녀의 고자질에 비추어 볼 때 그의 반응이 다소 진정되어 있다. 하지만 그는 요셉에게 사형을 언도하기보다 감옥, 구체적으로 왕의 죄수를 가두는 곳에 그를 감금시켰다. 이 감옥의 상태에 대해서는 자세히 알려져 있지 않다. 요셉은 창세기 40장 15절에서 이곳을 '지하 감옥(dungeon)' 이라고 표현하지만 이것은 창세기 37장 24절에서 '구덩이' 에 사용된 것과 동일한 단어이다. 창세기 40장을 참고할 때 그 감옥은 보디발의 집에 부속된 것으로, 아마 시위 대장이 살고 있는 집의 작은 사설 왕실 감옥이었던 것 같다(창 40:3, 7 참고). 의로운 삶을 견지했던 사람에게 그러한 대우는 견디기 힘들었음이 확실하다.

## C. 감옥 안에서 유지한 신실함(39:20 하-23)

| Supporting Idea | 자신의 억울한 처지에 대해 불만을 갖기보다 요셉은 주어진 기회에 신실하게 반응한다. |
|---|---|

**39:20 하-21.** 요셉이 감옥에 있을 때조차 하나님은 요셉과 함께하시고 그에게 인자를 더하사 전옥에게 은혜를 받게 하셨다. 요셉이 죄에 동참하기를 거부하고 억울하게 투옥되었음에도 불구하고 그의 인품은 변하지 않았다. 하나님은 불공평한 일을 당하고 있는 동안에도 그가 인정을 받게 하실 수 있었다. 꿈을 통한 하나님의 계시에 대해 요셉이 어떤 믿음을 갖고 있었는지 전혀 기록되어 있지 않지만, 그것 때문에 요셉이 삶에 대한 낙관적이고 신실한 전망을 유지할 수 있었던 것은 아닌지 의문을 가져보아야 할 것이다. 그는 하나님이 모든 것을 책임지시며 하나님의 뜻이 이루어질 것임을 알았다.

**39:22-23.** 하나님은 감옥에 있는 요셉을 축복하셨다. 요셉은 하나님의 계시된 약속에 대한 믿음을 버리지 않았고 자신의 재능과 은사를 다른 사람들을 위해 사용했다. 이로 인해 그는 오직 전옥에게만 보고하면 되는 전체 감옥의 관리자가 되었다.

### D. 신실한 꿈 해몽자(40:1-23)

| Supporting Idea | 요셉은 친절을 베풀고 도움을 주었지만, 아무런 보상도 받지 못한다. |
|---|---|

**40:1-4 상.** 하나님의 섭리로 요셉은 술 맡은 자와 떡 굽는 자를 알게 되었다. 바로라는 칭호가 고유 명사로 사용되었기 때문에 그의 지위가 왕으로 기술되어 있다. 이 왕의 두 관리는 그들의 주인의 눈에 거슬리는 짓을 하여 요셉이 갇힌 감옥에 투옥되었다. 앞장에서 우리는 요셉이 감옥에 수감된 모든 사람들을 관리하게 되었음을 알았다. 이제 확실히 다소 예외적인 방식으로 이 두 죄수는 요셉의 수종을 받게 되었다. 아마 그들이 바로의 궁에서 왔기 때문에 전옥은 그들을 특별히 보살피거나 다른 죄수들로부터 보호하기를 원했을 것이다. 그들의 혐의를 취조하기 위해 다른 죄수들과의 격리가 필요했을 수도 있다.

**40:4 하-8.** 이 왕의 신하들은 각기 같은 날 밤에 꿈을 꾸었고, 그 꿈은 모두 의미를 지녔다. 요셉의 두 꿈은 기본적으로 동일한 의미를 가진 것이었지만 이 두 꿈은 그렇지 않았다. 요셉은 이 두 사람이 낙심한 표정을 짓고 있음을 알아차릴 정도로 자신이 돌보는 사람들의 필요에 민감했다. 온갖 시련을 겪었음에도 불구하고 요셉은 자신의 고통에 매몰되어 다른 사람들의 고통을 무시하지 않았다.

요셉의 겸손함이 두드러지게 드러난다. 해석은 하나님께 있지 아니하니이까란 반문을 통해 그는 꿈의 해석이 오직 하나님께 속한 것임을 인정하였다. 그는 자신의 꿈을 통해 이것을 배웠다. 하지만 믿음으로 오래전에 계시된 그의 꿈의 해석이 언젠가는 실현될 것임을 계속 믿어야 했다. 요셉은 다음 장에서도 하나님만이 꿈을 해석하실 수 있다는 믿음을 포기하지 않을 것이다(비교. 창 41:16, 25, 28). 요셉은 술 맡은 자와 떡 굽는 자에게 청컨대 내게 고하소서라고 요청한다. 그는 하나님이 주실 꿈 해몽을 전달하는 중재자로서 자신을 내세웠다.

**40:9-15.** 술 맡은 관원장이 먼저 요셉에게 꿈 내용을 이야기했다. 그의 꿈은 포도나무가 있는데 세 개의 가지에 싹이 나서 꽃이 피고 포도송이가 익는 꿈이었다. 그는 바로의 잔을 가져다가 그 열매로 포도즙을 짜서 바로에게 갖다 바쳤다. 꿈 해석은 긍정적인 것으로 세 개의 나뭇가지는 술 맡은 관원이 바로의 술 맡은 관원으로 복권되기까지 걸

릴 3일을 상징하였다. 복권에 대해서는 바로가 당신의 머리를 들게 할 것이라는 표현이 사용되었다. 이것은 술 맡은 관원이 감옥에서 석방되어 이전의 지위를 회복할 것을 의미하며 흔한 히브리어 관용구이다(비교. 시 3:3, 27:6, 왕하 25:27, 렘 52:31).

요셉은 술 맡은 관원에게 이 꿈의 해석이 성취되면 나를 생각하고 내게 은혜를 베풀어서 내 사정을 바로에게 고하여 이 집에서 나를 건져내소서라고 부탁하였다. 요셉이 하나님의 주권적 손길 가운데 주어진 운명을 기꺼이 감당해나가겠지만 자신의 처지를 개선하기 위해 자신의 재주를 이용할 수는 없었다. 요셉이 감옥에서 하나님의 도구로 사용되면서도 하나님이 요셉을 감옥에서 건져내주시지 않는 것은 요셉에게 분명히 감당하기 어려운 일이었을 것이다. 이야기의 내용을 다 알고 있는 우리로서는 아직 석방될 하나님의 때가 아니라는 것을 이해하고 있다. 그러나 그것은 우리의 시각에서 본 것이다. 이야기의 등장 인물의 입장과, 그가 자신의 미래에 대해 전혀 알지 못했음을 생각해보는 것이 늘 도움이 된다.

**40:16-19.** 술 맡은 관원이 꾼 꿈의 해몽이 긍정적인 데 고무된 떡 맡은 관원도 요셉에게 자신의 꿈 이야기를 하였다. 술 맡은 관원의 꿈에서 포도나무에 포도 열매를 맺은 세 가지가 나타났듯이, 그의 머리에는 떡 세 광주리가 있었다. 그러나 떡 맡은 관원의 꿈에서는 광주리의 떡을 먹은 이는 바로가 아니라 새였다. 요셉이 그에게 준 해몽은 3일 후에 바로가 당신의 머리를 끊고 당신을 나무에 달리니 새들이 당신의 고기를 뜯어 먹을 것을 예고했다.

**40:20-22.** 제삼일은 바로 탄일이라 바로가 모든 신하를 위하여 잔치할 때에 술 맡은 관원장과 떡 굽는 관원장으로 머리를 그 신하 중에 들게 하니라. 그들의 들림이 얼마나 대조적인가! 술 맡은 관원은 이전의 지위로 회복됨으로써 그의 머리가 들릴 것이지만 떡 맡은 관원의 머리는 매달리거나 말뚝에 찔려 죽임을 당하게 될 것이다.

**40:23.** 이 절은 술 맡은 관원장이 요셉을 기억지 않고 잊었더라고 기록한다. 이것이 요셉에게 얼마나 낙심과 상처를 주었겠는가. 그러나 하나님은 그를 잊지 않으셨다. 다음 장에서 살펴보겠지만 이것은 하나님의 주권적 계획의 일부였다.

| Main Idea 복습 | 요셉은 억울하게 정죄를 당하고 감옥에 갇혔지만 경건한 인품과 자제력을 보여준다. |
|---|---|

# 결론

## 모든 환경에서 신실함을 잃지 않는다

우리가 요셉을 존경하는 이유 중 하나는 그의 신실함에 있다. D. 메넨(D. Mennen)은 '지혜로운 사람이 유혹을 이기는 방법' 이라는 제목의 기사에서 요셉에 대해 "의무에 있어서는 충실하고, 유혹에는 강하며, 감옥에서는 신실하다"라고 평가한다. 얼마나 본받아야 할 삶인가.

요셉은 그의 주변에 가족도, 교회도, 헌신적인 친구도 없었다. 성경이 아직 기록되지 않았던 시기이기 때문에 그에게는 단 한 권의 성경책도 없었다. 그러나 그는 기도라는 수단과 꿈과 혹은 그의 아버지와의 오래전 대화를 통해 계시된 하나님의 약속에 대한 기억이 있었다. 요셉은 하나님과 그분의 속성을 아는 것만으로 의무를 충실히 이행하고, 유혹을 단호히 거부하며, 불공정한 환경 속에서조차 신실할 수 있었다.

▣ **진리 알기**

- 신자들이 인생의 어떤 경험들에 대해서는 아무 통제도 할 수 없다. 그러나 우리는 부당한 환경을 믿음과 신실함으로 대할 수 있다.
- 신실한 고용인들은 자신에게 가장 수월한 것이 아니라 주인의 최선을 추구한다.
- 삶의 작은 일들에 성실한 사람은 결국 더 큰 일을 맡게 될 것이다(눅 16:10 참고).
- 하나님의 축복을 받았다고 해서 우리 삶이 고난이나 부당한 대우로부터 면죄되지는 않는다.
- 유혹을 이길 수 있는 우리의 능력은 환경보다는 우리의 태도에 달려 있다.

▣ **적용하기**

- 당신의 고용주에게 없어서는 안 될 사람이 되도록 당신에게 맡겨진 일에 최선을 다하라.
- 하나님이 그분의 시간에 당신을 이용하실 것을 믿으며, 적절한 시기라고 생각될 때 당신의 방식을 상황 가운데 강제로 적용하지 않도록 하라.
- 하나님이 '은밀한' 죄악을 알지 못하신다고 착각하지 말라. 요셉처럼 모든 죄가 하나님께

범죄하는 것임을 깨달으라. 하나님은 모든 것을 아시는 분이다.

• 당신의 삶에서 하나님의 주권적 일하심과 보조를 맞출 수 있는 '도덕적 용기'를 가지라.

## 삶의 적용

### 불행에 대한 반응

불공평, 학대, 불행에 대해 당신은 어떤 식으로 반응하겠는가? 회의적인 세상이 볼 때 신자들이 하나님의 은혜라는 수단으로 어려움과 맞서는 태도는 하나님에 대한 신앙을 변증하는 강력한 방법이다. F. B. 마이어(F. B. Meyer)는 이렇게 말했다. "하나님의 자녀는 종종 고난으로 부르심을 받는다. 이는 그리스도인의 굴하지 않는 인내로 고난을 감당할 때 고난만큼 방관자들에게 진정한 종교의 실체와 힘을 확신시켜줄 것이 없기 때문이다."

지난 세기의 유명한 영국 목사인 윌리엄 생스터(William Sanster)는 점진적 근육 수축증이라는 진단을 받았다. 그는 점차 근육이 소실될 것이고, 목소리도 결국 잃게 될 것이며, 심지어 삼키는 능력도 상실하게 될 것이다. 그는 다음과 같은 내용의 결단을 했고, 남은 생애 동안 그것을 고수했다.

1. 나는 결코 불평하지 않을 것이다.
2. 가정의 분위기를 항상 밝게 할 것이다.
3. 내가 받은 축복을 셀 것이다.
4. 모든 것을 선한 방향으로 바꾸고자 노력할 것이다.

생스터는 여전히 글을 쓸 수 있고, 훨씬 더 많은 기도 시간을 가질 수 있다고 생각하고 영국 가정 선교에 헌신했다. 그는 책을 저술하고, 기사를 썼으며, 영국 전역에 기도 소모임을 조직하도록 도왔다. 그는 성경의 하나님을 믿었기 때문에 불행을 승리로 바꾸었다.

언젠가는 우리 역시 불공평, 학대, 혹은 불행에 직면할 수 있다. 이에 우리는 믿음과 신실함으로 반응할 것인가? 아니면 불평과 타협으로 반응할 것인가?

## 기도

하나님 아버지, 인생의 시련을 주권자 되신 하나님에 대한 확고한 믿음으로 반응할 수 있도록 은혜를 베풀어주십시오. 불공평함이나 유혹에 대한 우리의 반응이 우리의 삶 속에 나타난 당신의 은혜에 대한 확실한 증거가 되게 해주십시오. 아멘.

## 심층 연구

### A. 술 맡은 관원(40:1)

'술 맡은 관원장' 과 '떡 굽는 관원장' 이라는 직함이 성경뿐 아니라 현존하는 애굽 문서에서도 발견된다. 대부분의 사람들은 떡 굽는 자가 어떤 일을 한 것인지는 이해한다. 하지만 술 맡은 관원(cupbearer)이란 어떤 일을 한 사람들이었는가? 술 맡은 자는 독이 들어 있지 않음을 확인하기 위해 주인의 모든 음식과 음료를 맛봄으로써 왕의 안전을 보장하는 신임이 두터운 종이었다. 포로기 후기에 술 맡은 관원인 느헤미야는 왕의 궁정에서 고위직 관리로 일했다(느 1:11). 요셉 내러티브에 등장하는 술 맡은 관원은 '술 맡은 관원장' 으로서 바로가 이 책무를 담당한 관원을 한 명 이상 두고 있었음을 암시한다.

### B. 꿈(40:5)

고대 근동 세계에서 이집트인들뿐 아니라 바빌로니아인들도 미래를 예견하는 데 꿈이 매우 중요하다고 인식했다는 증거가 있다. '전문가들' 은 일반적으로 꿈의 해몽을 맡은 자들이었다. 그들의 해석은 해몽의 '열쇠' 를 기록한 꿈 해몽 문서를 통해 받은 훈련에 기초했다. 현재 일어나고 있는 사건들에 대한 지식과 더불어 해몽을 원하는 사람에 대한 확실한 이해가 유리한 해석을 하는 데  도움이 되었을 것이다. 이집트 문헌과 바벨론 문헌을 보면 신들이 꿈을 통해 의사 소통을 하지만 이 꿈들에 대한 해석을 제시하지는 않았다는 믿음이 있었던 것 같다. 해석은 인간 전문가들의 책임이었다. 물론 요셉은 다른 견해를 소유했고, 꿈 해석을 하나님께 의뢰했다.

## 고안

### A. 들어가는 글

1. '엉망인 날' 이야기로 시작하라.
2. 배경 설명: 창세기 37장은 요셉이 애굽에서 노예 생활을 하게 된 역사적 배경을 제공한다. 창세기 38장은 가나안 땅에서 사는 것이 하나님의 선택된 가정에게 어떤 영향을 미칠 수 있는지에 대한 문화적 배경을 제공한다. 요셉은 애굽에서 주인의 아내의 죄악된 유혹을 거부하여 결국 감옥에 갇히고 만다.
3. 적용: 바로의 떡 굽는 관원과 술 맡은 관원의 꿈에 대한 올바른 해석은 독자가 바로의 꿈 이야기에 대해 대비하게 한다.

### B. 적용하기

1. 충실한 고용인(39:1-12)
2. 불공정한 고소와 투옥(39:13-20 상)
3. 감옥 안에서 유지한 신실함(39:20 하-23)
4. 신실한 꿈 해몽자(40:1-23)

**C. 결론**: '불행에 대한 반응' 을 읽어주라.

## 토의 질문

1. 불공정한 대우에 대한 신자의 올바른 반응은 무엇인가?

2. 하나님은 오늘날에도 꿈을 통해 말씀하시는가?

3. 불공정한 동기에서 비롯되는 행위가 그 죄를 범한 당사자의 인정을 필요로 하는가?

# 창세기 41:1-42:38

## 애굽의 정치

*"당신에게 다른 몫과 영역이 맡겨졌다는 이유만으로 특별한 일을 할 수 있다고 결코 생각하지 말라. 당신이 방해물, 장애, 낙심거리라고 말하는 것은 아마 하나님이 주신 기회일 것이다."*

*- 호레이스 부쉬넬(Horace Bushnell)*

**이 두 장은** 요셉의 극적인 신분 변동과 형제들과의 새로운 접촉에 대해 설명하고 있다.

## 들어가는 글

### 그만두기에게는 너무 이르다

미국 백과사전과 다른 전기 자료에 의하면, 다음의 사실은 1809년 2월에 태어난 사람에 대해 묘사한 것이다.

- 7세 - 그의 가족은 엄정한 법 집행 절차에 의해 집에서 강제로 쫓겨났다.
- 7세 - 가족을 부양하는 데 도움이 되기 위해 목재를 베고 밭을 갈며 추수를 하는 일을 해야 했다.
- 9세 - 그의 모친이 죽고, 가족은 불결한 환경에서 살았다.
- 12세 - 세 명의 자기 아이들을 데리고 새 어머니가 들어왔고, 공식적인 교육을 받도록 애를 썼지만 그가 학교에 다닌 기간은 1년이 채 되지 않았다.
- 22세 - 실적이 저조한 회사의 가게 점원으로 일하다가 9개월 동안 군대 생활을 하였다.
- 23세 - 일리노이 주 의회 선거에 출마했다.
- 24세 - 빚을 내어 동업자와 가게를 인수했다.
- 25세 - 일리노이 주 의원으로 당선되었다(27, 29, 31세 때도).
- 26세 - 동업자가 그에게 거액의 채무를 남기고 사망했고, 그는 이 빚을 갚느라 수년이 걸렸다.
- 27세 - 변호사 자격증을 얻었다.
- 28세 - 4년간 한 여인에게 구애했지만 거절당했다는 소문이 있다.
- 29세 - 주 의회 의장직에 낙선하였다.
- 31세 - 대통령 선거 위원에 낙선하였다.
- 33세 - 결혼하였다.
- 37세 - 세 번째 시도 끝에 미 의회 의원에 당선되었다.
- 39세 - 미 의회 의원 재선에 낙선하였다.

- 41세 - 네 살 된 아들이 죽었다.
- 46세 - 미국 상원 의원에 낙선했다.
- 47세 - 부통령에 출마했으나 낙선했다.
- 49세 - 미국 상원 의원에 다시 낙선했다.
- 51세 - 미국 대통령으로 선출되었다.
- 56세 - 1865년 4월 15일에 사망했다.

이것은 미합중국 16대 대통령인 에이브러햄 링컨에 대한 기록이다. 이것은 대부분의 사람들이 미국 역사상 가장 위대한 지도자 중 한 사람이라고 여기는 사람의 짧은 역사이다.

에이브러햄 링컨이 스물두 살이나 서른한 살 혹은 마흔아홉 살에 인생을 포기했다면 어떻게 되었겠는가? 아마 미국의 가장 위대한 대통령 중 한 사람을 갖는 특권을 박탈당했을 것이다. 하나님의 때는 하나님만이 아신다. 그러나 옳고 선한 것의 추구를 포기하기에는 항상 너무 이르다.

## 본문 이해

### 애굽의 정치

| Main Idea | 요셉을 감옥에서 석방시키고 그의 형제들과 재회할 수 있는 지위에 임명하시는 하나님의 때는 완벽하다. |
|---|---|

### A. 바로의 꿈과 요셉의 해몽(41:1-32)

| Supporting Idea | 요셉은 겸손한 태도와 하나님을 의지하는 모습으로 애굽의 바로의 꿈을 정확하게 해석한다. |
|---|---|

**41:1-4.** 요셉이 술 맡은 관원과 떡 굽는 관원의 꿈을 정확하게 해몽한 지 2년 후 애굽의 최고 권력자인 바로가 꿈을 꾸었다. 그가 처음 꾼 꿈은 영양 상태가 좋은 일곱 마리의 암소가 영양 상태가 좋지 않은 일곱 마리의 소에 의해 먹히는 꿈이었다. 첫 번째 소들은 하수에서 올라와 갈밭에서 풀을 뜯어 먹었다. 성가시게 구는 파리들과 내리쬐는 태양을 피하기 위해 소 떼들은 종종 목만 내놓고 물 속으로 몸을 담근다. 배가 고프면 이 암소들은 물에서 올라와 나일 강가를 따라 자라고 있는 갈대잎을 먹었다. 깡마른 암소들이 갈대잎을 먹지 않고 다른 소들을 잡아먹을 때 이 이야기는 급격하게 반전된다.

**41:5-7.** 바로의 두 번째 꿈은 한 줄기에 무성하고 충실한 일곱 이삭이 나오는 내용이었다. 이 일곱 이삭은 가느다란 일곱 이삭에게 삼키움을 당했다. 이 가느다란 일곱 이삭은 동풍에 바짝 마른 상태였다. 애굽에서 캄신[khamsin, 가나안에서는 시로코(sirocco)라고 불렀다]은 늦봄과 초가을에 사막에서 불어오는 바람으로(호 13:15, 욥 1:19) 장기간 계속되면 작물들이 말라 죽었다(렘 4:11, 겔 17:10).

바로는 두 가지 꿈을 꾸었다. 두 번의 중요성은 요셉 역시 두 번의 꿈을 꾸었다는 사실과 관련이 있을 수 있다. 창세기 41장 32절에서 요셉은 "바로께서 꿈을 두 번 겹쳐 꾸신 것은 하나님이 이 일을 정하셨음이라 하나님이 속히 행하시리니"라고 주장한다. 확실히 두 개의 꿈 역시 그러한 사건들의 긴박성을 암시하는 것이었다.

**41:8.** 아침에 바로는 마음이 번민하였고 그것은 타당한 이유가 있었다. 이 꿈들이 행여 애굽의 미래를 암시한다 하더라도 그의 가장 중요한 자산 중 두 가지, 즉 가축과 곡식이 관련되어 있었다. 이 두 꿈을 해석하기 위해서 그는 애굽의 술객과 박사를 모두 불러 오게 했다. 술객은 신비한 지식을 갖고 있다고 자처하는 제사장들이었을 수도 있다(비교. 단 2:10-11). 바로는 그들에게 자신의 꿈 내용을 일러주었지만 그 꿈을 해석할 수 있는 사람은 아무도 없었다. 아마 그들의 '꿈 해몽서'는 그러한 상징적 행동을 다루지 않았을 것이다. 하지만 그의 꿈의 실제적인 상징들은 애굽에서 흔한 종교적 상징이었다.

카일(Keil)과 델리취(Delitzsh)는 이렇게 적고 있다. "암소는 만물을 유지하는 땅의 여신인 아이시스의 상징이었다. 상형 문자학에서 그것은 땅, 농사, 음식을 상징한다. 그리고 나일 강은 범람을 통해 땅을 비옥하게 하는 원천이었다." 혹은 그들이 어떤 꿈들을 해석할 때 악마적인 힘을 의지했다면 하나님의 사람이 전면에 등장할 수 있도록 하나님이 이 힘을 방해하셨을 것이다.

**41:9-13.** 그 순간 술 맡은 관원장이 바로 앞에서 놀라운 말을 하였다. 내가 오늘날 나의 허물을 추억하나이다. 그리고 이어서 그곳에(감옥에) 시위 대장의 종 된 히브리 소년이 우리와 함께 있기로 우리가 그에게 고하매 그가 우리의 꿈을 풀되 그 꿈대로 각인에게 해석하더니 그 해석한 대로 되어 나는 복직하고 그는 매여 달렸나이다라고 설명했다.

**41:14.** 이 증언을 듣고 바로는 아직 옥에 있는 요셉을 불러오게 하였다. 바로 앞에 나오기 전에 요셉은 수염을 깎고 그 옷을 갈아 입었다. 이것은 자신의 수염을 깎는 특유의 애굽적 관습과 일맥상통했다. 다른 고대 근동 문화들은 수염을 깎는 것을 모욕(삼하 10:5)이나 깊은 슬픔의 표현(사 15:2, 렘 41:5)으로 간주했다. 통상적으로, 히브리인인 요셉은 수염을 깎지 않았을 것이다(미혼 남자인 그가 아직 수염을 기르지 않았을 수도 있지만). 하지만 이것은 그 당시에 필수적인 것은 아니지만 문화적이고 성경적인 관습이었다(비교. 레 19:27, 신 14:1).

**41:15-32.** 요셉은 바로의 두 꿈을 해석해주었고 두 번 반복해서 해석 내용을 강조했다. 그는 해몽의 내용이 바로의 마음을 심란하게 하는 것일지라도 성실하고 신실하게 임했다. 하지만 해몽을 하기에 앞서 요셉은 이는 내게 있는 것이 아니라 하나님이 바로에게 평안한 대답을 하시리이다라고 조심스럽지만 담대하게 선언했다. 요셉은 그의 능력이 어디서 오는지 깨달았다. 자신에게 큰 위험이 닥칠 가능성이 있음에도 불구하고 그는 하나님을 분명히 인정했다.

바로는 먼저 요셉에게 두 꿈의 내용을 들려주었다. 요셉은 바로의 꿈은 하나이라 하나님이 그 하실 일을 바로에게 보이심이니이다라고 선언했다. 그 꿈들은 7년간의 풍년과 그 뒤에 7년간의 흉년이 있을 것임을 알리는 것이었다. 흉년이 너무나 심해서 마른 암소와 마른 이삭이 일곱 암소와 일곱 이삭을 먹었음에도 불구하고 나아지지 않았던 것처럼 땅에 있던 풍년을 다 잊어버리게 될 것이다.

## B. 요셉이 애굽에서 지도자가 되다(41:33-57)

| Supporting Idea | 하나님은 요셉으로 하여금 이국에서 하나님을 섬기지 않는 통치자 밑에서 엄청난 권한을 행사하는 지위에 오르게 하신다. |
|---|---|

**41:33-36.** 요셉은 바로에게 요청하지 않은 조언까지 해주었다. 그러한 담대함은 하나님의 현존과 인도하심에 대한 그의 의식에서 비롯될 수밖에 없다. 그는 불경죄로 또다시 감옥에서 보내고 싶은 마음이 추호도 없었을 것이다. 하지만 그가 바로의 요구를 만족시켰기 때문에 바로는 그에게 호의적이었다. 요셉은 나아가 현명한 관리를 통해 애굽에 대한 심각한 타격을 줄일 수 있고, 사실상 바로가 그러한 일을 통해 이익을 챙길 수 있다고 조언했다. 풍년이 드는 기간 동안 해마다 곡식의 5분의 1을 저장하면 흉년에 모자라는 식량을 보충할 수 있을 것이다. 저장 창고 건축도 이 지혜로운 계획에서 빠져서는 안 될 것이다(출 1:11, 왕상 9:19).

**41:37-57.** 요셉은 애굽에서 권한을 행사하고 존경을 받는 지위로 승격되었다. 그의 정확한 직함에 대해서는 언급되지 않지만 현대의 '농림부 장관' 과 같은 직책이었을 것이다('심층 연구' 참고).

일곱 단계의 의식을 거쳐 요셉의 지위와 권한이 선포된다. (1) 바로의 임명 (2) 인장반지 수여 (3) 세마포 옷 착용 (4) 목에 금사슬 착용 (5) 수레를 타고 공식적 등장 (6) 애굽인들에게 요셉 앞에 엎드리라고 소리침 (7) 요셉에게 새로운 이름을 부여함. 인장 반지와 세마포 옷과 금사슬(창 41:42)이라는 선물은 유사한 용도로 이집트 문서에서 언급되는 세 가지 공통된 항목이다. 이 장신구들은 요셉의 신분과 직책을 나타내었다. 애굽식 이름의 부여로 임명식이 완료되고, 애굽 사람들이 요셉을 인정할 수 있게 되었다.

온 제사장 보디베라의 딸 아스낫과 요셉의 결혼을 인정하기가 다소 어려운 독자들도 있을 것이다. 확실히, 요셉은 자기 민족 가운데 아내를 고를 기회가 거의 없었다. 그는 그의 아내로 소개받을 사람에 대해 거의 선택의 여지가 없었던 것 같다. 우리는 요셉이 의롭게 살기 위해서 기꺼이 고난을 감수했음을 알고 있다. 그러므로 그가 이 결혼이 그의 하나님께 범죄하는 것이 아니라고 믿었다고 인정해야 한다.

그 당시 온의 제사장은 모든 주요한 종교 행사를 집전하고 헬리오폴리스(Heliopolis)의 성전 도시에서 태양신 레(Re)를 섬기는 하위급 사제들을 감독했다. 이 당시 멤피스(Memphis)의 프타(Ptah)를 섬기는 사제들만이 그보다 더 영향력이 있었다. 그 결혼을 통해 그는 애굽의 매우 막강한 제사장 집안과 결속하게 되었다. 하지만 요셉은 그러한 관계에 의해 부정적인 영향을 받지 않았을 것이다. 뒤에서 보겠지만 그는 하나님에 대한 신실함을 잃지 않았다.

요셉은 애굽에 온 지 13년이 되었지만(창 37:2, 41:46) 단 하루 만에 그의 운명이 극적으로 달라졌다. 이집트인들의 무덤에 있는 전기 문학과 애굽의 문헌은 천한 신분에서 고위직으로 승진한 관리들의 이야기들을 소개하고 있다. 「시누헤 이야기(Story of Sinuhe)」라는 문헌에서는 시누헤라고 하는 한 남자가 궁궐을 탈출해 수년 동안 망명 생활을 하다가 결국 돌아와 명예를 회복한 내용을 소개하고 있다. 요셉 이야기는 그러한 애굽적 배경을 가진 전형적인 이야기로 볼 수 있다.

### C. 요셉의 형들이 애굽으로 첫 여행을 오다(42:1-38)

| Supporting Idea | 하나님은 야곱의 아들들이 요셉, 즉 그들이 노예로 팔아넘긴 형제와 만날 수 있는 환경을 만드신다. |
|---|---|

**42:1-5.** 야곱은 식량을 사기 위해 열 명의 아들을 가나안의 헤브론에서 애굽으로 보냈다. 하나님은 야곱의 가족들이 애굽으로 이주할 과정을 시작하시기 위한 환경을 조성하셨다. 흉년이 촉발제 역할을 했다. 애굽에 곡식이 있다고 알려졌기 때문에 야곱은 베냐민을 제외한 모든 아들을 보내어 식량을 구해오게 했다. 너희는 어찌하여 서로 관망만 하느냐는 야곱의 질문은 그들의 지도력 결여와 애굽 정부의 관리로서 동생 요셉이 지난 7년 동안 행사했던 지도력을 대조시킨다.

요셉의 친동생인 베냐민은 애굽으로 가지 않았다. 그의 아버지 야곱이 재난이 그에게 미칠까 두려워했기 때문이다. 구체적으로 명시되고 있지는 않지만 요셉의 동생을 그의 아들들에게 맡길 수 없었다는 암시가 존재한다. 야곱은 또다시 한 아들을 나머지 아들들과 다르게 대하고 있다. 이 행동은 요셉의 형제들이 요셉을 떠올리도록 했을 수도 있다.

**42:6-13.** 요셉의 형들은 식량을 구하기 위해 애굽의 다른 장소로 갈 수 있었고, 다른 사람들을 만날 수 있었겠지만 실제로 대면한 사람은 요셉이었다. 여기서 하나님의 주권이 명백히 드러난다. 요셉이 가나안과 연결되는 통로에 위치한 곡물 저장 도시로 일부러 부임했거나 가나안에서 오는 사람들을 관찰하겠다고 고집했다 하더라도, 온갖 가능한 변수들이 존재하는 상황에서 이 만남이 이루어졌다는 것은 여전히 경이롭다.

형제들이 도착하자 그들은 그 앞에서 땅에 엎드려 절하였다. 이것은 여전히 부분적이기는 하지만 그의 아버지가 요셉에게 "나와 네 모와 네 형제들이 참으로 가서 땅에 엎드려 네게 절하겠느냐" 고 꾸짖던 창세기 37장 10절의 직접적인 성취이다.

요셉이 처음으로 그들을 알아보던 장면과 그들을 대하던 태도는 창세기 42장 7-17절에 상세히 기록되어 있다. 요셉은 모르는 체하고 엄한 소리로 그들에게 말하였다. 여기에는 그들을 첩자라고 의심하는 것도 포함되었다. 그렇게 대한 이유는 전혀 설명이 안 되어 있지만 요셉이 형들의 인격을 시험하기 위해서일 것이다. 우리는 다 한 사람의 아들로서 독실한 자니 종들은 정탐이 아니니이다라는 그들의 대답은 진실이었다. 그러나 정직성에 대한 그들의 언급은 과거의 역사가 아니라 그들의 여행 목적에 한정되어야 했다.

형들이 여러 차례 요셉과 마주쳤지만 그들은 그를 알아보지 못했다. 요셉이 그의 정체를 밝힐 때까지 그들은 그가 누구인지 몰랐다. 요셉이 그들에게 악한 의도가 있다고 계속 추궁하자 그들은 우리들은 십이 형제로서 가나안 땅 한 사람의 아들들이라 말째 아들은 오늘 아버지와 함께 있고 또 하나는 없어졌나이다라는 사실을 비롯해 자신들에 대한 정보를 계속 더 밝히게 되었다.

**42:14-20.** 요셉은 그들을 떠보기 위해 그들을 감옥에 감금할 것이며, 그들의 말이 사실인지 확인할 수 있도록 고향에 남아 있는 동생을 데려오기 위해 한 사람만 떠날 수 있다고 선언했다. 물론 요셉은 그들의 말이 사실이라는 것을 알았다. 그것은 그들이 오래전에 자신에게 한 것처럼 서로를 해하는지 알아보기 위한 시험이었다. 그는 삼 일 동안 그들을 가두었다. 그래서 그들은 대책을 세우고 요셉에게 자신들의 진정한 됨됨이를 밝힐 수 있는 시간을 갖게 되었을 것이다.

삼 일 만에 요셉은 그의 형들과 한 번 더 대화를 시도했다. 그는 나는 하나님을 경외하노니라는 말을 통해 자신의 종교적 헌신을 그들에게 암시하는 사려깊음을 보였다. 그는 한 명을 제외하고 모두 남아야 한다는 첫 요구를 수정했다. 이제 그는 한 사람을 제외한 모든 사람이 다 그들의 아버지에게 돌아갈 수 있다고 선언했다. 함께 오지 않은 형제 베냐민을 애굽으로 데려올 수 있도록 보장하기 위해 한 형제가 남게 되는 것이다.

**42:21-23.** 형제들이 약 20년 전에 지은 자신들의 죄를 자백할 수도 있다는 최초의 암시가 요셉의 제안을 논의하는 내용 속에 드러나 있다. 우리가 아우의 일로 인하여 범죄하였도다 그가 우리에게 애걸할 때에 그 마음의 괴로움을 보고도 듣지 아니하였으므로 이 괴로움이 우리에게 임하도다. 형들은 가장 최근의 사건을 신학적으로 해석했지만 그들은

자신들이 심은 대로 거두고 있다고 선언했다(갈 6:7). 장남인 르우벤은 그들에게 자신의 제안을 상기시킴으로써 책임을 회피하고자 시도했다. 요셉은 이 논의를 알아들을 수 있었지만 형들은 그가 자신들의 말을 못 알아듣는다고 생각했다. 그들이 하고 있는 말을 이해했기 때문에 그는 눈물이 나서 자리를 피할 수밖에 없었다.

**42:24-26.** 요셉은 막내 동생 베냐민이 다음 여행 때 함께 올 수 있을 때까지 시므온에게 인질로 남으라고 요구했다. 그가 (르우벤 대신) 시므온을 인질로 선택한 것은 르우벤이 이전에 그의 생명을 구하려고 시도했기 때문일 수 있다(창 37:21-22). 시므온은 르우벤 다음으로 맏이였다. 그는 시므온을 그들의 목전에서 결박했다. 이것 역시 그들이 도망가지 못하도록 요셉을 노예로 결박했던 약 20년 전의 일을 생각나게 했을 것이다(창 37:28).

요셉은 흉년이 7년 동안 계속될 것임을 알았기 때문에 형들이 돌아올 수밖에 없을 것을 알았다. 그는 그들이 이제 큰 딜레마에 봉착할 것을 알고 그들이 지불한 돈을 그들의 식량 자루에 도로 넣고 그들을 집으로 돌려보냈다. 훔친 돈의 주인에게 그들이 과연 돌아올 것인가?

**42:27-38.** 고향으로 돌아가는 첫 날 밤 형들은 그들 중 적어도 한 명이 곡식 자루에 돈을 그대로 갖고 있다는 것을 알았다. 그들이 혼이 나서 떨며 서로 돌아보며 말하되 하나님이 어찌하여 우리에게 이 일을 행하셨는고 하고. 그들은 이 시점에 사실을 바로잡기 위해 돌아가는 편을 선택할 수도 있었다. 하지만 그들은 베냐민 없이 돌아가는 것이 위험하다는 것을 감지했음이 분명하다.

집으로 돌아가자마자 요셉의 형들은 애굽에서 자신들이 당한 모든 일을 야곱에게 설명했다. 그들은 시므온이 애굽에 강제로 남아 있게 되었다고 말했다. 그러한 소식에 대한 야곱의 반응은 기록되어 있지 않다. 하지만 자루를 쏟았을 때 각기 가져간 은이 자루에 그대로 있는 것을 보자 그들과 그 아비가 돈 뭉치를 보고 다 두려워하였다.

시므온이 애굽에 인질로 억류되어 있지만 야곱은 베냐민이 애굽으로 가는 것을 허락하지 않았다. 그는 형제들을 비난했다. 너희가 나로 나의 자식들을 잃게 하도다 요셉도 없어졌고 시므온도 없어졌거늘 베냐민을 또 빼앗아 가고자 하니 이는 다 나를 해롭게 함이로다. 야곱은 믿음으로 반응하지 않고 있었다! 그는 요셉의 꿈의 해석을 하나님이 주신 것이라고 생각하지 않았기 때문에 자녀들 외에는 의지할 데가 전혀 없는 사람처럼 말했다. 그는 베냐민을 애굽으로 데려가겠다고 한 그들을 다시 비난했다.

장자로서 책임 의식과 아마도 죄 의식(비교. 창 35:22) 때문에 르우벤은 베냐민의 안전을 보장하는 담보로 자신의 두 아들을 제시했다. 그러나 야곱은 르우벤이 큰 희생을 자처한다 하더라도 르우벤의 두 아들을 죽이는 것이 대안이 아니라는 것을 깨달았다.

또다시 야곱은 한 아들(베냐민)을 편애하는 모습을 보였고, 시므온을 구하기 위해 베냐민이 애굽으로 가는 것을 거부했다.

| Main Idea 복습 | 요셉을 감옥에서 석방시키고 그의 형제들과 재회할 수 있는 지위에 임명하시는 하나님의 때는 완벽하다. |
|---|---|

## 결론

### 그냥 그렇게 '일어났을 뿐이야'

많은 사람들에게 요셉 이야기와 같은 이야기는 우연의 연속에 불과한 것이다. 그것은 그냥 그렇게 일어났을 뿐인 것이다! 그들은 이 사건의 어떤 것도 하나님의 역사로 돌려져서는 안 되며 언제나처럼 운명이 지배할 뿐이라고 말한다. 그러나 신자들은 삶을 신학적으로 해석한다. 하나님은 요셉을 위해 한 가지 계획을 선언하셨다. 우리는 요셉이 감옥에서 석방되는 시기와 형들과의 만남을 가능하게 한 지위로 임명된 것에서 주권자 되신 하나님의 손길을 볼 수 있다.

■ 진리 알기

- 하나님의 때는 우리가 생각하는 적절한 시기와 항상 동일하지 않다.
- 우리가 주의 이름으로 하는 일은 항상 하나님께 영광을 돌리는 결과를 낳아야 한다.

- 승진이나 보상의 가능성 때문에 정직하고 올바른 조언을 제공하지 않는 일이 있어서는 절대 안 된다.
- 분별력이란 때로 정보를 다른 사람에게 신중히 전하는 것이 포함된다.

▣ 적용하기

- 당신의 삶에 대한 하나님의 때를 인내하며 기다리라.
- 하나님이 자신의 거룩한 임무를 맡기기 위해 당신을 적절한 때에 적절한 곳에 있게 해주시도록 기도하라.
- 말하기 전에 더 인내하고 분별할 수 있도록 해달라고 하나님께 기도하라.
- 항상 하나님의 말씀을 신뢰하라.

## 삶의 적용

### 계속하라!

삶의 환경이 우리를 원치 않는 곳으로 몰아갈 때 우리는 포기하기 쉽다. 콜럼버스는 날마다 산타 마리아호의 항해 일지에 "오늘 우리는 계속 항해를 했다"라고 기록했다. 그들은 표류한 것이 아니라 계속 항해를 했다. 앞에 무엇이 기다리고 있는지 정확히 알지 못하지만 그들의 조국을 위해 중요한 의미를 가질 일을 성취할 수 있다고 확신하고 그들은 항해를 계속했다. 그 결과 그들은 신세계를 발견했다.

윈스턴 처칠(Winston Churchill)은 1941년 10월 29일 그가 다니던 학교의 학생들에게 연설을 하였다. 그것은 "결코 포기하지 말라"는 연설로 유명하다. 어떤 사람들은 그가 "결코 포기하지 말라"는 말만 하고 자기 자리에 앉았다고 주장하지만, 공식적인 연설 내용은 강렬함은 약했지만 더 길었다. 그의 연설 중 일부는 다음과 같다.

겉으로 보아서는 상황이 어떻게 될지 알 수 없습니다. 때로 상상은 실제보다 상황을 훨씬 더 비관적으로 봅니다. 하지만 상상이 없다면 많은 일이 이루어질 수 없습니다. 상상력이 풍부한 사람들은 아마 존재하는 것보다 훨씬 더 많은 위험을 상상합니다. 확실히 일어날 일보다 더 많은 위험들을 상상합니다. 하지만 그럴 때 그들은 이 훨씬 넓은 범위의 상상을 감당할 수 있는 용기를 그만큼 더 주시도록 기도해야 합니다. 하지만 분명히 이 기간, 이 시기에 우리가 경험한 것, 확실히 이 10개월의 기간을 통해 모든 사람이 배운 교훈은 이것입니다. 절대 굴복하지 말라는 것, 결코 굴복해서는 안 된다는 것, 큰일이든, 작은 일이든, 중요한 일이든, 사소한 일이든 어떤 것에도 결코 포기해서는 안 된다는 것, 명예에 대한 신념과 양식에 대한 굴복을 제외하면 결코 포기하지 말라는 것입니다. 무력에 절대 굴복하지 마십시오. 겉으로 드러난 적의 압도적인 힘에 결코 굴복해서는 안 됩니다. 일년 전 우리 모두는 고립무원의 상태였습니다. 그리고 많은 나라들이 보기에 우리의 돈줄은 끊어졌고 우리는 다 끝난 것 같았습니다. 우리의 이 모든 전통, 우리의 노래, 이 나라의 역사의 일부인 우리의 학교 역사가 사라지고 끝장나버린 것 같았습니다.

오늘의 분위기는 매우 다릅니다. 다른 나라들이 생각하기에 영국은 패배를 인정했다고 했지만, 우리 나라는 우리 힘으로 막아냈습니다. 꽁무니를 내빼는 사람도, 굴복하겠다고 생각한 사람도 전혀 없었습니다. 그리고 우리는 절대 의심하지 않았지만 이 섬 바깥에 있는 사람들에게 거의 기적과 같은 일로 인해 우리는 이제 우리가 이길 때까지 끝까지 포기해서는 안 된다는 것을 확신할 수 있다고 말하는 위치에 있는 우리 자신의 모습을 보고 있습니다.

신자로서 우리는 그분의 말씀에 나타난 하나님의 약속이 영원한 진리임을 확신할 수 있다. 하나님의 대변자들이 예언해온 모든 것이 언젠가는 성취될 것이다. 절대로 결코 굴복해서는 안 된다는 것, 큰일이든, 작은 일이든, 중요한 일이든, 사소한 일이든 어떤 것에도 결코 포기해서는 안 된다는 것, 명예에 대한 신념과 양식 (그리고 처칠의 말에 한 마디만 덧붙인다면) 하나님의 말씀에 대한 굴복을 제외하면 결코 포기하지 말아야 하는 것은 우리의 몫이다.

## 기도

하나님 아버지, 우리가 낙심할 때 포기하지 않도록 지켜주십시오. 당신의 말씀이 이루어질 것이라는 믿음과, 안락함과 편안함을 포기하고서라도 우리의 삶에 대한 당신의 사역을 우리 삶의 목적으로 삼아야 한다는 믿음을 우리에게 주십시오. 아멘

## 심층 연구

### A. 나일 강(41:1-4)

나일 강은 세계에서 가장 긴 강으로, 적도 아프리카의 발원지에서 지중해까지 6,656킬로미터에 걸쳐 뻗어 있다. 고대 이집트인들이 나일 강에 대해 불렀던 이름은 '하피'로, 그것은 강의 신의 이름이기도 했다. 바로의 꿈과 관련해 거론된 나일 강에 대한 이 언급은 성경에 나타나는 나일 강에 대한 많은 기록 중 최초의 것이다. 애굽인들의 생활에 미치는 나일 강의 중요성은 아무리 강조해도 지나침이 없다. 그것은 종교적이고 문화적인 귀속 의식과 관습을 비롯해 이집트인들의 거의 모든 생활 영역에 영향을 미쳤다.

이집트는 나일 강 때문에 고대 근동의 많은 지역을 위한 주요 곡창 지대가 되었다. 매년 일어나는 나일 강의 범람은 연례적인 예측 가능성과 지속성 때문에 이집트를 매우 비옥한 땅으로 만들었다. 관개 시설을 이용한 나일 강의 물 관리로 훨씬 더 비옥해졌다. 여분의 곡식을 저장할 수 있는 도시들은 일반적으로 이집트의 각 거주 지역에 중점적으로 위치했을 것이다. 곡식 저장은 풍성했기 때문에 가능했다. 흉년이 드물기는 하지만 항상 가능성이 있기 때문에 저장하는 것은 지혜로운 습관이었다.

### B. 요셉의 지위(41:37-57)

'수상(Grand Vizier)'과 '왕실 재산 감독관(Overseer of the Royal Estates)'이라는 칭호가 모두 이집트 문헌에서 발견되며, 요셉에게도 이 칭호들이 부여되었을 것이다(이스라엘 왕정 국가에서 후자의 칭호가 사용된 용례는 왕상 16:9, 사 22:15, 19-21 참고). 많은 이집트 귀족들은 어떤 영역에서 바로의 2인자라고 주장할 수 있었을 것이다. 고대 비문에서 "두 땅의 주인이 사랑하는 위대한 자"와 "신하들 중 으뜸"과 같은 칭호가 발견되었다. 이러한 칭호들은 이집트 왕실에서 특별한 지위임을 암시한다.

어떤 학자들은 이집트인이 아닌 셈족 사람인 요셉이 이집트에서 그러한 위치까지 승진된다는 것에 반대한다. 그러나 그러한 관습에 대한 실마리를 풀게 해주는 주전 14세기의 아마르나 문서(가나안과 이집트의 관계를 상술한 가나안 서기관들이 기록한 일련의 문서 중 하나)가 발견되었다. 이 서신은 두두(투투)라는 셈계 이름을 가진 유사한 지위에 있는 사람에게 쓴 것이다. 그는 "전 나라에서 가장 높은 입" 으로 임명되었다. 그러므로 셈족이면서 중요한 권력을 행사하는 지위를 소유할 수 있다는 것이 성경 안에서뿐 아니라 성경 밖에서도 확인된다.

이 당시 통치하고 있던 이집트 12왕조는 이집트의 수도를 테베에서 멤피스의 북쪽 지역으로 옮겼다. 이것은 요셉의 형제들이 가나안에서 방문한 것과 연결된다. 그들은 이집트의 북부 도시로 여행했을 것이다.

## 교안

### A. 들어가는 글

1. '그만두기에게는 너무 이르다' 이야기로 시작하라
2. 배경 설명: 요셉은 수년 동안 감옥에 있었다. 결국 그는 혐의를 받은 죄목에서 무죄가 입증되지는 않지만 노예 신분에서 구속될 기회를 얻게 될 것이다.
3. 적용: 야곱의 아들들이 와서 요셉에게 절하게 되었고, 이로 인해 그들은 자신들도 모르게 요셉의 예전 꿈을 이루게 되었다. 하지만 하나님은 아브라함에 대한 약속을 이루시며 전 가족이 애굽으로 이동할 수 있도록 역사하셔야 한다.

### B. 본문 이해

1. 바로의 꿈과 요셉의 해몽(41:1-32)
2. 요셉이 애굽에서 지도자가 되다(41:33-57)

3. 요셉의 형제들이 애굽으로 첫 여행을 오다(42:1-38)

**C. 결론**: '계속하라!' 를 읽어주라.

## 토의 질문

1. 단순히 운명에 불과하다고 믿는 사람에게 그것이 기도의 응답임을 어떻게 설득시킬 수 있는가?

2. 신자는 하나님이 하신 일에 대해 어떻게 그분께 영광을 돌려드릴 수 있는가?

3. 더 많은 사실이 드러날 때까지 일부 사실들을 숨길 수밖에 없는 환경이 있다고 생각할 수 있는가?

# 창세기 43:1-45:28

## 충격적인 고백!
## 나는 그대들의 형제인 요셉이다!

*"당신의 슬픔이 당신의 죄로 인해 가족이 안게 될 어떤 결과 때문이라면 그것은 참된 회개가 아니라 자책이다. 반면 당신이 하나님과 그분의 거룩한 법에 대해 범죄했기 때문에 슬퍼한다면 당신은 올바른 길을 가고 있는 것이다."*

*- 빌리 그레이엄(Billy Graham)*

**이 세 장은** 요셉이 의도한 시험을 통해 야곱의 아들들의 인격이 어떤 상태인지를 드러내 보여준다.

# 들어가는 글

## 충격적이고 놀라운 일!

난파선의 유일한 생존자가 작은 무인도의 해변으로 밀려왔다. 그는 하나님께 구해달라고 간절히 기도했다. 그는 하루도 빠지지 않고 지평선을 살폈지만 구조의 손길은 전혀 보이지 않았다. 그는 결국 거친 자연으로부터 자신을 보호하고, 몇 가지 안 되는 소지품을 보관하기 위해 난파선 조각들을 모아 작은 오두막을 지었다.

어느 날 먹을 것을 찾아 길을 나섰다가 다시 오두막으로 돌아와보니 오두막은 불길에 휩싸여 있었고, 연기가 하늘로 치솟고 있었다. 최악의 상황이 벌어진 것이었다. 이제 모든 것을 다 잃어버린 것이다. 그는 슬픔과 분노로 망연자실했다. "하나님, 어떻게 제게 이러실 수 있단 말입니까?" 하고 그는 울부짖었다.

다음 날 아침 일찍 그는 섬으로 배가 다가오는 소리에 잠에서 깼다. 배가 그를 구조하기 위해 오고 있었다.

"내가 여기 있다는 것을 어떻게 알았습니까?" 하고 그 남자는 물었다.

"당신이 피어올린 연기 신호를 보았습니다"라고 그들은 대답했다.

상황이 좋지 않을 때 낙담하기 쉽다. 그러나 고통과 고난 속에서도 우리의 삶 가운데 역사하시는 하나님이 계시기 때문에 낙심해서는 안 된다. 기억하라. 당신의 작은 오두막이 완전히 불타버렸을 때, 그것은 하나님의 은총을 요청하는 연기 신호일 수도 있다.

## 본문 이해

### 충격적인 고백!
### 나는 그대들의 형제인 요셉이다!

| Main Idea | 인내하는 요셉은 형제들에게 자신의 정체를 밝히기 전에 그들을 시험한다. |
|---|---|

### A. 베냐민에 대한 야곱의 정리(43:1-14)

| Supporting Idea | 계속된 흉년으로 인하여 마침내 야곱은 애굽에 베냐민을 보낼 수밖에 없게 된다. |
|---|---|

**43:1-2.** 창세기 45장 6절은 야곱의 아들들의 두 번째 애굽 여행이 흉년 제2년(앞으로 5년이 더 갈 것이다)에 있었음을 암시한다. 흉년 첫 해가 간 후 첫 여행이 이루어졌음을 짐작할 수 있다. 시므온이 애굽 감옥에 남게 된 지 일 년이 지났지만 야곱은 시므온이 석방될 수 있도록 베냐민이 애굽으로 가는 것을 허용하지 않았다.

그러나 흉년이 너무나 심해서 그들이 애굽에서 가져온 곡식을 다 먹으매 야곱은 그의 아들들에게 다시 애굽으로 가서 양식을 조금 사라고 명하였다.

**43:3-14.** 유다가 형제들을 위해 대변인으로 나섰다. 그는 이전에 르우벤의 담보에 대한 제의를 아버지가 거절한 것을 분명히 들었다. 유다는 대변자와 지도자로서 이 역할을 점점 더 많이 행사하게 될 것이다(창 43:8-10, 44:14-34, 46:28 참고). 그의 아버지는 임종 직전 축복에서, 가족의 지도자로서 유다의 역할을 인정하게 될 것이다(창 49:8-10).

유다는 아버지께, 애굽을 떠나기 전에 그 사람(다시 말해, 요셉)이 자신들에게 강조한 조건을 다시 설명했다. 이제 이스라엘로 지칭되고 있는 야곱(창 43:8, 11 참고)은 너희가 어찌하여 너희에게 오히려 아우가 있다고 그 사람에게 고하여 나를 해롭게 하였느냐고 묻는 것으로 반응한다. 야곱은 이전에 베냐민을 애굽으로 데려오라고 강요하는 이 상황을 "다 나를 해롭게 함이로다"(창 42:36)라는 말로 표현했다. 그는 또한 "내 아들은 너희와 함께 내려가지 못하리니"(42:38)라고 말하기도 했다. 하나님의 주권에 대한 믿음이 야곱에게 결여되어 있음이 분명하다. 그는 요셉이 죽었고, 이제 자신의 아들 베냐민을 보호하는 것이 자신에게 달려 있다고 믿었다.

그들은 가족에 대해 직접적으로 질문을 받았음을, 구체적으로 그들의 부친이 아직 생존하는지 그리고 다른 형제들이 있는지에 대해 질문을 받았음을 아버지에게 설명한 다음, 질문을 받았기에 대답했다는 것과 어떤 추가적인 정보도 자발적으로 제공한 것이 아님을 야곱에게 증명하고자 애썼다. 그러나 창세기 42장 13절에서 언급되었듯이, 이 야기는 그들이 첩자라는 의심을 받고 이 정보를 제공했음을 보여준다.

유다는 다시 지도자로서 앞에 나서서 베냐민의 안전을 보장하고자 애쓴다. 그는 저 아이를 나와 함께 보내시면 우리가 곧 가리니 그러면 우리와 아버지와 우리 어린 것들이 다 살고 죽지 아니하리이다 내가 그의 몸을 담보하오리니 아버지께서 내 손에 그를 물으소서라고 말하며 야곱에게 베냐민을 보낼 것을 요청한다. 그의 담보는 자신이 영원히 죄를 지는 것을 포함했다. 앞장 끝부분에서 장자인 르우벤이 베냐민을 위한 담보를 제안하였다. 야곱은 르우벤의 제안을 거부했다. 이제 기근 때문에 야곱은 어쩔 수 없이 베냐민을 보내는 것을 재고해야 했다. 하지만 그가 르우벤의 제안을 재고하지는 않았다.

이것은 르우벤이 빌하의 사건으로 그의 아버지에게 불충한 무자격자가 되었기 때문일 것이다(창 35:22). 후에 야곱은 르우벤에 대해 "물의 끓음 같았은즉 너는 탁월치 못하리니 네가 아비의 침상에 올라 더럽혔음이로다 그가 내 침상에 올랐었도다"(창 49:4)라고 말하게 될 것이다. 둘째 아들인 시므온은 애굽의 감옥에 있었다. 셋째인 레위는 절제력이 부족하다는 것을 보여주었다(창 35:25, 49:5-7). 유다는 다말과의 사건에서 부정한 행동을 했지만 회개했고, 이제 분명히 그의 부친의 가정으로 돌아와 있었다.

야곱은 어쩔 수 없이 베냐민을 애굽으로 보내도록 허락했다. 그러나 그는 고위직에 있는 사람에게 다가갈 때 관습에 따라 예물을 가져가라고 주장했다. 이스라엘(다시 말해, 야곱)은 식량은 없었지만 가난하지는 않았다. 하나님이 그에게 물질적인 복을 주셨기 때문에 이 땅의 아름다운 소산… 곧 유향 조금과 꿀 조금과 향품과 몰약과 유향나무 열매와 감복숭아('심층 연구' 참고)를 가져가라고 그는 단호한 어조로 지시했다. 그는 또한 새로 식량을 구입하기 위한 은뿐 아니라 첫 번째 애굽 여행 후 자루에서 발견된 은을 가져가라고 지시했다.

혹 차착이 있었을까 두렵도다라는 구절은 이스라엘이 이 모든 일들에 대해 하나님의 섭리를 생각하지 못했음을 보여준다. 그는 상실감으로 자신과 자신의 신학이 압도당하게 허용했다. 그러나 연이어 그는 자신의 바람을 언급한다. 전능하신 하나님께서 그 사람 앞에서 너희에게 은혜를 베푸사 그 사람으로 너희 다른 형제와 베냐민을 돌려보내게 하시기를 원하노라.

내가 자식을 잃게 되면 잃으리로다라는 구절은 믿음이 내포되지 않은 것 같은 체념의 어조를 담고 있다. 주께서 애굽 관리 앞에서 그들에게 자비를 베푸시기를 구하는 앞의 말을 제외하면 이스라엘에게 믿음이라는 요소가 강하게 보이지 않는다.

### B. 애굽으로 돌아온 야곱의 아들들(43:15-44:34)

| Supporting Idea | 요셉은 형들의 참된 인격을 확인하기 위해 두 가지 방법으로 그들을 시험한다. |
|---|---|

**43:15-25.** 애굽에 도착하자마자 그 형들은 요셉의 앞에 섰다. 물론 그들은 아직 그가 요셉임을 알지 못했다. 확실히 대화를 하지는 않았지만 베냐민이 그들과 함께 있음을 안 요셉은 집의 집사들에게 이 사람들을 집으로 인도해 들이고 짐승을 잡고 준비하라 이 사람들이 오정에 나와 함께 먹을 것이니라고 지시했다. 요셉이 이 계획을 미리 세운 것인지는 명시되어 있지 않지만, 확실히 요셉은 형들이 돌아온다면 자신이 어떻게 할지 생각했을 것이다.

형제들은 전일 우리 자루에 넣어 있던 돈의 일로 우리가 끌려드도다 이는 우리를 억류하고 달려들어 우리를 잡아 노예를 삼고 우리의 나귀를 빼앗으려 함이로다라고 생각했다. 이것이 요셉의 의도였다면 그는 그들을 자신의 집으로 부르지 않았을 것이다. 그들은 요셉의 청지기에게 자신들이 이전 여행 때 곡식값을 훔친 것이 아님을 납득시키고자 노력했다. 그는 너희는 안심하라 두려워 말라 너희 하나님 너희 아버지의 하나님이 재물을 너희 자루에 넣어 너희에게 주신 것이니라 너희 돈은 내가 이미 받았느니라는 말로 대답하였다.

청지기의 대답은, 요셉이 그에게 자신의 종교적 배경을 이야기했다는 것과 그들의 자루에 그대로 있었던 돈은 그 애굽인의 실수가 아니라 하나님의 선물로 생각해야 한다는 것을 보여준다. 그들이 위협을 당하지 않고 있다는 다른 증거로서 그는 시므온을 그들에게로 끌어내었다.

게다가 집사는 그들에게 물을 주어 발을 씻게 하며 그 나귀에게 먹이를 주었다. 이 모든 것은 호의와 관용에 대한 확실한 증거였다. 요셉의 진노를 피할 수 있다는 확신을 여전히 원하던 그들은 예물을 정돈하고 요셉이 오정에 오기를 기다렸다. 호의와 관용을 받아들이지 못하는 이들의 모습은 그들의 아버지가 사망한 후에도 그대로 나타났다.

**43:26-34.** 그들이 예물을 요셉에게 바치고 땅에 엎드리어 절하니, 이것은 오래전에 요셉이 꾸었던 꿈의 두 번째 성취였다(창 37:10, 42:6 참고). 이에 요셉은 그들과 너희 아버지 너희가 말하던 그 노인에 대한 안부를 물었다.

그러고나서 요셉은 자기 어머니의 아들, 그러므로 자신의 친형제인 베냐민을 찾았다. 그는 그에게 소자여 하나님이 네게 은혜 베푸시기를 원하노라고 축복을 선언하였다. 그는 이 감동적인 시간을 더 이상 감당하기가 벅찼다. 그래서 요셉이 아우를 인하여 마음이 타는 듯하므로 급히 울 곳을 찾아 안방으로 들어가서 울었다. 베냐민은 요셉보다 열여섯 살 정도 어렸을 것으로 보인다. 요셉이 22년간 애굽에 있었기 때문에 그가 베냐민을 마지막으로 보았을 때는 매우 어렸을 것이다. 요셉이 너희가 내게 말하던 너희 작은 동생이냐라고 물었던 이유가 여기 있을 것이다.

요셉은 자기 형제들을 위해 풍성한 연회를 베풀었다. 그러나 애굽 사람은 히브리 사람과 같이 먹으면 부정을 입음이었기 때문에 형제들은 요셉의 집에서 따로 차려진 식탁에서 음식을 먹었다. 요셉은 물론 실제로 애굽인이 아니었다. 하지만 이 시점에서 그의 형제들과 그리고 아마 많은 종들에게 그는 어떤 식으로 보나 애굽인이었다. 애굽인들은 타민족을 모두 미개인으로 생각했기 때문에 특히 식사와 같은 친밀한 행동에서 그들과 사귀려 하지 않았을 것이다.

놀랍게도, 형제들은 나이 순서로 자리가 정해져 있었다. 가장 막내인 베냐민은 다른 형제들에 비해 다섯 배나 되는 음식을 받았고, 요셉은 그의 형제에 대해 말한 축복의 일부로 대답했다. 베냐민이 요셉보다 너무나 어렸기 때문에 그는 베냐민에게 사랑을 표현할 수 있는 기회를 단 한 번도 갖지 못했었다. 이것 또한 그의 형들이 어린 동생에게 보여준 편애에 어떻게 반응하는지 확인할 수 있는 시험으로 이용되었다. 이 시험은 확실하게 통과되었다. 그들이 마시며 요셉과 함께 즐거워하였다. 그들이 요셉의 근처에 차려진 식탁에서 먹었지만 요셉이 자기 식물로 그들에게 주었으므로 형제들 간에 교제와 대화가 있었다.

**44:1-5.** 또다시 요셉은 곡식값으로 지불한 돈을 그들의 자루에 넣었고, 또한 베냐민의 자루에는 자신의 은잔을 넣어두었다. 그러고나서 그는 그의 종들에게 그 히브리인들을 뒤쫓게 하였고, 심지어 그의 형들을 검문할 때 사용할 말들을 그들에게 일러주기까지 했다. 요셉은 그들의 신실함과 인격을 또다시 시험해볼 채비를 하고 있었다.

**44:6-13.** 멀리 가지 못하여 형제들은 체포되었고(요셉의 명령으로) 원래 4절에서 요셉이 일러준 "너희가 어찌하여 악으로 선을 갚느냐"라는 질문으로 그의 은잔을 훔친 죄를 추궁받았다. 이 질문에 사용된 단어들은 후에 "당신들은 나를 해하려 하였으나 하나님은 그것을 선으로 바꾸사"(창 50:20)라고 주장하며 요셉이 자신을 대한 그들의 이전 처사를 언급할 때 다시 등장할 것이다.

추궁을 당하자 형제들은 그 종에게 그들이 결코 도적질을 하지 않았음을 확신시키고자 했다. 그들은 도적질당한 잔이 그들의 소유물 중에서 발견된다면 종들 중 뉘게서 발견되든지 그는 죽을 것이요 우리는 우리 주의 종이 되리이다라고 말했다. 이것은 그들이 요셉의 고소에 대해 자신들이 결백함을 얼마나 확신하고 있는지를 보여준다. 수색이 이루어지기 전에 요셉의 종은 그것이 뉘게서든지 발견되면 그는 우리 종이 될 것이요 너희에게는 책망이 없으리라고 내용을 약간 바꾼 것을 제외하고 그들의 이 제안을 수용하였다.

맏이로부터 시작해 막내에까지 이어진 수색 끝에 베냐민의 자루에서 은잔이 나왔다. 각 자루에 그대로 돌려준 은에 대해서는 언급되어 있지 않다. 모든 형제들은 종의 언급 속에서 합의된 대로 베냐민을 돌려보내기보다 옷을 찢고… 성으로 돌아왔다. 이번에는 아버지가 가장 사랑하는 동생을 노예가 되도록 두지 않을 것이었다. 이것은 그들이 약 22년 전 요셉을 노예로 판 이후 변화되었음을 보여준다.

**44:14-34.** 형제들은 이제 세 번째로 요셉 앞에 서게 되었다. 이번에는 그들이 절하지 않고 그 앞에서 땅에 엎드린다. 그러고나서 유다가 그들의 지도자와 대변인으로서 앞으로 나섰다. 그는 도적질당한 물건에 대해 무죄함을 주장하며 하나님이 종들의 죄악을 적발하셨다고 인정한다. 그의 양심이 그를 괴롭혀왔음이 분명하다. 그는 하나님이 그들

을 종으로 넘기시려고 하는 이유가 있음을 기꺼이 인정하고자 했다. 그는 이것을 하나님의 징계로 인식했다. 유다는 그 종이 선언한 조건(10절)이나 형제들이 이전에 선언한 조건(9절)에 근거해서 주장하지 않았다. 오히려 그는 그들 모두가 요셉의 종이 되겠다고 주장했다.

요셉은 그러한 중형을 거부하고 잔이 그 손에서 발견된 자(다시 말해서 베냐민)만 종으로 삼겠다고 주장했다. 또다시 우리는 형제들이 친절과 호의를 받고 있지만 전혀 그것을 눈치채지 못하거나, 적어도 이해하지 못하고 있음을 볼 수 있다.

그러자 유다는 요셉에게 베냐민 대신 자신의 생명을 받아달라고 간청했다. 그는 베냐민에게 무슨 일이 생기면 그들의 늙은 아비 야곱이 죽게 될 것이라고 요셉에게 말했다. 그는 요셉이 정녕 찢겨 죽었다고 야곱이 믿고 있으며 이제 야곱의 생명과 아이(베냐민)의 생명이 서로 결탁되었음을 인정했다. 유다는 베냐민이 집으로 돌아가지 못하면 재해가 내 아비에게 미칠 것을 도무지 견딜 수 없기 때문에 자신이 베냐민 대신 종이 되겠다고 요청한다. 유다는 형제들의 죄를 숨기려고 하거나 그들의 행동에 대한 책임을 다른 사람들에게 전가시키려고 하지 않았다.

요셉은 베냐민에게 죄를 뒤집어씌우고 그의 다른 형제들이 원할 경우 자유롭게 가게 함으로써 그들을 시험했다. 나머지 형제들이 어떻게 반응했는지는 언급되어 있지 않지만 형제들이 모두 돌아왔다는 사실(13절)은 그들이 아버지와 베냐민을 보호하는 일에 한 마음이었음을 보여준다. 그들을 대신한 유다의 중재는 아버지에 대한 그의 큰 사랑과 베냐민에 대한 성실한 마음을 보여주었다. 그것은 또한 형제들이 오래전에 요셉에게 저지른 행동을 다시 할 의사가 없음을 증명하였다. 그들은 완전하지는 않았지만 회개와 변화의 증거를 보여주고 있었다.

### C. 형제들에게 자신의 정체를 밝히는 요셉(45:1-24)

| Supporting Idea | 큰 감동에 휩싸인 요셉은 마침내 자신의 정체를 형제들에게 밝힌다. |
|---|---|

**45:1-3.** 베냐민과 자신의 부친을 대신한 유다의 절박한 간청에 요셉은 감정이 북받쳐오르는 것을 견딜 수가 없었다. 더 이상 자신을 억제할 수 없던 요셉은 시종들에게 모

두 나갈 것을 명한 후 형제들에게 자신의 정체를 밝힌다. 나는 요셉이라 내 아버지께서 아직 살아 계시니이까. 얼마나 엄청난 충격인가! 그가 너무나 감정이 격한 상태에서 자신의 정체를 밝혔기 때문에 요셉의 우는 소리가 집안 사람들에게 들렸고, 바로의 집에 보고되었다. 먼저 요셉은 그의 형들이 자신이 누구인지 알기를 원했고 이어서 아버지의 안부를 재확인하기 원했다. 그는 22년 전 형들이 자신에게 한 행동을 전혀 들먹이지 않았다.

그의 형제들은 그 앞에서 놀라서 능히 대답하지 못하였다. 요셉이 자신들에게 보여준 모든 호의와 관용은 다 잊어버렸다. 그들은 요셉의 이 실토가 무엇을 의미하는지 이해할 수 없었다. 지금 그들이 확실하게 기억할 수 있는 것은 오직 그에 대한 자신들의 잔인무도한 행동이었다.

**45:4-15.** 요셉은 자신이 그들의 형제 요셉이라는 주장을 반복한다. 이번에는 당신들이 애굽에 판 자라는 내용을 덧붙인다. 그러나 이것은 오직 확인을 위한 의도에서 추가된 말이었다. 그는 계속해서 자신을 노예로 팔았다고 해서 그들이 슬퍼하거나 자신들에 대해 자책하지 말라고 확인시킨다. 요셉은 그 환경들을 신학적으로 해석했다. 그는 하나님이 생명을 구원하시려고 나를 당신들 앞서 보내셨다는 것을 깨달았다. 그는 자신의 인생에 일어난 사건들의 배후에 하나님이 계시다는 것을 네 번에 걸쳐 강조하게 될 것이다.

요셉은 또한 형들에게 현재의 흉년이 앞으로 5년 더 지속될 것이라고 밝힌다. 형제들은 요셉이 자신들에 대해 악의를 전혀 품고 있지 않음을 확인받았다. 요셉은 하나님이 이스라엘의 가족을 살리시기 위해 그들의 악한 계획을 이용하셨다고 믿었다.

요셉은 그들에게 부친 야곱을 모셔와 애굽에서 살 계획을 세우라고 재촉했다. 형들의 회개를 기대하며 요셉은 이미 나와 가깝게 있도록 그들이 살 곳(고센)에 대해 계획을 세워놓았다. 야곱이 고령의 나이에도 불구하고 애굽 여행을 감수할 용기를 낼 수 있도록 하기 위해 나(요셉)의 애굽에서의 영화와 당신들의 본 모든 것을 들어야 할 것이다. 하나님이 요셉을 애굽 온 땅의 치리자로 삼으셨기 때문에 아브라함의 언약의 일부, 특별히 위대한 이름에 대한 약속이 야곱의 아들 요셉을 통해 성취되었다(시 105:16-22 참고).

먼저 그의 동생 베냐민을 껴안고 이어서 모든 형제들을 포옹한 요셉은 그들 모두에게

키스하며 기쁨을 이기지 못하고 울었다. 형들이 그제서야 요셉과 말하며 요셉은 지난 22년간의 믿기 어려운 인생 여정에 대해 들려주었다.

**45:16-24.** 요셉의 가족 이야기를 듣게 된 바로는 요셉에게 감사를 표현하고 도울 수 있게 된 것을 기뻐하였다. 그 역시 야곱과 그의 가족에게 애굽으로 올 것을 종용했다. 바로는 야곱의 가족에게 애굽 땅의 좋은 것을 약속하였고, 그들의 이주를 돕기 위해 마차를 제공하였다.

요셉 역시 새로운 옷과 함께 길 양식을 주었다. 베냐민은 다섯 벌의 옷과 함께 많은 양의 은을 받았다(베냐민의 식탁에 차려진 음식이 다른 형제들의 몫보다 5배 더 많았던 창세기 43장 34절을 비교하라). 게다가 열 마리의 나귀에는 애굽의 아름다운 물품을 실리고 또 다른 열 마리에는 아버지의 애굽 여행을 위해 곡식과 떡과 양식이 실렸다.

그러고나서 요셉은 형제들을 가나안으로 돌려보냈다. 그러나 그들이 떠나려고 할 때 그는 그들에게 노중에서 다투지 말라고 다시 한 번 주의를 주었다. 요셉은 그들이 돌아가는 길에서 서로 비난하며 범죄가 있을 수 있음을 인정할 정도로 형들을 잘 알고 있었을 것이다. 더욱이 자신의 친동생 베냐민에 대한 그의 특별한 대우가 시기심을 촉발시킬 수도 있었다. 오래전 요셉이 죽은 '증거'라며 그 옷을 야곱에게 제시했음에도 불구하고 그가 살아 있다는 것을 아버지에게 어떻게 설명할지를 두고 싸움이 일어날 수도 있었다. 요셉은 그들이 과거에 머무르지 않고 그들의 행운을 즐기기를 원했다.

### D. 요셉이 생존해 있다는 소식을 듣는 야곱(45:25-28)

| Supporting Idea | 처음에는 불신하던 야곱이 마침내 요셉의 생존 사실을 확신하게 된다. |
|---|---|

**45:25-28.** 처음에 야곱은 오래전에 잃은 아들 요셉이 아직 살아 있고 애굽 왕실에서 중요한 직책을 갖고 있다는 놀라운 소식을 믿을 수가 없었다. 하지만 요셉의 관용에 대한 증거로 확신을 갖게 된 그는 마침내 그것을 믿었고, 애굽으로 갈 계획을 세웠다.

| Main Idea 복습 | 인내하는 요셉은 형제들에게 자신의 정체를 밝히기 전에 그들을 시험한다. |
|---|---|

# 결론

## 인내가 요구되다

요셉은 형들에 대해 큰 인내심과 분별력을 발휘했다. 그는 자신이 누구인지 밝히기 전에 그들을 계속해 시험해보는 일을 굳이 할 필요가 없었지만 그러한 방법을 택했다. 그는 참된 회개와 후회 사이에는 차이가 있다는 것을 깨달을 만큼 사람의 내면에 대해 잘 알았다. 그는 그들이 자신에게 했던 일이 잘못임을 깨닫고 그들이 동생 베냐민에게 같은 짓을 하지 않을 것인지 확인하고 싶었다. 하지만 그들의 마음을 알게 되자 그는 자신의 정체를 밝히고 즐거운 화해의 경험을 나누었다.

■ 진리 알기

- 신자가 하나님의 주권에 대한 믿음을 갖게 되면 원한을 품지 않고 용서할 수 있다.
- 신학은 감정과 생활의 경험이 아니라 하나님의 계시된 말씀에 기초를 두어야 한다.
- 진정한 회개는 단순한 눈물과 후회가 아니라 태도와 행동의 변화를 수반한다.
- 리더십은 다른 사람들을 대변하고 저항하는 것이다.
- 하나님의 말씀이 실현될 것을 확신하면 삶의 환경을 인내하는 데 힘이 된다.
- 사람들이 기꺼이 고백하고, 용서하며, 용서받고자 할 때 화해가 가능하다.

■ 적용하기

- 죄악된 동기와 행동들을 넘어서서 하나님의 주권적 손길이 역사하고 있는 것을 보라.
- 여행 중에 형제들과 싸우지 말라!
- 서둘러 오늘 하루 만에 결정을 내리려고 하지 말라. 때로 분별력이 빠른 결정보다 더 중요하다.

## 삶의 적용

### 가족의 화해

가족과 교회 안에는 깨어진 관계들이 너무나 많아서 치유가 필요하다. 하지만 화해는 무엇이 잘못된 것이라는 확신과 그 잘못에 대한 고백 그리고 용서의 제안과 그 수용을 필요로 한다.

한 아버지와 십대 아들이 심한 갈등을 빚었다. 그래서 아들이 집에서 뛰쳐나갔다. 그의 아버지는 반항적인 아들을 찾아다니기 시작했다. 마침내 마드리드에서 그를 찾기 위한 마지막 필사적인 노력으로 신문에 광고를 냈다. 그 광고의 문구는 다음과 같았다. "사랑하는 파코, 정오에 신문사 정문 앞에서 만나자. 모든 것을 용서한다. 사랑한다. 아버지."

다음 날 정오 신문사 앞에는 8백 명의 '파코'가 나타났다. 그들 모두가 아버지의 용서와 사랑을 구하고 있었던 것이다.

요셉은 형들에게 먼저 용서를 구하도록 요구하지 않았다. 원한을 품고 그들에게 복수할 수 있는 권한이 있었지만, 그들이 회개하기 전에 요셉은 이미 그들에게 호의를 베풀고 관용으로 대했다. 그는 화해하기를 원했다. 그들의 마음이 준비되어 있다는 것을 알게 되자 그는 진실을 밝혔다. 그는 전혀 원한을 갖지 않았고, 그들과 가까이하며 부친을 다시 만나기를 원했다.

관계를 회복하기 위해서 무엇을 할 준비가 되어 있는가? 당신은 무엇을 바라는가? 원한을 갚기를 원하는가? 아니면 화해하기를 원하는가? 화해를 추구한 요셉을 본받기 원한다.

## 기도

하나님 아버지, 진실이 밝혀질 때까지 기꺼이 기다릴 수 있게 도와주십시오. 원한을 품지 않으며 화해를 구하는 자가 되게 해주십시오. 아멘.

## 심층 연구

### A. 유향과 꿀과 향품과 몰약과 비자와 파단행(43:11)

유향은 일부 작은 나무의 열매나 줄기에서 흘러나오는 기름이나 액이다. 이것은 의학적인 목적으로 쓰인다(렘 8:22, 51:8 참고). 몰약은 미르라 나무의 잎사귀에서 추출된 향료다(시 45:8, 잠 7:17, 애 3:6, 5:13). 몰약의 기름은 화장품(에 2:12)과 시신에 바르는 향료(요 19:39-40)로 사용되었다. 신약 시대에는 몰약을 포도주와 섞어 진통제로 마시게 했다(막 15:32). 이러한 가치 때문에 아기 예수께 드려진 세 개의 예물(황금, 유황 외) 중 하나였다(마 2:11). '꿀' 은 벌이 생산한 물질을 가리킬 수도 있고 혹은 포도나 대추야자의 액을 달여 만든 짙은 시럽을 가리킬 수도 있다. 비자는 성경에서는 여기서만 언급되어 있다. 이것은 소아시아, 시리아, 가나안에서 발견되는 작고 넓은 왕관 모양의 나무에서 자란다.

이 모든 예물 중에서 유향, 꿀, 비자만이 가나안 토속 예물이었다. 향품과 몰약은 수입되었기 때문에 상당히 고가였다. 야곱은 이 모든 예물로 애굽에서 우호적인 대접을 받기를 희망했다.

### B. 고센(45:10)

고센은 나일 삼각주의 동부 지역이며 애굽 수도인 멤피스의 북동쪽에 있었다. 그곳은 라암세스라는 지역과 도시에 아주 가깝게 연결되어 있었다(창 47:6, 11). 그곳은 매년 발생하는 홍수로 인한 수분과 매년 축적되는 비옥한 토양 때문에 애굽에서 가장 비옥한 곳이었다. 가축을 기르기에 좋은 장소였다(창 46:34, 47:6).

출애굽기를 보면 히브리인들은 여전히 고센 땅에 살고 있었다. 히브리인들은 애굽의 이 지역에서 출애굽을 하였다(출 8:22, 9:26, 12:37).

## 교안

### A. 들어가는 글

1. '충격적이고 놀라운 일!' 이야기로 시작하라.
2. 배경 설명: 야곱의 아들들은 이미 애굽에 한 번 갔다온 적이 있지만 베냐민을 데리고 온다는 보증으로 시므온을 그곳에 두고 와야 했다. 흉년이 길어졌기 때문에 야곱은 이제 '그 사람' 을 만나기 위해 베냐민이 애굽으로 가는 것을 허락하지 않을 수 없다.
3. 적용: 요셉이 살아 있다는 충격적인 소식과 요셉이 그의 아버지에게 보낸 엄청난 선물을 보고 야곱은 20여 년 전에 죽었다고 생각한 아들을 만나기 위해 여행을 하게 된다.

### B. 본문 이해

1. 베냐민에 대한 야곱의 정리(43:1-14)
2. 애굽으로 돌아온 야곱의 아들들(43:15-44:34)
3. 형제들에게 자신의 정체를 밝히는 요셉(45:1-24)
4. 요셉이 생존해 있다는 소식을 듣는 야곱(45:25-28)

**C. 결론**: '가족의 화해' 를 읽어주라.

## 토의 질문

1. 잘못을 지적당한 것으로 인한 후회와 진정한 회개의 차이는 무엇인가?

2. 악한 사람들과 불공정한 대우 속에서 하나님의 주권에 대한 깊은 확신을 어떻게 가질 수 있는가?

3. 용서를 청해오기 전에 먼저 용서할 수 있는가?

# 창세기 46:1-47:31

## 가족의 이주

*"섭리는 하나님이 익명으로 활동하시는 것이다."*

*- 폴 하비(Paul Harvey)*

**야곱은** 아들의 초청과 하나님의 격려에 부응해 약속의 땅을 떠난다. 하지만 그는 언젠가는 이 땅으로 다시 돌아올 계획을 한다.

## 들어가는 글

### "계속해라, 그만두지 말고"

어떤 엄마가 어린 아들의 피아노 공부에 도움이 될까 해서 아이를 파데레브스키(Paderewski)의 피아노 연주회에 데려갔다. 자리에 앉은 후, 엄마는 청중 속에서 한 친구를 발견하고 인사를 하러 통로를 내려갔다. 그 작은 아이는 콘서트 홀의 온갖 신기한 것들을 탐험해볼 기회를 놓치지 않고 일어나 여기저기 기웃거리다가 '관계자 외 출입금지' 표지가 붙은 문으로 들어갔다.

홀의 불빛이 어두워지고 연주회가 시작하려 하자 자리로 돌아온 엄마는 아들이 없어진 것을 알게 되었다. 그때 커튼이 열리고 조명이 무대 위의 멋진 스타인웨이 그랜드 피아노를 비추었다. 순간 엄마는 바로 자기 아들이 그 피아노 앞에 앉아 있는 것을 보고 기겁을 했다. 아이는 "반짝반짝 작은 별"을 뚱땅거리기 시작했다.

그때 그 대연주자가 입장하였다. 그는 재빨리 피아노 앞으로 다가가서 소년의 귀에 대고 말했다. "계속해라, 그만두지 말고." 그리고 파데레브스키는 아이 뒤에서 몸을 기울여 왼손을 뻗어서는 베이스 파트를 넣기 시작했고, 아이의 다른 쪽으로 오른손을 뻗어 선율로 반주를 넣기 시작했다. 그 노 대가와 어린 입문자는 당황스러운 상황을 멋지고 창조적인 경험으로 바꾸어놓았다. 청중은 눈앞의 장면에 매료되었다.

이것이 바로 하나님이 우리와 함께하시는 방법이다. 우리가 우리 자신의 힘으로 성취할 수 있는 일이란 그다지 대단할 것이 없다. 우리는 최선을 다하지만, 그 결과가 꼭 아름답고 유려한 음악은 아니다. 그러나 대가의 손길이 더해지면 우리 인생의 일들은 아름답게 펼쳐질 수 있다. 다음 번 당신이 큰일을 이루어보려고 무언가를 시도할 때에는 주의 깊게 귀기울여보라. 당신의 귀에 속삭이시는 주님의 목소리를 들을 수 있을 것이다. "계속 연주해라, 그만두지 말고." 그분의 사랑의 팔이 당신을 두르는 것을 느껴보라. 그분의 강하신 손이 당신의 미약한 시도들을 진정한 명곡으로 만들어주신다는 것을 인식하라.

하나님은 준비된 자를 부르시는 것이 아니라 부르신 자들을 준비시켜주신다. 그분은 언제나 거기 계셔서 당신을 사랑하시며 위대한 일로 인도하신다. 당신이 생각하는 최고의 날은 하나님의 은혜가 필요없을 정도로 최고는 아니다.

야곱은 자기 아들 요셉을 다시 만날 것이라고는 꿈에도 생각하지 못했지만 하나님이 "연주를 결코 포기하시지" 않았기 때문에 이제 그 아들을 만나게 될 것이다. 우리가 하나님께 신실한 한, 하나님은 우리 인생을 통해 멋진 일을 이루어주실 것이다.

## 본문 이해

### 가족의 이주

| Main Idea | 야곱은 약속의 땅을 떠날 준비를 할 때도 믿음으로 임하고, 애굽에 도착할 때도 믿음으로 임할 것이다. |
|---|---|

#### A. 애굽으로 가는 야곱(46:1-4)

| Supporting Idea | 야곱의 애굽 여행은 하나님의 축복을 받는다. 이것은 아브라함에게 하신 약속을 이루시기 위한 하나님의 계획의 일부이기 때문이다. |
|---|---|

**46:1-4.** 야곱이 애굽으로 떠날 때 하나님은 브엘세바에서 애굽에서도 그에게 복을 주시겠다고 재확인해주셨다. 이 애굽으로의 이주는 하나님의 놀라운 계획의 일부였다. 야곱이 약속의 땅을 떠날 때 아브라함의 언약이 그에게 반복되었다. 그는 자신이 애굽에서 죽을 것이지만 하나님이 그의 후손들을 언젠가는 약속의 땅으로 돌아오게 하신다는 말씀을 들었다.

야곱의 애굽 여행이 하나님의 '완전한 뜻' 인지 혹은 그의 '허용적 뜻' 인지에 대해서 많은 논란이 있어왔다. 아브라함은 오래전에 가나안의 기근을 피해 애굽으로 간 적이 있었다(창 12:10). 하나님은 애굽을 자기 백성들의 생존을 위한 장소로 계획하셨다(창

45:7). 하나님이 이스라엘 민족에게 약속의 땅을 주신 이상 애굽은 금지된 장소가 될 것이다. 그렇게 될 경우 애굽을 통한 부양이 주님의 돌보심의 대체물로 해석될 것이기 때문이다(렘 42:13-22). 후대의 성경에서 애굽은 예속과 진정한 하나님에 대한 반역의 이미지가 될 것이지만(겔 29:1-7), 이 시점에서는 그러한 개념이 야곱의 의식에 자리잡지 않았다.

야곱은 요셉을 만나고 싶은 마음을 억누를 길이 없었겠지만 약속의 땅을 떠나는 것에 대해 망설인 것 같다. 야곱은 브엘세바에서 그 아비 이삭의 하나님께 제사를 드렸다. 이것은 야곱이 그의 가족의 부르심을 인정하고 있었음을 암시하는 것 같다. 나아가 그는 아마 가나안 땅을 떠나도 좋다는 하나님의 인정을 구하고 있었을 것이다. 야곱이 오래전 하란으로 가기 위해 약속의 땅을 떠날 때 하나님이 환상 중에 나타나셔서 그가 이 땅으로 돌아올 것과 그의 후손들이 그 땅을 소유하게 될 것을 재확인해주셨다. 창세기 28장 21절에서 야곱은 자신이 아버지의 집으로 무사히 돌아올 때 하나님이 "나의 하나님이 될 것" 이라고 약속하였다.

이제 또다시 야곱은 약속의 땅을 떠날 채비를 하고 있다. 그는 하나님을 인정하기를 원했고, 아마 그분의 말씀을 듣기를 원했을 것이다. 그는 아브라함의 후손들이 이국 땅(애굽으로 밝혀져 있지 않았다, 창 15:13)에서 노예가 될 것이라는 아브라함에 대한 예언을 기억했을지도 모른다. 야곱은 이 여행이 옳은 것인지 궁금해하고 있었을 것이다.

하나님은 밤에 이상 중에 야곱에게 말씀하시며 나는 하나님이라 네 아비의 하나님이니 애굽으로 내려가기를 두려워 말라 내가 거기서 너로 큰 민족을 이루게 하리라 내가 너와 함께 애굽으로 내려가겠고 정녕 너를 인도하여 다시 올라올 것이며 요셉이 그 손으로 네 눈을 감기리라고 선언하셨다. 이것은 하나님이 야곱에게 자신을 보여주신 여섯 번째 계시였다. 그는 이 여행이 야곱과 그의 가족을 향한 자신의 뜻과 일치함을 확인해주셨다.

## B. 야곱의 가족과 소유(46:5-27)

| Supporting Idea | 애굽으로 간 야곱의 가족은 70명에 불과하다. 큰 민족을 이루게 하시겠다는 하나님의 약속이 후에 입증될 수 있도록 그들의 명단이 상세하게 기록되어 있다. |
|---|---|

**46:5-7.** 야곱이 그의 온 가족과 애굽으로 갈 때 그는 바로의 태우려고 보낸 수레를 이용했다. 가족들과 함께 생축과 가나안 땅에서 얻은 재물도 가져갔다. 일가 친척을 뒤에 두고 떠난 아브라함과는 대조적으로 야곱은 그 아들들과 손자들과 딸들과 손녀들 곧 그 모든 자손을 데려갔다. 이는 그들 모두가 이제 언약의 일부였기 때문이다.

**46:8-27.** 애굽으로 이주한 야곱의 전 가족에 대해 상세한 목록으로 설명되어 있다. 8절의 애굽으로 내려간 이스라엘 가족의 이름이 이러하니라는 표현은 출애굽의 이야기가 시작되는 출애굽기 1장 1절에 정확히 그대로 반복된다. 그러므로 애굽으로의 여행과 애굽 밖으로의 여행은 밀접하게 하나로 연결되어 있다. 하나님이 자신의 약속을 성취하시는 것이다.

야곱의 아들들과 손자들은 연대기적 순서로 기록되어 있다. 그러나 그들은 또한 그들의 모친인 레아, 레아의 하녀인 실바, 라헬 그리고 라헬의 여종인 빌하의 순서대로 배열되어 있다.

레아는 르우벤, 시므온, 레위, 유다, 잇사갈, 스불론의 모친이었다. 그들의 후손의 수는 33명의 아들들과 딸이었다(15절).

레아의 여종인 실바는 갓과 아셀의 모친이었다. 이 계열에서는 16명의 후손이 있었다(18절).

라헬은 요셉과 베냐민의 모친이었다. 이 두 아들과 그들의 자녀의 수는 14명이었다(22절). 요셉의 두 아들은 애굽 땅에서 온 제사장 보디베라의 딸 아스낫이 요셉에게 낳은 자식이라는 사실이 목록에 지적되어 있다. 이것은 이방인 여성이 목록에 언급된 두 번째 경우로 첫 번째 경우에는 이름이 전혀 소개되지 않았다(10절 참고).

마지막으로, 빌하는 단과 납달리의 모친이었다. 이 계열의 자손들의 수는 7명이었다(25절). 창세기 저자가 기록한 숫자들을 합산하면(33+16+14+7) 야곱의 자손들의 전체 수가 나온다. 이 숫자는 디나와 세라를 포함했지만 이름이 언급되어 있다 하더라도(19절) 요셉의 아내를 비롯해 모든 아내들의 수는 포함되지 않았다. 디나와 세라는 야곱과 함께 들어간 여성 중 결혼 적령기가 넘었지만 미혼이었을 가능성이 있다.

야곱과 함께 애굽으로 간 사람들의 정확한 숫자는 성경에서 세 개의 다른 수치가 제시되어 있다는 사실 때문에 문제가 복잡해진다. 여기 창세기 46장 26절에서는 애굽으로 실제로 이동한 사람들의 수가 66명이라고 기록되어 있다. 하지만 이 숫자는 야곱이

나 그의 아들들의 아내를 포함하지 않은 것이다. 창세기 46장 27절에서는 야곱, 요셉 그리고 요셉의 두 아들인 에브라임과 므낫세가 추가되기 때문에 그 숫자는 70명이 된다. 70이라는 숫자가 히브리어 본문에서 발견되지만(그리고 출애굽기 1장 5절과 신명기 10장 22절에서 다시 발견된다), 신약의 사도행전과 더불어 70인역은 75명이라고 기록하고 있다.

70인역에서는 창세기 46장 20절에서 므낫세의 아들(마길)과 에브라임의 두 아들(술탈라암과 타암) 그리고 므낫세와 에브라임 두 사람의 손자(갈라아드와 술탈라암의 자식인 에돔)를 포함시키고 있다. 사도행전 7장 14절에서 이 숫자는 75명으로 기록되어 있고, "온 친족"이라고 언급하고 있다. 이것은 분명히 이 다섯 명의 남자를 포함한 숫자였다. 창세기 46장 27절의 70인역은 또한 다음의 내용을 덧붙인다. "그리고 애굽에서 태어난 요셉의 아들들은 아홉 명이었다. 애굽에 들어온 야곱 집안의 모든 영혼들은 75명이었다." 66명에 이 아홉 명을 더하면 역시 75명이라는 수치가 산출되었다.

70인역의 두 절이 갖고 있는 문제점은 야곱이 애굽 땅으로 이주했을 때 므낫세와 에브라임이 각기 일곱 살과 다섯 살보다 더 많았을 가능성이 없다는 것이다. 70인역의 기록처럼 이 두 아들에게 아들들과 손자들이 있었다면 그들의 조부 야곱이 죽을 당시 그들 모두의 아버지와 할아버지가 되기에는 어려움이 있었을 것이다. 이때 므낫세는 약 25세였고, 에브라임은 약 22세였을 것이다. 야곱의 4명의 손자들이 창세기 46장 12, 17절에 포함되었지만 이들은 야곱이 애굽으로 들어갈 당시 분명히 태어나 있었다. 확실히 그가 그곳으로 이주해온 후에도 많은 다른 손자들이 태어났을 것이다.

70인역을 신뢰하지 않는 일부 학자들은 75명이라는 야곱의 자손에 생존한 야곱의 아들들의 다섯 명의 아내를 포함했을 것이라고 추측했다. 어떤 해결책이 제시되든 간에 영감에 대한 우리의 신념은 창세기 46장 27절과 사도행전 7장 14절 두 절 모두가 진리임을 인정할 것을 요구한다.

### C. 요셉과 재회하는 야곱(46:28-30)

| Supporting Idea | 야곱은 자기 아들 요셉과 재회한다. 이것은 그의 믿음이 강화되는 사건이었다. |
|---|---|

**46:28-30.** 대변자와 지도자로서의 자질을 드러낸 아들 유다(창 37:26-27, 43:3, 8, 44:18)는 요셉과 접촉하는 책임을 부여받았다. 야곱은 요셉이 그들에게 살 곳을 제공하리라는 약속을 지킬 것을 분명히 믿었다(창 45:10-11 참고).

요셉은 아버지가 와서 자신을 방문하도록(그리고 심지어 절하도록, 창 37:10) 요구할 수 있었지만 그가 먼저 만남을 시도했다. 그는 수레를 갖추고 고센으로 올라가서 아비 이스라엘을 맞았다. 얼마나 감격적인 재회인가! 요셉은 그에게 보이고 그 목을 어긋맞겨 안고 얼마 동안 울었다.

이 만남 이후 야곱은 네가 지금까지 살아 있고 내가 네 얼굴을 보았으니 지금 죽어도 가하도다라고 말했다. 요셉이 오래전에 해와 달과 열한 별들에 대한 꿈을 아버지에게 말했을 때 그의 아버지는 그를 꾸짖었다(창 37:10). 하지만 창세기 37장 10절은 또한 야곱이 "그 말을 마음에 두었더라"고 지적한다. 야곱 자신과 다른 아들들이 요셉에게 그가 그들에게 베푼 것에 대해 감사할 때 확실히 야곱은 이것이 예언의 성취임을 깨달았다.

### D. 바로 앞에 선 야곱(46:31-47:12)

| Supporting Idea | 야곱은 세상에서 가장 강력한 권력자 중 한 사람에게 베풀 것이 있다는 것을 보여준다. |
|---|---|

**46:31-34.** 요셉은 그의 가족들이 애굽의 통치자인 바로와 만남을 갖도록 주선한다. 요셉은 가족에게 그들이 목자라고 바로에게 말하도록 일러준다. 요셉이 이렇게 한 것은, 바로가 그들로 양과 가축을 기르기에 적합한 고센에 정착하도록 허락하게 하기 위해서였다.

요셉은 또한 애굽 사람은 다 목축을 가증히 여기나니라고 말한다. 가증히는 '혐오하는 것'으로 번역될 수 있다. 이러한 혐오의 감정은 아마 애굽에 거대한 가축 떼와 양 떼가 있었기 때문에 생긴 사회적 관습에 근거했을 것이다(출 9:3, 19). 실제로 바로는 요셉에게 이스라엘인 중 몇 사람이 바로 자신의 가축들을 돌보도록 요구하기도 했다(창 47:6). 애굽 사회의 기반은 농업이었다. 애굽인들은 땅을 체계적으로 관리하고 관개 시설과 추수된 식량의 집합과 저장에 대한 기술이 고도로 발달되어 있었다. 확실히 짐승들과 시간을 보내는 사람들은 농작물을 재배하는 사람들에 비해 열등하고 심지어 미숙한 존재로 여겨지기까지 했다.

**47:1-6.** 요셉의 형제 중 다섯 명이 전 가족을 대표하도록 선출되었다. 그들은 바로의 질문에 대답할 때 요셉이 지시한 대로 응하였다. 그들은 가나안 땅에 기근이 심하여 종들의 떼를 칠 곳이 없기로 종들이 이곳에 우거하러(잠시 살려고) 왔다고 바로에게 말했다. 이스라엘 사람들이 애굽에서 살기로 작정한 기간은 아마 남은 5년간의 흉년일 것이다. 그들은 노예 생활을 하리라는 아브라함에 대한 하나님의 말씀(창 15:13)이 그들과 그들의 자손들에게 실현될 것을 깨닫지 못했다.

바로는 야곱의 가족에게 고센이라는 라암세스 지역을 할당해주었다(창 47:6, 45:10, 46:28 참고). 이 지역은 땅의 경작뿐 아니라 가축과 양 떼를 기르기에 완벽한 곳이었다.

**47:7-10.** 형제들이 애굽에서의 정착 문제를 해결한 후 요셉은 자기 아비 야곱을 인도하여 바로 앞에 서게 하였다. 야곱이 바로에게 축복했다는 언급을 유의해보라. 누군가를 축복한다는 것은 "성공과 번영과 생식력과 장수 등에 대한 힘을 부여한다"는 것이다. 축복은 보통 높은 자에게서 낮은 자에게로 전달되는 것이다(예를 들면, 아버지가 아들에게, 왕이 신하에게). 야곱은 하나님의 약속에 대한 믿음을 표현했고, "땅의 모든 족속이 너와 네 자손을 인하여 복을 얻으리라"고 한 약속(창 28:14)에 근거해 행동했다.

바로는 야곱에게 나이를 물었다. 야곱은 이렇게 대답했다. 내 나그네 길의 세월이 일백 삼십 년이니이다 나의 연세가 얼마 못되니 우리 조상의 나그네 길의 세월에 미치지 못하나 험악한 세월을 보내었나이다. 그는 자신의 인생과 조상들의 인생의 본질이 떠돌이라는 것을 가리키기 위해 나그네 길이라는 표현을 사용했다. 그것은 이 세상에서 나그네로 사는 생활이었고, 땅이 없이 정착하지 못하고 땅에 대한 약속의 성취를 기다리는 나그네 생활이었다.

**47:11-12.** 요셉은 그의 아버지와 형제들에게 식량과 필요한 것들(약속이 아니라면 가나안에서 결코 갖지 못했을 것들)을 주고 애굽의 좋은 땅 라암세스에서 정착할 수 있게 하였다. 이것은 바로의 명대로 이루어진 일이었다. 요셉은 매우 관용적인 사람이었지만 그 역시 바로의 권위 아래 있었다. 그는 하나님이 주신 재능을 이용해 하나님을 믿는 자가 아닐지라도 자신이 섬기는 사람을 무시하지 않았다.

### E. 흉년으로 인해 번영하게 된 바로(47:13-26)

| Supporting Idea | 요셉의 성실한 노력으로 바로는 큰 번영을 구가하였고, 이것은 야곱의 축복의 성취였다. |
|---|---|

**47:13-26.** 요셉은 애굽인들이 심각한 기근에도 살아 남을 수 있는 식량 배급을 책임지고 관리하게 되었다. 바로는 애굽과 가나안의 식량 부족 때문에 더 많은 재물을 가질 수 있게 되었다. 돈이 다 떨어지자 가축(15-17절), 땅, 노예(18-21절), 마침내 미래에 추수할 모든 곡식의 5분의 1(23-26절)이 식량에 대한 대가로 바로의 것이 되었다. 바로가 야곱과 그의 가족에게 땅과 필요한 것을 줌으로써 그들을 축복하자 하나님은 바로에게 땅과 재물을 주심으로 그를 축복하셨다. 요셉과, 그를 통해 받았던 축복을 모르는 후대의 바로가 권력을 잡는 출애굽기에서 애굽인들은 아브라함의 자손들을 저주하는 사람들에게 임하는 저주를 경험하기 시작할 것이다(창 12:3 참고).

### F. 야곱의 죽음이 가까워오다(47:27-31)

| Supporting Idea | 야곱은 자신의 생전에 약속의 땅으로 돌아가지 않을 것을 깨닫고, 사후에 그곳으로 돌아갈 계획을 세운다. |
|---|---|

**47:27-31.** 야곱은 17년 동안 애굽에서 살았다. 그가 기근이 끝난 후 가나안으로 돌아가기 위해 어떤 노력을 했는지는 전혀 기록되어 있지 않다. 아마 그가 임종할 때 요셉이 그의 눈을 감겨줄 것이라는 하나님의 약속(창 46:4)을 믿었기 때문일 수도 있다. 그리고 무엇보다 요셉이 애굽에 있었다! 그러나 야곱은 자신의 임종이 가까워오자 언젠가는 가나안으로 갈 것이라는 하나님의 약속(창 46:4)을 이루기 위한 계획을 세웠다.

그는 모든 아들 가운데 요셉만이 그의 소원을 이루어줄 권한과 수단을 갖고 있을 것이라고 인정했기 때문에 요셉을 불렀다. 그가 그의 시신이 가나안으로 옮겨가기를 원한다면 애굽인들이 발달시킨 절차를 이용해 그것을 미라로 만들 필요가 있을 것이다. 그는 요셉으로 하여금 그의 환도뼈 아래 손을 넣고 약속을 하게 했다('심층 연구' 참고). 야곱은 요셉의 호의와 신실함이 있어야 자신의 시신이 애굽에 묻히지 않고 그의 조상들이 쉬고 있는 땅(즉, 약속의 땅)으로 이동될 것이라고 생각했다. 야곱은 요셉이 애굽에서 쉽게 제공할 수 있었을 거대한 장례식을 원하지 않았다. 그는 하나님의 약속이 성취되는 길을 추구했다.

| Main Idea 복습 | 야곱은 약속의 땅을 떠날 준비를 할 때도 믿음으로 임하고, 애굽에 도착할 때도 믿음으로 임할 것이다. |
|---|---|

## 결론

### 성숙한 믿음

하나님을 신뢰하는 것이 항상 쉬운 일은 아니다. 마가복음 9장 23절에서, 한 아버지는 예수님께로부터 "믿는 자에게는 능치 못할 일이 없느니라"는 말씀을 들었다. 그러자 그 아버지는 "내가 믿나이다 나의 믿음 없는 것을 도와주소서"(9:24)라고 외쳤다.

야곱의 생애에서 유사한 일이 일어나고 있었다. 하나님은 그의 평생 동안 하나님의 약속과 그분의 실재를 믿도록 도전하셨다. 그러나 야곱은 고집을 부렸고, 속였으며, 믿음을 상실했다. 하지만 하나님은 그를 아직 버리지 않으셨다. 그는 자신이 선택하신 사람인 야곱을 포기하지 않으셨다. 이제 130세가 된 야곱은 하나님의 약속을 믿고 애굽으로 이주하였다. 그는 요셉이 그의 임종에 함께할 것이며, 그의 시신이 약속의 땅으로 돌아오리라는 것을 믿었다.

야곱은 "발꿈치를 잡는 자"와 자신이 원하는 것을 얻기 위해 사람들을 조작하고 속이는 사람에서 떠나 먼 길을 왔다. 그는 인생의 끝에서 믿음이 성숙하였고, 하나님을 깊이 신뢰했다. 그는 하나님과 또 다른 사람들과 싸워 이겼기 때문에 이스라엘이 되었다(창 32:28).

■ 진리 알기

- 동료들의 따돌림은 불경건한 생활 방식에 우리가 동화되지 않도록 막기 위한 하나님의 방식일 수도 있다.
- 하나님은 장소에 제한되지 않으시고, 우리가 그분의 뜻 안에서 산다면 어디로 가든지 우리와 함께하신다.
- 주께 속한 사람들은 인간 지도자를 두려워할 필요가 전혀 없다.

■ 적용하기

- 혼란스러운 환경 속에서 하나님의 인도하심을 확인하기를 두려워하지 말라.
- 신자들은 아버지의 약속의 집에서 끝날 순례 생활을 하고 있다(요 14:2).
- 확실하고 분명한 인생의 안내자인 하나님의 말씀을 신뢰하라.

## 삶의 적용

### "넌 불운을 부르는 사람이야!"

불신자들뿐 아니라 많은 그리스도인들도 서로에게 '행운'을 기원한다. 하지만 운은 하나님의 계획의 일부가 아니다. 그리스도인에게는 행운도 불운도 없다. 오직 전능하신 하나님의 주권적 계획만 있을 뿐이다.

어떤 남자가 병원 침상에 누워 위를 바라보며 아내에게 말했다. "내가 어려움에 처했을 때 당신은 항상 나와 함께 있었소. 잘못된 투자로 알거지가 되었을 때도 당신은 같이 있었소. 자동차 사고가 났을 때도 당신은 나와 함께 있었고, 해고를 당했을 때도 당신은 나를 격려해주었소. 내가 곰곰이 생각해보니 당신은 불운을 부르는 사람이라는 결론에 도달하게 되었소."

그러나 요셉은 인생의 사건들에 대해 다른 신학적 해석을 하였다. 창세기에는 두 번의 꿈을 제외하면 하나님이 요셉에게 직접적으로 말씀하신 기록이 전혀 없다. 하지만 요셉은 하나님이 모든 것을 주장하신다는 것을 믿었고, 그에 따라 살았다. 우리 역시 요셉이 선한 일이든, 악한 일이든 간에 인간 행위의 자연적 결과를 경험했음을 인정한다. 요셉은 근면하고 정직했다. 어떤 사람들은 그가 스스로 자신의 '운'을 개척했다고 말할 수도 있다. 하지만 그가 아버지와 재회하고 가족과 함께 사는 기쁨을 회복한 것은 운이 아니라 하나님의 축복이었다.

그리스도인들에게 가장 중요한 성경의 교리 중 하나는 하나님의 주권이다. 우리는 인생을 행운이나 불운의 연속이 아니라 주권적으로 계획된 순간의 연속으로 보아야 한다. 얼마나 흥분되는 삶의 방식인가!

## 기도

하나님 아버지, 당신이 저를 사랑하시며 하루의 모든 순간을 다스리시고 계심을 믿게 도와주십시오. '좋은 운' 보다는 '좋은 믿음'의 태도를 갖게 해주십시오. 아멘.

## 심층 연구

### A. 브엘세바(46:1)

이 도시는 가나안 남쪽 경계에 자리하였다. 아브라함은 브엘세바에서 에셀 나무를 심고 그곳에서 여호와의 이름을 불렀다(창 21:33). 후에 이삭 역시 하나님이 그에게 나타나신 후 여기서 제단을 쌓고 하나님의 이름을 불렀다(창 26:24-25). 야곱이 도착해 "그 아비 이삭의 하나님"께 제사를 드렸을 때 아마 이삭의 제단이 아직 있었을 것이다(창 46:1).

### B. 네 손을 내 환도뼈 아래 넣어라(47:29)

이 이상한 행위는 아브라함이 엘리에셀로 추정되는 그의 집사장에게 가나안 여자가 아니라 아브라함 자신의 혈통에서 이삭의 아내를 구해오도록 약속하게 한 창세기 24장 2절에서도 나타난다. 여기서는 아버지와 아들 간에 이 행위가 이루어지고 있다.

이러한 관습은 오늘날 법정에서 성경책을 두고 맹세하는 관습과 유사하다. 고대 족장 세계에서 할례를 받은 남성의 성기와 가까운 환도뼈 아래 손을 넣는다는 것은 그 맹세와 신적 임재의 연관성을 의미했다. 아브라함과 그의 자손들에게 할례는 하나님의 임재를 지속적으로 상기시키는 역할을 했다.

손을 환도뼈 아래 넣는 것은 또한 가족 간의 유대를 강조하기 위한 것일 수도 있다. 생식기 근처에 손을 넣으면서 한 약속들은 이 맹세가 이삭과 야곱과 그들의 자손들을 통한 아브라함의 가계의 지속성과 연결된다는 것이었다. 이러한 방식으로 한 맹세를 어기는 자가 있다면 나머지 자손들이 그에 준하는 심판을 실행하게 될 것이다.

# 고안

## A. 들어가는 글

1. '계속해라, 그만두지 말고' 이야기로 시작하라.
2. 배경 설명: 이 장들은 요셉의 형들이 식량을 구하기 위해 애굽을 처음 방문했을 때 시작된 사건을 마무리짓고 있다. 이제 야곱과 그의 전 가족이 식량을 얻기 위해 애굽으로 가서 요셉과 재회하게 될 것이다.
3. 적용: 하나님은 야곱이 죽을 때 요셉이 눈을 감겨줄 것이라고 그에게 약속하셨다. 또한 하나님은 야곱이 약속의 땅으로 돌아가게 될 것이라고 약속하셨다. 창세기의 마지막 장들은 야곱의 말년을 보여주며, 그와 그의 아들 요셉이 약속의 땅을 기억하며 하나님의 약속에 대한 믿음을 보여줄 것이다.

## B. 본문 이해

1. 애굽으로 가는 야곱(46:1-4)
2. 야곱의 가족과 소유(46:5-27)
3. 요셉과 재회하는 야곱(46:28-30)
4. 바로 앞에 선 야곱(46:31-47:12)
5. 흉년으로 인해 번영하게 된 바로(47:13-26)
6. 야곱의 죽음이 가까워오다(47:27-31)

**C. 결론**: '넌 불운을 부르는 사람이야!' 를 읽어주라.

## 토의 질문

1. 그리스도인들이 하나님의 약속을 신뢰하기가 가장 어려운 것은 어떤 약속인가?

2. 야곱은 어떻게 바로를 축복할 수 있었는가? 바로가 갖지 못한 것 중에 야곱이 가진 것은 무엇인가?

3. 요셉이 이방의 왕실과 연관되어 불신 통치자에게 큰 재물을 안겨준 것이 어떻게 정당화될 수 있는가?

# 창세기 48:1-50:26

## 축복과 장례

*"슬픔과 비극과 증오는 한순간뿐이지만 선과 추억과 사랑은 영원하다."*

*- 조지 부시(George W. Bush)*

**이 세 개의** 장은 야곱의 축복을 유업으로 받게 될 13지파가 어떻게 존재하게 되었으며, 13개의 각 지파가 독특한 역할을 부여받은 이유를 보여준다.

## 들어가는 글

### 왜 그런지 궁금하게 여긴 적이 있는가?

우리는 대부분 한 번씩은 인생의 특이한 일들에 대해 의문을 품는다. 그렇다면 다음의 내용에 대해 의문을 가져본 적이 있는가?

- 사람들은 왜 그 작은 에비앙 워터 한 병을 사려고 그렇게 많은 돈을 소비하는가? 에비앙(Evian)의 철자를 거꾸로 써보라. 그것은 NAIVE(순진한, 어리석은)이다.
- 왜 사람들은 '어떤 것이 고장났다(something is out of whack)' 는 표현을 쓰는가? 'whack(때리기, 시도)' 은 무엇인가?
- 당신의 돈을 투자해주는 사람을 왜 브로커(broker, 주식 중개인)라고 부르는가?
- 크루톤(crouton, 딱딱한 빵)이 밀폐된 용기에 담겨 나오는 이유는 무엇인가?
- 변호사들이 자격을 박탈당하고(disbarred), 성직자가 성직에서 쫓겨난다면(defrocked), 전기 기사가 해고되는 것을 'delighted' , 음악가의 해고는 'denoted' , 카우보이에 대해서는 'deranged' , 모델은 'deposed' , 나무 외과술 전문가에 대해서는 'debarked' , 드라이 클리닝 업자에 대해서는 'depressed' 라는 표현을 왜 사용하지 않는가?
- 립톤 차의 직원들은 휴식 시간(coffee breaks)을 갖는가?
- 대머리 남성의 운전 면허증에 그들은 어떤 머리 색깔을 표기하는가?
- 미국인 어머니들이 아기들에게 작은 스푼과 포크로 먹인다면, 중국인 어머니들은 (젓가락보다 작은) 이쑤시개(toothpicks)를 사용하는가?

성경에는 독자들에게 의문을 불러일으키는 것들이 많이 있다. 이 단락에서는 수많은 의문점들이 발견된다. 그중 일부는 해답을 얻을 수 있지만, 어떤 것들은 각자의 몫으로 남는다.

## 본문 이해

### 축복과 장례

| Main Idea | 하나님은 인간의 관습과 전통에 위배되는 것이라 하더라도 자신의 주권적인 목적을 이루기 위해 행동하신다. |
|---|---|

#### A. 요셉의 아들들을 축복하는 야곱(48:1-20)

| Supporting Idea | 이삭의 둘째 아들 야곱이 축복을 받았듯이 므낫세가 아니라 에브라임이 야곱의 특별한 축복을 받는다. |
|---|---|

**48:1-2.** 아버지의 임종이 가까워진 것을 깨달은 요셉은 그의 두 아들, 므낫세와 에브라임을 야곱에게 데려간다. 이것은 그들이 할아버지를 마지막으로 만나게 하기 위한 것이었고, 또한 마지막 족장의 축복을 기대했기 때문일 것이다.

**48:3-7.** 야곱은 오래전에 벧엘에서 받았던 아브라함 언약(창 28:13-15)을 반복하였다. 하지만 이 언약에서 수많은 후손들과 땅에 대한 약속이 강조된다. 야곱이 요셉의 두 아들을 자기 아들로 입양한 일은 이러한 맥락에서 이루어진다. 이로 인해 요셉의 두 아들에게 야곱의 열한 아들과 동등한 땅의 유업이 보장될 것이다. 그는 야곱이 애굽 땅에 들어오기 전에 출생한 요셉의 아들들이 자신의 아들로 입양될 것임을 명시한다. 그러나 요셉에게서 태어나는 다른 아들들은 독자적인 유업을 받지 못할 것이다. 야곱은 요셉이 어렸을 때 그를 항상 편애하였다. 이 두 손자의 입양은 가족들을 기아에서 건져준 요셉의 공로를 높이기 위한 시도였을 것이다.

**48:8-11.** 야곱은 요셉에게 두 아들을 가까이 오게 하여 내가 그들에게 축복할 수 있게 하라고 말한다. 한 사람을 축복한다는 것은 하나님의 은혜가 그에게 머물기를 요청한다는 의미였다. 창세기 47장 7, 10절에서는 애굽 왕이 땅과 양식으로 이스라엘 사람들을 축복한 후 야곱이 바로를 축복하였다.

**48:12-14.** 야곱은 요셉의 두 아들에게 족장의 축복을 베풀기로 계획했다. 요셉은 만

아들인 므낫세가 야곱의 오른손에 닿도록 해서 장자의 축복을 받도록 두 아들을 야곱 앞에 세웠다. 하지만 야곱은 놀랍게도 팔을 어긋나게 해서 오른손을 뻗어 에브라임의 머리에 얹고 왼손으로는 므낫세의 머리에 얹었다.

**48:15-16.** 요셉은 자신의 아버지로부터 시어체로 된 축복(poetic blessing)을 받았다(창세기의 다른 시어체 축복에 대해서는 9:26-27, 14:19-20, 27:27-29, 27:39-40, 48:20, 49:2-27 참고). 요셉이 받은 이 축복은 그의 두 아들에 대한 축복이 필연적으로 포함되었다.

**48:17-18.** 야곱이 오른손을 에브라임의 머리에 얹는 것을 본 요셉은 기뻐 아니하였다. 오래전 아버지가 두 번째 막내인 자신을 편애했던 것처럼 둘째 손자를 편애한다고 생각했기 때문에 요셉의 기분이 언짢았을지도 모른다. 혹은 아버지의 생각이 이전처럼 맑지 않거나 거의 장님과 같은 상태를 보고 심란했기 때문에(48:10) 기분이 언짢았을 수도 있다. 어쨌든 요셉은 그의 아버지의 잘못을 '고쳐주고자' 했다.

**48:19-20.** 야곱은 손의 위치를 고쳐주려는 요셉의 시도를 거부하였다. 그는 이것이 절대 실수가 아니라 두 소년에 대한 하나님의 계획을 반영하는 의도된 행동임을 요셉에게 알렸다. 차자가 더 번성할 것이라는 사실은 리브가가 "큰 자(에서)는 어린 자(야곱)를 섬기리라"는 말씀을 들었던 창세기 25장 23절과 유사하다.

그 자손이 여러 민족을 이루리라는 선언은 에브라임의 후손이 북왕국의 가장 강력한 지파였던 분열 왕국 시대에 성취된 것으로 추측된다. 에브라임이라는 이름은 종종 북쪽 왕국 전체를 지칭해 사용되었다(예를 들면, 사 7:2, 5, 8-9, 호 9:13, 12:1, 8).

이스라엘 족속이 너로 축복하기를 하나님이 너로 에브라임 같고 므낫세 같게 하시리라 하리라는 야곱의 선언은 요셉의 아들들의 이름을 사용하지만 둘째를 첫째보다 먼저 언급함으로써 출생 순서를 바꾸고 있다. 야곱은 두 손자를 모두 포함시킴으로써 그들이 아들의 자격으로 유업을 받을 것이며, 다른 이들에게 큰 축복을 받은 자로 인식될 것임을 암시한다.

## B. 두 배의 몫을 받은 요셉(48:21-22)

| Supporting Idea | 요셉은 아버지로부터 약속의 땅에서 기업을 두 배로 받을 자로 밝혀지고 있다. |
|---|---|

**48:21.** 야곱은 이스라엘이라는 이름을 이용해 자신이 곧 죽을 것이지만 하나님이 요셉과 함께하셔서 그를 약속의 땅으로 다시 데려가실 것을 확신한다는 내용을 요셉에게 선언하였다. 너희에 해당하는 히브리어 단어는 복수형이다. 야곱처럼 요셉은 사후에 그 땅으로 돌아갈 것이다. 하지만 그의 자손들은 4백 년 후 집단적으로 그 땅으로 돌아가게 될 것이다.

**48:22.** 요셉은 또한 땅도 두 배의 몫을 받았다. 이것은 역대상 5장 1절에 명확하게 기술되어 있다. "르우벤의 아들들은… 장자의 명분이 이스라엘의 아들 요셉의 자손에게로 돌아갔으나." 이것은 야곱이 그를 너희 형제들보다 위에 있는 자(NIV)로 보았기 때문에 일어난 일이었다. 요셉은 야곱의 장자가 아니었지만 장자처럼 나머지 가족의 생계를 책임지는 자로 하나님의 쓰임을 받았다. 그래서 야곱은 자신이 내 칼과 활로 아모리 족속의 손에서 빼앗은 일부분을 그에게 주었다.

이 절의 히브리어 본문에는 수많은 흥미로운 개념들이 등장한다. 일부분(ridge of land)에 해당하는 원어의 단어는 세겜이라는 지명 겸 인명과 유사한 단어이다. 이곳은 요셉이 후에 묻히게 될 장소이다(창 33:19, 수 24:32, 요 4:5 참고). 야곱이 요셉에게 형제들보다 더 많은 몫, 다시 말해서 두 배의 몫을 주었다는 의미에서 이 히브리어 단어는 '어깨' 혹은 '분량'으로 번역될 수도 있다.

이 여분의 분량은 야곱이 내 칼과 활로 빼앗은 것이라고 표현되어 있다. 이것은 야곱이 매장지로 사용하기 위해 하몰의 아들들에게 받을 은 일백 개를 주고 산 이후(창 33:19) 창세기 34장 25-29절에서 시므온과 레위가 세겜 성을 약탈했던 사건을 가리킬 수도 있다. 어떤 경우든, 야곱이 요셉에게 특권을 부여했다는 것은 분명하다. 아마 이것은 옛날에 보여주었던 편애의 표현이 아니라 요셉이 가족을 위해 세운 공을 기리기 위함이었을 것이다.

## C. 아들들을 축복하는 야곱(49:1-28)

| Supporting Idea | 창세기에서는 가장 긴 시의 형식으로 야곱이 각 아들들을 부르고, 그들의 미래에 대한 예언을 선포한다. |
|---|---|

**49:1-2.** 야곱은 임종이 가까웠지만(창 48:1-2) 너희의 후일에 당할 일을 그들에게 일러주기 위해 아들들을 소집하였다. 비록 예언의 성취가 그들에게서 태동할 여러 지파들을 통해 이루어지지만, 종종 "야곱의 축복"이라고 불리는 이 시는 각 아들들을 직접 호명하는 형식을 취하고 있다. 대부분의 예언들은 야곱의 각 아들들의 행동을 통해 드러나는 특징에 근거를 두었다.

**49:3-4.** 야곱의 장자인 르우벤은 장자라는 그의 지위 때문에 특별한 축복과 예언을 받을 자격을 지닌 자로 인정받았다. 이 축복은 일반적으로 2배의 재산을 받을 수 있는 장자 상속권뿐 아니라 지도자와 제사장의 역할도 포함하였다. 그러나 아버지의 첩인 빌하와 동침한 부도덕한 행위에서 보듯이(창 35:22) 물의 끓음 같은 본성 때문에 르우벤은 장자로서 법적인 지위를 상실하였다. 이러한 르우벤의 행위는 자신의 유업에 대한 조급한 주장이었고, 이제 그는 그 모든 것을 잃었다. 그는 다른 지파들에 대한 우월한 지위를 즐기지 못할 것이다.

지도자의 권리는 유다에게 돌아갈 것이며, 제사장직은 궁극적으로 레위에게 돌아갈 것이다. 두 배의 유산을 받는 장자의 권리는 이미 요셉(라헬의 첫 아들)에게 주어졌다. 르우벤이 요셉을 죽음에서 보호하기 위한 노력을 통해 자신을 속죄하고자 시도했지만(창 37:21-22) 자신의 지위를 회복하지는 못했다. 후에 사사기 5장 15절에서 르우벤은 우유부단함과 싸우고 있다. 구약의 전반에서 요단 강 동편에 살기로 선택한 르우벤 지파(민 32장)는 지도자의 역할을 한 적이 없다. 르우벤에 대한 속죄의 내용이 언급된 적이 전혀 없다. 이 지파로부터 중요한 역할을 한 사사, 왕, 혹은 선지자는 한 명도 나오지 않았다.

**49:5-7.** 시므온과 레위는 폭력과 분노라는 동일한 특징과 세겜 사람들을 살해한 동일한 역사(창 34:25)를 갖고 있기 때문에 함께 다뤄지고 있다. 그러므로 그들의 미래는 동일할 것이다. 이 두 지파는 약속의 땅에 들어가면 뿔뿔이 흩어져서 집중적이고 독립된 지파로서의 땅을 갖지 못할 것이다. 야곱은 이러한 사람들로 이루어진 큰 집단이 함

께 모이도록 두면 다른 지파들에게 실제적인 위협이 되리라는 것을 깨달았을지도 모른다. 확실한 것은 둘째나 셋째에게 갔어야 할 지도자의 역할이 시므온과 레위의 행위 때문에 그들에게 주어지지 않았다는 것이다.

**49:8-12.** 야곱의 네 번째 아들인 유다에 대한 축복은 이 장에 기술된 모든 축복 중 신학적으로 가장 중요하다. 유다의 성향은 주권, 힘, 용기의 상징인 사자 새끼의 성향이었다. 유다가 가족과의 관계에서 잘못된 길을 걸어갔지만 그는 회개하고 리더십을 보여주었다(창 43:3-10). 유다는 왕족이 될 지파로 선언될 것이며, 미래의 통치자, 다윗과 메시아가 나올 지파로 밝혀졌다.

야곱은 유다에 대해 홀이 유다를 떠나지 아니하며 치리자의 지팡이가 그 발 사이에서 떠나지 아니하시기를이라고 예언했다. 홀은 왕권의 상징이었기 때문에 유다는 실로가 오시기까지(그것을 소유하고 열방의 복종을 받을 그가 오시기까지 - NIV, 혹은 공물을 받을 자가 오시기까지) 다스리는 권세를 갖게 되었다. NIV 성경은 이 절의 일부를 번역하는 데 따르는 어려움에 주목하고 있다. 실로는 한 개인의 고유 명사로, 궁극적으로 유다 지파를 통해 나타나서 이스라엘에 승리와 평화를 가져다줄 메시아를 가리킬 수도 있다(민 24:17). 그리스도가 이 이름으로 지칭된 적이 전혀 없기 때문에 고유 명사가 아니라 NIV 본문처럼 번역하는 것이 최선일 것이다. 이 예언은 유다의 중단 없는 통치의 약속이 아니라 유다의 통치 권한을 강조하고 있다.

창세기 49장 10-12절은 유다의 위대한 지도자 메시아가 통치하게 되면 이루어질 조건을 묘사하고 있다. 짐승을 포도나무와 가지에 매고(포도나무가 너무나 많아서) 옷을 포도주에 씻을 것(포도주가 너무 많아서)이라는 사실에 의해 안정되고 매우 풍요로운 생활이 암시되고 있다. 마지막으로 그 통치자는 이렇게 묘사된다. 그 눈은 포도주로 인하여 붉겠고 그 이는 우유로 인하여 희리로다. 이것은 힘과 건강과 권력을 그리고 있다.

**49:13.** 야곱의 다음 아들인 스불론은 성격적인 특징으로 묘사되지 않는다. 대신 그가 해변에 거하리니 그곳은 배 매는 해변이라 그 지경이 시돈까지리로다라는 내용을 통해 그의 미래의 영토가 표시되어 있다. 스불론은 '해변의 영토' 를 결코 얻지 못했다. 그와 지중해 해안 사이에 아셀 지파가 자리하고 있었기 때문에 그는 내륙 지방에 거주하였다. 하지만 이 지파는 지중해와 16킬로미터 거리에 있었고, "바다의 풍부한 것, 모래에 감추인 보배를 흡수" (신 33:19)할 수 있었기 때문에 이 예언을 이루었다. 스불론의 북쪽

경계는 페니키아 해안의 시돈을 향하고 있었다.

**49:14-15.** 야곱의 여섯 째 아들인 잇사갈은 양의 우리 사이에 꿇어 앉은 건장한 나귀로 묘사되고 있다. 이것은 아마 잇사갈의 성격적인 특질에 대한 묘사가 아닐 것이다. 오히려 이것은 이스르엘 골짜기의 동부 지역을 비롯해 갈릴리 저지대에서 그가 얻은 땅을 가리킨다. 이 골짜기는 갈릴리의 낮은 구릉 지대(다볼 산이 포함된다)와 므낫세가 살게 될 구릉 지대(길보아 산이 포함된다) 사이에 위치하였다. 야곱은 그는 쉴 곳을 보고 좋게 여기며 토지를 보고 아름답게 여기고 어깨를 내려 짐을 메고 압제 아래서 섬길 것을 인식하였다.

이것은 잇사갈이 그의 형제들 중 하나에게 종이 되거나, 심지어 이방 침략자의 노예가 될 어떤 상황을 가리키는 것이 아닐 것이다. 후에 이 지역의 모든 이스라엘 지파들은 이방 나라들의 압제를 당한다(왕하 15:29, 사 9:1). 이 표현은 잇사갈이 어떻게 정치적 권력을 추구하지 않고, 고된 농업을 생활 방식으로 채택하며 살 것인지를 묘사한 것 같다.

**49:16-18.** 야곱의 다음 아들인 단은 이스라엘에서 사사가 되고 이스라엘의 한 지파같이 그 백성을 심판할 것이기 때문에 일종의 지도력을 행사할 것이다. '단' 이라는 이름은 원래 신원하심과 연관이 있지만(창 30:6), 여기서 이 이름은 정의와 연결되어 있다. 성경의 기록은 이 지파 출신의 사사로 삼손만을 기록하고 있지만, 다른 방식으로 이 역할을 행사했을 것이 분명하다. 그러나 단 지파에 대해서는 또한 단은 길의 뱀이요 첩경의 독사리로다 말굽을 물어서 그 탄 자로 뒤로 떨어지게 하리로다라고 묘사되어 있다. 이 지파는 반역을 저지르고 결국 이스라엘을 우상 숭배의 길로 이끌 것이다(삿 18장). 창세기 49장 18절은 야곱이 예언하는 중 마음으로 부르짖는 기도로 보인다. 자식들이 미래에 행할 일의 일부를 인지하다보니 여호와여 나는 주의 구원을 기다리나이다라고 부르짖지 않을 수 없었을 것이다.

**49:19.** 야곱의 아들 갓은 요단 강 동편에 살기로 선택할 것이다(수 13:24-27). 이 땅은 '왕의 대로' 라고 하는, 남북을 이어주는 대로를 포함하게 될 것이다. 그래서 갓은 군대의 박격을 받을 것이지만 도리어 그 뒤를 추격할 것이다. 그는 군대의 공격을 받겠지만 효과적으로 반격을 가할 것이다(예를 들면, 사사기 11-12장의 암몬족에 대한 입다의 공격).

**49:20.** 다음 아들인 아셀은 지중해 연안에 거주할 것이다. 이 지파는 식물이 기름진

것이라 그가 왕의 진수를 공궤하게 될 것이다. 아셀 지파는 비옥한 농지(해안선을 따라 북쪽으로 자리하고 있는 갈멜 산 저지대)와 비가 풍부한 지역에 살게 될 것이지만, 지중해의 다른 지역의 상품을 교역할 기회를 갖게 될 것이다. 아셀이 누리게 될 미래의 풍요로움만 언급되어 있고, 성격적 특성은 언급되어 있지 않다.

**49:21.** 야곱의 아들 납달리에 대해서는 놓인 암사슴이라 아름다운 소리를 발하는도다라고 묘사되어 있다. 납달리 지파는 거칠고 고립되어 있지만, 비옥한 지역의 갈릴리 해의 북서쪽에 살게 될 것이다. 확실히 이 지파는 나머지 지파들과는 차별되는 자유와 아름다움을 드러낼 것이다.

**49:22-26.** 요셉은 창세기 48장 15-16절에서 요셉에 대한 축복과 창세기 48장 20절에서 그의 두 아들, 므낫세와 에브라임에 대한 축복에서 이미 예고된 적이 있는 풍성한 축복을 받았다. 요셉이라는 이름은 "더하시기를 원하노라"(창 30:24)는 의미이고, 그의 아들 에브라임은 "창성하게 하셨다"(창 41:52)는 의미를 가지고 있다.

에브라임으로 알려진 요셉 지파는 사마리아라고 알려지게 될 지역의 중앙에 있는 중앙 산지의 침입자들과 맞섬으로써 번영을 누리게 될 것이다. 에브라임 지파의 땅은 강우량이 풍부하여 풍성한 수확을 거두었다. 여호수아가 에브라임 지파 출신이었다. 후에 이 지파는 지도자 역할을 두고 유다와 맞서게 될 것이다. 이스라엘이 남과 북으로 분열되었을 때 에브라임은 북왕국을 지칭하는 이름으로 사용되었다(사 7:2, 5, 8-9, 호 9:13, 12:1, 8).

므낫세로 알려진 요셉 지파는 두 개의 반 지파로 분화되었다. 그들은 요단 강의 북부 지역 양쪽에 자리하였다. 이 지역 역시 풍부한 강수량과 작물을 자랑하였다.

**49:27.** 야곱의 마지막 아들인 베냐민은 물어뜯는 이리로 언급되어 있다. 사사기 시대에 이 지파는 나머지 열한 지파와 소원해질 것이다(삿 20장). 그래서 그들의 지파 출신인 부도덕한 한 집단을 옹호했기 때문에 이스라엘 열한 지파가 결국 매복 공격을 가해 베냐민 지파를 거의 전멸 상태에 이르게 한다. 왕정 시대에는 베냐민 지파로 위대한 전사인 사울이 이스라엘의 초대 왕으로 선출되었다(삼상 9-10장).

**49:28.** 자기 조상들의 죄악 때문에 형벌을 받는 지파들이 있기는 하지만 각 지파는 각인의 분량대로 축복을 받았다. 각 지파가 택함을 입은 아브라함 가계의 일원으로서 아브라함에게 주신 약속들을 누렸다는 사실은 그 자체로 큰 축복이었다.

## D. 야곱의 죽음과 장례(49:29-50:14)

| Supporting Idea | 죽음을 통해서도 야곱의 믿음이 명확하게 입증된다. |
|---|---|

**49:29-32.** 야곱은 그의 아들들에게 막벨라에 있는 족장의 무덤에 자신을 묻어주도록 당부했다(창 47:30 참고). 그의 첫 아내인 레아가 그곳에 묻혀 있었다. 그는 그녀와 그의 아버지(이삭)와 어머니(리브가) 그리고 할아버지(아브라함)와 할머니(사라)와 함께 묻히기를 원했다. 야곱은 평생 동안 라헬을 사랑하였다. 이제 그는 그의 첫 아내인 레아의 가치와 지위를 깨달았을지도 모른다. 그는 자신이 묻히기를 원하는 이 땅이 언젠가는 이스라엘 민족의 땅이 될 것을 확신했다.

**49:33-50:3.** 야곱이 죽자 그의 시신은 애굽인의 장례 풍습에 따라 향품을 사용해 미라로 보존되었다. 그의 시신이 미라로 보존되지 않았다면 그의 몸을 가나안으로 다시 이송할 방법이 전혀 없었을 것이다.

**50:4-14.** 요셉과 그의 형제들은 야곱의 요구대로 그 시신을 가나안으로 옮겼다. 가나안 사람들은 이 사건을 제대로 이해하지 못했다. 그들은 애굽인들이 큰 애통 의식을 치르고 있다고 생각했다. 그들의 옷, 관 그리고 심지어 언어가 이러한 오해를 불러일으켰을 것이다. 하지만 그는 믿음으로 자신이 소유했다고 확신하는 땅에 묻히고 있는 히브리인 족장이었다.

## E. 자신들의 죄로 다시 두려워하는 요셉의 형들(50:15-21)

| Supporting Idea | 마침내 요셉이 제안한 용서를 형들이 인정하고 있다. |
|---|---|

**50:15-18.** 이제 그들의 부친이 죽고 장례를 치르자 형들은 요셉이 그들에게 복수할 것이라고 두려워하기 시작했다. 그들은 요셉이 자신들을 용서했다는 것을 실제로 믿지 않았다. 요셉은 자신의 용서를 믿지 못하는 그들에게 그 용서가 진심임을 먼저 재확인해주어야 한다는 사실을 깨달았기 때문에 눈물을 흘렸다. 애굽의 농림부 장관이었던 그는 형제들과 많은 시간을 보내지 못했을 수도 있다.

**50:19-21.** 요셉은 설령 자신이 복수를 하고자 해도 그것은 자기 몫이 아니라는 것을 그들에게 상기시켜주었다. 요셉은 자신의 인생에서 일어난 모든 사건이 하나님의 계획으로 인한 것이며, 악한 의도가 있다고 해도 하나님의 계획이 이루어지는 것을 방해할 수 없다는 것을 다시 한 번 설명해주었다. 그들이 그에게 악을 행했지만 하나님은 그것을 선한 목적에 사용하셨다는 것이다. 요셉은 그들을 안심시키기 위해 그들과 그들의 자녀들의 필요를 조달해주겠다고 약속함으로써 자신의 용서를 다시 한 번 증명하였다.

### F. 요셉의 죽음(50:22-26)

| Supporting Idea | 요셉은 임종을 앞두고 하나님의 약속에 대한 자신의 믿음을 다시 한 번 표현한다. |
|---|---|

**50:22-23.** 이 단락은 요셉의 남은 생애를 요약하고 있다. 요셉의 아버지 야곱이 애굽으로 이주했을 때 요셉은 서른아홉 살이었다. 그의 아버지는 애굽에서 17년을 살았다. 이제 54년 후 요셉은 110세의 나이로 죽는다. 요셉은 손자들과 증손자들을 볼 정도로 장수를 누렸다.

**50:24-26.** 그의 아버지 야곱처럼 요셉도 자신을 가나안에 묻어달라고 부탁했다. 그의 형제들이 가나안으로 즉각 여행할 수 있을 정도로 여력이 없을 것임을 깨달은 그는 이스라엘이 돌아가는 미래의 출애굽 때에 자신의 시신을 가져가달라고 부탁하였다(창 15:12-16 참고). 히브리서 11장 22절은 이렇게 기록한다. "믿음으로 요셉은 임종 시에 이스라엘 자손들의 떠날 것을 말하고 또 자기 해골을 위하여 명하였으며."

이 요청의 성취는 출애굽기 13장 19절과 여호수아 24장 32절에서 발견된다. 요셉의 믿음의 행위는 그가 죽은 지 오랜 후에 보상받았다. 분명히 많은 애굽인들은 큰 영광을 누렸던 애굽에 요셉이 장사되어야 한다고 그를 설득시키고자 했을 것이다. 그러나 요셉은 인간의 말보다는 하나님의 말씀에 더 관심을 두었다.

| Main Idea 복습 | 하나님은 인간의 관습과 전통에 위배되는 것이라 하더라도 자신의 주권적인 목적을 이루기 위해 행동하신다. |
|---|---|

# 결론

## 끝까지 견디는 믿음

때로 세상에서 일어나는 수많은 일들이 왜 일어나는 것인지 이해하기 어려울 때가 있다. 신자인 우리도 하나님이 왜, 어떤 목적을 가지고 그것들을 특정한 방식으로 이루시는지 이해하기 어려울 때가 있다. 그러나 하나님은 주권자이시다. 그분은 자신의 속성과 위배되는 일을 하지 않으시지만, 그것이 언제나 인간의 관습과 전통과 일치되는 것은 아니다. 야곱과 요셉 두 사람은 그들의 책임이 믿음을 행사하는 것(목숨이 끝나는 바로 그 순간까지)이라는 사실을 알고 있음을 보여주었다.

■ 진리 알기

- 하나님은 환경을 통제하시며 자신의 목적을 이루시기 위해서 섭리 가운데 일하신다.
- 하나님은 자신의 뜻에 따라 행하시지만 그것이 반드시 인간의 전통이나 관습과 일치하는 것은 아니다.
- 신자들은 자체적인 힘과 영향력을 지닌 이 땅을 본향으로 받아들이고 안주해서는 결코 안 된다. 우리는 하늘에 있는 본향의 시민이다.

■ 적용하기

- 용서의 깊이를 제대로 인식할 수 있는가? 아니면 많은 세월이 흘러서까지 복수당할까 두려움에 떨었던 요셉의 형제들과 유사한가?
- 하나님의 약속에 기초해 인생을 신학적으로 해석할 자세로 살아가는가? 아니면 오직 인생의 과정에만 근거해 자연 그대로 인생을 해석하며 살아가는가?
- 도우심을 바라며 언제나 하나님께 부르짖어야 한다.

## 삶의 적용

### 하나님의 뜻

요셉은 자신이 하나님의 뜻 안에 있다는, 주께서 뜻이 있으셔서 자신을 애굽에 두셨다는 내적 확신이 있었다. 다음의 시는 모든 신자들이 하나님의 뜻 안에서 확신과 안전을 찾아야 할 필요성을 보여주고 있다.

하나님의 은혜가 우리를 지켜주지 않는 곳
하나님의 팔이 우리를 지탱할 수 없는 곳
하나님의 부유하심이 우리의 필요를 채워줄 수 없는 곳
하나님의 능력이 우리에게 임하지 않는 곳
그런 곳으로 데려가는 것은 결코 하나님의 뜻이 아닙니다.

하나님의 성령이 우리를 통해 역사하실 수 없는 곳
하나님의 지혜로 우리가 가르침을 받을 수 없는 곳
하나님의 군대가 우리를 보호해줄 수 없는 곳
하나님의 손으로 우리를 빚으실 수 없는 곳
그런 곳으로 데려가는 것은 결코 하나님의 뜻이 아닙니다.

하나님의 사랑의 품에 안길 수 없는 곳
하나님의 자비로 인생을 지탱할 수 없는 곳
하나님의 평화로 우리의 두려움을 잠재울 수 없는 곳
하나님의 권세가 우리를 통치할 수 없는 곳
그런 곳으로 데려가는 것은 결코 하나님의 뜻이 아닙니다.

하나님의 뜻은,

## 심층 연구

### A. 예표론(요셉)

많은 성경 독자들은 요셉의 생애와 우리 주 예수 그리스도의 생애의 유사점들을 다. 형제들에게 배척당하고, 은에 팔리며, 자신을 배신한 자들의 안녕을 위해 고난당고, 받을 자격이 없는 자들에게 용서를 베푸는 것과 그 외 많은 유사성이 그리스도와 요셉 사이에 분명히 존재한다.

그러한 유사성을 인정하는 해석학적 방법론을 예표론이라고 한다. 예표(모형, type)란 역사에서 어떤 역할과 의미를 지니지만, 하나님의 계획에 의해 후대의 사건, 인물 혹은 제도(원형, antitype)와 상응할 수 있는 어떤 사건, 인물 혹은 제도를 가리킨다. 예표론의 가치는 하나님이 예지(foreknowledge)를 갖고 계신 분임을 인정하는 데 있다. 그는 구체적인 방법으로 후대의 것과 닮은 사건, 인물 혹은 제도를 계획하시고 기록하실 수 있다. 이것은 성경 독자들이 모든 역사 속에 역사하시는 하나님의 손을 인식할 수 있도록 돕는다.

### B. 12지파인가? 13지파인가?

야곱은 두 아내와 두 첩을 통해 열두 아들을 두었다. 성경은 열두 지파에 대해 계속 말하고 있지만, 요셉의 두 아들이 야곱의 아들로 입양되었으므로 실제로 열세 지파가 존재하였다. 요셉에게 두 배의 몫을 허락한다는 것은 하나의 요셉 지파가 아니라 두 개의 요셉 지파, 즉 에브라임과 므낫세 지파가 존재한다는 것을 의미했다. 후에 레위 지파의 남자들은 나머지 지파들의 장자를 대신하게 될 것이다(출 32:25-29, 민 3:11-13). 레위인들은 이스라엘 전 영토에서 골고루 성과 마을을 지정받기 때문에 오직 열두 지파만 각 지파의 영토를 유업으로 받게 될 것이다. 구약과 신약에서 발견되는 29개의 지파 목록에는 열두 개 이상의 지파 이름이 기록된 목록은 하나도 없다. 우상 숭배로 배도의 길을 간 단 지파가 종종 생략되는 경우를 제외하면, 레위의 이름이 종종 명단에서 빠져 있다.

### C. 손을 얹음(48:14)

야곱이 요셉의 아들들에게 손을 얹은 것은 '손을 얹는 행위'의 많은 성경적 예 중 첫 사례이다. 성경에서 한 개인에게 손을 얹은 이유는 대략 다섯 가지가 있다. (1) 희생 제물과의 하나 됨(레 1:4) (2) 병 고침(막 5:23) (3) 체포를 위해(행 5:18) (4) 성령의 전달(행 8:17) (5) 서품식과 같이 다른 사람에게 약속이나 영적인 힘을 전달할 때(딤전 4:14). 야곱이 하나님께로부터 받은 축복을 요셉의 아들들에게 상징적으로 전달하고 있는 창세기 48장과 관련이 있는 것은 다섯 번째 이유이다.

## 교안

### A. 들어가는 글

1. '왜 그런지 궁금하게 여긴 적이 있는가?' 이야기로 시작하라.
2. 배경 설명: 창세기의 이 마지막 장들은 야곱과 요셉의 이야기를 모두 완성하고 있다. 이 장들은 하나님이 자기 백성들에게 어떻게 신실함을 지키시는지, 그의 백성들은 아브라함에게 주어진 약속들을 어떻게 계속 신뢰하고 있는지를 보여준다.
3. 적용: 기아를 피해 애굽으로 이동한 이스라엘의 자녀들의 이야기는 독자들에게 출애굽에 대한 배경을 제공해준다. 하나님은 자신의 약속을 이루시기 위해서 큰 민족을 이룬 백성들을 애굽에서 인도해내실 것이다.

### B. 본문 이해

1. 요셉의 아들들을 축복하는 야곱(48:1-20)

2. 두 배의 몫을 받은 요셉(48:21-22)
3. 아들들을 축복하는 야곱(49:1-28)
4. 야곱의 죽음과 장례(49:29-50:14)
5. 자신들의 죄로 다시 두려워하는 요셉의 형들(50:15-21)
6. 요셉의 죽음(50:22-26)

**C. 결론**: '하나님의 뜻' 을 읽어주라.

## 토의 질문

1. 족장의 축복이 어떻게 효력을 발휘하는가? 이것은 하나님이 말씀하시는 것과 동일한 것인가? 아니면 하나님이 한 개인의 말을 확인해주셔야 하는가?

2. 시신을 묻는 장소가 야곱과 요셉 두 사람 모두에게 그렇게 중요한 이유는 무엇인가? 오늘날 신자들은 어디에 묻힐 것인지, 혹은 심지어 매장될 것인지, 혹은 화장될 것인지의 여부에 관심을 가져야 하는가?

3. 때로 다른 사람의 용서를 받아들이기가 어려운 이유는 무엇인가?

4. 당신의 인격이나 행위를 근거로 당신이 미래에 이루게 될 가족의 모습과 운명을 예견해야 한다면 그 모습은 어떨 것이며, 당신은 그 모습에 대해 만족하겠는가?

## ■ 용어 해설

1. **천사** - 교훈이나 경고 혹은 희망에 대한 하나님의 메시지를 전달하는 하나님의 메신저로서 천상의 존재일 수도 있고 인간일 경우도 있다.
2. **속죄** - 신자들이 하나님과 올바른 관계를 회복하도록 하기 위해 그리스도의 순종과 죽음을 통해 죄를 극복하시는 하나님의 방법.
3. **할례** - 이스라엘의 언약 백성에 속했다는 표식으로서 남성의 성기의 표피를 제거하는 의식.
4. **언약** - 자기 백성들에 대한 하나님의 은혜로운 약속과 그로 인한 하나님과의 관계를 표현하는 계약이나 협정.
5. **창조** - 하나님이 세상과 그 안에 있는 모든 것을 무에서 유로 만드시는 것.
6. **선택** - 자신을 따르고 자신의 계명을 순종하는 백성들을 선택하시는 하나님의 은혜로운 행위.
7. **악** - 하나님의 계획과 반대되는 모든 것 혹은 모든 사람.
8. **타락** - 최초의 인간들의 범죄의 결과. 이로 인해 인간 속에 있는 하나님의 형상이 손상되었고, 모든 사람에게는 죄에 대한 환경과 죄에 대한 성향이 생겼다.
9. **장자** - 유대인의 가정에서 태어난 첫아들이나 가축 중 초태생.
10. **거룩** - 하나님과 모든 피조 세계를 구별하는 하나님의 속성, 예수 그리스도 안에 알려진 하나님의 성품을 반영하고자 하는 그리스도인들의 도덕적 이상.
11. **성령** - 삼위일체의 제3위. 그리스도가 약속하시고 오순절날 제자들에게 임한 하나님의 현존으로 신자와 교회와 세상 속에서 하나님의 적극적 현존을 상징한다.
12. **우상 숭배** - 하나님이 아닌 것을 섬기는 것.
13. **하나님의 형상** - 창조된 당시에는 하나님을 반영했지만 죄로 인한 타락으로 손상된 인간 본성의 어떤 것으로, 그리스도인들이 그리스도의 형상으로 빚어져갈 때 회복되어 간다.
14. **유일신론** - 오직 한 분이신 하나님에 대한 믿음.
15. **원죄** - 인류를 죄 속으로 밀어넣고 그 이후 (예수 그리스도를 제외한) 모든 인간들이 따르고 있는 아담과 하와의 불순종.

16. **오경** - 히브리 성경의 첫 다섯 권의 책: 창세기, 출애굽기, 레위기, 민수기, 신명기.

17. **섭리** - 온갖 방해에 대해 하나님이 자기 백성에게 주시는 돌보심과 인도하심.

18. **의** - 하나님과 올바른 관계를 지속하는 조건이나 상태. 다른 사람들과의 올바른 관계 속에서 하나님과의 관계를 삶으로 드러내는 것.

19. **안식일** - 창조의 제 칠 일에 해당하는 일주일의 일곱째 날로 구약의 사람들은 이 날에 일을 쉬고 하나님을 묵상하는 날로 보내야 했다.

20. **희생 제물** - 모세의 율법에 의하면 죄에 대한 회개나 감사의 표현으로 하나님께 드린 것. 그리스도는 죄를 위한 궁극적인 희생 제물이었다.

21. **사단** - 하나님을 대적하도록 이끌고 사람들을 유혹하는 의인화된 악한 존재.

22. **죄** - 인간들이 하나님께 반역하고, 그들에 대한 그분의 목적에 이르지 못하며, 하나님보다는 악의 권세에 굴복하는 행동.

23. **유혹** - 죄에 대한 끌림으로 모든 인간이 경험하는 것이다. 이것은 하나님이 아니라 사단에게서 온다.

24. **삼위일체** - 성부와 성자와 성령으로서 자신에 대한 하나님의 계시, 본체로는 하나이시지만 위격과 기능으로는 구분된다.

## ■ 참고 도서


Anderson, J. Kerby. *Moral Dilemmas*. Nashville: Word, 1998.

Arnold, Bill T. *Encountering the Book of Genesis*. Grand Rapids: Baker Books, 1998.

Barker, William P. *Everyone in the Bible*. Westwood, N.J.: Fleming H. Revell, 1966.

Barnhouse, Donald Grey. *Genesis: A Devotional Exposition*. Grand Rapids: Zondervan, 1973.

Boa, Kenneth, and William Kruidenier. *Romans*. Vol. 6 of The Holman New Testament Commentary. Nashville: Broadman & Holman, 2000.

Boice, James Montgomery. *Genesis*. Vol. 2. Grand Rapids: Zondervan, 1985.

Bramer, Stephen J. *The Bible Reader's Joke Book*. Unpublished manuscript.

Brown, Colin, ed. *The New International Dictionary of New Testament Theology*. Vol. 1. Grand Rapids: Zondervan, 1967.

Bruce, F. F. *The Epistle to the Galatians*. Grand Rapids: Eerdmans, 1982.

Butler, Trent C. *Luke*. Vol. 4 of The Holman New Testament Commentary. Nashville: Broadman & Holman, 2000.

Calvin, John. *Commentaries on the First Book of Moses Called Genesis*. Grand Rapids: Eerdmans, 1948.

Dyer, Charles, and Eugene Merrill. *Old Testament Explorer*. Nashville: Word, 2001.

Elliott, Ralph H. *The Message of Genesis*. Nashville: Broadman, 1961.

Hinckley, Karen C. *The Story of Stories*. Colorado Springs, Colo.: NavPress, 1991.

Kaiser, Walter C. *Toward an Exegetical Theology*. Grand Rapids: Baker Book House, 1981.

Keach, Benjamin. *Preaching from the Types and Metaphors of the Bible*. Grand Rapids: Kregel, 1972 (first published in 1855).

Kidner, Derek. *Genesis*. Downers Grove, Ill.: InterVarsity Press, 1967.

LaSor, William S. *Great Personalities of the Old Testament*. Westwood, N.J.: Fleming H. Revell, 1959.

Lea, Thomas D. *Hebrews & James*. Vol. 10 of The Holman New Testament Commentary. Nashville: Broadman & Holman, 1999.

Lewis, C.S. *Mere Christianity*. New York: The Macmillian Company, 1952, 1960.

Matthews, Kenneth A. *Genesis*. Vol. 1 of The New American Commentary. Nashville: Broadman & Holman, 1996.

MacArthur, Jr., John. *God*. Wheaton, Ill: Victor Books, 1993.

Morgan, Robert J. *On This Day*. Nashville: Thomas Nelson, 1997.

Morris, Henry M. *The Genesis Record.* Grand Rapids: Baker Book House, 1976.
Packer, J. I. *Knowing God.* Downers Grove, Ill.: InterVarsity Press, 1973.
Patterson, John. *The Goodly Fellowship of the Prophets.* New York: Charles Scribner's Sons, 1954.
Philips, John. *Exploring Genesis.* Chicago: Moody Press, 1980.
Pick, Heron. *Dictionary of Old Testament Words for English Readers.* Grand Rapids: Kregel, 1977.
Ross, Alan P. *Creation and Blessing.* Grand Rapids: Baker Book House, 1988.
Ross, Alan P. *Genesis.* The Bible Knowledge Commentary. Wheaton, Ill.: Victor, 1985.
Ryrie, Charles Caldwell. *The Ryrie Study Bible.* Chicago: Moody Press, 1978.
Sailhamer, John H. *Genesis.* Vol. 2 of The Expositor's Bible Commentary. Grand Rapids: Zondervan, 1990.
Sauer, Erich. *The Dawn of World Redemption.* London: The Paternoster Press, 1956.
Schaeffer, Francis A. *Genesis in Space and Time.* Downer's Grove, Ill.: InterVarsity Press, 1972.
Stevens, Sherrill G. *Genesis.* Vol. 1 of Layman's Bible Book Commentary. Nashville: Broadman, 1978.
Thomas, W. H. Griffith. *Genesis.* Grand Rapids: Eerdmans, 1953.
Towns, Elmer. *History Makers of the Old Testament.* Wheaton, Ill.: Victor Books, 1989.
Tozer, A. W. *The Knowledge of the Holy.* New York: Harper & Brothers, 1961.
Waltke, Bruce K. *Genesis.* Grand Rapids: Zondervan, 2001.
Watts, J. Wash. *A Distinctive Translation of Genesis.* Grand Rapids: Eerdmans, 1963.
Wenham, Gordon. *Genesis 16–50* in Word Biblical Commentary. Dallas, Tex.: Word, 1994.
Wilkinson, Bruce H., and Larry Libby. *Talk Thru the Bible Personalities.* Atlanta: Walk Thru the Bible Ministries, 1983.
Wilmington, Harold L. *Wilmington's Survey of the Old Testament.* Wheaton, Ill.: Victor Books, 1987.
Wilson, William. *Old Testament Word Studies.* Grand Rapids: Kregel, 1978.
Wiseman, Donald J., and Edwin Yamauchi. *Archeology and the Bible.* Grand Rapids: Zondervan, 1979.
Westermann, Claus. *Genesis 12–36.* Minneapolis: Augsburg, 1981.
Young, Edward J. *An Introduction to the Old Testament.* Grand Rapids: Eerdmans, 1949.
Youngblood, Ronald F. *The Book of Genesis: An Introductory Commentary.* Grand Rapids: Baker, 1992.

Main Idea 로 푸는

# 창세기

1쇄 발행 | 2009년 8월 1일
3쇄 발행 | 2018년 1월 20일

책임 편집 | 맥스 앤더스(Max Anders)
지은이 | 케네스 O. 갱글(Kenneth O. Gangel) · 스티븐 J. 브래머(Stephen J. Bramer)
옮긴이 | 김진선
펴낸곳 | 주)도서출판 디모데〈파이디온선교회 출판 사역 기관〉

등록 | 2005년 6월 16일 제319-2005-24호
주소 | 서울특별시 서초구 서초대로 141-25(방배동, 세일빌딩 8층)
전화 | 마케팅실 070) 4018-4141
팩스 | 마케팅실 031) 902-7795
홈페이지 | www.timothybook.com

값 25,000원
ISBN 978-89-388-1439-5 03230